성도들의
영적 전쟁
War on the Saints

성도들의 영적 전쟁
War on the Saints
by Jessi Penn-Lewis, with Evan Roberts

초판 발행 | 2003년 7월 15일
2판 6쇄 | 2008년 8월 30일
3판 1쇄 | 2013년 4월 5일
4판 1쇄 | 2017년 2월 1일

저자 | 제시펜 루이스(Jessie Penn-Lewis), 이반 로버츠(Evan Roberts)
번역 | 벧엘서원 번역부

발행인 | 유병헌
발행처 | 벧엘서원.IMC
등록번호 | 제 387-2012-000037 호

420-867 | 경기도 부천시 원미구 부일로 123, 201호 (상동, 그린프라자)
Tel | 032.322.3095
Fax | 0303.3440.3452
홈페이지 | www.bethelbook.co.kr
Email | btbook.imc@gmail.com

Korean Edition
Copyright © 2017 by Bethelbook.IMC
420-867 | 123, Buil-ro, Wonmi Gu, Bucheon City, Gyeonggi Do, Korea

값 17,000 원
ISBN | 978-89-92014-58-8   Printed in Korea

성도들의 영적전쟁

제시 펜 루이스 & 이반 로버츠

차례

발행인 서문 · 6
도입 · 10

1장 | 사탄의 속임수에 대한 성경적인 관찰 ··· 15
2장 | 사악한 영들의 사탄적인 동맹 ··· 45
3장 | 현시대에 행해지는 악한 영들의 속임수 ··· 67
4장 | 수동성은 귀신에게 사로잡히는 주된 근거임 ··· 93
5장 | 속임당함과 귀신 들림 ··· 125
6장 | 하나님께 속한 것들을 위조함 ··· 159

7장 ǀ 귀신 들림을 위한 입지와 그 징후들 … 195

8장 ǀ 자유에 이르는 길 … 225

9장 ǀ 사람의 의지력과 사람의 영 … 257

10장 ǀ 전투에서 승리함 … 279

11장 ǀ 흑암의 권세 잡은 자들에 대한 싸움 … 315

12장 ǀ 부흥의 여명과 성령 침례 … 345

발행인 서문

이 책은 근본적으로 웨일즈 부흥을 통하여 나온 하나의 열매입니다. 웨일즈 부흥은 우리가 다 알듯이 1904년부터 시작되어 10년 이상 지속된, 그 이전에도 이후에도 없는 대부흥의 역사였습니다. 그 때 5개월 안에 10여 만명의 사람들이 회개하면서 그리스도께 돌아왔고, 대학이 문을 닫고 학생들은 하나님을 찬미하고 노래하면서 기도 모임으로 향했으며 극장과 술집들이 문을 닫게 되는 이른바 도덕혁명이라고 부를 수 있는 큰 부흥의 역사가 일어났습니다.

그 부흥의 주역인 이반 로버츠는 탄광의 광부였으며, 그는 25세 때부터 성경을 읽으며 기도하며 말씀을 전파하기 시작했습니다. 그들은 그때로부터 영국에서 약 200만 명의 사람들이 그리스도를 영접하게 되는 놀라운 역사를 체험하게 되었고, 성령께서는 서 유럽과 북 유럽에 이르도록 부흥을 확산시켜 주셨습니다. 이 부흥은 결국 한국과 중국, 아프리카, 인도에까지 그 영향력을 미치게 되었습니다.

이반 로버츠는 이 부흥의 인도자였으나 8년 동안 잠적한 적이 있으며, 후에 사람들이 그에게 그 기간 동안 어디에서 무엇을 했느냐고 물었을 때 그는 그리스도의 왕국을 위하여 기도했노라고 대답했다고 합니다. 그만큼 그는 기도의 사람이었습니다. 그리고 그 부흥은 이와 같이 기도를 통한 성령의 역사로 말미암은 부흥이었습니다.

그는 건강이 좋지 않은 관계로 많은 시간 병상에 있었는데, 병상에서 사탄과 싸우며 그의 영적인 체험에 관하여 한 자매에게 구술해 주었습니다 (1908년). 그것이 곧 이번에 발간되는 '성도들의 영적 전쟁'의 기본이 되는 내용이며, 그 받아적은 사람은 다름이 아닌 펜 루이스 여사입니다. 펜 루이스는 이반 로버츠가 구술한 내용에다 자신의 체험을 섞어서 이 책을 기록하였으므로 이 책은 이반 로버츠와 펜 루이스의 공저(共著)라고 말할 수 있습니다.

이 책을 통하여 당시에 미혹당하고 속임당한 많은 믿는이들이 악한 영들에게서 해방되었습니다. 펜 루이스 여사는 그 외에도 영적 전쟁과 십자가의 진리 등에 대하여 많은 책을 저술하였는데, 그녀의 책들은 1900년대 동서양의 많은 영적인 사람들에게 영향을 미쳤습니다. 우리 나라에서도 펜 루이스 여사의 책이 다수 번역되어 읽혀지고 있습니다.

먼저 우리가 하나님께 감사드리는 것은 이 중요한 한 권의 책이 한국어로 번역되었다는 것입니다. 영적인 길에 들어선 믿는이들에게 이 책의 중요성이야말로 어떤 말로도 다 표현할 수 없습니다. 이 책은 성도들의 영적 전쟁에 대하여 가히 교과서라고 말할 수 있는 책입니다. 그들은 이 책을 위하여 기도하면서 시험하는 데 6년을 보내고 사탄의 공격에 대항하면서 진리를 기록하는 데 3년이 걸렸다고 간증했습니다. 그만큼 그들은 이 책의 중요성을 인식했고, 심혈을 기울여 이 책을 기록하였으며, 사탄의 세력에 맞서 싸우는 가운데 최선을 다해 상세하게 기술하고자 했습니다.

오늘날은 십자가와 성령, 교회와 왕국, 이기는 자에 대한 진리가 보편적으로 열려졌습니다. 그러나 많은 하나님의 자녀들이 여전히 사탄의 속임수와 기만 전술에서 벗어나지 못하고 있습니다. 진리가 더 밝히 드러날 수록 사단의 속이는 전술도 더 교묘하고 교활합니다. 그러므로 사탄의 정체와 기만 전술을 철저히 드러내는 이 책이야말로 이 시대에 너무나 필요한 한 권의 책이라고 할 수 있습니다.

오늘날 많은 성도들은 부흥에 대한 그릇된 관점을 가지고 있습니다. 독자들이 이 책을 주의깊게 읽는다면 부흥에 대한 참다운 인식을 갖게 될 것입니다. 이들은 부흥에 대하여 소위 오순절적인 외적인 능력만이 아니라 그러한 능력이 참되게 발휘되기 위한 근거를 주의했습니다. 그 근거는 결국 십자가의 진리였습니다. 그러므로 그들이 원한 마지막 시대에 주님의 재림을 위하여 있어야할 부흥은 외적으로 놀랍게 보여지는 표면적인 역사가 아니라 죽음과 부활을 통하여 일어난 밀알의 부흥입니다. 그러므로 우리는 이 책에서 진정한 부흥의 본질을 대할 수 있습니다.

워치만 니의 독자들은 이 책을 읽을 때 그의 '영에 속한 사람'이란 책 내용 가운데 이 책의 많은 부분들이 인용되어 있음을 확인할 수 있을 것입니다. 그의 많은 기본적인 사상들이 이 책에서 비롯되었을 것이라는 생각도 해볼 수 있을 것입니다. 그러므로 워치만 니의 '영에 속한 사람'이라는 책을 통해 영적인 도움을 받은 사람들은 이 책을 통하여 또 다른 면에서 유익을 얻을 것이며, 어떤 이들은 영적 전쟁에 관한 부분에서 결정적인 도움을 얻을 수 있으리라 생각합니다.

우리는 이 책이 그리스도를 따르고자 하는 성도들을 영적으로 무장시켜 갈보리 십자가의 군사들이 되어 전장으로 달려나가 용맹스럽게 싸울 수 있도록 격려할 것이라고 믿습니다.

아무쪼록 이 책이 많은 충성된 믿는이들 손에 들려질 수 있기를 바라며 더 많은 사람들이 그리스도의 군사가 되어 그분의 승리를 전시함으로 그리스도의 왕국의 날을 속히 앞당길 수 있기를 바라마지 않습니다.

이 책은 1912년에 발간된
'생략되지 않은' 완전본의 일곱 번째 판을
번역한 것입니다.

도입

인간이 경험하는 육체적 정신적 영역에서와 마찬가지로 영적인 영역에도 기형과 질병들이 있다. 이 책은 하나님의 자녀들 가운데 있는 속이는 영들의 역사에 대한 교과서이자 구원의 길이라고 할 수 있다.

이 책은 일반적인 교양에 관한 것이라기보다 암을 수술하는 것에 관한 교과서와 같은 책이라 할 수 있다. 그러므로 단지 호기심이나 학문적인 흥미로 이 책을 읽어서는 안 된다.

초판의 서문에서 펜 루이스는 이렇게 말했다. "영적인 것들을 다만 머리로 이해하는 천연적인 사람들에게는 이 글이 의미가 없겠지만, 다만 자신이 이해한 것만 받아들이고 자신에게 더 깊은 필요가 생길 때까지(더 깊은 것을 필요로 하는 사람들을 위한) 나머지 부분은 그대로 두는, 영적 생명의 성장 과정에 있는 그리스도인들은 그들 단계에 있는 문제들에 대해 많은 빛을 얻을 수 있을 것입니다."

이 책은 주로 두 부류의 독자들의 관심을 사게 될 것이다. 첫번째 부류는 하나님의 말씀의 건전하고도 조화된 진리보다는 사탄의 거짓말에서 영감을 받은 잘못된 종교적 교훈의 체제에 연루되어 종종 귀신 들리는 결과를 낳는 비정상적인 영적 체험에 자신을 열어놓은 사람들이다. 이렇게 악한 세력에 잘 속는 사람들이 겪는 고통은 매우 심하다. 1912년에 처음 출간된 이래, 그러한 독자들은 이 책을 통해 받은 구원과 도움에 대해 많은 간증을 해왔다. 영원에서만이 이 책을 통해 역사된 사역이 드러날 것이며, 그러한 자들은 하나님의 긍휼로 소망과 평강과 건전함을 다시 얻을 것이다.

두번째 부류는 극심한 사탄의 활동으로 근래에는 그 수가 점점 늘어나는 듯한 비정상적인 영적 사례들을 접하고 있는 그리스도인 사역자들로서, 그들에게 이 책은 헤아릴 수 없는 가치를 지니고 있다. 그러한 독자들에게 이 책은 빛과 인도를 가져다줄 것이다. 그러한 독자들은 이 글에서 귀신들이 그들의 희생자들을 어떻게 통제하며 그 특징과 원칙은 무엇인지를 발견할 것이다. 매우 명쾌하게 제시되어 적용할 수 있는 이 진리는 그러한 독자들로 하여금 마침내 감추인 흑암의 역사를 인식하고 식별하게 하여 강하게 폭로할 수 있게 할 것이다. 그러한 진리를 완전히 이해하기를 갈망하는 사람들에게 이 책은 그리스도인들의 전쟁에 대한 '불후의 명저(不朽의 名著)'가 될 것이다.

그러한 주제들 중 한 단락은 이러하다. "목사들과 복음 전하는 자들에게는 하나님의 양 무리를 가르쳐야 하는 막대한 책임이 있다. 악한 자의 역사의 표적들을 분별하는 것이나 그에게 속한 사람들을 구출하는 것은 다 그들의 몫이다. 영적 성향을 띈 사람들을 위협하는 위험에 대해 가르치고 경계하는 것 또한 그들의 일이다. 우리는 신성한 지혜와 은혜로 성도들이 이끌려지게 될 '하늘'이 이 시대에는 '공중 권세 잡은 자'의 거주지라는 사실을 깨달아야 한다. 영적 생명에 대한 가장 깊은 체험을 추구하는 믿는이일지라도 '사탄이 때로는 광명의 천사로 위장한다'는 사실을 알지 못하는 한 속임수에 떨어질 수 있으며, 우리의 대적 사탄은 그의 책략에 대해 무지한 채 그저 열심 있는 인도자들이 있는 종교적 모임에서는 마치 자기 집에 있는 것처럼 편안함을 느낀다."

'하나님께 온전히 굴복함'에 있어서 믿는이가 하나님의 성령께서 자신을 계시하시는 방법을 알고서 인도받는 것이 아니라면 그는 흑암의 영들의 공격에 노출될 수 있다. 이 말은 은사를 사모하거나 명상하는 사람들도 주의 깊게 숙고해야 한다.

은사의 분배는 전적으로 성령의 기능이며 그분은 '그 뜻대로 각 사람에게 (은사를) 나눠주신다'. 추구하는 믿는이들은 특별한 은사들을 접어두고(그 은사들이 '사모해야 할' 것들로 계시된 것이 아니라면—고전 12:31, 14:1) 그 눈을 보좌로 향해야 한다. 순복하는 영혼이 지향해야 할 주된 유일한 목적은 하나님의 뜻이며, 그의 생각이 육체적인 것을 발전시키거나 자아 의지의 결과가 되지 않도록 주의해야 한다. 다른이들이 가지고 있는 것을 획득하고자 하는 감추인 질투심에 무의식적으로 자신을 내어준 열심 있는 사람들이 너무나 많다.

귀신 들림은 일반적으로 이교도 일꾼들에게 익숙한 것이지만, 우리는 오늘날 가장 문명화 된 나라들이 이교의 본거지가 되었다는 것을 기억해야 한다. 그러므로 이교도와 연루된 영적 현상들이 소위 문명의 중심부에서 그 정체를 더 드러낼 것이라는 예측은 절대 지나친 것이 아니다.

자유와 개인의 판단이 거의 묵살당하며 독재와 대량 확산이 아주 강력한 힘이 되어버린 기계화 시대에 인간의 '수동성'을 다루는 장은 읽혀지고 또 읽혀져야 한다. 이 장의 한 단락은 "어두움의 세력들은 사람을 기계나 연장이나 자동인형으로 만들려 하고, 사랑과 거룩한 하나님은 사람을 그 자신의 영역 안에서 자유롭고 지적인 주권자로, 그분 자신의 형상을 따라 창조된 생각하는 이성적인 피조물로 만들기를 원하신다."라고 기록되어 있다(엡 4:24). 그러므로 하나님께서는 사람의 어떤 기능도 태만하기를 원치 않으신다. 영적인 것들에 대해 부주의하게 생각하는 것이나 성경의 광범위한 원칙에 대한 분명한 이해에 근거하지 않은 체험에 자신을 방치하는 위험은 아무리 강조해도 지나치지 않으며, 그리스도인의 교회 생활에 건전한 진보가 있으려면 이런 노선에 따른 분명한 가르침이 필수적이다.

그러한 때에 사탄의 공격은 더욱 강경해지고 악한 자의 많은 감추인 일들이 드러난다. 영혼을 다루는 책임을 맡은 사람들은 잘못된 교리를 받아들이거나 초자연적인 것에 미혹됨으로써 악한 영들에게 사로잡힌 결과로 야기된 비정상적인 일들을 볼 수 있는 빛이 필요하다.

중국에서 일하는 한 선교사가 최근에 한 기사를 썼는데, 그는 의학적으로도 자격을 갖추었고 악한 영들에게 사로잡힌 사례를 익히 아는 사람임으로 그의 글은 이 어려운 주제에 관해 균형 잡힌 관점을 유지하는 데 큰 도움이 될 것이다.

영적 전쟁에 있어서 잘못된 진단과 균형 잡히지 않음에 대한 경고의 글

그리스도 안에서 우리의 권위를 행사하는 것이 모든 질병에 대한 치료책은 아니다. '전쟁은 99 퍼센트가 대기하는 것이다'라는 말이 있다. 예수 그리스도의 군병은 최전선의 참호에서 모든 시간을 소모할 필요는 없을 것이다. 모세는 하나님의 지팡이를 높이 들거나 힘겹게 중재하는 일을 잠시 내려놓을 때도 있었고 광야에서 그의 백성들과 함께 어려운 길을 걸어가야 할 때도 있었다.

엘로우 부인의 이교도 친척들은 날마다 그녀를 선교 현장에 데려왔는데, 이는 그녀가 선교 현장에 있을 때 정신적 상태가 더 호전된다고 생각했기 때문이다. (우리는 그들의 말을 확인하여 보았는데 사실 그녀의 행동이 집에서와 별다를 바 없는 것을 이상히 여겼다.) 우리는 그녀가 귀신들렸다고 판단하고 대적을 대항하는 입지를 취했으나 전혀 효과가 없었다. 결국 우리가 모든 것을 완전히 이해하는 데에는 몇 달이 걸렸으며, 그녀가 단지 흔히 있는 일시적 정신착란 증세를 보였다는 것을 발견했다. 악한 자에게 무분별하게 힘을 쏟는 것은 건강한 분위기를 만들지 못한다. 우리는 참으로 균형 잡히는 것이 필요하고 무엇보다도 주님이 우리에게 영적 지각을 주시도록 주님을 늘 접촉할 필요가 있다.

마지막으로 초판의 서문을 다시 인용하겠다. "이 책의 출판과 관련하여 여기에 있는 진리를 기도함으로 시험한 것이 육 년이고, 보이지 않는 영역으로부터의 끊임없는 공격에도 불구하고 이러한 진리를 쓰느라 수고하는 데 삼 년이 걸렸다. 이제는 이러한 시간이 모두 끝나고 결과는 하나님께 있다. 공격하는 어두움의 주관자들에게 '여기까지이니 더 넘지 말라'(욥 38:11 참조) 하시며 수없이 보호의 손길을 증명해 주신 분이 끝까지 그분의 목적을 이루실 것이다. 이제 필요한 자들에게 빛이 임할 것이다. 하나님께서 그분의 뜻을 이루시기 바란다."

'성도들의 영적 전쟁' 일곱 번째 판을 내는 데에 책임을 맡은 우리는 이 마지막 기도에 다만 '아멘'할 수 있을 뿐이다. 과거에 그러했듯이 악한 자에게 괴롭힘을 당하는 많은 이들에게 의심의 여지없이 자유를 가져다줄 이 메시지의 출판을 우리는 감히 보류할 수 없다. 하나님의 영 앞에서는 모든 마음이 열리고 모든 갈망이 알려지며 어떤 비밀도 감추어질 수 없다. 다만 그분이 이 책을 합당한 사람들의 손에 들어가게 하시기를 바라며 또한 모든 독자들이 그 자신이나 다른이들을 불필요하고 복잡한 미로에 연루시키지 않고 다만 필요를 채워줄 진리를 붙잡도록 통찰력을 주시기 바란다.

제 1 장

사탄의 속임수에 대한 성경적인 관찰

1 | 사탄의 속임수에 대한 성경적인 관찰

War on the Saints

모든 종류의 진리는 사람을 자유롭게 하는 반면 거짓은 끈으로 묶는다. 또한 무지함도 사람을 묶는데, 이는 사탄에게 입지를 주기 때문이다. 사람의 무지함은 악한 영들에게 속임당하는 데 있어서 기본적이고도 필수적인 조건이다. 하나님의 자녀들이 어두움의 세력에 대해 무지하므로 마귀는 속이는 자로서의 임무를 쉽사리 수행해올 수 있었다. 순수한 상태에 있는 타락하지 않은 사람은 지식이 온전하지 않았다. 하와는 선과 악에 대해 무지했고 그녀의 무지함은 뱀이 속임수를 쓰기에 적합했다.

마귀의 가장 큰 목적—그는 그것을 위하여 싸운다—은 세상이 자기에 대하여, 그의 방법에 대하여, 그리고 자신의 동료들에 대하여 모르게 하는 것이며, 교회 또한 마귀에 대하여 무지할 때 그자의 편을 들게 된다. 모든 사람은 온갖 진리에 대하여 열린 자세를 유지해야 하며, 수많은 사람을 파괴하고 열방을 마귀의 속임수 가운데 있게 하는 잘못된 가르침을 피해야 한다.

속이는 영들은 특별히 교회를 공격함

오늘날 그리스도의 교회에는 속이는 영들의 특별한 공격이 있는데, 이것은 성령께서 사도 바울을 통하여 교회로 분명히 알게 하신바 '후일에' 미혹케 하는 큰 공격이 일어날 것이라는 예언의 성취이다. 이 말씀이 예언된 이래로 1800여 년이 지났는데, 믿는이들을 속이는 데 있어서 악한 영들의 두드러진 활동은 우리가 말세에 있다는 사실을 분명하게 지적한다.

이 세대 말에 있는 교회의 위험은 특별히 초자연적인 영역으로부터 온다고 예고되어 있는데, 그곳에서 사탄은 영적인 계시의 가르침에 개방된 이들을 속이기 위해 가르치는 영들의 군단을 보내며, 그럼으로써 그들을 부지중에 하나님께 대한 온전한 충성에서 멀어지게 한다.

그러나 후일의 위험에 대한 이러한 명백한 예고에도 불구하고 교회는 이러한 악한 영들의 군단의 역사를 거의 모르고 있음을 발견한다. 대다수의 믿는이들이 모든 초자연적인 것을 하나님께 속한 것으로 여겨 선뜻 받아들이며 또한 초자연적인 체험들을 모두 거룩한 것으로 여겨 무분별하게 받아들인다.

지식이 부족함으로 인해 영적인 사람들조차도 대부분 사악한 영들의 군대에 맞서서 충분하며 지속적인 전쟁을 수행해내지 못한다. 또한 많은 사람들이 그리스도가 전파되었다면 마귀의 존재를 드러내거나 그를 직접 대항하는 일은 불필요하다고 말하며, 이러한 주제를 다룬다거나, 마귀와의 전쟁으로 그들을 부르실 때 움추러든다.

그러나 지식이 부족함으로 인해 이러한 중요한 진리를 말하지 않는 교사들 때문에 많은 하나님의 자녀들이 대적에게 밥이 되고 있으며, 그리스도의 교회는 대적의 맹공격에 맞설 준비가 되어 있지 않은 채 말세의 위험에 점점 빠져들고 있다. 또한 그로 인해 성경에 명백하게 기록된 예언의 경고의 관점에서 보면, 이미 사탄의 악한 세력이 하나님의 자녀들 가운데 들어가 활동하는 현상이 일어나며, 실지로 우리는 사도가 '마지막 때'에 있을 것이라고 말한 많은 징조들이 나타나고 있음을 본다. 그러므로 모든 믿는이들은 흑암의 권세들에 대한 지식을 마땅히 받아들여야 하는데, 이는 이러한 지식으로 말미암아 믿는이들이 대적의 덫에 걸리지 않고 이러한 맹렬한 시험의 때를 통과할 수 있기 때문이다.

그러한 지식이 없다면 믿는이가 '진리를 위해 싸우고 있다'고 생각하는 그 때 실상은 악한 영들을 위하여 싸우고 변호하고 방어할 수 있는데, 그것은 자신이 그렇게 하는 것이 하나님과 그분의 역사를 '변호하는 것'이라고 믿기 때문이다. 믿는이는 거룩하다고 여겨지는 것을 보호하고 지지하게 된다. 무지함으로 인해 사람은 하나님을 대적하는 위치에 설 수 있고 하나님의 진리를 공격할 수 있으며, 또한 마귀를 변호하면서 하나님을 반대할 수 있다.

성경 문자에서 얻은 지식과 체험으로 얻은 지식

성경은 사탄의 세력에 대하여 충분한 빛을 주고 있기 때문에 열린 생각으로 성경을 추구하는 이들이라면 모두 그것을 분간할 수 있다. 그러나 이러한 이들도 성령께서 해석하여 주시고 하나님의 말씀의 진리와 조화되어 나타난 체험으로 성경을 이해하는 사람들만큼 많이 얻지 못할 것이다. 믿는이는 거룩한 말씀에 대하여 그의 영 안에 직접적인 증거를 가질 수 있지만 또 경험을 통해서 성경의 영감 및 초자연적인 존재들과 그들의 일, 그리고 그들의 속이는 방법에 대하여 개인적인 증거를 얻는다.

에덴 동산에서 속이는 자 사탄이 한 일

만일 성경에 있는 초자연적인 악의 세력이라는 주제를 이 책에서 속속들이 다 다룬다면 우리는 사탄의 역사와 그가 다스리는 나라와 권세에 대해 많은 사람들이 알고 있는 것보다 훨씬 더 많은 것들을 알게 될 것이다.

사람이 거주하는 온 땅에서 속이는 자인 사탄의 역사는 창세기에서 계시록에 이르도록 그 속임의 절정까지 추적할 수 있으며, 에덴 동산에서의 속임의 모든 결과는 계시록에 나타난다.

창세기에는 보이지 않는 세계의 악한 존재들로부터 임할 수 있는 위험에 대해 무지하고 순진한 한 쌍과 관련하여 동산에서 일어난 간단한 이야기가 있다. 거기에서 우리는 속이는 자인 사탄의 첫번째 역사와 그의 간교한 속임수의 유형을 발견한다. 우리는 사탄이 순진한 피조물의 가장 높고도 순수한 갈망을 이용하는 것을 볼 수 있다. 그는 사람을 하나님께 더 가까이 이끌려는 것처럼 가장하여 그들을 파괴하고자 하는 자신의 본래 목적을 은폐한다. 우리는 사탄이 하나님을 향한 하와의 갈망을 이용하여 그녀를 자신의 포로와 노예로 삼는 것을 본다. 우리는 사탄이 악(惡)을 가져오기 위해 '선(善)'을 이용하며, 가장된 선을 가져오기 위해 악을 제안하는 것을 본다. 하와는 '지혜롭게' 되고 '하나님처럼' 된다는 미끼에 걸려 하나님께 순종해야 한다는 원칙을 보지 못하고 사탄에게 속았다(딤전 2:14).

그러므로 사람이 선하다는 것은 그를 사탄의 속임수로부터 지켜주는 보장이 되지 못한다. 마귀가 세상과 교회를 가장 정교하게 속이는 방법은 분명히 하나님께 이끌고 선으로 이끄는 것처럼 보이는 사람이나 사물로 가장하여 그들에게 접근하는 것이다. 그는 하와에게 "너는 하나님처럼 될 거야."라고 말했지, "너는 귀신처럼 될 거야."라고 말하지 않았다. 천사들과 사람들은 악한 상태에 떨어질 때에서야 악을 알게 된다. 사탄이 하와에게 '선과 악을 알게 되리라'는 말을 덧붙일 때에도 하와에게 이 말을 하지 않았다. 사탄이 하와를 속이려는 진짜 목적은 그녀로 하여금 하나님께 불순종하게 하려는 것이었으나 그가 사용한 책략은 "너는 하나님처럼 될 거야."라는 것이었다. 만일 하와가 논리적으로 생각했더라면 속이는 자의 제안이 모순되다는 것을 알았을 것이다. 왜냐하면 그 제안은 하나님처럼 되기 위해 '하나님께 불순종하는' 것으로 귀결되기 때문이다.

속이는 자에게 하나님의 저주가 선고됨

고도로 조직화된 악한 영적 존재들의 제국이 존재했다는 것이 에덴 동산의 이야기에서는 나타나지 않는다. 거기에는 오직 한 마리의 '뱀'이 있을 뿐이다. 그런데 하나님께서는 뱀을 '고의적으로 여자를 속이려는 목적을 수행하는 지적인 존재'로 칭하셨다. 그리고 비극이 발생하자 삼위일체 하나님은 그분의 결정을 공표하셨으며, 이때 뱀으로 가장한 사탄은 여호와 하나님에 의해 제거되었다. 그리고 속임당한 여자의 '씨'가 결국 뱀의 모습으로 위장하여 자신의 계획을 실행하고자 했던 초자연적인 존재의 머리를 상하게 하실 것이다.

에덴 동산에서의 사건 이후, 그자에게는 뱀이라는 이름이 붙여졌는데, 이 호칭은 역대로 에덴 동산의 여자를 기만하고 인류를 파멸시킴으로 그를 창조하신 분을 대항하는 그의 반역 행위의 절정을 가리키는 이름이다. 사탄은 승리했으나 하나님은 그것을 뒤집으셨다. 사탄에게 속은 희생자(여자)는 승리자의 출현을 위한 매개물이 되었으며, 이 승리자는 결국 마귀의 일들을 다 멸하시고 하늘과 땅에서 마귀가 행한 모든 흔적을 깨끗이 제하실 것이다. 뱀은 저주를 받았으나 사실 속임당했던 희생자는 복되다. 왜냐하면 그녀를 통해 마귀와 그의 씨를 이기실 '(여자의) 씨'가 오실 것이기 때문이며, 그녀를 통해 오실 약속의 씨로 말미암아(창 3:15) 새로운 족속, 곧 하나님께서 심어주신 적대감으로 세상 끝 날까지 뱀에 대항하여 맞설 족속이 일어날 것이기 때문이다. 그러므로 역대의 이야기는 이러한 두 씨(seed) 간의 전쟁 기록으로 이루어져 있다. 여자의 씨—그리스도와 그분의 구속된 백성—와 마귀의 씨(요 8:44, 요일 3:10 참조)의 전쟁은 사탄이 그의 마지막 운명인 불못으로 갈 때까지 지속될 것이다.

그러므로 이것은 동산에서의 판결에 적대감을 품고 복수하려는 사탄이 세상 여자들을 향해 벌이는 전쟁이기도 하다. 그렇다. 이것은 속이는 자가 다스리는 모든 지경에서 사탄을 짓밟는 여자들에 의한 전쟁이다! 그리고 이것은 사탄이 하나님의 말씀을 곡해하는 에덴에서의 수법을 계속 사용함으로써 그리스도인의 지경의 여자들에게 닥친 전쟁이기도 하다. 사탄은 에덴 동산 이후 역대로 남자들의 생각 속에, 실은 그녀가 용서받고 축복 받았음에도 불구하고 하나님께서 그녀에게 '저주'를 선고하셨다는 사상을 교묘히 불어넣는다. 그리고 사실 이 저주는 속임을 당한 사람(여자)이 아니라 속이는 자(사탄)에게 선고된 것임에도(창 3:14) 사탄은 타락한 남성들을 충동질하여 이러한 가상의 저주를 직접 실행하게 한다.

하나님께서는 "너의 후손도 여자의 후손과 원수가 되게 하리니"라고 말씀하셨을 뿐 아니라 "내가 너로 여자와 원수가 되게 하고"라고 말씀하셨다. 그때로부터 지금까지 여자에 대해서와 믿는이들에 대해서 악한 천사들의 앙심 깊은 적대감은 조금도 수그러들지 않았다.

구약에 나타난 속이는 자 사탄

우리가 일단 사람들을 속여 잘못된 길로 이끄는 것을 적극적으로 일삼는 보이지 않는 악한 영들의 무리가 있다는 사실을 분명하게 알면, 구약의 역사는 지금까지 우리가 알지 못한 채 감추어 있던 그들의 행함을 하나하나 보여줄 것이다. 우리는 역대 하나님의 종들과 관련하여 그들의 활동을 추적해볼 수 있고 어디에나 파고들어가는 속이는 자인 사탄의 일을 분간할 수 있다.

우리는 다윗이 사탄에게 속아서 이스라엘 인구를 조사한 것을 볼 수 있는데, 이는 그가 그의 생각에 들어온 제안이 사탄에게서 비롯된 것임을 깨닫지 못했기 때문이었다(대상 21:1). 또한 욥은 그에게 소식을 전하러 온 자들이 하늘에서 불이 내려온 것을 하나님께로부터 불이 내려왔다고 하자 그 보고를 그대로 믿었으며, 그때 그는 속았다(욥 1:16). 그리고 욥이 그의 재산과 집과 자녀들을 잃은 재난이 직접 하나님의 손으로부터 임한 것이라 믿은 것도 속은 것이었다. 욥기의 앞부분은 그의 모든 고난의 근본적인 원인이 사탄이라는 것을 분명히 보여주고 있다. 공중 권세 잡은 자는 하나님의 종을 괴롭히기 위해 자연과 인간의 사악함을 사용하였는데, 이는 결국 그가 욥으로 하나님께서 연고 없이 부당하게 벌 주시는 것처럼 여기게 함으로 하나님께 대한 그의 신뢰를 부인하기를 바랐기 때문이다. 사탄의 목적이 바로 이것이었다는 사실은 욥의 아내의 말에서도 나타난다. 그녀는 대적의 도구가 되어 고난받는 남편을 향해 "하나님을 저주하고 죽으라"고 강요했는데, 그녀 역시 원수에게 속아 욥에게 임한 모든 어려움과 부당한 고난의 근본 원인이 하나님이라고 믿은 것이다.

이스라엘 역사 중 모세 시대에 사탄의 권세들은 보다 분명하게 그 정체를 드러낸다. 그때 우리는 세상이 우상 숭배에 빠지고—신약은 이것이 사탄의 직접적인 역사라고 말한다(고전 10:20)—실제로 악령들과 관계한 것을 볼 수 있다. 그리하여 사람이 거주하는 온 땅은 속임으로 가득하게 되었고 속이는 자의 세력 아래 놓이게 되었다.

우리는 또한 많은 하나님의 백성들이 사탄의 세력 아래 있는 이들과 접촉함으로 그에게 속아 '잘 아는 영들'과 대화하며 어둠의 세력들이 주입되어 '점'을 치거나 다른 유사한 기교들을 사용하는 것을 볼 수 있는데, 심지어 하나님의 율법을 알고 그런 것들에 대해 그분의 심판이 나타나는 것을 보았음에도 그렇게 한다(레 17:7, 신접자(satyrs); 19:31, 20:6, 27, 신 18:10, 11).

다니엘서에서 우리는 악한 세력의 군단에 대해 보다 진전된 계시를 발견한다. 10장에서 우리는 사탄의 군주들이 있음을 보는데, 그들은 다니엘에게 보내심받은 하나님의 사자를 막아 다니엘로 하여금 하나님의 백성에 대한 그분의 계획을 이해하지 못하게 했다. 사탄의 역사에 대한 또 다른 언급들도 있다. 사탄의 군주들과 악한 영들은 사탄의 뜻을 수행하며 그들의 일은 구약 전체에 산재해 있다. 그러나 뱀의 머리를 상하게 하실 여자의 '씨'가 사람의 모양으로 이 땅에 나타나실 그 위대한 시간이 이르기까지 대체로 그들의 행동은 감추어져 있다(갈 4:4).

신약에서 속이는 자인 사탄이 드러남

에덴 동산에서의 비극 이후로 수세기 동안 초자연적인 악의 세력들의 활발한 역사들은 베일에 가려 있었다. 그러나 그리스도의 오심으로 그 베일들은 점점 벗겨졌고 사람에 대한 그들의 속임수와 권세가 분명하게 드러났다. 그리고 속이는 자들의 우두머리는 타락의 때 이후로 이 땅에 출현했다는 기록이 없는데 광야에서 나타나 '여자의 씨'에 도전하여 주님과 충돌했다. 에덴 동산과 유대 광야는 첫 번째 아담과 마지막 아담을 시험하는 서로 대응하는 장소이다. 두 장소 모두 사탄은 속이는 자로 등장했지만, 두 번째 장소에서 그는 그의 정복자로 오신 분을 속이고 기만하는 데에 완전히 실패했다.

속이는 자인 사탄의 특징적인 일의 자취는 그리스도의 제자들 중에서도 찾을 수 있다. 사탄은 베드로를 속여 주님께 십자가의 길에서 돌이키라고 제안함으로 주님을 유혹하는 말을 하였다(마 16:22-23). 그리고 그 후에 사탄은 예수께서 재판받으시는 곳에서 바로 그 제자를 붙잡아 자신의 신분을 속이려는 목적으로 "내가 그 사람을 알지 못하노라"고 거짓말하게 하였다. 속이는 자가 한 일의 자취는 바울 서신들에서도 나타난다. 그는 '거짓 사도들', '궤휼의 역군들'을 말했으며 사탄이 '광명의 천사로, '의의 일꾼들'로 가장하여 하나님의 백성들 가운데서 역사하는 것을 말했다(고후 11:13-15). 승천하신 주님께서 그분의 종 요한을 통해 주신바 교회에게 보내신 메시지에서도 거짓 사도들과 많은 종류의 거짓 가르침들을 언급하셨다. 또 속은 자들로 구성된 '사단의 회'가 있고(계 2:9) '사단의 깊은 것들'이 교회 안에 존재하고 있음을 말씀하신다(계 2:24).

계시록에서 속이는 자의 정체가 완전히 드러남

마침내 베일이 벗겨지고 정체가 드러난다. 하나님과 그리스도를 대적하는 사탄 무리에 대한 완전한 계시가 사도 요한에게 주어졌다. 교회들에게 메시지를 보내신 후에, 주님께서는 이 속이는 자가 온 세계에 걸쳐 하는 일들을 빠짐없이 사도 요한에게 보여 주셨다. 주님께서는 그리스도의 교회로 하여금 그들이 사탄과 치르는 전쟁이 갖는 의미를 완전히 깨닫도록 하기 위해 사도 요한에게 그가 본 모든 것을 기록하라고 하셨다. 이 전쟁은 주 예수께서 하늘로부터 강림하여 이 거대하고 무서운 권세들을 심판하실 바로 그때까지 구속함을 받은 자들이 참여하게 될 사탄과의 싸움이다. 그런데 이 사탄의 권세들은 하나님의 백성들에 대한 교활한 악의와 증오로 가득 차 있다. 그래서 에덴 동산의 인간 타락 이야기에서부터 세상 끝날까지 그들은 인간 세상의 배후에서 실제적으로 활동하고 있는 것이다.

계시록을 읽을 때 거기에 묘사된 사탄의 조직화된 세력이 에덴의 타락 때에도 있었다는 것을 기억하는 것은 중요하다. 이러한 사탄의 세력은 뱀의 머리를 상하게 하실 약속된 '여자의 씨'가 오시기까지는 하나님의 백성들에게 부분적으로만 드러났다. 때가 이르렀을 때 육신을 입고 오신 하나님께서는 타락한 천사장, 곧 악의 사자들의 괴수와 갈보리에서 최후의 결전을 벌이셨다. 그분은 그들을 공개적으로 수치스럽게 하셨으며 사탄의 왕국의 모든 영역에서부터 십자가 주위로 모여든 엄청나게 크고 많은 어둠의 세력들을 물리쳐 이기셨다(골 2:15).

성경은 우리에게 하나님께서는 그분 자신에 대한 진리나 우리가 알아야 할 영적인 영역의 모든 것들을 계시하실 때 언제나 그분의 백성들의 능력에 맞게 그 시기를 정하신다는 것을 가르쳐 준다. 요한 계시록에 나타난 사탄의 세력에 대한 완전한 계시는 유아기 상태에 있는 교회에게 주어진 것이 아니다. 요한 계시록은 주님이 승천하신 후로 사십여 년이 지나서야 기록되었다. 아마도 그리스도의 교회는 자신들이 참전한 초자연적인 악의 세력들과의 전쟁의 범위를 보기 전에 먼저 바울이나 다른 사도들에게 계시된 근본적인 진리들을 완전히 이해할 필요가 있을 것이다.

계시를 전달하도록 선택된 자는 사도들 중 마지막 사람이었음

요한 계시록의 기록이 연기된 이유가 무엇이든 전쟁의 전모, 곧 전쟁이 끝나기까지 전조가 될 교회에 보내는 메시지를 전달하도록 선택된 자가 사도들 중 마지막 사람이며, 그것도 그의 말년이었다는 것은 주목할 만하다.

요한에게 주신 계시에는 속이는 자의 강력한 힘과 전쟁의 범위 그리고 그 마지막 결말들과 함께 그의 이름과 성격이 보다 분명하게 드러나 있다. 또 보이지 않는 영역에서 악한 세력들과 의의 세력들 간에 전쟁이 있다는 것도 보여 주고 있다. 요한은 "용과 그의 사자들도 싸우나"라고 말하는데ㅡ여기의 용은 분명히 에덴에서 가장하고 나타났던 그 '뱀'으로 묘사된다ㅡ그는 '마귀라고도 하고 사단이라고도 하며' 온 땅에 거주하는 사람들을 속이는 자이다.

속이는 자로서 사탄이 온 세계에 걸쳐 하는 일이 완전히 드러나며, 그가 나라들을 속여서 일으킨 이 땅에서의 전쟁과 그의 선동과 지배 아래서 행사되는 세상의 권세들도 밝히 드러난다. 사탄을 우두머리로 인정하는 고도로 조직화된 나라들과 권세들의 동맹 관계도 밝혀지고, '각 족속과 백성과 방언과 나라를 다스리는 그들의 권세', 즉 초자연적이고 보이지 않는 악의 세력에게 속은 모든 자들과 '성도들과의 전쟁'을 일으키는 자들도 밝혀진다 (계 13:7).

계시록에서 온 세상에 두루 행해진 사탄의 속임수가 드러남

전쟁은 요한 계시록의 핵심 단어이다. 인간이 상상치 못할 규모의 전쟁, 거대한 빛의 천사의 세력과 흑암의 천사의 세력 간의 전쟁, 용이 일으킨 전쟁, 속임당한 세상 권력이 성도들과 벌이는 전쟁, 그 세상 권력이 어린양을 대적하여 일으킨 전쟁, 용이 교회를 대적하여 일으킨 전쟁 등 어린양이 승리할 때까지 많은 형태의 전쟁들이 일어날 것이며, 어린양과 함께 있는 자들 곧 부르심받고 택하심을 입고 진실한 자들 또한 이길 것이다(계 17:14).

세상은 지금 '종말의 때'로 더 가까이 나아가고 있는데, 계시록은 그때의 특징에 대해 온 세상이 속임당하게 됨을 말한다. 그때 속이는 자는 그의 지배 아래 있는 온 땅을 소유하게 될 정도로 열국과 개개인들을 방대하게 속일 것이다. 이러한 절정기가 이르기 전에 속이는 자의 역사의 준비 단계가 펼쳐질 것인데, 이러한 단계는 교회 안팎에 있는 개개인들이 광범위하게 속임당하는 것으로 특징지어진다. 이러한 속임은 거듭나지 않은 세상이 속임당하는 보편적인 상태를 넘어선 광범위한 것이다.

속이는 자는 온 세계를 속임으로써 그들의 뜻을 수행하고 열국과 사람들을 하나님께 대항하여 거스르는 반역의 상태로 몰아넣을 수 있다. 어떻게 속이는 자가 요한 계시록에 묘사된 대로 온 세계를 속일 수 있는지를 이해하기 위해 우리는 성경이 거듭나지 않은 사람들의 일반적인 상태와 세상의 타락한 상태에 대해 무엇을 말하는지를 분명하게 파악할 필요가 있다.

사탄이 요한 계시록에 온 땅을 속이는 자로 묘사되었다면 그는 아예 처음부터 속이는 자인 것이다. 사도는 계시를 받는 자에게 "온 세상은 악한 자 안에 처한 것이며"(요일 5:19)라고 말하면서 세상이 악한 자의 속임을 통해 이미 깊은 어두움 속에 처해 있으며 악한 자의 지배 아래 있는 거대한 악한 영들의 군단을 통해 미혹되고 있다고 묘사한다.

'속임당한' 이라는 말은 모든 거듭나지 않은 사람에 대한 묘사임

성경에 따르면 '속임당한'이라는 말은 개성, 인종, 문화, 성별의 구분 없이 모든 거듭나지 않은 사람에 대한 묘사이다. 사도 바울은 그가 비록 종교적인 사람으로서 율법의 의를 따라 흠 없이 행했지만 "우리도 전에는 … 속은 자요"(딛 3:3)라고 말했다.

모든 거듭나지 않은 사람은 무엇보다도 먼저 자신의 미혹된 마음에 끌려 속임당하고(렘 17:9, 사 44:20) 죄에 속임당한다(히 3:13). 이 세상 신은 그리스도의 복음의 광채가 비취어 어두움을 몰아내지(고후 4:4) 못하도록 사람의 '마음눈을 멀게' 한다. 그리고 거듭나게 하는 하나님의 생명이 사람에게 임한다 해서 악한 자의 속임이 끝나는 것은 아닌데, 이는 '마음눈'이 다만 사탄의 속이는 거짓말이 진리의 빛에 의해 쫓겨난 만큼 밝아질 수 있기 때문이다.

마음이 새로워지고 의지가 하나님께 돌이켜졌다 하더라도 깊이 뿌리내린 자기 기만과 속이는 자의 마음눈을 멀게 하는 힘은 다음 몇 구절의 말씀에서 보여주는 바와 같이 많은 형태로 드러난다.

- 사람이 듣기만 하고 하나님의 말씀을 행하지 않으면 자신을 속이는 것이다(약 1:22).
- 만일 그가 죄 없다 하면 스스로 속임당하는 것이다(요일 1:8).
- 그가 아무 것도 되지 못하고 '뭔가' 된 줄로 생각하면 스스로 속는 것이다(갈 6:3).
- 이 세상의 지혜로 자신이 지혜로운 자라고 생각한다면 자신을 속이는 것이다(고전 3:18).
- 스스로 경건하다 하고 자기 혀를 재갈 먹이지 아니하고 자기 마음을 속이면 속임당하는 것이다(약 1:26).
- 그가 뿌리고서 자신이 뿌린 것을 거두지 않을 것이라고 생각한다면 스스로 속이는 것이다(갈 6:7).
- 불의한 자가 하나님의 왕국을 상속받을 것으로 생각한다면 속는 것이다(고전 6:9).
- 죄를 접촉하면서 그로 인해 영향을 받지 않을 것이라고 생각한다면 속는 것이다(고전 15:33).

'속았다!' 이 얼마나 불쾌한 말인가! 또 누구든지 자신이 속았다고 생각할 때 얼마나 그것에 대해 분개하겠는가! 그러나 그들은 바로 그 혐오감이 속이는 자가 속임당한 그 사람으로 하여금 진리를 알지 못하게 하고 속임당한 상태에 빠져 있게 할 목적으로 일으킨 역사라는 것을 모른다. 만일 사람들이 자신의 타락한 본성에서 비롯된 속임수에 그렇게 쉽게 속임당할 수 있다면, 사탄의 세력들은 얼마나 거기에 더해 속이려고 애쓰겠는가!

그들은 사람들을 옛 창조 안에 묶어 두려고 얼마나 정교하게 역사하는지! 이는 옛 창조로부터 수많은 형태의 속임수가 나옴으로써 그들로 하여금 더 쉽게 속이는 역사를 수행하게 하기 때문이다. 그들의 속이는 방법은 속임당한 자의 본성과 상황과 환경에 적합하게 각색된 새롭고도 오래된 것이다. 사탄의 밀사들은 인류와 모든 선을 향한 증오와 앙심과 적의로 가득한 악한 의지에 의해 선동되어 굴하지 않는 끈기로 그들의 계획을 이루어내고야 만다.

속이는 자 사탄은 하나님의 자녀들도 속임

속이는 자의 우두머리는 거듭나지 않은 온 세상을 속일 뿐 아니라 하나님의 자녀들 또한 속인다. 그자는 성도들을 속이려 할 때 책략을 바꾸어 교묘한 전략을 세워 일한다. 즉 하나님의 일들에 관해 간계와 속임수를 써서 궤계로 역사하는 것이다(마 24:24, 고후 11:3, 13-15).

속이는 자 곧 흑암의 왕이 세상을 그 권세 아래 붙잡아두기 위해 사용하는 주된 병기는 속임수이다. 그러한 속임수는 각각 삶의 다른 단계에 있는 사람들을 기만하도록 계획된 것이다. 속이는 자는 이미 죄에게 속임당한 거듭나지 않은 사람에게는 그에 적합한 속임수를 계획하고, 육적인 그리스도인에게는 또 그에 적합한 속임수를 고안하며, 속임수의 초기 단계가 통하지 않고 이제 더 교활한 궤계로 속여야 하는 영적 믿는이들에게는 그에 알맞게 속임수를 각색한다.

거듭나지 않은 상태에 있는 사람을 붙들고 있고 육적인 그리스도인 단계에 있는 사람을 얽매고 있는 속임수를 제거하고, 바울이 에베소서에서 묘사한 것 같은 하늘에 속한 영역으로 올라갈 때 그는 자신이 속이는 자의 매우 치열한 역사 가운데 있음을 발견할 것이다. 거기에서 속이는 영들은 부활하신 주님과 연합된 사람들에 대한 공격을 활발하게 전개하고 있다.

마지막 때의 속임수의 위험성

계시록에서 우리는 사탄적인 동맹이 온 땅을 두루 지배한다는 것과 온 성도들을 대항하여 전쟁을 벌인다는 것을 밝히 볼 수 있다. 그러나 하나님의 주요한 성도들 가운데서 행해지는 속이는 자의 역사는 특히 바울이 쓴 에베소서에 묘사되어 있는데, 에베소서 6장 10절부터 18절까지에서 우리는 사탄의 세력의 정체가 드러나는 것을 보며, 그것은 곧 사탄의 세력이 하나님의 교회에 대해 전쟁을 벌이는 것임을 보여 준다. 또한 거기서 우리는 개개의 믿는이들이 원수를 정복하기 위해 취해야 할 전신갑주와 병기들을 본다. 이 단락에서 우리는 '믿는이가 주님과 연합함으로 갖는 최고의 체험의 경지'에서, 그리고 교회의 영적 성숙의 가장 높은 '고지(高地)'에서 속이는 자와 그의 군단을 대항해 가장 치열한 접전이 치러질 것임을 알 수 있다.

그러므로 그리스도의 교회가 마지막 때에 이르고 성령의 내적인 역사의 능력으로 휴거되기 위해 성숙되고 있을 때, 속이는 자와 그의 거짓말하는 영들의 군단의 모든 세력은 그리스도의 몸의 살아 있는 지체들에게 집중될 것이다. 마태복음에는 이 시대 끝 무렵에 속이는 영들이 하나님의 백성들 위에 쏟아부을 맹렬한 공격이 어렴풋이 제시되어 있다. 거기서 주님은 마지막 때 나타날 몇 가지 특별한 표징을 묘사하실 때 '속임당함'이라는 단어를 사용하신다. 주님은 "너희가 사람의 미혹(속임)을 받지 않도록 주의하라 많은 사람이 내 이름으로 와서 이르되 나는 그리스도라 하여 많은 사람을 미혹케(속임당하게) 하리라"(마 24:4-5), "거짓 선지자가 많이 일어나 많은 사람을 미혹케(속임당하게) 하겠으며"(마 24:11), "거짓 그리스도들과 거짓 선지자들이 일어나 큰 표적과 기사를 보이어 할 수만 있으면 택하신 자들도 미혹케(속임당하게) 하리라"(마 24:24)고 말씀하셨다.

사탄의 속임수는 초자연적인 영역과 관련됨

성경은 특별한 형태의 속임수 또한 세상적이고 물질적인 것이 아닌 영적인 것과 관련된 것이라고 말하면서, 이에 덧붙여 마지막 때 하나님의 백성들이 주님의 재림을 기대함으로 초자연적 세계에서 비롯된 모든 움직임들—속이는 영들에게 이용될 수 있는—에 매우 예민하게 반응하며, '거짓 그리스도'와 거짓 기사와 표적 혹은 속이는 영들이 하나님의 참된 현시(顯示, manifestation), 즉, 나타나심을 위조하여 주님의 나타나심으로 기대하리라는 것을 보여 준다.

주님은 그러한 사람들이 그리스도와 그분의 오심에 관해 영감을 받은 메신저들이 영적 세계로부터 오는 예언이나 가르침에 있어서 하나님의 역사를 매우 그럴 듯하게 위조하여 그분의 '택함받은 자들'이라 할지라도 진짜와 구분할 수 없을 만큼 하나님의 것 같아 보이는 '기사들'과 '표적들'을 일으킴으로써 '가르침들'이 진정으로 하나님께 속했음을 입증하는 증거를 제시하기 때문에 속임당할 것이라고 말씀하셨다. 그러한 '택함받은 자들'이 진짜에서 거짓 것을 분별할 수 있으려면 '기사'의 겉모양만 보고 하나님에게서 나온 것이라고 판단하지 말고 다른 방법으로 시험해 볼 필요가 있다.

이 시대 끝 무렵에 성령께서 그리스도의 교회에게 주신 특별한 예언을 담고 있는 사도 바울의 디모데에게 쓴 서신은 마태가 기록한 주님의 말씀과 정확히 일치한다.

바울이 디모데에게 보낸 두 편지는 그가 그리스도와 함께 있기 위해 떠나기 전에 쓴 마지막 서신서이다. 두 서신서는 모두 감옥에서 기록되었으며, 바울의 감옥은 마치 요한이 영 안에서(계 1:10) 장차 될 일을 계시받은 밧모섬과 같았다. 거기서 바울은 하나님의 교회의 질서에 관해 디모데에게 마지막 명령을 준다. 그는 디모데뿐 아니라 모든 하나님의 종들에게 '하나님의 권속을 다루는 것'에 관해 '지침이 되는 규범들'을 주면서 이 땅에서 교회의 마지막 때까지 전진하라고 독려하고 있다. 이러한 세부적인 교훈들을 제시하면서도 그의 눈은 '마지막 때'에 초점이 맞추어지고 있으며, 하나님의 성령께서 구약의 선지자들에게 어떤 사건들이 지나간 후에야 온전히 깨달을 수 있는 의미심장한 예언을 주신 것과 같은 방식으로 하나님의 성령의 명령을 제시하면서 간략한 몇 문장으로 마지막 때 교회가 처할 위험을 지적한다.

사도는 디모데 전서에서 다음과 같이 말했다. "그러나 성령이 밝히 말씀하시기를 후일에 어떤 사람들이 믿음에서 떠나 미혹케 하는 영과 귀신의 가르침을 좇으리라 하셨으니 자기 양심이 화인 맞아서 외식함으로 거짓말하는 자들이라"(딤전 4:1-2).

디모데 전서 4장 1절과 2절은 위험의 원인을 보여 주는 유일한 말씀임

바울의 예언적인 말은 시대 마지막에 교회와 그 역사에 대해 구체적인 말로 모두 미리 예언된 것처럼 보인다. 주님은 마지막 때 그분의 백성들이 처하게 될 위험에 대해 일반적인 용어로 말씀하셨고 바울은 마지막 때에 활동할 불법의 악한 속임수와 배교에 대해 보다 완전한 방식으로 데살로니가 인들에게 썼다. 그러나 그가 디모데에게 보낸 글은 이 땅에서 마지막 때 교회가 처하게 될 위험의 특별한 원인과 어떻게 사탄의 악한 영들이 교회 지체들 속에 침입하여 그들을 속임으로써 그리스도를 믿는 믿음의 단순함에서 떠나게 하는지를 분명하게 보여 주는 유일한 서신서이다.

바울에게 주신 간략한 말씀에서 성령님은 악한 영들의 특징과 그 역사를 묘사하신다. 그분은 악한 영들의 존재 및 그들이 믿는이들을 속이려 하고 또 속임으로써 믿는이들을 그리스도를 믿는 믿음의 단순함과 성도에게 단번에 주신 믿음의 도(유 3)에서 떠나게 하려고 애쓰고 있다는 것을 기록하셨다.

디모데 전서 4장 1절부터 3절까지에 악한 영들의 특성이 묘사되어 있는

데, 그들이 속이는 역사에 이용하는 것은 때로 사람이 아닌 악한 영들로서 헬라어 원문으로 보면 잘 이해할 수 있을 것이다.

그러므로 이 시대 끝 무렵에 교회의 위험은 '위선자들'인 초자연적 존재들로부터 야기되는데, 그들은 자신들이 악한 영들이 아닌 것처럼 가장하고 금욕주의를 실행함으로 '육체'를 가혹하게 다루어 더욱 거룩하게 된다는 '가르침들'을 주지만 사실상 그들 자신은 악하고 부정하여 그들에게 속임당하는 사람들에게 그들 존재의 불결함을 주입한다. 그들은 속이는 곳에서 속임당한 사람을 사로잡는다. 속임당한 믿는이는 그가 더 '거룩하고' 더 '성화되어' 육체의 욕망에서 더 벗어났다고 생각할지 모르지만, 위선적인 영들은 그 믿는이를 함께 있는 것 자체로 더럽히고 성화라는 포장 아래 그들이 역사할 근거를 마련하고 그들의 역사를 숨긴다.

속이는 영들이 하나님의 모든 자녀들에게 끼치는 위험

마지막 때의 위험은 하나님의 모든 자녀들과 관계된다. 어떤 영적인 믿는이라도 감히 자신이 위험에서 면제받았다고 말할 수 없다. 성령의 예언은 ① '어떤 사람들'이 믿음에서 떠날 것이며, ② 그들이 믿음에서 떠난 이유는 속이는 영들에게 주의를 기울였기 때문이다. 그들은 자신들의 역사를 포장하여 속인다. 속임의 본질은 속이는 영들의 역사를 참되고 순수한 것으로 여기게 하는 것이다. ③ 속임의 본질은 귀신의 '가르침' 안에 있을 것이다. 다시 말해서 속임이 가르침의 영역에서 일어날 것이라는 말이다. ④ 속이는 길은 '가르침들'을 마치 그것이 참인 것처럼 '위조하여' 전달하는 것이다. ⑤ 이러한 악한 영들이 가르침들을 전달한 결과를 두 가지만 예로 들면, 혼인을 금하고 고기를 삼가는 것이다. 바울은 이에 대해 두 가지 다 '하나님께서 정하신 것'이라고 했다. 그러므로 그들의 가르침의 특징은 하나님 곧 창조자이신 그분의 역사와 반대되는 것이다.

에베소서 6장에 묘사된 사탄의 세력들

귀신적인 '가르침'은 바울이 언급한 귀신들의 가르침—로마 교회의 특색을 이루는—의 두 가지 현저한 결과로 인해 일반적으로 로마 교회나 혹은 죄의 사실과 그리스도의 속죄 제물 되심과 하나님의 구주의 필요성을 등한시하는 20세기의 '이단들'에 속한 것으로 분류되어 왔다. 그러나 우리는 속이는 영들이 광범위한 영역에서 교리적으로 사람들을 속인다는 것을 유념할 필요가 있다. 그들은 어느 정도 그리스도인들의 삶에도 영향을 미치며 그리스도인들을 자신들의 세력 아래로 끌어옴으로써 복음주의 기독교계에도 침투하였다. 그로 인해 영적인 그리스도인들조차 영향을 받아 사도 바울이 묘사한 그러한 상태에 있게 되었으며, 부활하신 주님과 연합한 믿는이들이 '하늘에 속한 곳들'에서 '영적인 사악함'을 만나게 된 것이다.

에베소서 6장 12절에 묘사된 사탄의 세력들은 '정사들'과 '권세들'과 '세상 주관자들'과 '악한 영들'로 나뉜다. ① '정사들'—국가들과 정부들을 다루는 힘과 통치권 ② '권세들'—사탄의 세력에 개방된 모든 영역에서 행동할 능력과 권위를 갖고 있음 ③ '세상 주관자들'—대규모적으로 흑암과 세상의 우매함을 지배함 ④ 하늘의 영역에 있는 '악한 영들'—그들의 세력은 '궤계'와 '화전'과 '간교하고도 맹렬한 공격'과 그들이 구상할 수 있는 '교리들'에 대해 온갖 속임수를 사용하여 예수 그리스도의 교회를 안팎으로 집중 공격한다.

그러므로 하나님의 권속의 위험은 다만 몇몇이 아닌 모든 이들에게 닥치는데, 이는 명백하게 누구도 '믿음에서 떨어질' 수 없지만 그러한 자들은 사실상 믿음으로 시작하는 사람들이기 때문이다. 그러한 위험은 사탄이 영적 세계의 '가르침들'을 향해 개방된 모든 이들 위에 쏟아붓는 '가르치는 영들'의 군대로부터 임하는데, 그들은 그러한 위험성에 대해 무지하기 때문에 원수의 궤계를 간파할 수 없다.

그러한 위험은 구상하는 지적 능력(마 12:44-45)과 자신들을 '주의하는' 이들을 속이는 전략을 가진(엡 6:11) 인격체인(막 1:25) 초자연적 영적 존재들로부터 임하여 교회를 공습한다.

그 위험은 초자연적인 것이다. 위험에 처한 사람들은 영적인 하나님의 자녀들로서, 그들은 육적인 세상에는 미혹당하지 않지만 더욱 '영적'이 되기를 원하고 하나님의 지식에서 더 진보하기를 진심으로 갈망하기 때문에 영적인 일들을 배우고자 하여 가능한 모든 것에 열려 있다. 악한 영들은 이러한 영적 그리스도인들을 살인이나 술 취함이나 도박과 같은 죄로 유인하는 것이 아니라 그들을 '가르침'이나 '교리'의 형태로 속이려고 계획할 것이다. 믿는이는 '가르침'과 '교리'의 속임수가 죄를 통해 사람들을 사로잡는 것 못지않게 속임당한 사람들을 '사로잡도록' 악한 영들에게 기회를 제공하는 것임을 모른다.

악한 영들은 어떻게 '교리들'로 사람을 속이는가

악한 영들이 '교사로서' 사람들로 하여금 그들의 가르침을 받아들이게 하는 방법은 세 가지로 요약될 수 있을 것이다.

(1) 악한 영들은 초자연적인 것이라면 모두 신성한 것으로 여겨 받아들이는 사람들에게 그들의 교리나 가르침을 영적인 계시인 것처럼 준다. 왜냐하면 그들의 가르침 또한 초자연적인 것이기 때문이다. 이런 부류의 사람들은 영적인 영역에 대해 잘 모르기 때문에 모든 '초자연적인' 것을 하나님께로부터 온 것으로 여겨 받아들인다. 이런 형태의 '가르침'은 그런 사람에게 직접 임한다. 즉 어떤 문맥에 빛이 섬광처럼 비춰는 가운데 그리스도의 이상에 의한 '계시'가 임했다거나 성령께서 주신 것처럼 보이는 문맥의 흐름 등과 같은 것이다.

(2) 그들의 '가르침'을 사람의 사고력과 섞어서 스스로 자신의 결론에 이르렀다고 생각하게 한다. 이런 형태의 속이는 영의 가르침은 겉으로 보기에 너무나 자연스러워서 그것이 자신의 생각과 판단력에서 나온 것처럼 보인

다. 그들은 사람의 두뇌 작용을 위조하며 사람의 생각 속에 사상과 제안들을 주입한다. 그리하여 그들은 그 사람의 생각이나 몸을 점유하지 않고서도 어느 정도 직접적으로 생각과 교류할 수 있다.

그러므로 미혹당한 사람들은 자신의 이성에 따라 스스로 결론을 내렸다고 믿으며, 속이는 영들이 그들을 부추겨서 충분한 자료 없이, 혹은 잘못된 전제 위에서 '판단하게' 하여 잘못된 결론에 이르게 했다는 것을 모른다. 가르치는 영은 그릇된 이성을 도구 삼아 사람의 생각에 거짓말을 집어넣어 자신의 목적을 달성한다.

(3) **속이는 영은 간접적인 도구로서 미혹된 교사들을 이용하는데, 사람들은 그들의 경건한 생활과 성격 때문에 은연중에 그들이 희석되지 않은 거룩한 '진리'를 전달할 것이라고 기대하며 믿는다.** 믿는이들은 "그 사람은 좋은 사람이고 거룩한 사람이야. 그래서 나는 그를 믿어."라고 말한다. 그 개인의 인격이 어떠하든 그의 '가르침'을 성경에 비추어 판단하는 대신 그 사람의 생활을 그의 가르침에 대한 충분한 보장으로 여기는 것이다. 이것은 사탄과 그 악령들이 광명의 천사로 위장하여 일할 수 있다(고후 11:14)는 진리를 깨닫지 못한 채 사탄과 악한 영들이 하는 일이란 다 틀림없이 악할 것이라고 생각하는 일반적인 관념에 기초를 둔 것이다. 다시 말해서, 그들이 만일 사람들에게 어떤 사상을 주입하기 위해 '선한 사람'을 찾아 그를 도구 삼아 그 사상을 '진리'로 전할 수 있다면, 아무도 믿어주지 않을 악한 사람보다는 선한 사람이 속이는 목적을 위해 더 나은 도구가 된다는 뜻이다.

거짓 교사들과 미혹된 교사들

'거짓' 교사들과 미혹된 교사들 간에는 차이가 있다. 오늘날 매우 성실한 교사들 가운데에도 미혹된 교사들이 많이 있는데, 이는 그들이 '가르치는 영들'의 군단이 하나님의 백성을 속이기 위해 왔다는 것과 교회의 영적인 면의 위험이 특히 초자연적인 영역에 있다는 것을 인식하지 못하기 때문이다. 그러한 초자연적인 영역으로부터 '속이는 영들'이 가르침을 가지고 와서 영적인 것들에 열려 있는 모든 사람들에게 거짓말을 속삭인다. '교리'를 가진 가르치는 영들은 그들이 '교리'를 전달하고자 하는 대상을 속이기 위해 특별한 노력을 기울일 것이며 그들의 '가르침'을 진리와 섞으려 할 것인데, 이는 사람들로 잘 받아들이게 하려는 것이다.

모든 믿는이들은 오늘날 모든 교사들을 하나님의 말씀에 따라 스스로 시험해 보아야 하며, 그리스도의 속죄하는 십자가에 대한 그들의 자세와 복음의 근본적인 진리들도 점검해 보아야 한다. 또한 교사의 인품으로 '가르침'을 점검하는 오류를 범해서도 안 된다. 선한 사람들도 미혹당할 수 있으며 사탄은 그의 거짓말을 진리로 포장하여 퍼뜨리기 위해 선한 사람을 필요로 한다.

악한 영들의 가르침이 양심에 미치는 영향

바울의 글에서 우리는 가르치는 영들이 어떻게 가르치는가를 볼 수 있는데, 그는 그들이 위선적으로 거짓말을 한다고 말한다. 즉 그들이 마치 진리를 말하는 것처럼 거짓말을 한다는 것이다. 그들의 일의 효과는 양심을 마비시키는 것이라 할 수 있다. 즉, 만일 어떤 믿는이가 악한 영들의 가르침이 '초자연적으로' 그에게 다가왔기 때문에 그 가르침을 거룩한 것으로 여겨 받아들이고 순종하며 따른다면 '양심'이 작동하지 않아 실지로 무감각해지고 수동적이 되거나 마비된다. 그리하여 그는 활동적이고 깨어 있는 '양심'이라면 예리하게 꾸짖고 정죄할 그러한 초자연적 '계시'의 영향 아래서 어떤 일들을 행한다.

그러한 믿는이들은 이러한 영들을 삼가되 첫째로는 그들에게서 듣기를 삼가고 둘째로는 그들에게 순종하기를 삼가야 한다. 그렇지 않으면 그들은 하나님의 임재와 거룩한 사랑에 대한 잘못된 사상을 받아들임으로 미혹되며 알지 못하는 사이에 거짓말하는 영들의 세력에 자신을 내어주게 된다. 속이는 영들은 '가르침'의 노선에서 역사할 때 포장된 '거짓말'을 '거룩한' 가르침에 주입할 것이며, 그렇게 함으로써 죄에 대하여, 자신에 대하여, 그리고 영적 생활과 관련된 다른 모든 진리들에 대하여 믿는이들을 속일 것이다.

성경은 일반적으로 이러한 가르침의 기초로 사용되는데, 그들은 그들의 가르침을 성경과 거미줄처럼 교묘하게 짜서 믿는이들을 덫에 걸리게 한다. 그들은 하나의 본문을 그 문맥이나 그 위치에서 따로 떼어 진리의 관점에서 왜곡시킨다. 또 어떤 문장들을 상호 관계를 가진 문장들에서 따로 떼어 취하며 여기저기서 광범위하게 본문을 발췌하여 함께 짜 맞춤으로 그것이 마치 하나님의 생각을 온전히 계시하는 것처럼 보이게 한다. 그러나 그 구절 전후에 있는 문장들이나 그 말씀과 연결되어 말해져야 할 역사적인 배경과 행동과 환경, 그리고 각각의 본문들에 빛을 주는 다른 요소들은 교묘하게 빠뜨린다.

그렇게 해서 부주의한 사람들이나 성경 해석의 원리를 배우지 못한 사람들을 사로잡기 위한 넓은 그물망이 만들어진다. 그리고 많은 영혼들이 이렇게 하나님의 말씀을 그릇되게 사용하는 자들로 인해 곁길로 나가고 어려움을 당한다. 마귀와 관련하여 보통 그리스도인들의 경험은 그를 '유혹하는 자' 또는 '참소하는 자'로 아는 것에 국한되기 때문에 그자가 얼마나 악한지 또는 악한 영들이 얼마나 사악한지에 대한 개념이 별로 없다. 그러한 인상 때문에 그들은 악한 영들이 성경을 인용하지는 않을 것이라고 생각하지만 사실 악한 영들은 한 영혼이라도 속일 수만 있다면 성경 전체를 인용하려 할 것이다.

속이는 영들이 사용하는 몇 가지 가르침의 방식들

속이는 영들에 의해 널리 퍼뜨려진 '가르침'은 그 수가 너무 많아서 한정된 지면에 일일이 열거할 수 없을 정도이다. 그것들은 일반적으로 '거짓 종교'로만 인식되어 있을 뿐이다. 그러나 가르치는 영들은 '교리들'이나 종교적인 사상을 사람의 생각에 침투시킴으로 모든 나라에서 쉴새없이 활동하며 사람 속에 있는 종교적인 본능을 이용하여 '진리의 대용물'을 주려 한다.

그러므로 오직 진리만이 사탄에 속한 가르치는 영들의 속이는 교리들을 일소한다. 하나님의 진리는 단지 '진리의 관점들'이 아니다. 이 진리는 하나님의 진리의 모든 원칙과 법에 관한 것이다. '귀신들의 교리'는 단지 속이는 영들이 사람 생각 속에 넌지시 암시해 준 것에서 나온 것으로서 사람이 '생각하고' '믿는' 것들로 이루어져 있다. 모든 '생각'과 '믿음'은 두 영역 중 한 곳에 속하는데, 즉 진리의 영역이거나 거짓의 영역이며 각각의 근원은 하나님 아니면 사탄이다. 모든 진리는 하나님으로부터 오며 이에 상반되는 모든 것은 사탄에게서 온다. 심지어 분명히 사람 자신의 생각에서 기원한 것처럼 보이는 '생각'조차도 이 두 근원 중 하나에서 비롯되는 것이다. 생각 자체가 사탄에 의하여 어두워져(고후 4:4) 그의 '가르침들'을 위한 좋은 토양이 되거나, 혹은 하나님에 의해 새로워지고(엡 4:23) 사탄의 베일에서 벗어나 분명해짐으로 진리를 잘 받아들이고 전달할 수 있게 되기 때문이다.

가르치는 영들의 가르침을 시험하기 위한 기본적인 원칙

생각이나 '믿음'은 진리의 하나님이 아니면 거짓의 아비(요 8:44)에게서 비롯되기 때문에 믿는 자나 믿지 않는 자가 붙잡는 모든 교리 혹은 '생각'과 '믿음'의 근원을 테스트하는 기본적인 원칙이 있는데, 그것은 곧 계시된 하나님의 말씀으로 테스트하는 것이다.

모든 '진리'는 세상에 진리를 계시하는 유일한 통로인 '기록된 하나님의 말씀'과 조화를 이룬다. 속이는 영들로부터 비롯된 모든 '가르침'은,

(1) 성경의 권위를 약화시키고
(2) 성경의 가르침을 왜곡시키며
(3) 성경에 사람의 사상을 더하고

(4) 성경을 완전히 제쳐놓는다.

그 궁극적인 목적은 사탄이 하나님-사람에 의해 전복되었으며 그의 모든 포로들이 자유를 얻은 갈보리 십자가에 관련된 하나님의 계시를 숨기고 왜곡하고 오용하고 제쳐두기 위한 것이다.
그러므로 모든 '생각'과 '믿음'에 대한 시험은 다음과 같다.

(1) 그 생각과 믿음이 기록된 성경과 조화를 이루는가
(2) 그 생각과 믿음이 십자가와 죄에 대해 어떤 태도를 취하는가

기독교 세계에서 이 두 가지 기본적인 원칙에 의해 시험된 몇몇 귀신들의 교리는 다음과 같다.

1. **크리스챤 사이언스** : 죄 없음, 구주 없음, 십자가 없음.
2. **신지학**(神智學) : 죄 없음, 구주 없음, 십자가 없음.
3. **강신술** : 죄 없음, 구주 없음, 십자가 없음.
4. **신신학**(新神學) : 죄 없음, 구주 없음, 십자가 없음.

이교도 세계에서 이 두 가지 기본적인 원칙에 의해 시험된 몇몇 귀신들의 교리는 다음과 같다.

1. **마호메트교, 유교, 불교 등** : 구주 없음, 십자가 없음, 사람 자신이 구세주인 '도덕적' 종교.
2. **귀신들을 숭배하는 우상 숭배** : 구주에 대한 지식이나 그분의 갈보리의 희생에 대한 지식은 없다. 그러나 악한 세력에 대해서는 잘 알고 있어서 그들의 비위를 맞추려고 노력하는데, 이는 귀신들이 자신이 존재한다는 것을 나타내기 때문이다.

3. 그리스도인의 교회에서 : 가르치는 영들은 하나님의 진리에 반대되는 수많은 '생각' 과 '믿음' 을 그리스도인들의 생각 속에 주입해서 그들을 죄와 사탄에 대해 벌이는 전쟁에 무기력하게 하고 악한 세력에 굴복하게 하는데, 비록 그들이 그리스도를 믿음으로 말미암아 영원히 구원을 받았고 성경의 권위를 받아들이고 십자가의 능력을 알지라도 그러하다. 그러므로 모든 '생각' 과 '믿음' 은 성경에 계시된 하나님의 진리로 시험해 보아야 한다. 단지 '본문' 이나 성경의 부분이 아닌 말씀에 계시된 진리의 원칙으로 시험해 보아야 하는 것이다. 사탄은 그의 가르침을 '표적과 기사' 로 확증하려 할 것이기 때문에(마 24:24, 살후 2:9, 계 13:13) '하늘로부터 내려온 불' 이나 '능력' 이나 '표적' 은 그 가르침이 하나님의 것이라는 증거가 될 수 없다. 또한 '아름다운 삶' 도 결코 확실한 증거가 될 수 없는데, 이는 '사탄의 일꾼들' 도 '의의 일꾼들' 로 가장할 수 있기 때문이다(고후 11:13-15).

데살로니가 후서 2장은 속이는 영들의 조류가 절정에 이른 상태를 보여줌

사도 바울이 쓴 데살로니가서에는 교회를 휩쓰는 이러한 속이는 영들의 조류의 절정이 묘사되어 있다. 거기서 그는 한 사람이 나타날 것을 말하고 있는데, 그는 결국 하나님의 성소에 들어가기 위해 기독교계를 속일 것이다. 그리하여 "자존하여 하나님 성전에 앉아 자기를 보여 하나님이라" 할 것이다. 그는 그의 '임재'가 하나님의 '임재'처럼 보이게 하려는 것이나 실상 "사단의 역사를 따라 모든 능력과 표적과 거짓 기적과 불의의 모든 속임으로 …" 된 것이다(살후 2:9-10).

마태가 기록한 주님의 말씀의 확증은 밧모 섬에서 요한이 받은 계시에서 발견된다. 그것은 곧 시대 말에 속이는 자가 이 땅의 사람들을 장악할 권세를 얻기 위해 사용하는 주된 무기는 하늘로부터 오는 초자연적인 표적이라는 것이다. 그때 거짓 '어린양'은 '큰 표적'을 행할 것이며 심지어 하늘로부터 불이 내려오게 할 것인데, 이는 이 땅의 거주자들을 속이기 위함이다. 그렇게 함으로써 그자는 온 세계를 통제하면서 "누구든지 이 표를 가진 자 외에는 매매를 못하게" 할 것이다(계 13:11-17). 이러한 초자연적인 속임을 통하여 사탄의 속이는 조직은 예고된 대로 온 세상을 다스릴 권세를 차지하게 될 것이다.

사탄은 더욱 짙어져 가는 흑암으로 세상을 속이며 또 '가르침'과 '출현'으로 말미암아 교회를 속일 것인데, 그것은 시대 말에 그 절정에 이르게 될 것이다.

계시록의 저자가 교회에게 준 특별한 경고

전투 중인 교회로 하여금 마지막 날을 위해 예비하게 하는 데 있어서 교회에게 계시를 전달하도록 선택된 사도가 당시의 그리스도인들에게 글을 쓴 사람이라는 것은 주목할 만하다. 그는 "영을 다 믿지 말라"(요일 4:1-6)고 하였으며, 또한 그의 '자녀들'에게 '적그리스도의 영'과 '미혹의 영'이 이미 그들 가운데 활발하게 역사하고 있다고 진지하게 경고하였다. 그들의 태도는 '믿지 말아야' 하는 것이었다. 즉 모든 초자연적인 '가르침'과 '교사'들이 하나님께 속한 것임이 판명될 때까지는 의심해 보아야 한다는 것이다. 그들은 '가르침들'을 입증해야 했는데, 이는 그것들이 '미혹의 영'으로부터 나오지 않게 하려는 것이며 또한 그들이 '적그리스도' 곧 그리스도를 대적하는 속이는 자의 작전의 일부가 되지 않기 위함이다.

만일 이러한 중립적인 자세와 초자연적인 가르침을 의심하는 것이 사도 요한의 때에 필요했다면, 주님이나 사도 바울이 예고한 '마지막 때'—오순절 후로 57년 정도가 지난 때—에는 그러한 태도가 얼마나 더 필요했겠는가! 이 시대는 '선지자'들의 외치는 소리로 특징지어질 것이라고 했다. 이는 20세기의 언어로 표현하자면 '연설자'와 '교사'가 신성한 주님의 이름을 사용할 것이라는 것이다. 그리고 영적인 영역으로부터 초자연적으로 받아들인 '가르침들'이 넘쳐날 것이다. 이러한 '가르침들'은 '신성한' 기원에서 비롯되었다는 훌륭한 증거들을 가지고 있기 때문에 주님의 백성 가운데 매우 신실한 자들까지도 당혹스럽게 할 것이며 때로는 그들 중 몇몇을 속이기도 할 것이다.

다니엘이 마지막 때에 '교사들'이 타락할 것이라고 예언함

다니엘은 '마지막 때'라는 동일한 용어를 쓰면서 "그들 중 지혜로운 자 몇 사람이 쇠패하여 무리로 연단되며 정결케 되며 희게 되어 마지막 때까지 이르게 하리니(Some of the teachers shall fall, to refine them, and to purify, and to make them white, even at the time of the end)"(단 11:35)라고 말했다. 그렇다. 진리는 반드시 반대에 직면할 것이다! '택하신 자들'은 속임을 당할 것인데, 다니엘의 말에 의하면 그들은 잠시 속임을 당하도록 허락되는 것처럼 보일 것이다. 이는 그들이 불 시험 가운데서 '연단되고'(용광로에서 금속에 섞인 불순물을 빼내듯이), '정결케 되고'(이미 빼낸 불순물을 없애듯이), '희게'(불순물을 없앤 후에 금속을 닦아 윤이 나게 하듯이) 되도록 하려는 것이다.

아마도 이것은 마지막 때에 있을 전쟁에 대해 하신 엄중한 말씀과 연관이 있을 것인데, 그때에 표범 비슷한 짐승의 공격이 있을 것이고 그는 "또 권세를 받아 성도들과 싸워 이기게" 될 것이다(계 13:7).

다니엘 또한 대적이 잠시 동안 이길 것이라고 말했다—"이 뿔이 성도들로 더불어 싸워 이기었더니"(단 7:21). 그리고 "옛적부터 항상 계신 자가 와서 … 때가 이르매 성도가 나라를 얻었더라"고 덧붙였다. 그러므로 '마지막 때'에는 하나님께서 사탄으로 하여금 그분의 성도들을 이기도록 허락하실 것으로 보인다. 심지어 베드로 조차도 밀 까부르듯 키질하도록 사탄의 손에 넘겨졌을 때 사탄이 그를 이기었다(눅 22:31). 또 갈보리에서도 그자는 하나님의 아들을 이긴 것처럼 보이는데, 그때 '어둠의 때와 그 세력'이 십자가상에 계신 그분을 에워쌌다(마 27:38-46). '어둠의 때와 그 세력'이 십자가상에 계신 그분을 에워쌌을 때 겉으로 보기에 사탄은 갈보리 십자가에서 하나님의 아들을 이긴 것 같다. 그는 계시록 11장 7절에 기록된 '두 증인'을 이기고 또 속이는 자 용은 계시록 13장 7절부터 15절까지에서 성도들을 이기고 온 땅에 거하는 자들 위에 그 세력을 행사한다.

이러한 모든 예시는 그리스도와 그분의 교회의 역사에서 서로 다른 시기에 발생한다. 계시록에서 표범과 비슷한 짐승이 성도들을 이긴 것은 교회의 휴거 후에 땅에 남아 있는 성도들을 이기는 것을 언급하는 것일지도 모른다. 그러나 이러한 일들은 하나님의 승리가 종종 겉으로 보기에 패배한 것 같은 상황에 감추어진다는 원칙을 보여 준다. 그러므로 하나님의 선민은 속이는 자인 사탄과 벌이는 전쟁의 각 상황에서 겉으로 드러난 것에 흔들리거나 동요되지 않도록 조심해야 한다. 이는 하나님께 속한 것으로 보이는 초자연적인 세력의 명백한 승리가 결국 사탄에 속한 것으로 판명될 수 있고, 마귀가 승리한 것으로 보이는 외관상의 패배가 결국 하나님의 승리를 덮어 가린 것으로 증명될 수 있기 때문이다.

외적인 성공이나 패배는 어떤 일을 판단하는 참된 척도가 아님

원수는 속이는 자이다. 그는 속이는 자로서 역사할 것이고 마지막 때 그의 역사는 온 땅에 만연할 것이다. '성공'이나 '패배'는 어떤 일이 하나님께 속했느냐 사탄에게 속했느냐를 판정하는 기준이 아니다. 갈보리는 하나님의 구속이 목적하는 바를 이루어내는 데 있어서 하나님의 길을 계시하는 표시로 영원히 서 있을 것이다. 사탄은 잠시 동안 역사하는데, 이는 그가 그의 때가 짧다는 것을 알기 때문이다. 그러나 하나님께서는 영원토록 역사하신다.

죽음을 통하여 생명에 이르고 패배를 통하여 승리에 이르며 고난을 통하여 기쁨에 이르는 것이 하나님의 방법이다.

진리를 아는 것은 속임수에 맞서는 데 있어서 가장 으뜸 가는 안전장치이다. '택함을 받은 자들'은 '알아야' 하며, 무엇이 하나님께 속한 것이고 무엇이 사탄에 속한 것인지를 알 때까지 '영들'을 '분별하기'를 배워야 한다. "내가 너희에게 말한 것을 주의하라"는 주님의 말씀은 위험에 대해 개개인이 갖는 지식이 그분의 자녀들을 지키는 주님의 방법의 일부임을 암시한다. 주님이 미리 '주의하라'고 경고하셨는데도 속임당하지 않을 방법은 알려고 하지 않은 채 '하나님의 지키시는 능력'만 맹목적으로 의존하는 믿는이들은 간교한 대적이 쳐놓은 그물에 자신들이 걸려든 것을 발견할 것이다.

제 2 장
사악한 영들의 사탄적인 동맹

2 | 사악한 영들의 사탄적인 동맹

War on the Saints

　성경의 기록에서 역사에 따라 시대들을 조망해보면 하나님의 백성들의 영적인 능력의 흥하고 쇠함은 악한 귀신적인 군대들의 존재를 인지했는가의 여부에 달려 있다. 옛 시대에나 새 시대에나 하나님의 교회가 영적인 능력의 최고봉에 있었을 때 인도자들은 보이지 않는 사탄의 세력을 잘 알아서 철저히 다루었다. 그러나 영적인 능력이 아주 낮은 상태에 있었을 때에는 사탄의 세력이 소홀히되었으며 그럼으로써 사탄의 세력은 하나님의 백성 가운데서 자유롭게 활동할 수 있었다.

하나님께서 악한 영들로부터의 위험에 대처하기 위해 법을 제정하심

　사탄이 타락한 인간 세상에서 그의 일을 수행하기 위해서 사악한 영들의 실존을 가장 강하게 증명하는 것이 있는데, 그것은 여호와께서 화염에 덮인 산에서 모세에게 주신 법 속에 악한 영적 존재들이 하나님의 백성 가운데 침입하려는 시도를 다루는 엄격한 수단이 구체적으로 나타나 있다는 것이다. 여호와께서는 모세에게 악한 영적 존재들과 관계하는 자들은 죽이라고 엄중하게 지시하심으로 그것들이 이스라엘 진영 안으로 전혀 들어오지 못하게 하셨다.

여호와께서 그러한 주제와 관련하여 법을 주신 것과 그분의 법을 불순종하는 자들을 엄중하게 처벌하라고 하신 것을 통해 우리는 ① 악한 영들이 존재한다는 것과, ② 그들의 사악함과, ③ 그들이 사람과 교제할 수 있고 영향을 미칠 수 있다는 것과, ④ 그것들과 그 일에 대해 철저하게 적개심을 갖는 것이 필요하다는 것을 알 수 있다. 하나님께서 실지로 존재하지 않는 위험에 대비해 법을 제정하실 리 없고, 또 하나님의 백성이 보이지 않는 세계의 악한 영적 존재들과 접촉하는 것을 그렇게 강하게 다루실 필요가 없었다면 죽음이라는 극형을 명하지도 않으셨을 것이다.

하나님의 명을 어긴 백성에 대해 가혹한 처벌이 내려진다는 것은 또한 이스라엘의 인도자들이 정확하게 '영들을 분별해야만 했다'는 것을 암시한다. 그들 앞에 제출된 사건들을 다루는 데 있어서 추호도 의심의 여지가 없이 확실하고 분명하게 판단했어야 했다는 것이다.

모세와 여호수아의 생존 동안에는 하나님께서 정하신 엄중한 명령을 준수하여 그분의 백성을 사탄적인 세력의 침입으로부터 지킴으로써 이스라엘 백성들은 하나님께 충성스러웠다. 그러나 이들 인도자들이 죽고 나서 이스라엘 백성들은 우상 숭배와 죄로 이끄는 악한 영들의 세력으로 인해 어둠에 빠졌다. 그 후 이스라엘의 흥하고 쇠함은 그들이 하나님께 충성하느냐 우상을 숭배하느냐에 달려 있었으며(삿 2:19, 왕상 14:22-24, 대하 33:2-5, 34:2-7 비교) 또한 여호와를 섬기지 않고 사탄을 숭배하는 데에서(이것이 실지 우상 숭배의 의미이다) 모든 죄들이 생겨났다.

그리스도께서 오심으로 신약이 열렸을 때 우리는 하나님-사람이신 그분이 악한 사탄적 세력에 대해 아셨고 그들과 그 일에 대해 절대적인 적대감을 표명하신 것을 본다. 구약에서 모세가 그러했고 신약에서 그리스도께서 그러하셨다. 모세는 하나님을 얼굴과 얼굴을 대면하여 안 사람이고 그리스도께서는 하나님 아버지의 독생자로서 하나님께서 직접 인간 세상에 보내신 분이시다. 둘 모두 사탄과 악한 영적 존재들이 있음을 알고 있었으며, 그들이 사람 안에 들어가서 사람을 점유하는 것을 철저하게 다루었다. 또한 하나님을 적극적으로 반대하는 그들과 맞서 싸웠다.

그리스도의 때로부터 초기 교회의 역사를 지나 계시록이 주어지고 사도 요한이 죽을 때까지를 전체적인 시각에서 보면 하나님의 현저한 능력이 당시 그분의 백성들 가운데 역사하였으며(다양한 면으로) 인도자들은 악한 영들을 알아보고 그들을 다루었는데, 이것은 구약의 모세 시대에 해당하는 기간이다.

중세의 교회

그 후 어둠의 세력이 득세하여—간헐적인 간격과 예외가 있었지만—그리스도의 교회는 점점 어둠의 세력 아래로 들어가 우리가 '중세'라 부르는 가장 어두운 때에 이르렀다. 그때 사탄과 악한 영들의 속이는 역사를 통하여 생겨난 죄들은 모세 때만큼이나 만연하였다. 그때 모세는 하나님의 명령으로 이렇게 기록했다. "너는 그 민족들의 가증한 행위를 본받지 말 것이니 … 복술자나 길흉을 말하는 자나 요술하는 자나 무당이나 진언자나 신접자나 박수나 초혼자를 너의 중에 용납하지 말라"(신 18:9-11).

이제 이 시대 끝, 천년 왕국 바로 전에 그리스도의 교회는 다시 한 번 일어날 것이며 하나님께서 주시고자 한 능력을 얻을 것이다. 그때서야 인도자들은 모세가 구약의 교회에서 그러했던 것처럼, 또한 그리스도와 그분의 사도들이 신약에서 그러했던 것처럼 악한 어둠의 영들의 세력이 있음을 알 것이며 그들과 그 일에 대해 동일하게 단호한 적대감을 표시하면서 맹렬한 전쟁을 할 것이다.

20세기의 교회

20세기의 교회가 초자연적인 악한 세력들의 존재와 그 역사를 알아차리지 못하는 이유는 다름 아닌 교회의 영적 생명과 능력이 낮은 상태에 있기 때문이다. 오늘날 이교도들은 오히려 악한 영들의 존재를 알아보는데 선교사들은 보통 그것을 '미신'과 무지로 여겨버린다. 사실은 종종 선교사들이 더 무지하다는 것을 알 수 있는데, 그들은 공중 권세 잡은 자로 인해 성경에 계시된 사탄적 세력들을 보지 못한다.

이교도의 '무지함'은 그들이 악한 영들에 대해 융화적인 태도를 갖는 데 있다. 이는 그들이 구주께서 '포로 된 자에게 자유를' 선포하기 위해 보내심을 받고(눅 4:18), 이 땅에 오셔서 두루 다니시며 '마귀에게 눌린' 모든 자를 고치셨다는(행 10:38) 복음 소식을 모르기 때문이다. 그분은 또한 그분의 사자들을 보내사 얽매인 자들의 눈을 뜨게 하시고 그들로 "어둠에서 빛으로, 사단의 권세에서 하나님께로 돌아가게" 하셨다(행 26:18).

이교도 땅에 간 선교사들이 악한 영들의 존재를 인지하며 이교도 지역의 흑암이 공중 권세 잡은 자 때문이라는 것을 인정하고 난 후에(고후 4:4, 엡 2:2, 4:18, 요일 5:19), 악한 영들이 실재한다는 것과 이들이 극도로 악의를 품은 대적이라는 것을 너무도 잘 아는 이교도들에게 악의 무리에서 구원될 수 있는 메시지를 선포한다면, 그리고 이에 덧붙여 갈보리의 대속하는 죽음을 통하여 이루어진 죄 사함과 죄에 대한 승리를 선포한다면 수년 안에 선교지에는 커다란 변화가 일어날 것이다.

그러나 이제 성령께서 이미 역사하시어 하나님의 백성들의 눈을 열어 주사 많은 교회의 인도자들이 사탄적 세력이 실재로 존재한다는 것을 인지하기 시작했으며, 어떻게 그들의 일을 분별하며 또 어떻게 하나님의 능력으로 그들을 다룰 것인지를 알려고 애쓰고 있다.

믿는이들은 사탄적인 세력을 다룰 도구를 받을 수 있음

필요한 때에 하나님께서는 그 필요를 채우기 위해 그에 적합한 능력을 주신다. 그리스도의 교회는 교회의 지체들 가운데 침투해 들어오는 악한 영들의 군단을 다루기 위해 사도들이 사용했던 도구를 손에 쥐어야 한다. 우리는 사도행전의 빌립의 경우에서만이 아니라 초기 교부들의 글에서도 모든 믿는이들이 성령의 도구를 받을 수 있으며 그럼으로써 사탄에 속한 귀신의 무리에 대해 그리스도의 권위를 행사할 수 있다는 것을 분명히 볼 수 있다.

'교부들(Fathers)'의 글은 그 당시의 그리스도인들에 대해 다음과 같은 사실을 보여 준다. ① 그들이 악한 영들의 존재를 인지하였고 ② 악한 영들이 사람에게 영향을 주고 속이며 점유한다는 것을 알았으며 ③ 그리스도께서 그분을 따르는 자들에게 그분의 이름으로 말미암은 권위를 주심으로 악한 영들을 다스릴 수 있게 하심을 알았다.

그리스도와 살아 있는 실제적 연합을 이룬 믿는이들이 행사했던 그리스도의 이름으로 말미암은 이러한 권위는 이 시대 말에 있는 하나님의 종들에게도 유효하다. 하나님의 성령께서는 다양한 방식으로 이것을 알려 주신다. 하나님께서는 '시 목사(Pastor Hsi)'라는 중국 본토 그리스도인을 통하여 한 가지 교훈을 주셨는데, 그는 서구 기독교계의 정신적 어려움으로 말미암는 문제를 경험하지 않고 단순한 믿음으로 하나님의 말씀 위에서 행했다. 그는 마치 웨일즈의 부흥이 그러했던 것처럼 하나님의 성령의 부어주심으로 서구에 있는 교회를 일깨웠다. 이것은 성령의 권능이 오순절 때와 마찬가지로 20세기에도 역사한다는 것을 나타냈을 뿐 아니라, 하나님과 그분의 백성을 적극적으로 반대하는 사탄의 세력들의 실재 및 성령으로 충만된 하나님의 자녀들이 그들을 다룰 수 있도록 장비되어야 할 필요성을 드러냈다. 또한 웨일즈의 부흥은 성경의 기록에 비추어 사람들 가운데 하나님의 능력이 가장 현저하게 드러날 때가 예외 없이 사탄의 역사도 함께 드러날 때임을 보여 주었다. 하나님의 아들께서 광야에서 어둠의 주관자와 싸우시고 악의에 찬 행동을 하는 많은 사람들 속에 숨어 있는 귀신들을 발견하셨을 때에도 그러했는데, 그로 인해 팔레스타인 모든 지역에서 귀신 들린 사람들이 인자 앞에 왔을 때 그들을 사로잡은 영들은 힘을 쓰지 못하고 벌벌 떨었다.

오늘날 교회의 일부 깨어 있는 사람들은 악한 영적 존재들의 실재에 대해, 그리고 온 인류를 멸망시키는 데 혈안이 된 초자연적 존재들이 그리스도와 그 나라를 대적하여 군주국을 조직했다는 것에 대해 조금도 의심을 품지 않는다. 그리고 이러한 믿는이들은 하나님께서 그들을 부르사 그리스도와 그분의 교회의 원수들과 맞서 싸우기 위해 모든 장비를 갖추라고 말씀하신다는 것도 안다. 그러한 믿는이들은 공중 권세 잡은 자인 속이는 자를 알고 그의 사람을 속이는 기술과 방법들을 정확하게 분별하기 위해서 성경을 철저하게 연구하여 속이는 자의 특징과 악한 영들이 어떻게 사람을 점유하고 사람의 몸을 이용하는지를 알아야 한다.

사탄과 악한 영들을 구분함

우리는 귀신들의 군왕인 사탄의 역사와 그의 악한 영들의 역사가 어떻게 구분되는지를 특별히 주목할 필요가 있다. 이는 오늘날 우리가 그들의 전략을 이해하기 위해서이다. 왜냐하면 많은 사람들이 이 대적을 다만 유혹하는 자로 여길 뿐, 그자가 꾀는 자요(계 12:9), 방해자요(살전 2:18), 살인하는 자요(요 8:44), 거짓말쟁이요(요 8:44), 참소자요(12:10), 빛의 천사로 가장한 자로서 능력을 행사하는 것을 생각지 못한다. 그리고 악한 영들이 사탄의 명령에 복종하여 끊임없이 그들의 길을 가로막고 속이며 방해하고 죄를 짓게 한다는 것을 모른다. 매우 사악한 거대한 귀신의 군단은(마 12:43-45) 악을 행하고 살인하며(막 5:2-5) 속이고 파괴하기를(막 9:20) 좋아한다. 또한 온갖 부류의 인간에게 접근하여 그들이 온갖 악한 일을 하도록 조장하며,

인간의 자녀들을 파괴시키려는(마 27:3-5) 그들의 사악한 계획이 성공할 때에만 만족한다.

광야에서 사탄이 그리스도께 도전함

그리스도께서는 귀신들의 군왕인 사탄과(마 9:34) 그의 군대인 사악한 영들이 분명히 구분된다는 것을 아셨으며 복음서의 여러 곳에서도 그 차이점을 볼 수 있다(마 25:41). 우리는 사탄이 광야에서 주님을 시험함으로 도전할 때 인격 안에서 그렇게 했으며, 사탄의 책략이 하나님의 아들에게 폭로되어 그가 물러갈 때까지 그리스도께서도 한 사람으로서 말에는 말로, 생각에는 생각으로 그에게 답변하셨음을 볼 수 있다(눅 4:1-13).

우리는 주님께서 그를 '이 세상 임금'(요 14:30)이라 부르시고 나라를 다스리는 자(마 12:26)로 인정하신 것을 볼 수 있다. 또한 마치 사람에게 하듯이 그에게 명령하는 식으로 "거기에서 나가라"고 하셨으며, 한편 유대인들에게는 사탄의 특징을 '처음부터 죄 짓는 자', '살인자', '거짓말쟁이'로 묘사하셨다. 사탄은 한때 하나님의 천사장이었던 자로서 '진리에 서지 못하는', '거짓의 아비'(요 8:44)이다. 그는 또한 '악한 자'(요일 3:12), '대적', '옛뱀'으로도 불리운다(계 12:9).

그의 일하는 방식에 관하여 주님은 그를 '가라지를 뿌리는 자'라고 하셨는데, 가라지는 하나님의 '아들들' 가운데 있는 '악한 자의 아들들'이다(마 13:38-39). 주님은 대적이 뛰어난 지도력을 갖고 있으며, '이 세상 임금'으로서 뛰어난 일 처리 능력으로 온 세상에서 자신의 일을 지시하며, 자신의 '아들들'로 불리우는 사람들을 어디든지 자신이 원하는 곳에 앉힐 수 있는 능력을 가진 자임을 보여 주셨다.

우리는 또한 성경에서 사탄이 하나님의 말씀을 듣는 모든 자에게서 말씀의 씨앗을 빼앗아 가려고 노리고 있음을 보는데, 이것 또한 주님이 비유를 직접 해석하신 곳에서 '공중의 새'로 묘사하신바, 그의 하수인들의 넓은 행동 반경인 세상에서의 그의 수행 능력을 암시하는 것이다(마 13:3, 4, 13, 19, 막 4:3, 4, 14, 15, 눅 8:5, 11, 12). 주님은 이 '새들'이 '악한 자'(마 13:19), '사탄'(막 4:15) 혹은 '마귀'(눅 8:12)를 의미하는 것임을 분명히 말씀하셨다.

또한 성경의 다른 부분의 전반적인 가르침을 볼 때 이러한 사탄은 그가 다스리고 있는 악한 영들에게 명령함으로 그의 일을 수행하는 것을 알 수 있다. 비록 사탄이 빛처럼 빠르게 자신이 지배하는 세상 어느 곳에나 옮겨 다닐 수 있긴 하지만 무소부재한 존재는 아니다.

사탄에 대한 주님의 인식과 태도

주님은 광야에서 사탄을 물리치셨지만 그가 '잠깐 동안' 그분을 떠났을 뿐이므로 언제나 대적을 마주할 준비가 되어 있으셨다(눅 4:13). 주님은 베드로 안에서 사탄이 역사하는 것을 재빨리 분별하시고 그자의 이름을 언급하시면서 짧은 한 마디로 그를 폭로하셨다(마 16:23). 주님은 유대인들 속에 숨어 있는 대적의 가면을 벗기시면서 "너희는 너희 아비 마귀에게서 났으니"(요 8:44)라고 말씀하셨다. 그리고 예리한 말씀으로 사탄에 대해, 유대인들로 하여금 그분을 죽이도록 충동질하는 '살인자'요 하늘에 계신 아버지와 그분 자신에 대해 거짓말하는 '거짓말쟁이'라고 하셨다(요 8:40-41).

폭풍우가 이는 호수 위에서 깊이 잠들어 있다가 갑자기 깨어나서도 주님은 즉시 대적에 대해 맞서셨으며 공중의 권세 잡은 자가 그분을 대적하여 일으킨 폭풍을 위엄 있는 태도로 조용히 '꾸짖으셨다'(막 4:38-39).

간단히 말해서, 광야에서 승리하신 예수께서 압도하는 위엄으로 어둠의 권세들에게 다가가실 때 그들의 정체가 드러나는 것을 발견할 수 있다. 때로 '자연스럽게' 보이는 일 뒤에서 예수님은 초자연적인 세력을 발견하시고서 꾸짖곤 하셨다. 다른 사람들 안에 있는 악령들을 꾸짖으신 것처럼 주님은 베드로의 장모가 앓고 있는 열병을 꾸짖으셨다(눅 4:39). 그러나 또 다른 경우에서는 단순히 말씀으로 병자를 치유하셨다.

주님께 대한 사탄의 태도와 악한 영들의 태도는 다소 다르다는 것을 주목해야 한다. 우두머리인 사탄은 그분을 유혹하고 방해하려 했으며, 바리새인들을 선동하여 그분을 반대하게 했으며, 제자 배후에 숨어 그분이 십자가를 지지 않고 다른 곁길로 가도록 유혹했으며, 결국 한 제자를 사로잡아 그분을 배신하게 했으며, 군중을 선동하여 그분을 죽였다. 그러나 악한 영들은 그분 앞에 나아와 절하면서 그들을 '그대로 내버려두시기를' 청했으며 무저갱으로 들어가라 명하지 마시기를 간청했다(눅 8:31).

우두머리인 속이는 자의 영역은 사도 바울이 사탄을 '공중 권세 잡은 자'라고 묘사한 데에서(엡 2:2) 특별히 언급되었다. 공중이나 '하늘'은 사탄과 그의 하수인들이 활동하는 특별한 영역이다. 귀신들의 왕인 바알세불은 그 이름의 뜻이 '파리들의 신(神)'으로서 공중 권세 잡은 자가 활동하는 영역의 특성을 일컬으며, '어두움'이라는 말도 그들의 성격과 행함을 묘사한다. 주님께서는 '공중의 새'라는 표현으로 사탄의 일을 묘사하셨는데(마 13:4, 19) 이는 "온 세상은 악한 자 안에 처한 것"이라는 요한의 말과(요일 5:19) 더불어 앞에서 말한 것들과 정확하게 일치한다. '공중'은 이러한 공중의 영들이 활동하는 장소이며 바로 그러한 분위기 안에서 온 인류가 움직이는데, 그것이 곧 '악한 자 안'이다.

복음서에 기록된 악한 영들

복음서의 기록은 악한 영들의 활동에 대한 언급으로 가득하며, 주님께서 가시는 곳마다 사탄의 밀사들이 사람들의 몸과 마음속에 거주하면서 능동적으로 자신들을 드러낸 것을 보여 준다. 따라서 그리스도와 그분의 사도들의 사역 또한 그들을 능동적으로 대항하는 쪽으로 나아갔으며, 성경에는 여러 번 "저희 여러 회당에서 전도하시고 또 귀신들을 내어쫓으시더라"(막 1:39), "예수께서 … 많은 귀신을 내어쫓으시되 귀신이 자기를 알므로 그 말하는 것을 허락지 아니하시니라"(막 1:34), "더러운 귀신들도 어느 때든지 예수를 보면 그 앞에 엎드려 부르짖어 가로되 당신은 하나님의 아들이니이다 하니"(막 3:11)라고 기록되어 있다. 주님은 그분이 택하신 열두 사도를 보내실 때에도 역시 악한 영들을 고려하셨음을 알 수 있다. 왜냐하면 주님이 제자들에게 "더러운 귀신을 제어하는 권세를 주셨기"(막 6:7) 때문이다. 후에 주님은 다른 칠십 인을 세우셨는데, 그들 역시 그들의 일을 수행하러 나갔을 때 귀신들이 그분의 이름으로 말미암아 그들에게 복종하는 것을 보았다(눅 10:17).

그렇다면 예루살렘, 가버나움, 갈릴리, 시리아에는 미친 사람들과 간질 환자들로만 가득했는가 아니면 악한 영이 사람들을 사로잡는다는 진리가 일반적인 사실인가? 복음서의 기록을 볼 때 하나님의 아들께서 어둠의 세력을 이 세상의 모든 죄와 고통의 실질적이고도 일차적인 원인으로 간주하고 다루신 것은 분명한 사실이며, 그분과 그분의 제자들의 사역에서 공격적인 부분은 끊임없이 그들을 대항하는 쪽으로 나아갔다. 한 면으로 주님은 세상을 속이는 자를 다루시고 '강한 자'를 결박하셨으며, 다른 한 면으로는 그분의 백성들에게 하나님에 대한 진리를 가르치셨는데, 이는 흑암의 왕이 백성들의 마음에 심어놓은 거짓말을 제하기 위함이었다.

우리는 또한 주님께서 바리새인들의 대적하는 행위 배후에 있는 마귀를 분명히 아셨으며(요 8:44), 갈보리에서 그분을 핍박하던 자들 배후에 있는 '어두움의 때와 권세'(눅 22:53)에 대해서도 분명히 아셨다는 것을 발견한다. 그분은 자신의 사역이 '포로 된 자에게 자유를 선포하는 것'(눅 4:18)이라고 하셨다. 또한 갈보리에서 십자가에 못 박히시기 전날 밤 "이제 이 세상에 심판이 이르렀으니 이 세상 임금이 쫓겨 나리라"(요 12:31)고 말씀하셨을 때 포로로 사로잡는 자가 누구인지를 드러내셨고, 후에 이 '임금'이 그분께 다시 한 번 올 것이나 그분 안에서는 그가 세력을 행사할 아무런 근거도 찾지 못할 것이라고 말씀하셨다(요 14:30).

그리스도께서는 항상 보이지 않는 대적들을 다루셨음

주님께서는 바리새인들에게 자신이 메시야라고 주장하면서 그들을 확신시키려 하지도 않으셨고 이 땅에서 왕을 원하는 유대인들의 요구를 들어주심으로 그들을 얻을 기회도 갖지 않으셨다는 것은 주목할 만한 사실이다. 이 세상에서 그분의 유일한 사역은 십자가에서 죽으심으로 이 세상 임금인 사탄을 정복하는 것이며(히 2:14), 사탄의 압제 아래 있는 포로들을 구출하고 인류 배후에서 역사하는 보이지 않는 흑암의 세력을 처리하는 것이었다(요일 3:8 참조).

주님이 열두 제자와 칠십 인에게 주신 위임은 그분 자신의 위임과 정확히 일치한다. 주님은 그들을 보내시면서 "더러운 귀신을 쫓아내며 모든 병과 모든 약한 것을 고치며 복음을 전하는 권능"(마 10:1)을 주셨으며 "먼저 강한 자를 결박하고"(막 3:27), 그런 다음 그의 세간을 늑탈하는 권능을 주셨으며, 먼저 보이지 않는 사탄의 세력을 처리하고 그런 다음 '복음을 전하는' 권능을 주셨다.

이 모든 것으로부터 우리는 그리스도와 그분의 백성들을 반대하는 모든 세력을 일컫는 하나의 사탄, 하나의 마귀, 하나의 귀신들의 왕이 있음을 배울 수 있다. 그러나 사람 안에서 주관적으로 역사하는 것은 '귀신들'이라 불리우는 무수한 악한 영들과 거짓 영들, 속이는 영들, 더러운 영들, 부정한 영들이다. 그들이 누구인지, 그리고 그들의 근원이 어디인지 아무도 확실하게 말할 수 없다. 그들이 악한 영적 존재들이라는 것은 의심할 여지가 없으며, 사탄의 속임수에서 벗어나 해방된 사람들은 모두 자신들의 체험으로 그들의 존재와 능력을 입증한다. 사탄의 속임수에서 벗어나 해방된 사람들은 모두 그러한 영적 존재들이 그들에게 한 일이 악하다는 것을 안다. 그러므로 그들은 악한 일을 행하는 영적 존재들이 있다는 것을 인식하고, 귀신 들린 것의 징후와 영향과 현시의 배후에 활동적이고 인격적인 힘이 존재한다는 것을 안다. 그들은 체험적으로 영적 존재가 자신들을 방해하고 있으며 훼방꾼인 악한 영들이 이러한 징후와 영향과 현시를 초래했다는 것을 안다. 그러므로 성경의 증거만이 아니라 경험에 의한 사실에 따라 이성의 작용을 통하여 그들은 이러한 악한 영들이 살인자요, 유혹자요, 거짓말쟁이요, 참소자요, 위조자요, 대적이요, 미워하는 자요, 사악한 자라는 것을 깨닫는다.

이러한 악한 영들의 이름에는 그들의 특성이 묘사되어 있다. 왜냐하면 그들은 '더럽고', '거짓말하며', '부정하고', '악하며', '속이는' 영들이라 불리우기 때문이다. 그들은 온갖 사악한 일과 속이는 일과 거짓말하는 일에 전념한다.

악한 영들의 특징

우리는 복음서에 언급된 구체적인 예들을 주의깊게 살펴봄으로 이 악한 영들의 특징이 무엇이며 어떻게 그들이 사람의 몸과 마음에 거할 수 있는가를 알 수 있다. 뿐만 아니라 하나님의 말씀의 다른 부분들에 언급된 것을 통해 하나님의 종들까지도 방해하고 잘못된 곳으로 인도하며 속이는 그들의 능력에 대해서도 알 수 있다.

악한 영들은 보통 지적인 존재들이 아닌 '영향력'으로 여겨진다. 그러나 그들에 대한 주님의 직접적인 명령에서 그들의 인격과 실체, 각각 지적 존재로서의 특성의 차이 등을 볼 수 있다(막 1:25, 3:11-12, 5:8, 9:25). 그들은 말할 수 있는 능력을 가졌으며(막 3:11), 지적인 언어로 그분께 답변하고(마 8:29), 두려움을 느끼며(눅 8:31), 갈망을 분명하게 표현하고(마 8:31), 쉴 만한 거처를 필요로 하며(마 12:43), 결정할 수 있는 지적 능력을 갖추고 있고(마 12:44), 다른 영들과 의기투합할 수 있는 능력이 있으며, 사악함의 정도가 다르고(마 12:45), 분노하며(마 8:28), 힘이 있고(막 5:4), 혼자서(막 1:26) 혹은 집단으로(막 5:9) 사람에게 들어가는 능력이 있으며, 인간을 신처럼 보이게 하기 위해서 혹은 미래를 예견하기 위한 매체로서 인간을 사용하거나(행 16:16); 그들의 능력에 의해 위대한 기적을 행하는 일꾼으로 인간을 사용하기도 한다(행 8:11).

악한 영들의 분노와 사악함

악한 영들이 크게 분노하여 활동할 때 그들은 가장 심하게 미친 사람, 가장 악한 사람과 결합하여 활동한다. 그러나 그들의 모든 악함은 고도의 지능과 목적을 가지고 행해진다. 그들은 자신들이 무엇을 하는지 알고 있으며 그것이 무섭게 악하다는 것도 알고 있다. 그럼에도 악한 영들은 그러한 일을 기꺼이 하려 한다. 그들은 분노와 악의와 적의와 증오심을 가지고 악을 행한다. 마치 성난 소처럼, 마치 아무 지력이 없는 것처럼 분노와 잔인함으로 행동하지만, 사실 그들은 특유의 지성으로 그들의 일을 수행하며 그들의 사악함을 보여 준다. 그들은 완전히 타락한 본성으로 행동하며 악마적인 분노와 결코 빗나가지 않는 끈기로 행동한다. 그들은 결단과 끈기와 숙련된 방법으로 인류와 교회, 더 나아가 영적인 사람들까지 공략한다.

사람들을 통해서 나타나는 악한 영들의 다양성

악한 영들은 자신들이 역사할 근거지를 삼은 사람들을 통하여 나타나는데, 그것은 그들이 점유한 사람들의 수준과 종류에 따라 매우 다양하다. 성경에서 한 가지 경우를 보면 악한 영에 사로잡힌 것이 벙어리로 드러났다(마 9:32). 그 악령은 아마 발성 기관에 있었을 것이다. 다른 경우에 악령에 사로잡힌 사람은 '귀머거리요 벙어리'였다(마 9:25). 그리고 그는 입에 거품을 물고 이를 가는 증상을 보였는데, 이는 모두 머리와 관계 있는 것이다. 거기서 악령은 아주 오랫동안 그를 사로잡고 있었기 때문에 그를 쓰러뜨리고 심한 경련을 일으키게 할 수 있었다(막 9:20-22).

또 다른 경우에 우리는 '회당'에 있던 사람에게서 단지 '부정한 영'을 발견하게 되는데, 그것은 매우 감추어 있어서 귀신이 그리스도를 보고 "우리를 멸하러 왔나이까?"(막 1:24) 하며 두려움으로 부르짖을 때에서야 비로소 사람들은 그가 귀신 들렸다는 것을 알았다.

또 누가복음에서 우리는 한 여인에게 '병들게 하는 영'이 있음을 보는데 (13:11), 혹자는 그녀가 단지 질병을 '고쳐'달라고 간구하였다고 할 것이고 혹자는 오늘날 언어로 그녀가 항상 피곤하니 다만 '휴식'이 필요하다고 말했다고 할 것이다.

또 '군대' 귀신이 들린 사람처럼 아주 심한 경우도 있다. 악한 영이 사람을 사로잡은 정도가 절정에 이르러 그 사람이 미친 것처럼 보이게 되는 것이다. 이것은 그를 사로잡은 악한 영이 그 사람의 인격을 전적으로 주관하여 다른 사람들이 있는 데서 그의 품위와 자기 통제 능력을 완전히 상실하게 하였기 때문이다(눅 8:27).

악한 영들이 그들의 우두머리의 뜻을 수행함에 있어서 그 목표의 통일성은 특히 악한 영들이 일제히 돼지 떼에 들어가도록 허락해달라고 간청하여 모든 돼지 떼가 바다로 달려들어간 것에서 볼 수 있다.

다른 부류의 악한 영들

복음서들에 기록된 모든 예시들을 통해 다른 부류의 악한 영들이 있다는 것이 분명한 사실임을 알 수 있다. 이러한 다른 부류의 악한 영들의 존재는 복음서 외에 빌립보의 '점하는 귀신'들린 여종, 그리고 사탄의 능력을 얻어 기적을 행함으로 사람들을 속여 그들이 '하나님의 큰 능력'으로 여겼던 마술사 시몬의 이야기(행 8:10)에서도 볼 수 있다.

오늘날 심령술사가 자신이 죽은 자의 영혼들과 교류하고 있다고 믿는다면 그는 속임당하고 있는 것이다. 악한 영들이 죽은 자들, 심지어 가장 충성되고 경건한 그리스도인들을 흉내내는 것은 그리 어렵지 않은 일이다. 악한 영들은 그들의 모든 생활을 관찰해왔기 때문에(행 19:15) 그들의 음성을 위조하거나 그들에 대한 모든 어떠함과 이 땅에서의 그들의 행동에 대해 말할 수 있다.

악한 영들은 영매(靈媒)들을 통해 예언함

속이는 영들은 '점하는 귀신'의 경우에 그러했듯이 속이기 위해 '수상가(手相家)'와 '점쟁이'를 이용할 수 있다. 속이는 영들은 사람들을 주시하면서 영매들에게 예언할 수 있도록 영감을 불어넣는다. 그들의 예언은 장래에 대한 것이 아니라—장래에 대한 것은 오직 하나님만이 아실 수 있다—그들이 하고자 의도하는 것들이다. 그리고 그들이 예언한 것을 받아들이거나 믿게 함으로써 그들에게 협력하는 사람을 얻을 수 있다면, 그들은 결국 예언한 일이 일어나게 할 수 있는 것이다. 즉, 영매가 그 사람에게 이러저러한 일이 일어날 것이라고 말할 때, 그 사람이 그 말을 믿고 그 믿음을 통해 자신을 악한 영들에게 열어 줌으로써 그러한 일이 일어나게 하거나 혹은 악한 영을 받아들여 결국 그가 예언한 일이 일어나는 결과를 맞이하게 되는 것이다. 그들이 언제나 성공할 수 있는 것은 아니다. 왜냐하면 많은 것들, 특히 친구의 기도나 그리스도인 교회의 중재가 악한 영들의 역사를 방해할 수 있기 때문이다. 이것이 영매들의 예언의 응답이 그리 확실하지 않은 이유이다.

이러한 일들은 주님이 두아디라에 보내신 편지에서 언급하신바 '사탄의 깊은 것들'(계 2:24)의 일부인데, 사도들이 복음서에 기록한 모든 예시들에서 발견되는 것보다 훨씬 더 간교한 것으로서 그 당시 그리스도인들 가운데 있었던 역사들을 분명하게 언급하는 것이다. 사도 바울은 마지막 때에 귀신의 '가르침'이 절정에 달할 것이라고 예언했는데(딤전 4:1), 거기서 그는 속임수의 음모가 이미 하나님의 교회 가운데 활동하고 있음을 보여 주었다. "불법의 비밀이 이미 활동하였으나 …"(살후 2:7).

악한 영들은 오늘날 교회 밖에서만이 아니라 교회 안에서도 활동하고 있으며, 악한 영들과 교류하는 것을 의미하는 '강신술(降神術)'은 교회 안의 가장 영적인 믿는이들 사이에서도 발견될 수 있다. 그러나 그들은 강신술사로 활동했던 적이 없기 때문에 자신들이 강신술과는 아무 관련이 없다고 생각한다. 이는 그들이 악한 영들은 모든 인간을 속이며 또 그들의 역사를 교회나 세상에 한정시키지 않고 자신들의 능력을 나타낼 만한 여건이 마련된 곳이라면 어디서나 공격한다는 사실을 모르기 때문이다.

악한 영들의 힘이 인간의 몸을 지배함

악한 영들은 그들이 사로잡고 있는 인간의 몸을 지배하는데, 이러한 예가 복음서에 기록되어 있다. '군대 귀신' 들린 사람은 스스로 자기 몸이나 생각을 주관할 수 없었다. 악한 영들이 '그를 붙잡아' '광야로 몰고 가려' 했으며(눅 8:29), 힘을 주어 고랑과 쇠사슬을 끊을 수 있게 했고(막 5:4), 밤낮 무덤 사이에서나 산에서나 늘 소리지르며 돌로 제 몸을 상하게 하고(5절), 다른 이들을 사납게 공격하게 했다(마 8:28). 또한 '벙어리 귀신' 들린 소년을 거꾸러 뜨리고(눅 9:42) 경련을 일으키게 했다. 귀신은 그를 잡아 소리지르게 하여 소년의 몸을 상하게 하고 심한 상처를 내게 했다(39절). 귀신 들린 사람의 치아와 혀, 발성 기관, 귀, 눈, 신경, 근육과 호흡기는 악한 영들에게 영향을 받고 방해받는다. 그 사람이 약하게 되거나 강하게 되는 것은 다 악한 영들의 역사로 말미암은 것이며, 남자들이나(막 1:23), 여자들이나(눅 8:2), 소년들이나(막 9:17), 소녀들이나(막 7:25), 다 한가지로 악한 영들의 힘에 노출되어 있다.

유대인들은 귀신 들린 것에 대해 잘 알고 있었는데, 이것은 그들이 주 그리스도께서 눈 멀고 벙어리 된 한 사람에게서 귀신을 쫓아내신 것을 보았을 때 한 말에 분명히 표현되어 있다(마 12:24). 또 그들 가운데에는 그러한 경우를 다루는 방법을 아는 사람들이 있었다(27절). 주님은 거기서 "너희 아들들은 누구를 힘입어 쫓아내느냐"고 말씀하셨다. 그러나 여러 경우를 통해 그들이 악한 영들을 다루는 방법은 그리 효과적이지 않다는 것을 볼 수 있다. 그들의 경우 최선책은 귀신 들린 자의 고통을 경감시켜주는 것이었던 것 같다. 예를 들면, 사울 왕의 경우 그는 다윗의 하프 연주 소리를 듣고 마음이 누그러졌으며, 스게와의 아들들은 전문적으로 악귀를 쫓아내는 무당이었지만 자신들이 소유하지 못한 귀신 쫓는 능력이 예수의 이름에 있음을 깨달았다. 이 두 가지 경우는 모두 그리스도와 그분의 사도들이 명령을 발함으로 귀신이 쫓겨난 것과는 대조적으로 고통을 경감시키려는 시도나 귀신을 쫓는 의식이 위험하다는 것을 현저히 드러내고 있다. 사울에게 하프를 연주해주고 있던 다윗은 그가 마음을 달래주려 하던 사울의 손에서 돌연히 창이 날아오는 것을 알아차렸다. 그리고 스게와의 아들들이—예수 안에서 개인적으로 믿음을 행사하는 모든 이들에게 주어지는 하나님의 동역이 없이—단지 예수의 이름만을 사용하자 악귀 들린 사람이 그들에게 뛰어올라 억제하였다. 이러한 악한 영들의 해악(害惡)을 알고 있는 이교도들이 행할 수 있는 최선의 방책은 악한 영들에게 복종함으로써 그들의 증오를 달래고 누그러뜨리는 것이다.

악령들을 내쫓는 의식은 그리스도의 말씀의 권위와 대조적임

이 모든 것들은 그리스도께서 잠잠히 권위를 행사하신 것과 얼마나 대조적인지! 그리스도께서는 귀신에게 간청하거나 귀신을 내쫓는 의식을 치르실 필요가 없으셨으며 귀신 들린 사람을 다루기 전에 오랜 기간 자신을 준비시킬 필요도 없으셨다. 그리스도께서 귀신을 내쫓으시는 것을 보고 경외심으로 놀란 사람들은 다음과 같이 간증했다. "그분이 한 마디 말씀으로 귀신을 쫓아내셨다." "권세와 능력으로 명하시매 … 귀신이 순종하였다." 또한 예수께서 보내신 칠십 인도 그분의 이름의 권세를 사용할 때 귀신들이 주님께 복종하듯 자신들에게도 복종했다고 간증했다.

사람들은 "그들이 그분께 복종했다."고 말했다. '그들'이란 악한 영들로서 사람들이 실체를 가진 존재들로 인식하는바 그 우두머리인 바알세불의 통치 아래 있는 자들이다(마 12:24-27). 주님이 귀신들을 완전히 정복하시는 것을 보고 종교 지도자들인 바리새인들은 귀신들을 제어하신 그분의 권위의 근원이 무엇인지 설명하기 위해 몇 가지 방법을 찾았다. 사탄의 계략에 대해 통찰력을 갖고 있는 자들이라면 다 잘 알고 있는 사탄의 간교한 영향을 받아 바리새인들은 돌연히 "이가 귀신의 왕 바알세불을 힘입지 않고는 귀신을 쫓아내지 못하느니라"고 말했다. 그들은 주님이 사탄의 능력을 힘입어 귀신을 쫓아내셨다고 비난함으로써 악한 영들을 제어하는 그리스도의 권위가 악한 영들의 우두머리로부터 비롯된 것이라고 그 근원을 규정한 것이다.

주님은 사탄의 왕국과 그의 왕권을 부정하지는 않으셨다. 다만 그분은 '하나님의 손가락으로' 귀신을 쫓아내셨으며, 사탄의 거짓말을 개의치 않고 만일 스스로 분쟁하여 사탄의 밀사들이 점령한 인간의 몸에서 사탄이 그 밀사들을 몰아내면 사탄의 왕국은 곧 무너질 것이라는 단순한 진리를 선포하셨다. 사탄이 겉으로 보기에 스스로 분쟁하는 것은 사실이다. 그러나 사탄이 그렇게 하는 것은 그 자신의 왕국에 더 큰 유익을 가져오기 위해 어떤 계략을 은폐시키기 위해서이다.

오순절 후에 사도들은 권위로 악한 영들을 제어함

오순절 후에 사도들은 보이지 않는 세계에 거류자들이 있다는 것을 인식하고 이들을 다루었다. 이것은 사도행전과 서신서들에 분명하게 나타나 있다. 제자들은 삼 년 반 동안 주님의 손에서 훈련을 거친 후에 오순절과 성령 강림을 통한 초자연적인 세계의 개시(開始)를 위해 준비되었다. 주님이 사탄의 악한 영들을 다루시는 것을 지켜보면서 그들 또한 악한 영들을 다루는 법을 배웠기 때문에, 이미 원수의 역사를 인지하고 있던 이들에게 오순절 날 성령의 능력은 안전하게 주어질 수 있었다. 우리는 성경 기록으로부터 베드로가 아나니아 속에 있었던 사탄의 역사를 금방 식별할 수 있었으며(행 5:3), 그들이 주님과 함께 행했을 때 '더러운 귀신'이 쫓겨난 것을 볼 수 있다(행 5:16). 빌립 또한 그가 사람들에게 그리스도를 선포할 때 악한 영들이 그의 증거하는 말에 복종하는 것을 보았으며(행 8:7), 바울 또한 승천하신 주님의 이름의 권세가(행 19:11) 악한 세력을 다루는 것을 보았다. 이와 같이 우리는 성경 기록에서 하나님의 능력이 나타남으로써 사탄의 군단이 타격을 입고 처리되었다는 사실을 분명히 볼 수 있다.

성경의 역사를 통해 우리는 주님을 통하여 하나님의 능력이 나타남으로써 악한 세력이 다루심을 받았을 뿐 아니라 오순절에 사도들을 통해 하나님의 능력이 나타남으로써 악한 세력이 또 한 번 다루심 받았다는 것을 분명히 알 수 있다. 오순절에 사도들을 통해 하나님의 능력의 나타난 것은 사도들이 흑암의 권세에 대해 공격적인 태세를 취한 것을 의미하며, 이 세대 말에 그리스도의 교회는 성장하고 성숙함으로 공중 권세 잡은 자인 사탄의 군단을 향하여 사도들과 동일한 태도와 동일한 인식을 지니게 될 것을 의미한다. 이 세대 끝에 그리스도의 교회는 초기 교회가 그러했듯이 예수의 이름의 권위를 성령과 함께 증거할 것이다. 간략히 말해서, 그리스도의 교회가 최고의 영적 수준에 도달할 때 교회는 귀신 들린 상태를 인지하고 처리할 수 있을 것이며, 어떻게 기도로 '강한 자를 결박할' 것인지, 어떻게 그리스도의 이름으로 악한 영들에게 '명령할' 것인지, 어떻게 그들의 권세에서 사람들을 구원하여 해방시킬 것인지를 알게 된다는 것이다.

20세기의 교회는 흑암의 권세를 인식해야 함

이를 위해 그리스도의 교회는 속이고 거짓말하는 영들의 존재가 그리스도께서 이 땅에 계실 당시 못지 않게 20세기에도 생생하며 인간을 향한 그들의 태도 또한 변하지 않았다는 것을 인식해야 한다. 그들이 끊임없이 추구하는 한 가지 목표는 모든 인간을 속이는 것이다. 그들은 밤낮으로 사악한 일에 몰두하며 쉬지 않고 능동적으로 악의 흐름을 세상에 쏟아붓고 있다. 그들은 사람을 속이고 황폐케 하려는 그들의 사악한 계획이 성공할 때에서야 비로소 만족할 것이다.

그러나 하나님의 종들은 사람들 가운데 쏟아부어진 사탄의 권세의 거센

홍수의 흐름을 믿음과 기도로, 기도와 믿음으로 대적하기 위해 그리스도께서 주신 권위를 사용할 필요성을 인식하지 못한 채, 오로지 그들의 역사를 파괴하고 죄를 처리하는 것에만 관심을 두어왔다. 그러한 결과 남자든 여자든 젊은이든 나이든 사람이든, 심지어 그리스도인이든 비그리스도인이든 그들의 궤계와 그들의 정체에 대한 무지로 인해 그들의 간계에 속임당하고 사로잡히게 되었다.

이러한 사탄의 초자연적인 세력들은 진실로 부흥에 장애물이 된다. 오순절에 일어난 부흥의 모든 특징을 지녔던 웨일즈 부흥 때 쏟아부어진 하나님의 능력은 주님이 이 땅에 계실 때 접하시고 사도들과 초기 교회가 직면했던 것과 동일한 악한 영들의 유입에 의해 계속 방해받고 저지되어 최고의 목표에 다다를 수 없었다. 20세기의 그리스도인들은 사도들과 초기 교회들과는 달리 거의 예외 없이 흑암의 권세가 침입해 들어오는 것을 인식하지 못하며 따라서 그것을 처리할 줄 모른다.

귀신 들림은 오순절 이후 역대로 그와 유사한 부흥이 일어날 때마다 뒤따라 발생하여 부흥을 방해해 왔다. 교회가 성숙에 이르기 원한다면 이제 이러한 악한 영들의 역사를 이해하고 그것을 처리해야 한다. 복음서에 기록된 귀신 들린 것만이 아니라 이 세대 끝에 성령을 가장하여 일어날 특별한 형태의 현시들을 이해해야 한다. 그러한 특별한 형태의 현시 속에는 복음서 기록에 나타난 것처럼 그 신체적인 징후의 특징적인 표시가 일부 포함되어 있는데, 그 현시들을 본 사람들은 모두 그것이 사탄에 속한 영들의 역사라는 것을 알았다.

제 3 장
현 시대에 행해지는 악한 영들의 속임수

3 | 현 시대에 행해지는 악한 영들의 속임수

War on the Saints

시대 말에 속이는 자들이 속이는 영들의 군대를 통해 참된 그리스도의 교회 전체를 맹렬하게 공격할 것인데, 이때 다른 사람들보다 더 유별나게 흑암의 권세의 공격을 받는 사람들이 있을 것이다. 이들은 마지막 때의 시험을 면하고 장차 이 땅에 임할 더 큰 환난의 때(눅 21:34-36, 계 3:10)를 능히 피할 수 있도록 악한 영들의 속이는 역사를 밝히 아는 빛을 얻어야 한다.

이는 그리스도의 몸의 지체들 가운데 성장의 정도가 다르고 하나님께서 허락하신 시험의 정도도 다르기 때문이다. 하나님께서는 그 자신의 필요를 알고 깨어 기도함으로 넘어질까 조심하는(고전 10:12-13) 믿는이를 위해 피할 길을 내신다. 하나님은 우주의 주권자로서 모든 구속받은 믿는이에 대하여 사탄이 역사할 수 있는 범위를 제한하셨다(욥 1:12, 2:6, 눅 22:31 참조). 그리스도의 지체들 가운데 일부는 아직 유아기 단계에 있으며 초기에 성령을 영접한 사실조차 모르는 이들도 있다. 그러한 믿는이들에게는 이 책이 말할 것이 많지 않다. 그들은 '하나님의 말씀의 젖'을 필요로 하는, 보다 연약한 자들이기 때문이다.

그러나 교회에는 그리스도 교회의 전위(前衛) 부대라고 할 수 있는 사람들이 있는데, 그들은 성령으로 침례받았거나 성령 침례를 추구하고 있는 사람들이다. 그들은 참된 그리스도의 교회의 무능력함을 인해 탄식하고 안타까워하며 교회의 증거가 그토록 무력한 것으로 인해 심히 애통해하는 순수하고 간절한 믿는이들이다. 그들은 '강신술'과 '크리스천 사이언스'와 기타 '이념'들이 수많은 사람들을 휩쓸어 미혹하는 오류에 빠지게 하는 것을 한탄한다. 그들이 영적인 영역으로 전진해 들어갈 때, 다른이들을 현혹했던 속이는 자가 그들에 대해 특별한 계략을 세움으로써, 악한 속임수를 분별하는 능력을 무력하게 만들 수도 있음을 거의 생각지 못한다. 그들은 이 땅을 뒤덮은 흑암 속에 하나님께서 강력하게 개입하시기를 원하는 그들의 갈망을 충족시키기 위해 계획된바 위조된 '그리스도들', '거짓 선지자들', '표적과 기사들', '하늘에서 내려오는 불덩이' 등이 눈부신 매력을 발함으로 특별한 속임수에 빠질 위험에 처해 있으면서도 그러한 악한 영들의 역사가 일어날 가능성을 인식하지 못하며, 따라서 그러한 특별한 속임수에 직면할 준비도 되어 있지 않다.

이들은 또한 어떤 희생을 치르면서라도 주님을 따를 준비가 되어 있으나 이들의 희생은 분별없는 무모한 것이며, 그들이 더 높은 영적 단계로 전진할 때 보이지 않는 세계의 영적 세력들과 싸우도록 준비되어 있지 않음을 깨닫지 못한다. 그러한 믿는이들은 초기에 그들 안으로 주입된 정신적인 개념들로 가득 차 있는데, 그러한 개념들은 그들이 갈구하는 목표를 성취하기 위해 나아갈 때 접하게 될 일에서 그들을 준비시키시는 하나님의 영을 방해하며, 또한 매우 맹목적으로 영적 세계를 향해 전진하고 있는 자들에게 필요한 많은 것들을 성경을 가지고 알려 주는 데에 방해가 된다. 또 그러한 개념들은 그들을 속여 안심하게 함으로 속이는 자가 역사할 근거를 제공하며, 심지어 속이는 자가 그들을 고분고분한 먹이로 얻을 수 있도록 속임수를 일으키기도 한다.

'순수한 영혼들'이 속임당할 수 있는가

그러한 믿는이들의 생각 속에 깊이 새겨진 한 가지 지배적인 관념은 '하나님을 순수하게 추구하는 자들'은 하나님께서 속임당하도록 내버려두지 않으시리라는 것이다. 이것은 그러한 추구하는 자들을 꾀어 거짓으로 안심시키는 사탄의 거짓말 중 한 가지인데, 지난 이천 년 교회 역사가 이것을 입증한다. 이천 년에 걸친 교회 역사는 슬픈 열매를 산출한 모든 '오류의 계략'이 첫 번째로 '순수한 영혼들'인 충성스런 믿는이들을 손에 넣었다는 것을 보여 준다. 현 시대에 잘 알려진 그러한 믿는이들 단체 가운데 있는 오류는 모두 성령으로 침례받은 '순수한' 하나님의 자녀들 가운데에서 시작되었다. 그들은 모두 그들 이전에 있었던 순수한 믿는이들이 영적 행로를 벗어났다는 것을 알면서도 자신들은 결코 사탄의 계략에 미혹되지 않을 것이라고 확신했다. 그러나 그들도 영적 생활의 더 높은 선상에서 하나님의 역사를 위조하는 거짓 영들에게 속임당한 것이다.

그러한 충성스런 믿는이들 가운데에서 거짓 영들은 그 믿는이들이 성경을 문자적으로 순종하고자 결심한 것을 근거로 하여 역사해 왔으며, 기록된 말씀의 문자를 오용함으로써 믿는이들을 균형 잡히지 않은 진리 안으로 몰고 갔다. 그러한 진리를 따른 결과 믿는이들은 잘못된 실행 안으로 이끌리게 된다. 이러한 '성경적인 명령들'에 집착하는 것으로 인해 고통받아온 많은 이들은 자신들이 그리스도를 위해 고난받는 순교자들이라고 굳게 믿는다. 세상은 이러한 믿는이들을 '괴짜들', '광신자들'이라고 부르지만 그들은 주님 자신에게 최상의 헌신과 사랑을 바치고 있는 것이다. 만일 그들이 흑암의 세력이 그들을 속인 이유를 깨닫고 그것에서 자유롭게 되는 길을 안다면 그들은 해방될 수 있을 것이다.

하나님의 참된 역사였던 웨일즈 부흥의 여파로 숱한 '순수한 영혼들'이 악한 초자연적 세력의 영향에 의해 쓰러지게 되었는데, 이는 그들이 하나님의 참된 역사와 악한 초자연적인 세력의 영향을 분간하지 못했기 때문이었다.

그리고 웨일즈 부흥이 일어나고서 훨씬 후에 다른 '운동들'이 일어났는데, 이러한 운동들에서 하나님의 역사를 위조하고 속이는 영들의 계략을 통해 수많은 열심 있는 하나님의 종들이 사탄의 속임수에 빠져들었다. 교활한 원수에게 속임당한 모든 '순수한 영혼들'과 기타 믿는이들이 '냉철한 생각으로 회복되도록', 그들을 사로잡은 마귀의 올무에서 벗어나도록 깨어 있지 않는다면(딤후 2:26) 그들의 정직함과 간절함에도 불구하고 훨씬 더 깊은 속임수로 이끌릴 수 있음을 명심해야 한다.

빛에 충실한 것만으로는 속임수를 방지하지 못함

하나님의 자녀들은 동기가 진실되고 빛에 충실하다고 해서 속임수를 충분이 방지하지는 못한다. 그들은 '목적의 순수성'이 원수의 궤계로부터 안전하게 보호받을 수 있는 보증이 되지 못한다는 것을 알고 그보다는 하나님의 말씀의 경고를 주의하며 깨어 기도해야 한다.

진실되고 신실하며 순수한 그리스도인들은 사탄과 그의 속이는 영들에게 다음과 같은 이유로 속임당할 수 있다.

(1) 사람이 그리스도의 기름부으시는 역사를 신뢰함으로 그에게 새 생명을 주시는 성령의 거듭나게 하는 능력에 의해 하나님의 자녀가 될 때, 하나님과 자신과 마귀에 대한 완전한 지식을 동시에 받는 것은 아니다.

(2) 본성상 어두워지고(엡 4:18), 또 사탄이 베일을 덮어 가림으로(고후 4:4) 어두워진 생각은 진리의 빛이 그것을 꿰뚫기까지는 이해할 수 있는 그의 분량만큼만 새롭게 되고 베일이 벗겨진다.

(3) '속임수'는 생각과 관계 있으며 잘못된 사상을 소위 진리라는 속임수 아래 생각에 받아들이는 것을 의미한다. '속임수'는 도덕적 특성이 아닌 무지에 근거하기 때문에 그가 소유하고 있는 지식의 정도로만 '신실하고', '진실한' 그리스도인은 마귀의 '궤계' (고후 2:11)와 마귀가 무엇을 할 수 있는지를 모르는

영역에서는 분명 속임수에 노출되어 있다. '진실하고', '신실한' 그리스도인은 무지함으로 인해 마귀에게 '속임당하기' 쉽다.

(4) 믿는이가 진실되고 충성되다면 하나님께서 그를 속임당하는 데서 보호하실 것이라는 생각 자체가 '속임수'이다. 그것은 그러한 생각이 그를 방심하게 하여 하나님의 역사를 위해 믿는이 편에서 충족시켜야 할 조건들이 있다는 사실을 소홀히하게 하기 때문이다. 하나님께서는 어떠한 것도 사람 대신에 하지 않으시고 오직 사람이 그분과 동역할 때에만 역사하신다. 하나님은 속임당하는 데서 보호받을 지식을 이미 제공하셨을지라도 사람의 무지를 보충해주실 의무는 떠맡지 않으신다.

(5) 만일 속임당할 위험이 없거나, 제자들이 '주의' 하지 않고 또 그들이 그러한 위험성에 대한 지식을 소유하지 않았다 해도 하나님께서 그들을 속임수에서 보호하기로 약속하셨다면 그리스도께서는 제자들에게 "속임당하지 않도록 주의하라" 고 경고하지 않으셨을 것이다.

믿는이가 속임당할 수 있다는 것을 알 때 그는 그의 생각을 진리와 하나님께로부터 임하는 빛에 지속적으로 열어 둘 수 있다. 그러한 지식은 하나님의 지키시는 능력을 위해 필수적인 조건인 반면, 빛과 진리에 대해 닫힌 생각은 확실히 보장하건대 사탄에게 속임당할 것이다.

성령 침례

교회 역사를 회고하며 다양한 '이단들'이나 '미혹하는 일들'—그것들은 때로 그렇게 불리웠다—이 발생한 것을 관찰해 볼 때, 우리는 속임의 시기가 어떤 커다란 영적 전기와 함께 시작된 것을 추적할 수 있는데, 그러한 영적 전기를 후에 우리는 '성령 침례'라고 일컫는다. 그러한 때에 사람은 성령께 자신을 완전히 내어맡기게 되며 그럼으로써 자신을 보이지 않는 세계의 초자연적 세력에 열어놓게 된다.

이러한 전기가 위험한 이유는 바로 이때 믿는이가 옳고그름을 판단하는 데에 자신의 이성을 사용하지 않은 채 원칙상 하나님의 뜻이라고 믿는 것에 순종했기 때문이다. 그러나 이제 그는 성령께 자신을 내어맡김으로 보이지 않는 인격에 복종하고 그의 정신의 기능과 이성의 힘을 자신이 하나님께 속했다고 믿는 것에 대해 맹목적으로 굴복시키기 시작한다.

성령 침례가 의미하는 바는 다음 장에서 다루어질 것이다. 이 시점에서 다루어야 할 것은 그것이 그리스도인 생활에서 하나의 위기라는 것이다. 그것은 체험한 사람이 아니고는 누구도 완전히 이해할 수 없다. 그것은 하나님의 영이 사람에게 매우 실제적이시기 때문에 그의 삶의 가장 높은 목표가 '절대적으로 성령께 복종하는 것'이 된다는 것을 의미한다. 그는 어떠한 희생을 무릅쓰고서라도 하나님의 뜻을 수행하는 데 의지를 굴복시키며 또 그의 전 존재를 보이지 않는 세계의 힘에 굴복시킨다. 물론 그러한 믿는이는 영적 영역에 다른 세력들이 있으며 '초자연적'인 것이 모두 하나님께 속한 것은 아니라는 것을 고려하지 않은 채 다만 그러한 것들이 하나님께 속한 것이라고 여기는 것이다. 그리고 그는 어떻게 하나님의 세력과 사탄의 세력이 대립하는지를 분별하지 못하며 보이지 않는 세력에 온 존재를 절대적으로 복종시키는 것이 경험이 없는 믿는이에게 결정적인 위험 요소가 된다는 것을 깨닫지 못한다.

'성령께 순종'하기 위해 이렇게 굴복하는 것이 과연 성경에 부합되는 것인가는 많은 진실한 믿는이들이 잘못 인도되어온 사실에 비추어 점검해보아야 한다. 왜냐하면 만일 그것이 성경적인 태도라면 많은 헌신된 하나님의 자녀들에게 위험 요소가 되고 때로는 완전한 파멸의 원인이 된다는 것이 도무지 납득할 수 없는 일이기 때문이다.

'성령' 께 순종하라는 표현은 성경적인가

'하나님이 자기를 순종하는 자에게 주시는 성령'은 '성령께 순종하라'는 표현의 근원이 되는 중요한 어구이다. 이 어구는 예루살렘에서 회의가 열리기 전에 베드로가 사용한 표현으로서 다른 성경 구절에서는 이와 같은 사상을 보지 못한다. 이 어구를 읽는 모든 사람이 분명한 결론에 도달할 수 있기 위해서는 주의 깊게 읽을 필요가 있다. 사실 우리는 '하나님을 순종해야' 하는데(행 5:29), 베드로는 공회 앞에서 "우리는 이 일에 증인이요 하나님이 자기를 순종하는 자에게 주시는 성령도 그러하니라"(32절)고 말했다. 사도의 말은 '성령을 순종하는 것'을 의미하는가? 아니면 '하나님을 순종하는 것'을 의미하는가? 그 둘 사이의 차이점을 구별하는 것은 중요하며, 그 단어들의 배열은 하늘에 계신 삼위일체 하나님께서는 내주하시는 하나님의 영의 능력을 통해 순종을 받으실 수 있다는 성경의 다른 부분들의 가르침에 따라 정확하게 이해될 수 있다. 그것은 아들을 통하여 성령에 의해 아버지 하나님께 순종하는 대신 성령을 순종의 대상으로 삼는 것은 믿는이를 하늘 보좌 위에 계신 하나님이 아닌 그 믿는이 안에 계시거나 혹은 그를 둘러싸고 계신 '성령'께 순종하거나 의존하는 데로 이끌 위험성이 있기 때문이다. 오직 하나님만이 그분의 아들과 연합된 그분의 자녀들의 순종을 받으셔야 한다. 성령은 믿는이들의 순종의 대상이 아니라 하나님께서 경배를 받으시고 순종을 받으시기 위한 수단 또는 매체이시다.

믿는이 안에서의 성령의 참된 역사

그러나 성령 침례를 통해 한 위격이신 성령께서 믿는이의 의식의 범위 안으로 들어오시기 때문에 잠시 하늘에 계신 삼위일체의 다른 위격들은 가리워질 수도 있다. 이때 성령께서는 사고와 경배의 중심과 목표가 되시며 본래 그분이 원치 않으시는 위치에 놓이신다. 그러한 위치는 하늘에 계신 아버지께서 정하신바 성령님이 소유하거나 차지하셔야 할 위치가 아니다. 주님은 갈보리로 가시기 전, 오순절에 그분이 오실 것을 말씀하시면서 다음과 같이 말씀하셨다. "그가 자의로 말하지 않고 …"(요 16:13). 성령께서는 가르치는 분으로 행하실 것이지만(요 14:26), 자의로 말하지 않고 다른 한 분의 말씀을 가르치신다. 성령께서는 자신이 아닌 다른 분을 증거하셔야 했으며(요 15:26), 다른 분을 영화롭게 하셔야 했으며(요 16:14), 다른 분이 말씀하신 것을 듣고 말씀하셔야 했다(요 16:13). 간략히 말해서, 성령의 모든 역사는 무대의 배경 뒤에서 지도하고 역사하시면서 영혼들을 아들과 연합되고 하늘에 계신 아버지를 알도록 이끄시는 것이다.

그러나 성령 충만을 통한 영적 세계의 개시와 믿는이의 관심을 사로잡는 성령의 역사는 또한 속이는 자들의 우두머리가 새로운 형태의 궤계를 행하기 시작하는 기회가 된다. 믿는이가 삼위일체 하나님의 역사에 대한 성경의 기록에 무지할 경우, '성령을 순종'하는 것은 이제 그에게 있어서 지고의 목적이 된다. 따라서 이제 속이는 자는 성령의 인도와 성령 자신을 위조하는 책략을 쓰기 시작하는 것이다. 그자는 어쨌든 하나님의 종을 지배할 힘을 다시 얻어서 그가 흑암의 세력에 맞서 공격적으로 전쟁을 벌이지 못하도록 세상으로 되돌아가게 하거나 하나님을 적극적으로 섬기지 못하도록 어떤 곁길로 나가게 해야 하기 때문이다.

성령 침례시의 위험성

믿는이의 무지함은 바로 여기 있는데, ① 영적인 세계가 이제 그에게 열렸다는 것과 ② 그 영역에 악한 세력의 역사가 있다는 것과 ③ 하나님께서 그 안에서, 그를 통하여 역사하시는 조건들을 알지 못함으로 인해 원수에게 역사할 기회를 내어주게 된다는 것이다. 이 시기는 제자들이 주님께 삼 년 동안 교육받고 준비된 것과 같은 과정을 거치지 않는 한 모든 믿는이들에게 가장 위험한 시기이다. 그 위험성은 성령과 동역하는 조건과 하나님의 뜻을 분별하는 법을 모름으로 인해 초자연적인 '인도'를 따르는데 있으며, 광명의 천사로 가장한 자의 역사를 간파하기 위해 필요한 '영들을 분별하는 법'을 알지 못함으로 위조된 현시들을 따르는 데 있는데, 그자는 성령의 역사와 관련된 예언, 방언, 신유 또는 다른 영적 체험들을 위조한 은사들을 가져다 줄 수 있기 때문이다.

영적인 영역의 반대 세력에 대해 눈이 열린 사람들은 직접적인 초자연적인 인도에 있어서 오직 하나님만을 순종하고 있다고 보증할 수 있는 믿는이가 거의 없음을 아는데, 이는 거기에 방해받기 쉬운 많은 요소들이 있기 때문이다. 말하자면 믿는이 자신의 생각과 자신의 영과 자신의 의지, 그리고 흑암의 세력의 기만적인 침입 등이다.

악한 영들이 아버지, 아들, 성령이신 하나님을 위조할 수 있기 때문에 믿는이는 또한 하나님의 역사와 사탄의 역사의 차이점을 분간하기 위해 하나님께서 역사하시는 원칙을 매우 분명하게 알아야 한다. 믿는이로 하여금 '영들'을 분별할 수 있게 하는 영적 은사로서 '분별력'이 있지만, 이러한 분별력을 갖추려면 하나님께 속한 교리와 '가르치는 영들'의 교리 또는 가르침을 식별하기 위해서 '교리들'에 대한 지식을 가져야 한다.

영들을 분별하는 은사에 의해 어떤 영이 역사하는지를 간파하는 것이 있으며, 또한 영들을 시험하는 것이 있는데 이것은 교리적인 것이다. 전자의 경우 믿는이가 영적 분별력을 사용하여 어떤 모임이나 어떤 사람 안에서 거짓 영들이 활동하고 있다고 말할 수 있지만 그는 교사가 제시한 '교리들'을 시험하는 데에 필요한 '이해력'을 갖고 있지 않을 수 있다. 그에게는 두 가지 경우에 다 지식이 필요하다. 한 가지는 초자연적인 역사들이 '하나님께 속한' 것으로 위조된 것처럼 보이는 겉모습에도 불구하고 확신을 가지고 그의 영을 읽어내는 지식이며, 또 한 가지는 하나님께로부터 나온 것처럼 보이지만 실은 무저갱에서 나온 것으로서 너무도 확실한 징후를 지닌 '가르침들'의 치밀한 부분을 간파해낼 수 있는 지식이다.

믿는이가 개인적으로 하나님을 순종할 때 ① 하나님께서는 늘 그분의 명령에 있어서 어떤 목적을 가지고 계시다는 진리와 ② 그분께서는 그분의 본성과 말씀에 부합되지 않은 명령은 주지 않으신다는 진리로써 그 열매를 판단함으로, 그리고 하나님의 성품을 앎으로 그가 어떤 '명령들'에서 하나님을 순종하고 있는지의 여부를 분별할 수 있다. 분명한 지식을 갖기 위해 필요한 다른 요인들은 나중에 다루겠다.

왜 성령 침례가 특별한 위험의 때인가

매우 중대한 또 다른 문제가 바로 여기에서 제기된다. 성령 침례 후에 믿는이가 그처럼 특별하게 속이는 자의 역사에 노출되는 이유는 무엇인가? 성령께서 그토록 현저하게 그를 점유하셨는데 어떻게 속이는 자가 그에게 역사할 '입지'가 마련되며, 또는 그러한 믿는이가 속이는 자의 접근에 노출될 수 있는가? 이러한 질문에 대해 다음과 같이 답변해보겠다. 그는 이전에 지은 죄로 인해 악한 영이 몸이나 생각에 들어가 그의 신체 구조 깊은 곳에 숨었기 때문에 결코 그 정체를 감지하거나 그를 쫓아낼 수 없었는지 모른다. 이러한 악한 영의 현시는 겉으로 보기에 매우 '자연스럽거나' 그 사람의 성격과 일치되는 것처럼 보이기 때문에 그의 존재 안에서 방해받지 않고 영향을 미치고 있었을 것이다. 그것은 그 사람의 특이한 성격의 일부로 간주되고 있는 독특한 생각 등으로서 다른이들은 그에 대해 '인내해야 하는데' 자신은 그다지 잘못되지 않았다고 여기며 대단치 않게 생각한다. 또 가정에서 양육받으면서 형성된 신체적 습관도 그러하다. 또는 악한 영이 그 사람만이 알고 있는 은밀한 죄나 악한 영으로 지배할 수 있게 하는 어떤 기질을 통해 그를 점령했을 것이다(4장의 '수동성'과 5장의 '망상' 참조). 물론 성령 침례 때 죄는 처리되었다. 다시 말해서, 죄는 처리되었지만 악한 영이 그 사람의 특이한 성격으로 현시된바 '마귀의 역사'는 간파되지 않은 상태로 남아 있는 것이다. 성령 침례시에 성령께서 그 사람의 영을 채우시고 몸과 생각은 하나님께 굴복되지만, 몸과 생각 중 어느 한 곳 혹은 양편 모두에 악한 영들이 은밀하게 자신을 감추는데, 이 악한 영들은 수년 전에 그를 점령했다가 이제 다시 활동하기 시작하여 영의 내적 성전에 거하시는 하나님의 영의 참된 역사를 빙자하여 그들의 '현시'를 숨기는 것이다.

이러한 역사의 결과, 잠시 동안 그의 마음은 사랑으로 가득하게 되고 영은 빛과 기쁨으로 채워지며 혀는 자유로이 증거하게 된다. 그러나 오래지 않아 '광신적인 영', 혹은 교활한 교만의 영, 혹은 자존심과 자기 과장이 슬며시 기어들어오는 것을 감지할 수 있는데, 이러한 것들은 하나님께 속했음을 부인할 수 없는 성령의 순수한 열매들과 동시에 발생한다.

속이는 자가 그의 책략을 수행하기 위해 역사하는 근거는 무엇이며 또 그러한 책략은 무엇인지, 어떻게 해서 헌신된 믿는이를 유혹하는 데 있어서 그처럼 성공을 거둘 수 있는지에 대해서는 이 책의 후반부에서 다룰 것이다. 지금 강조하는 것은 '순수하고' 간절한 믿는이들이라도 속임당할 수 있으며, 심지어 속이는 영들에게 사로잡혀서 그들을 해방시키는 빛이 임하지 않는다면 한동안 속임수의 늪에 빠져 있거나 영원히 속임당한 채로 있게 된다는 사실이다.

반드시 이론들을 점검해 보아야 함

속이는 영들의 역사와 속이는 방법을 아는 빛 안에서 또 한 가지 명확해지는 것은 하나님과 및 사람 안에서 역사하시는 그분의 방법, 그리고 그에 관련된 일들에 대한 20세기의 이론들과 개념들과 표현들을 면밀히 점검하는 것이 필요하다는 것이다. 진리에 대한 '관점들'은 차치하더라도 하나님에 대한 진리만이 하늘에 속한 영역에서 벌어지는 악한 영들과의 전쟁에서 자신을 보호하거나 싸우는 데 효력이 있을 것이기 때문이다.

어느 정도이든 '타고난 사람'(고전 2:14, 육에 속한 사람)의 생각에서 나온 모든 것은 이러한 대전투에서 지푸라기 병기에 지나지 않음이 입증될 것이다. 우리가 다른이들의 '진리에 대한 견해들'에 의존하거나 진리에 대한 자신의 인간 관념에 의존한다면, 사탄은 심지어 우리 안에 이러한 이론들을 축적시켜 우리를 속이는 데에 바로 이러한 이론들을 사용하고 이러한 이론들을 수단으로 하여 그의 목적을 성취할 것이다.

그러므로 우리는 이 시점에서 믿는이들이 하나님의 일과 영적 영역에 관하여 가르침받고 생각해온 '모든 것을 점검'하기 위해 열린 생각을 갖는 것의 중요성을 아무리 강조해도 지나치지 않다.

그들이 붙잡고 있는 모든 '진리들', 그들이 '거룩한 가르침'에 사용해온 모든 어구와 표현들, 그들이 다른이들을 통해 흡수한 모든 '가르침들', 인간적으로 이해되고 우리가 잘못 축적하고 있을지도 모를 진리에 대한 모든 잘못된 해석과 이론과 구절들이 지금 교회와 믿는이 개개인이 벌이고 있는 전쟁에서 우리 자신과 다른이들에게 위험한 결과를 가져올 수도 있기 때문이다. '후일에' 악한 영들은 가르침의 형태를 지닌 속임수로 다가올 것이기 때문에 믿는이들은 어떤 '가르침'이 속이는 자의 밀사에게서 기인하지 않았는지를 가려내기 위해 그들이 받아들인 '가르침'을 심사숙고하여 점검해야 한다.

영적인 믿는이들에게 '모든 것을 판단하라고' 권고함

사도 바울은 영적 일들을 점검할 것을 거듭 강하게 권면하고 있다. "신령한 자는 모든 것을 판단하나('검사하다', 헬라어로는 '조사하다', '판결하다'의 뜻이 있음)"(고전 2:15). '신령한' 믿는이는 언제나 새롭게 된 기관인 '판단력'을 사용해야 한다. 이러한 영적 점검이나 판단은 '하나님의 성령의 일들'(고전 2:14)과 관련하여 작용하는 것으로 언급되고 있는데, 이를 통해 우리는 하나님께서 친히 그분의 영으로 그분 자신의 역사에 대해 '판단'하고 '점검'하도록 권하심으로써 그리스도 안에서 재 창조하신 사람의 지적 인격을 존중하시는 것을 볼 수 있다. 심지어 '하나님의 성령의 일들'조차도 '영적으로 분별하여' 점검하지 않고서는 하나님께 속한 것으로 받아들여서는 안 된다. 그러므로 어떤 사람들이 현 시대의 비정상적이고 초자연적인 현시들과 관련하여 믿는이들이 하나님의 모든 역사를 이해하거나 설명하는 것은 필요한 일도 아니고 심지어 하나님의 뜻을 따른 것도 아니라고 말할 때, 그것은 '신령한 자는 모든 것을 판단하나'라고 말하는 사도 바울의 말에 부합되지 않은 것이다. 그가 하나님께 속한 일들을 명확하게 분별할 수 있을 때까지 그의 영적 판단력으로 받아들일 수 없는 것은 모두 거절해야 한다.

그리고 믿는이는 영의 일, 즉 영적인 영역에서 일어나는 모든 일들을 분별하고 판단해야 할 뿐 아니라 그 자신을 판단해야 한다. 왜냐하면 "우리가 우리를 살폈으면"('살피다'는 헬라어로 '철저한 조사'를 의미함) 지금까지 우리 자신이 분별력을 사용하는 데에 실패한 일들에 빛을 가져다주시는 주님의 다루심을 받을 필요가 없을 것이기 때문이다(고전 11:31).

사도 바울은 고린도인들 가운데 성령께서 역사하시는 방법을 설명하면서 다시금 다음과 같이 기록한다. "형제들아 지혜에는 어린아이가 되지 말고 악에는 어린아이가 되라 지혜에 장성한 사람이 되라"(고전 14:20). 믿는이는 '지혜'에 '장성한 사람'이 되어야 한다. 다시 말해서, 시험하고 증명하며 '범사에 헤아릴' 수 있어야 한다(살전 5:21). 그는 '진실하여 허물없이' 그리스도의 날까지 이르도록(빌 1:10) '다른 것들을 시험'하기 위해 지식과 '모든 분별력'이 풍성해야 한다.

표현과 '견해'와 교리들을 점검해 보아야 함

이러한 하나님의 말씀의 지시대로, 그리고 그리스도의 교회가 현재 겪고 있는 중요한 시기를 인해 우리가 다른이들의 체험을 통해 얻은 지식뿐 아니라 우리가 어떤 일들에 관하여 가지고 있는 모든 표현이나 '견해'나 이론은 이제 하나님의 순수한 진리를 알고자 하는 간절하고 열린 갈망에 의해 주의 깊게 점검되고 시험되어야 한다. 그럴 때 이것은 우리 노정에 빛을 비출 것이다. 모든 비평들은 공정하든 공정하지 않든 겸손하게 받아들여야 하며, 외견상이든 실지이든 그 근거를 발견하기 위해 검사해보아야 한다.

하나님의 교회의 모든 부분에서 발견되는 영적 진실성에 대한 사항도 우리 자신의 빛 비춤을 위해서든 혹은 하나님을 섬기기 위해 준비되기 위해서든 그것이 개인적으로 유쾌한 것이나 불쾌한 것이냐에 상관없이 분석되어야 한다. 진리에 대한 지식은 사탄에 속한 거짓 영들과의 전쟁을 위해 가장 필수적인 것이며, 진리를 얻기 위해서는 진리를 알려는 진지하고 진실한 갈망으로 간절하게 추구해야 하며 하나님의 빛 안에서 진리에 순종해야 하기 때문이다. 편견이 없는 분별력에 의해 드러나는 우리 자신에 대한 진리, 채색되지 않고 무리가 없으며 훼손되지 않고 희석되지 않은 성경의 진리, 그리스도의 몸의 한 부문만이 아닌 모든 지체들에게 있는 체험에 대한 진리가 사탄에 속한 거짓의 영들과의 전쟁을 위해 가장 필수적인 것이다.

마귀의 속임수에서 구출됨에 있어서 진리가 점하는 위치

마귀의 속임수에서 자유케 하는 진리의 능력에 관하여 근본적인 원칙이 있다. 거짓을 믿는 데에서 구출되는 길은 진리를 믿는 것이다. 진리 외에는 그 어떤 것도 거짓을 제할 수 없다. "진리를 알지니 진리가 너희를 자유케 하리라"(요 8:32). 이 구절은 주님이 심오한 말씀을 하시면서 언급하신 특별한 진리만이 아니라 진리의 각 방면에 적용할 수 있다.

그리스도인 생활의 초기 단계에서 죄인이 구원받기 원한다면 반드시 복음 진리를 알아야 한다. 그리스도는 구주이시지만 죄인을 구원하시기 위해서는 수단이나 도구들을 필요로 하신다. 믿는이가 자유를 필요로 한다면 하나님의 아들께 자유를 구해야 한다. 하나님의 아들께서 어떻게 그를 자유케 하실 수 있는가? 성령에 의해서이다. 성령께서는 진리를 수단으로 하여 믿는이를 자유케 하신다. 간략히 말해서, 우리는 자유가 진리를 통하여 역사하시는 성령에 의한 하나님의 아들의 선물이라고 할 수 있다.

진리를 이해하기 위한 세 단계가 다음에 제시되어 있다.

(1) 이해력으로 진리를 인식함.
(2) 활용하고 개인적으로 적용하기 위해 진리를 인식함.

(3) 다른 사람들을 가르치고 그들에게 전달하기 위해 진리를 인식함.

언뜻 보기에 납득이 되지 않은 진리는 생각 속에 웅크리고 있다가 필요한 때 갑자기 떠올라 체험을 통해 생각에서 명료하게 이해될 수 있다. 다른이들을 가르치기 위해 진리가 생각 속에서 명료해지는 것은 체험 안에서 끊임없이 진리를 적용하고 흡수함으로써만 가능하다.

모든 믿는이들에게 크게 필요한 것은 온갖 사탄의 거짓말에서 점점 더 자유로워지기 위해서 간절히 진리를 추구하는 것이다. 왜냐하면 오로지 지식과 진리로써만 속이는 자요 거짓말쟁이인 사탄을 이길 수 있기 때문이다. 진리를 듣는 자들이 진리를 대적하고 거역할지라도 진리는 진리의 성령의 관할 아래 있다. 심지어 어떤 믿는이가 진리에 대해 저항하는 경우일지라도 진리는 적어도 그의 생각에는 도달했으며 어느 때 그것이 체험으로 결실을 맺을지 모른다.

다음은 지식에 관한 생각의 세 가지 태도를 제시한다.

(1) 어떤 것을 아는 체하는 태도.
(2) 그것에 대한 중립적인 태도, 즉 '나는 모른다' 는 태도.
(3) 실지로 알고 있다고 확신하는 태도.

이러한 것은 그리스도의 생애에서 그 실례를 볼 수 있다. 어떤 사람들은 그분에 대해 아는 체하면서 '그는 거짓 선지자다'라고 했으며, 다른이들은 그들이 알게 될 때까지 중립적인 위치를 고수하면서 '우리는 모른다'라고 말했다. 그러나 베드로는 '우리는 … 안다'고 말했으며, 이때 그는 참으로 그분을 알고 있었다.

모든 초자연적인 현시들에 대해 중립적인 태도를 취하는 것의 안전성

믿는이들이 처음에 하나님과 신성한 일들이 위조될 가능성에 대해 들을 때, 그들은 거의 예외없이 "어느 것이 진리이고 어느 것이 위조된 것인지 어떻게 알 수 있습니까?"라고 묻는다. 이 문제에 있어서 우선은 그들이 그러한 위조하는 일이 일어날 수 있다는 것을 아는 것만으로도 충분하다. 그런 다음 그들이 심사 숙고하거나 하나님으로부터 빛을 구할 때 그들은 스스로 배워 알게 되는데, 그것은 어떤 사람도 그들에게 설명해줄 수 없는 것이다.

그러나 그들은 "우리는 모른다. 어떻게 하면 우리가 알 수 있는가?" 하며 부르짖는다. 그들은 모든 초자연적인 역사들에 대해 그들이 참으로 알게 될 때까지 중립적인 태도를 취해야 한다. 많은 사람들이 다만 알고자 하는 그릇된 갈망을 가지고 있는데, 그런 사람들은 마치 지식만이 그들을 구원할 것이라고 여기는 것 같다. 그들은 하나님에게서 온 것인지 마귀에게서 온 것인지를 판가름할 수 없는 어떤 일들에 대해서도 찬성하든 반대하든 그들의 입장을 확실히 밝힐 수 있어야 한다고 생각한다. 그러나 믿는이들은 그들이 의심스러워하는 그 일들이 하나님께 속한 것인지 사탄에게 속한 것인지를 모르면서 그 일들을 '찬성'하거나 '반대'하는 태도를 취할 수 있으며, 또는 그들이 이해하기 원했던 것을 말로는 다 설명할 수 없는 방법으로 알게 될 때까지 그 일에 대해 중립적인 입장을 취함으로 안전성과 현명함을 잃지 않기도 한다.

지나치게 알고자 할 때 나타나는 한 가지 현상은 심한 불안감과 침착하지 못하고 참지 못하며 염려하는 것과 고민하는 것인데, 이러한 것들은 정신적인 균형과 힘을 잃게 한다. 한 가지 '축복'을 구하는 데 있어서 중요한 것은 다른 것을 파괴하지 않는 것이다. 그 한 가지 축복을 지나치게 구하는 것 때문에 다른 축복을 잃을 수 있다. 예컨대, 영적인 것들에 대한 지식을 추구할 때 원수가 유익을 얻지 않도록 인내와 고요한 안식과 믿음을 잃지 않도록 하자. 믿는이가 승리의 길에 대한 빛과 진리를 얻고자 하여 열심을 내는 동안 원수가 그에게서 정신적 능력을 앗아가지 않도록 자신을 지켜야 한다.

보혈이 은신처가 된다는 잘못된 개념

우리가 믿는이들 안에서 속이는 영들이 역사하기 위한 근거를 다루기 전에, 흑암의 권세들에게 근거를 제공하고 있는 진리, 즉 얼마나 성경에서 벗어나 있는지에 대한 점검을 필요로 하는 진리에 관하여 몇 가지 오해의 사례를 간략히 제시하겠다.

첫번째 오해는 보혈에 대한 것이다. 어떤 회중은 보혈이 흑암의 권세의 역사로부터 자신들을 절대적으로 보호해주는 은신처가 된다고 생각하는 잘못된 관념을 가지고 있다.

성령에 의해 보혈을 적용하는 것에 관한 신약의 '진리의 항목'은 다음과 같이 간략하게 말할 수 있다.

(1) "우리가 빛 가운데 행하고", "만일 우리가 우리 죄를 자백하면"(요일 1:7, 9) 예수의 피가 우리를 죄에서 정결케 한다.
(2) 죄에서 깨끗케 하는 능력으로 인해 예수의 피를 힘입어 지성소에 들어갈 담력을 얻는다(히 10:19).
(3) 예수의 피는 사탄에 대한 승리의 근거가 되는데, 이는 죄를 자백할 때 그 죄가 피로써 정결케 되고 갈보리에서 사탄이 정복당했기 때문이다(계 12:11).

그러나 우리는 자신의 의지나 하나님 앞에서의 개인적인 상태와 관계없이 '보혈 아래' 두어질 수는 없다. 예컨대, 한 무리의 사람들이 '보혈이 은신처가 됨'을 주장할지라도 지금 어떤 사람이 사탄이 역사할 근거를 허용하고 있다면, '보혈을 주장할지라도' 사탄이 그 사람에게서 일할 권한을 갖지 못하게 하는 데에는 아무 소용이 없다.

각종 단계에 있는 영적 지식과 체험을 가진 사람들의 모임에서 보혈의 능력을 주장하는 것의 실지적인 영향력은 악한 영들이 존재하는 분위기에서 발생할 수 있으며, 성령께서도 거기에 즉시 깨끗케 하는 결과가 있음을 증거하시는데, 계시록 12장 11절에 예시된 바와 같다. 그 구절은 전쟁이 '하늘에서' 참소자로서 역사하는 영적 원수에 대항하여 치러질 것임을 말하고 있다.

그러므로 보혈의 보호하는 능력에 대한 잘못된 개념은 심각한 것이다. 이는 하나님뿐 아니라 사탄도 역사하고 있는 모임에 참석하고 있는 사람들이 부지중에 대적자에게 제공해온 근거를 통해 대적자의 능력에 노출되고 있는데도 하나님께 대한 그들의 개별적인 상태와 상관없이 사탄의 역사로부터 그들이 개인적으로 안전하다고 믿을지 모르기 때문이다.

'성령을 기다림'에 관한 잘못된 개념

두 번째 오해는 성령이 '강림하기를' 기다리는 것이다. 여기서 우리는 다시 한 번 잘못 빗나간 표현과 이론을 발견하며, 사탄의 속임수를 향해 문을 열어준다. 어떤 사람들은 누가복음 24장 49절과 사도행전 1장 4절 본문을 붙잡고 이렇게 말한다. "우리가 오순절의 성령의 나타나심을 보고 싶다면 오순절이 이르기 전 제자들이 한 것처럼 '기다려야' 한다. 그렇다. 우리는 기다려야 한다."

그러나 우리는 '기다리는 모임'에서 대적의 침입을 당한 적이 있기 때문에 다시 한 번 성경을 살펴보아야 했다. 그 결과 시편에서 매우 빈번하게 사용된 '주를 기다리라'는 구약의 말씀이 신약의 진리의 범위를 지나쳐 과도하게 해석된 나머지 심지어 성령의 부어짐을 위해 오순절 전에 '열흘' 기다린 것이 넉 달로, 심지어 사 년으로 연장되었음을 알게 되었다.

그리고 우리가 아는 바와 같이 그러한 성령의 부어짐은 몇몇 기다리는 영혼들을 거칠게 일깨운 속이는 영들의 침입으로 끝났다. '성령을 기다림'에 관한 성경적 진리는 다음과 같이 요약될 수 있다.

(1) 제자들은 십 일 동안 기다렸지만 그들이 어떠한 '수동적인 상태'에서 기다렸

다는 암시를 전혀 발견할 수 없다. 오히려 그들은 아버지의 약속의 성취를 위해 때가 찰 때까지 순전하게 기도하고 간구하면서 기다렸다.

(2) 주님의 '기다리라'는 명령(행 1:4)은 성령께서 오신 이후의 그리스도인 세대에까지 적용되지 않는다. 사도행전이든 서신서들이든 사도들이 제자들에게 성령의 선물을 '기다리라'고 명한 구절은 단 한 군데도 없기 때문이다. 사도들은 성령에 대해 말할 때마다 '받으라'는 단어를 사용했다(행 19:2).

이 시대에 교회는 대체로 경험상 오순절에 역행하여 살고 있다. 그러나 성령을 받기 위해 개인적으로 하나님과 교제할 때, 성령을 추구하는 자들이 승천하신 주님이 성령을 주시기 전의 제자들의 위치—기다리는 위치—로 되돌아갈 수는 없다. 승천하신 주님은 오순절 후로도 계속하여 성령의 흐름을 부어주셨지만 그때 모인 무리는 제자들이 처음에 했던 것처럼 '기다리지' 않았다(행 4:31 참조). 그들은 '기다려서' 성령을 받은 것이 아니다. 아버지로부터 아들을 통해 그분의 백성에게 도달하신 성령께서는 지금 그분을 받아들이려 하는 모든 이들에게 끊임없이 그분 자신을 주시기 위해 기다리면서 그들 가운데 계신다(요 15:26, 행 2:33, 38-39). 그러므로 '성령을 기다림'은 사도행전과 서신서들에 기록된 진리의 일반적 경향과 일치하지 않은 것으로서, 사도행전과 서신서들에서는 도리어 믿는이에게 주 예수님의 죽음 안에서 그분과 연합하고 그분의 부활 안에서 그분과 생명의 연합을 갖도록 요구할 뿐 아니라 오순절에 제자들에게 임한 증거를 위해 '성령 받기를' 간구하라고' 명한다.

그러나 믿는이 편에서는 하나님을 기다리는 것이 있다고 말할 수 있다. 이는 믿는이가 자신의 영 안에 성령께서 들어오시도록 올바른 태도를 갖기까지 기다리는 것이라고 할 수 있다. 그러나 이것은 '성령이 임하시도록 기다리는 것'과는 다르다. 그러한 것은 종종 보이지 않는 세계로부터 사탄 자신을 현시하도록 문을 열어놓는다. 주님은 성도가 오순절 때 있었던 선물을 얻고자 하여 간구할 때 그의 음성을 들으시지만 성령의 나타나심인 성령의 내주하심과 외적인 역사하심의 증거는 구하는 자의 예상을 따라 일어나지 않는다.

기다리는 모임이 악한 영들에게 왜 유익한가

'기다리는 모임'—이것은 성령께서 '현시되는' 방식으로 강림하실 때까지 '성령을 기다리는 것'이다. 이러한 모임은 속이는 영들에게 매우 유익한데, 이는 그러한 것이 기록된 말씀에 부합되지 않기 때문이다. 기록된 말씀은 ① 성령은 '아버지께서 보내시는' 다른 보혜사이시므로 성도들이 기도하거나 요청한다고 해서 임하실 수 있는 분이 아니며(눅 11:13, 요 14:16 참조), ② 성령은 우리가 '기다릴 수 있는' 분은 아니지만 부활하신 주님이 보내실 때 성도들이 얻고 영접할 수 있는 분이라고(요 20:22, 엡 5:18) 말한다. "그는 성령과 불로 너희에게 세례를 주실 것이요"(마 3:11).

그러므로 성경 진리의 노선에서 벗어난 '성령께 기도함', '성령을 의뢰함', '성령께 순종함', '(강림하시도록) 성령을 기다림' 등은 모두 악한 영들이 하나님의 역사를 위조하는 그 순간 악한 영들에게 기도하고 기대하며 순종하게 된다. 악한 영들이 하나님의 역사를 위조하는 것에 대해서는 나중에 다루겠다.

영적 진리에 대한 또 하나의 잘못된 개념은 주로 "하나님께서 모든 것을 하신다. 그분을 신뢰하기만 하면 그분은 반드시 나를 지켜주실 것이다."와 같은 것들이다. 이것은 하나님께서는 법칙과 조건을 따라 역사하신다는 것과 그분을 신뢰하는 사람들은 그분이 그들의 신뢰에 반응하여 역사하실 수 있는 조건들이 무엇인지를 알고자 힘써야 한다는 것을 모르고서 하는 말이다. 어떤 사람의 뜻이 옳다면 하나님께서는 가능한 한 그를 최대한으로 사용하실 것이다. 그럴 때 그는 하나님께서 그의 모든 언행이 절대적으로 옳기 때문에 그 보증으로 그를 사용하시는 것이 아니라는 것을 모르고서 이렇게 말한다. "내가 그릇되었다면 하나님께서 나를 사용하지 않으실 것이다." "나는 죄가 없다." 혹은 "죄는 완전히 제거되었다." 이런 종류의 말은 아담의 죄로 가득한 생명이 타락한 창조에 얼마나 깊이 뿌리 박고 있는지, '죄'가 이미 그의 온 존재에서 제해졌다는 가정(假定)이 얼마나 원수로 하여금 타고난 천연적인 생명이 그침 없는 십자가의 능력에 의해 다룸받는 것을 방해하게 하는지 모르고서 하는 말이다.

"사랑의 하나님께서는 내가 속임당하도록 내버려두지 않으실 것이다."라는 말은 그 자체가 하나님께서 영적 원칙과 관계없이 일하신다는 잘못된 관념과 타락의 깊이를 모르는 무지에 기반을 둔 속임수이다. "나는 그리스도인이 속임당하는 게 가능하다고 믿지 않는다."라는 말은 우리 주변에 있는 사실들을 보지 못하기 때문에 하는 말이다.

'나는 많은 체험을 거쳤기 때문에 가르침받을 필요가 없다.', '성경에 아무도 너희를 가르칠 필요가 없다고 기록되어 있기 때문에 나는 하나님께 직접 가르침을 받아야 한다.' 이러한 말들은 성경 구절을 오용한 또 다른 예로서, 어떤 믿는이들은 이 말씀을 다른이들을 통한 모든 영적 가르침들을 거절할 수 있다는 의미로 해석하기도 한다.

그러나 '아무도 너희를 가르칠 필요가 없고'라는 사도의 말은 하나님께서 기름부음받은 교사들을 통해 가르치신다는 것을 배제하지 않는다. 오히려 '각 마디를 통하여 도움을 입음으로' '그리스도의 몸을 건축하는'(엡 4:11-16) 교회에게 주어진 은사 있는 사람들의 목록에 '교사들'이 포함되어 있다. 사람들은 하나님의 성령께 직접 가르침을 받는 길을 아는 데 매우 더디기 때문에 때때로 하나님은 간접적인 수단을 사용하시는데, 그것은 곧 다른이들을 통해 더 신속하게 그분의 자녀들을 가르치시는 것이다.

오늘날 그리스도인들이 가지고 있는 영적 일들에 대한 많은 유사한 잘못된 관념을 통해 원수는 믿는이들을 속일 기회를 얻는다. 그러한 잘못된 관념으로 인해 믿는이들은 ① 하나님의 기록된 말씀과 ② 생명의 사실들과 ③ 그들의 길에 빛을 비추어줄 수 있는 다른이들의 도움(벧전 1:12)에 대해 그들의 마음을 닫는다.

영적 진리들을 표현하기 위해 새로운 어구들을 만들어내는 것의 위험성

또 다른 위험성은 어떤 특별한 체험을 묘사하기 위해 새로운 용어들을 만들어내는 것인데, 그러한 용어들은 집회에 참석하는 열심 있는 하나님의 자녀들 가운데서 흔히 사용되는 것들로서, 말하자면 '소유하다', '통제하다', '내어맡기다', '(손을) 놓다' 등이다. 이러한 모든 용어들은 하나님께 관련된 진리를 담고 있지만, 많은 믿는이들의 생각에서 그 용어들이 해석될 때 자칫하면 영적 세계의 권세들을 향해 '내어맡기고' '(손을) 놓은' 자들을 악한 영들이 '소유하고' '통제할' 수 있도록 여건을 마련해줄 수 있다.

믿는이가 하나님께서 역사하시는 방법에 대해 가지고 있는 다양한 선입관 또한 악한 영들에게 역사할 기회를 제공한다. 믿는이가 어떤 행동을 하도록 초자연적인 힘에 의해 강요받는다면, 그는 이것을 하나님께서 그를 인도하고 계신다는 특별한 증거라고 생각하며, 혹은 하나님께서 모든 것을 생각나게 하신다면 우리는 전혀 우리의 기억을 사용할 필요가 없다고 말한다. 이러한 편견을 통해 악한 영들은 쉽게 역사할 수 있다.

다음에 기록된 진리에 대한 그릇된 관념을 통해 악한 영들의 속이는 역사를 위해 필요한 수동적인 상태를 유발하기 쉬운 다른 관념들이 생길 수 있다.

(1) "그리스도께서 내 안에 사신다." 그러므로 이제 나는 전혀 살지 않는다.
(2) "그리스도께서 내 안에 사신다." 즉 그리스도께서 지금 개인적으로 내 안에 계시기 때문에 나는 내 인격을 상실했다(갈 2:20에 근거하여).
(3) "하나님께서 내 안에서 행하신다." 그러므로 나는 행할 필요가 없이 굴복하고 순종하면 된다(빌 2:13에 근거하여).
(4) "하나님께서 내 대신 하실 것이다." 그러므로 나는 내 의지를 전혀 사용하지 말아야 한다.
(5) "하나님만이 판단하시는 유일한 분이시다." 그러므로 나는 나의 판단력을 사

용하지 말아야 한다.

(6) "나는 그리스도의 생각을 가지고 있다." 그러므로 나는 자신에 속한 어떤 생각도 가져서는 안 된다(고전 2:16에 근거하여).

(7) "하나님께서 나에게 말씀하신다." 그러므로 나는 '생각' 하거나 '판단' 할 필요 없이 오직 그분이 나에게 하라고 하시는 것에 '순종' 해야 한다.

(8) "나는 하나님을 기다린다." 그리고 "나는 그분께서 나를 움직이실 때까지 행동해서는 안 된다."

(9) "하나님께서는 환상으로 그분의 뜻을 나에게 계시하신다." 그러므로 나는 무언가를 '결정' 하거나 나의 이성과 의식을 사용할 필요가 없다.

(10) "나는 그리스도와 함께 십자가에 못 박혔다." 그러므로 "나는 죽었다." 그리고 나는 죽음을 '실행' 해야 하는데, 이것은 내가 느끼고 생각하는 것에서 수동적으로 행하는 것이다.

이러한 진리에 대한 다양한 관념들을 실행함에 있어서 믿는이들은 '하나님의 생명이 그를 통해 흘러나오도록' 자신의 모든 생각과 판단과 추론과 의지와 활동을 억제해야 한다. 그러나 이와는 반대로 하나님께서는 인간의 모든 기능이 온전히 자유롭기를 원하시며 의지 안에서 그의 활동과 지성이 협력하기를 원하시는데, 이는 체험적으로 이러한 영적 진리들을 이루어내기 위함이다.

다음 표는 많은 하나님의 자녀들의 생각 속에서 분명케 되어야 할 진리에 대한 잘못된 해석을 보여 준다.

1. **진 리** : "예수의 피가 깨끗케 할 것이요".
   - o **정확한 해석** : 그 피가 순간순간 깨끗케 한다.
   - × **부정확한 해석** : 그 사람을 죄 없는 상태로 만든다.

2. 진 리 : "말하는 이는 너희가 아니요 …".
   o **정확한 해석** : 그 근원이 믿는이에게서 난 것이 아니다.
   × **부정확한 해석** : 그는 말하지도 말고 입을 사용해서도 안 되며 수동적으로 되어야 한다.

3. 진 리 : "구하라 그러면 받을 것이요".
   o **정확한 해석** : 하나님의 뜻에 따라 구하면 받을 것이다.
   × **부정확한 해석** : 구하는 것은 무엇이든 받을 것이다.

4. 진 리 : "너희 안에서 행하시는 이는 하나님이시니 … 너희로 소원을 두고 행하게 하시나니".
   o **정확한 해석** : 사람은 '원해야' 하고 행해야 한다.
   × **부정확한 해석** : 하나님께서 당신을 위하여(또는 대신하여) 행하시고 당신을 대신하여 역사하신다.

5. 진 리 : "아무도 너희를 가르칠 필요가 없고".
   o **정확한 해석** : 누구도 당신을 가르칠 필요가 없지만 하나님께서 주신, 성령으로 가르치는 교사가 필요하다.
   × **부정확한 해석** : 나는 누구의 가르침도 받아서는 안 되고 하나님에게서 '직접' 가르침을 받아야 한다.

6. 진 리 : "그가 너희를 모든 진리 가운데로 인도하실 것이요".
   o **정확한 해석** : 하나님의 영께서 인도하실 것이다. 그러나 나는 성령께서 언제 어떻게 인도하시는지 알아야 한다.
   × **부정확한 해석** : 하나님의 영께서 나를 이미 모든 진리 가운데로 인도하셨다.

7. 진 리 : "그의 소유된 백성".

- ○ **정확한 해석** : 하나님께 소유권이 있음.
- × **부정확한 해석** : 하나님께 '사로잡혀' 자동 인형과 같이 움직이고 통제된다.

8. **진 리** : "주인의 쓰심에 합당하게 되어".
   - ○ **정확한 해석** : 믿는이의 지적인 동역에 빛을 주신다는 의미에서 하나님께서는 사람이 그의 영 안에 둔 생각을 사용하신다.
   - × **부정확한 해석** : 하나님에 의해 수동적인 도구로 '사용되기' 때문에 맹목적인 복종이 요구된다.

그렇다면 악한 영들의 속임수에서 안전케 될 수 있는 조건은 무엇인가? ① 악한 영들이 존재한다는 것을 알고, ② 악한 영들이 가장 순수한 믿는 이들을 속일 수 있다는 것을 알며(갈 2:11-16), ③ 악한 영들에게 역사할 기회나 입지를 주지 않기 위해 그들의 역사에 필요한 근거나 조건들을 이해하고, ④ 하나님에 대한 지적인 지식과 성령의 능력 안에서 그분과 동역하는 법에 대한 지식을 가져야 한다. 다음 장에서 이러한 요점들을 더 분명히 볼 것이다.

제 4 장
수동성은 귀신에게 사로잡히는 주된 근거임

4 | 수동성은 귀신에게 사로잡히는 주된 근거임

War on the Saints

　믿는이들—참되게 온전히 굴복된 하나님의 자녀들—이 속임당할 수 있고 그로인해 속이는 영들에게 '사로잡힐' 수 있다는 사실을 우리는 이미 앞 장들에서 다루었다. 이제 그 주된 원인을 밝혀야 하며, 속이고 사로잡기 위한 조건들은 거기에서 비롯된다. 육체의 죄악들에 자신을 내맡긴 결과인 귀신 들림이나 악한 영들로 타락한 본성에 발붙이게 하는 죄는 별도로 취급하겠다.

　먼저 중요한 것은 '귀신 들림'이란 단어의 의미를 정의하는 것이다. 이는 일반적으로 '귀신 들림'이라는 단어가 복음서에 기록된 사례들처럼 심하게 귀신 들려 완전히 악화된 경우에만 사용되는 것으로 생각하기 때문이다. 그러나 그렇다 하더라도 우리는 복음서에 기록된 '질병 귀신이 들린' 여인, '귀 먹고 벙어리 된' 남자, '매우 괴롭히는' 귀신이 들린 어린 소녀, '이를 갈고 때로는 불에 뛰어들기도 하는' 소년, '군대 귀신'이 들림으로 악한 세력에게 완전히 종노릇 하는 남자 등 귀신 들림의 다양한 사례를 대략적으로 볼 필요가 있다.

'귀신 들림'의 의미

이와 같은 사례들은 오늘날 이방 땅인 중국만이 아니라 심지어 유럽의 참된 믿는이들 가운데에도 알려져 있다. 그러나 '귀신 들림'은 실상 우리가 생각하는 것보다 훨씬 널리 만연되어 있다. 악한 영은 그가 장악하고 있는 결점이 무엇이든, 심지어 매우 미세한 생각조차도 '사로잡아' 거미가 거미줄을 치기 전에 거미줄을 칠 발판이 될 만한 것을 살피는 것처럼 그러한 한 가지 결점을 붙들고 온 존재를 장악하기 위한 교두보를 얻고자 역사하기 때문이다.

그리스도인들 또한 다른 사람들과 마찬가지로 악한 영들에게 사로잡히는 데에 노출되어 있으며, 대부분의 경우 부지중에 악한 영들이 역사할 수 있는 조건들을 충족시켜 왔다. 또한 고의적으로 죄를 범함으로 속이는 영들에게 역사할 입지를 제공한 것은 별도의 문제로 치더라도, 그 외에 ① 하나님의 역사를 위장하는 속이는 영들의 역사를 받아들임으로써, ② 수동성을 배양함으로 수동성에 빠져 기능을 사용하지 않음으로 인해, 그리고 ③ 그리스도인 생활을 통제하는 영적 원칙들에 대한 잘못된 관념으로 인해 속이는 영들에게 입지를 제공해왔다.

원수에게 제공된 이 입지의 문제는 모든 것 중에서 가장 핵심이다. 모든 믿는이들은 알려진 죄나 생활상의 알려지지 않은 죄가 원수에게 제공된 입지라고 생각하지만, 악한 영들이 생각에 주입하여 받아들인 모든 사상조차도 원수가 역사할 입지가 될 수 있음을 깨닫지 못한다. 그리고 수동적이 되어 기능을 사용하지 않음으로 인해 원수가 그의 기능을 이용할 수 있다는 인식조차 갖지 못한다.

자신을 내맡긴 믿는이들이 속임당하고 귀신 들리게 되는 주된 원인은 '수동성'이라는 한 마디로 요약할 수 있다. 다시 말해서, 믿는이가 의지를 능동적으로 사용하여 영과 혼과 몸을 통제하지 않음으로 인하여 속임당하고 귀신 들리게 된다는 것이다. 사실상 그것은 '하나님께 자신을 내맡기는 것'의 위조이다. 믿는이들이 자신의 '지체' 혹은 기관들을 하나님께 '양도하고' 스스로 자신의 기능을 사용하기를 중단할 때, 자칫 수동성에 빠져 악한 영들이 그를 속이고 수동적이 된 그의 모든 존재를 사로잡을 수 있게 된다.

수동적으로 내맡기는 것에 임하는 속임수를 이렇게 설명해보겠다. 어떤 믿는이가 그의 '팔'을 하나님께 양도해드렸다 하자. 그의 이러한 행동은 그를 수동적이 되게 하여 '하나님께서 그의 팔을 사용하시기를' 기다리게 한다. 그가 만일 "왜 당신은 팔을 사용하지 않습니까?"라는 질문을 받는다면, 그는 "내 팔을 하나님께 양도해드렸기 때문에 나는 내 팔을 사용해서는 안 됩니다. 하나님께서 사용하셔야 합니다."라고 대답할 것이다. 그러나 하나님께서 그를 대신해서 그의 팔을 들어올리시겠는가? 그렇지 않다. 자신의 팔을 사용할 때 하나님의 생각을 이성으로 이해하려 하면서 그 사람 자신이 직접 팔을 들어올려 사용해야 한다.

'수동성'은 능동성에 반대되는 상태를 의미함

'수동성'이라는 말은 단순히 능동성에 반대되는 상태를 의미한다. 믿는이의 체험에서 수동성을 간략히 말하면, ① 자신의 인격의 모든 부분 또는 각각의 부분을 스스로 통제한다는 의미에서 자기통제를 상실하는 것이며 ② 하나님의 의지와 조화를 이루어 자기 통제의 지도적 원리인 그의 의지를 스스로 행사하는 의미에서 자유 의지를 상실하는 것이다.

자신을 내맡긴 믿는이 속에 있는 '수동성'의 위험은 모든 흑암의 권세들이 그러한 수동적인 상태를 이용한다는 데 있다. 이러한 악한 세력들과 수동적인 사람을 통한 그들의 역사는 그렇다 치고, '수동성'은 단지 '일하지 않거나' '게으른 것'에 지나지 않는다. 악한 영들에게 사로잡히지 않고 정상적으로 휴식 상태에 있는 사람은 항상 스스로 활동할 수 있는 준비가 되어 있는 반면, 흑암의 권세에게 이미 입지를 제공한 '수동성'에 빠진 사람은 자신의 의지대로 행동할 길이 없다.

따라서 악한 영들이 사람 속에서 역사하기 위한 주된 조건은 수동성이며, 이것은 하나님께서 그분의 자녀들 안에서 역사하시기 위해 그들에게 요구하시는 조건과 정확하게 반대된다. 믿는이가 그에게 계시된바 하나님의 뜻을 능동적으로 선택하면서 자신의 의지를 그분께 굴복시킬 때, 하나님께서는 그에게 그분의 영과 동역하여 그의 존재의 모든 기능을 완전히 사용할 것을 요구하신다. 간략히 말해서, 흑암의 권세들은 수동적인 노예를 얻고자 하여 그들의 의지를 사로잡으며, 하나님께서는 그와 대조적으로 거듭난 사람이 그 영과 혼과 몸이 노예 상태에서 자유롭게 된 가운데 그분의 뜻을 이성적이고도 능동적으로 갈망하고 선택하여 행하기를 원하신다는 것이다.

흑암의 권세들은 사람을 자동 기계와 도구로 만들려고 한다. 그러나 거룩하신 사랑의 하나님께서는 사람을 그분의 형상을 따라 생각하고 이성적이며 새롭게 된 피조물로 창조하셔서(엡 4:24) 그 자신의 영역에서 자유롭고 지적인 주권자로 만들기를 원하신다. 그러므로 하나님께서는 사람의 어떤 기관도 '게으른' 상태에 있기를 원치 않으시는 것이다.

하나님께서는 믿는이에게 활동하지 말라고 요구하지 않으시며 그분의 역사를 위해 그러한 비활동 상태가 필요한 것도 아니다. 그러나 악한 영들은 믿는이가 극도로 비활동적이고 수동적인 상태에 있기를 요구한다.

하나님께서는 믿는이가 그분과 협력하면서 지적인 행동을 할 것을 요구하신다(롬 12:1-2).

그러나 사탄이 그의 뜻과 목적에 따라 믿는이가 어떤 행동을 하도록 강요하기 위해서 필요한 조건은 수동성이다.

하나님께서는 믿는이들에게 악한 행동을 중지하라고 명하신다. 이는 첫째로 그러한 악한 행동이 죄로 가득하고, 둘째로 그분의 영과 동역하는 것을 방해하기 때문이다.

우리는 수동성을 하나님 보시기에 큰 가치가 있는 고요함 혹은 온유하고 잠잠한 영의 상태와 혼동하지 말아야 한다. 영과 마음과 생각과 태도의 고요함, 그리고 음성과 표현의 고요함은 하나님의 뜻을 가장 활동적으로 수행하는 것과 공존하는 것일 수 있다(살전 4:11, '종용하여 … 힘쓰라').

어떤 부류의 믿는이들이 수동성에 노출되는가

악한 영들이 활동하기 위한 근거로 이용하는 '수동성'에 노출된 사람들은 성령 침례를 받고 초자연적인 세계와 직접적인 접촉을 함으로써 하나님께 완전히 자신을 '내맡긴' 사람들이다. 그들은 '내맡기다'라는 용어를 사용하면서 자신들이 하나님의 뜻을 수행하기 위해 완전히 자신을 드렸다고 생각하지만, 감정과 결심에서 그러할 뿐 사실상 그들은 천연적인 사람의 이성과 판단으로 행한다. 그들이 자신의 모든 계획을 하나님께 맡길지라도 그것은 감정과 결심에 속한 것일 뿐이다. 그들은 이런 식의 복종으로 자신들이 그분의 뜻을 수행하고 있다고 믿는다.

그러나 참으로 하나님께 '내맡긴' 사람들은 무조건적으로 복종하기까지 자신을 양도해 드리고 어떤 대가를 치르더라도 하나님께로부터 온바 초자연적으로 계시된 것을 수행하지만, 하나님의 뜻에서 벗어난 것은 스스로 계획하고 추론하여 행하지 않는다.

자신들의 의지와 모든 소유를 하나님께 내맡긴다고 하면서도 '천연적인 생각을 사용하여 행하는' 믿는이들은 악한 영들에게 입지를 제공하는 '수동성'에 노출된 것은 아니지만 그들은 수동성 외에 다른 방식으로 악한 영들에게 입지를 제공할 수 있다. 이들은 다음에 제시된 세 부류의 믿는이들 중 첫 번째 부류에 해당한다.

세 부류의 믿는이들

1. 자신을 내맡기지 않은 믿는이들

이들은 '내맡기다'라는 용어를 사용하지만 실지로는 내맡기는 것을 모르고 그것을 실행에 옮긴다―이 단계의 믿는이들은 두 번째 부류의 믿는이들보다 더 이성적이다. 그들의 기능은 수동성에 빠지지 않았다―이러한 믿는이들은 두 번째 부류의 믿는이들을 '괴짜', '광신자', '극단주의자' 등으로 부른다.

2. 내맡기고, 속임당하고, 귀신들린 믿는이들

이들은 첫번째 부류의 사람들보다 더 '어리석어' 보이지만 실제로는 더 진보한 사람들이다―두번째 부류의 믿는이들의 행동을 이해하기 위해서는 그들의 내적 관점을 파악하는 것이 필요한데, 이는 그들이 하는 모든 것이 자신들에게는 옳아 보이기 때문이다―이러한 이들은 하나님의 능력과 사탄의 능력 모두에 노출되어 있다. 그들은 쉽게 의기양양해진다.

3. 내맡겼지만 속임당하지 않고 귀신 들리지 않은 승리한 믿는이들

그 생각은 자유롭고 모든 기능이 사용되고 있다―이러한 사람들은 모든 하나님께 속한 것들과 빛에는 열려 있지만 사탄에게 속한 것들에는 주의 깊게 자신을 닫으려 한다―세번째 부류는 첫번째 부류와 두번째 부류를 지적으로 간파해낼 수 있다.

첫번째 부류의 믿는이들은 의지(will)에 있어서는 '내맡기지만' 어떠한 희생에도 불구하고 '성령께 순종할' 준비가 되어 있는가를 보면 실지로는 내맡기지 않았다. 그들은 마귀가 시험하는 자요 참소자라는 것은 알지만 전투하는 데 있어서는 마귀를 전혀 모른다. 그들은 '사탄의 맹렬한 공격'에 대해 이야기하는 사람들을 이해하지 못한다. 그들은 자신들은 그런 식으로 '공격받지' 않는다고 말한다. 그러나 마귀는 공격하기에 적합하다고 판단되면 언제든지 '공격하기를' 주저하지 않는다. 마귀가 어떤 사람을 공격하지 않는 것은 마귀가 그를 공격할 수 없다는 것을 입증하는 것이 아니며, 다만 마귀는 그를 공격하기에 적절한 때가 오기까지 공격을 유보할 뿐이다.

두 번째 부류는 어떠한 희생을 감수하고서라도 하나님의 성령께 순종할 준비가 되어 있을 만큼 자신을 내맡긴 사람들인데, 그 결과 그들은 악한 영들이 속이고 사로잡을 수 있는 근거가 되는 수동성에 노출된다.

이러한 두 번째 부류의 '내맡긴 믿는이들'은 성령 침례 후에 수동성에 빠지게 되는데, 이는 그들이 ① 어떠한 대가가 들더라도 자신을 내어드릴 것을 결심하고 ② 그들이 하나님께 속한 것으로 믿는바 초자연적인 교제를 열어주는 영적 세계와 관계를 맺는데 ③ 이는 그들이 '내맡김'으로 인해 이러한 초자연적인 세계에 복종하고 지배당하며 초자연적 세계를 추종하기 때문이다.

악한 영들에게 믿는이를 속이고 사로잡을 기회를 제공하는 악한 수동성은 일반적으로 성경에 대한 잘못된 해석이나 신성한 것들에 대한 잘못된 생각 혹은 잘못된 믿음에서 비롯된다.

믿는이를 수동적으로 만드는 성경에 대한 이러한 해석 혹은 잘못된 관념에 관해서는 앞 장에서 이미 언급한 바 있다.

수동성이 깊어지고 오랜 기간 동안 지속되면 사람의 영과 혼과 몸, 즉 그의 온 존재에 영향을 미칠 수 있다. 수동성은 일반적으로 매우 점진적이고 잠복되어 진행되며, 따라서 수동성으로부터 해방되는 것도 점진적으로 느리게 이루어진다.

의지의 수동성

이 단락에서 다룰 것은 의지의 수동성인데, 이 의지는 배의 '키'와 같은 것이다. 이러한 의지의 수동성은 하나님께 완전히 굴복하는 것의 의미에 대한 잘못된 관념에서 비롯된다. 하나님께 '굴복된 의지'란 의지를 전혀 사용하지 않는 것을 의미한다고 생각하기 때문에 믿는이는 자신의 의지로 ① '선택하고' ② '결정하고' ③ '행동하기'를 멈춘다. 그는 흑암의 세력들에 의해 가리워져 이것의 심각한 결과를 보지 못한다. 이는 처음에는 그 결과가 대단치 않아 거의 눈에 띠지 않기 때문이다. 오히려 처음에는 그것이 하나님께 극도로 영광을 돌리는 것처럼 보인다. '강력하게 의지를 굴복시킨' 믿는이는 갑자기 수동적으로 의지를 내맡기게 된다. 그는 하나님께서 환경 가운데서 사람들을 통해 그를 위해 '그분의 의지를 행사하고' 계시기 때문에 행동하는 데 있어서 수동적으로 무력하게 되어야 한다고 생각한다. 그로부터 얼마가 지나면 그는 일상 생활의 문제들에서 아무런 '선택권'도 행사할 수 없으며 어떤 문제도 주도적으로 결정할 수 없다. 그는 어떤 원함을 표현하는 것을 두려워하며 아무 것도 결정하지 못한다. 그가 물 위에 떠 있는 코르크 마개처럼 표류하는 동안 다른 사람들이 그를 대신해 선택하고 행동하며 이끌고 결정해야 한다.

후에 흑암의 권세들이 이러한 '내맡긴' 믿는이를 이용하고 그 주변에서 많은 악한 영들이 역사하기 시작하여 그의 의지의 수동성을 틈타 그를 혼란과 함정에 빠뜨린다. 그럴지라도 그에게는 이제 악한 영들에게 항거하거나 저항할 아무런 의지력이 없다. 악한 영들이 믿는이의 의지의 수동성을 틈타 그를 함정에 빠뜨린 결과, 그만이 개선할 권한이 있는 그의 환경 가운데의 명백하게 잘못된 점이 더 기승을 부리고 강해지며 어지럽게 된다. 흑암의 권세들은 환경에서나 개인적으로나 의지의 수동성을 근거로 하여 점차적으로 그를 얻어 가고 있는데, 이것은 믿는이가 그 주변에서 일어나는 모든 일들이 하나님께서 그를 위해 '원하시기' 때문에 발생하는 것이라는 생각으로 처음부터 환경에 수동적으로 복종한 데서 기인한다.

그러한 믿는이들이 잘못 해석하는 또 다른 구절은 빌립보서 2장 13절이다. "너희 안에서 행하시는 이는 하나님이시니 자기의 기쁘신 뜻을 위하여 너희로 소원을 두고 행하게 하시나니", '수동적'인 사람은 이 구절을 다음과 같이 읽는다. "내 안에서 원하시는 분도 하나님이시고 행하시는 분도 하나님이시다." 즉 '하나님께서 내 대신 원하신다'는 것이다. 성경 본문은 믿는이가 의지로 어떤 행동을 하기까지 하나님께서 혼 안에서 역사하시는 것을 의미하는 반면, 그러한 수동적인 사람들의 이 본문에 대한 해석은 하나님께서 믿는이를 대신해 '원하시고' '역사하신다'는 것이다. 이러한 잘못된 해석은 '하나님께서 내 대신 원하신다'는 결론을 도출하여 자신의 의지를 사용하지 않는 근거를 제공함으로 의지의 수동성을 야기시킨다.

하나님께서는 사람 대신 그의 의지를 행사하지 않으심

여기서 강조되어야 할 진리는 하나님께서는 결코 사람 대신 '그의 의지를 행사하지' 않으시며 그가 하는 것은 무엇이든 스스로 그 행동에 책임을 져야 한다는 것이다.

'의지'가 수동적이 된 믿는이는 얼마의 시간이 지난 후 어떤 결정을 내리는 데 커다란 어려움을 느낀 나머지 아주 사소한 문제를 결정하는 데 있어서도 외부로 눈을 돌려 그 주변에서 도움이 될 만한 것을 찾는다. 자신의 수동적인 상태를 의식하게 될 때 그는 일상 생활의 어떤 상황도 마주할 수 없는 고통스러운 느낌을 갖게 된다. 그는 어떤 말을 들을 때 한 문장도 채 들을 수 없다는 것을 안다. 어떤 문제를 판단해야 할 때에도 그렇게 할 수 없다. 그의 '상상력'이나 '기억력'을 사용해야 할 때에도 그는 그렇게 할 수 없음을 안다. 그 요구에 부응할 만한 능력이 자신에게 없음을 알기 때문에 이러한 요구들이 주어지면 두려워 떤다. 이러한 때에 원수는 그 믿는이가 부응할 수 없는 요구들이 몰아 닥치는 상황에 그를 밀어넣음으로 다른 사람들 앞에서 그를 괴롭히거나 당황하게 만드는 책략을 쓴다.

이러한 상황에서 믿는이는 부지중에 이 목적을 위해 수동성을 가져다준 악한 영들의 도움을 의지할 수 있다는 것을 거의 모른다. 사용되지 않은 그의 기능은 악한 영들에게 속박되어 무력한 상태로 쉬고 있으며, 혹 그 기능이 사용된다 하더라도 악한 영들이 그 기능을 통해 그들을 나타낼 수 있는 절호의 기회를 제공할 뿐이다. 악한 영들은 그를 대신하여 '그의 의지를 행사할' 만반의 준비가 되어 있다. 그들은 믿는이가 어떤 '결정'을 내릴 때 그를 도울 많은 '초자연적인' 버팀목을 그의 생각 속에 집어넣을 것이다. 특히 문맥과 상관없이 사용된 성경 본문을 초자연적으로 제시하여 '초자연적인' 버팀목을 그의 생각 속에 집어넣을 것인데, 이때 믿는이는 매우 간절하게 하나님의 뜻을 추구하면서 물에 빠진 사람이 밧줄을 부여잡듯이 이러한 것을 굳게 움켜잡는다. 그러나 그는 하나님께서 오직 사람의 능동적인 의지 행사를 통해서만 역사하실 뿐 사람을 대신해서 역사하지 않으신다는 원칙을 깨닫지 못하고 있는 것이다.

생각의 수동성

생각의 수동성은 성령 안에서 하나님께 순종하고 내맡기는 생활을 함에 있어서 생각이 점하는 위치에 대한 잘못된 관념에 의해 야기된다. 그리스도께서 어부들을 부르신 것은(베드로, 요한 등—편집자 주) 두뇌의 수동성의 구실로 사용된다. 어떤 믿는이들은 하나님께서는 사람의 두뇌를 사용하실 필요가 없으며 두뇌 없이도 일하실 수 있다고 말한다! 그러나 가장 총명한 때에 부르심 받은 바울의 예를 통해 우리는 하나님께서 교회의 기초를 놓을 사람을 찾으실 때 비상하고 지적인 사고력을 갖춘 사람을 선택하셨음을 볼 수 있다. 두뇌가 진리에 복종하는 한 두뇌의 능력이 클수록 하나님께서는 두뇌를 더 크게 사용하실 수 있다.

때때로 믿는이의 생각이 수동적이 되는 원인은 두뇌 활동이 믿는이 안에서 하나님의 생명이 발전하는 것에 장애가 된다고 생각하는 데 있다. 그러나 진리는 이러하다—두뇌가 게으르거나 잘못 활동하는 것은 하나님과 협력하는 데 장애가 되지만 두뇌의 정상적이고도 순전한 활동은 하나님과 협력하는 데에 필수적인 도움이 된다. 이에 대해서는 제6장에서 다룰 것인데, 거기서 흑암의 권세들이 다양한 책략을 사용하여 생각을 수동적인 상태에 빠뜨려 그들의 계략을 분별하지 못하게 하려는 것을 보여준다. 생각이 수동적이 된 결과 어떠한 행동을 해야 할 때 움직이지 않는다. 또 생각의 수동성은 갑자기 시동이 걸린 기계가 제어할 수 없이 작동하는 것처럼 통제할 수 없는 과도한 활동을 하는 것으로 표현되기도 한다. 생각이 수동적인 상태에 떨어진 사람은 머뭇거리거나 경솔하게 행동하며—이 또한 수동적인 의지에서 나온 것이다—우유부단하거나 경계하지 못하며, 집중력이 부족하거나 판단력이 결여되거나 기억력이 저하된다.

수동성은 어떤 기능의 본질을 변화시키지는 않지만 기능이 정상적으로 작동하는 것을 방해한다. 어떤 사람이 기억을 방해하는 수동성에 빠진 경우, 그 사람은 바깥으로 눈을 돌려 '기억력의 보조 수단'을 찾으려 한 나머지 급기야는 메모와 보조 수단의 노예가 되어버리고 만다. 그러나 이러한 수단들은 위급한 순간에 아무런 도움도 되지 않는다. 상상력의 수동성 또한 이와 함께 일어나는데, 수동적인 상태에 빠진 사람의 상상력은 그 자신의 통제를 벗어남으로 악한 영들은 그들이 원하는 바를 그의 상상 속에 문득문득 떠오르게 하여 그를 좌우한다. 한 가지 위험성은 이들이 이러한 환상들을 '상상력'이라고 부른다는 것이다. 그러한 수동적인 상태는 수정점(水晶占, 수정 구슬에 나타나는 환영으로 점침—편집자 주)이 없이도 발생할 수 있다. 다시 말해서 어떤 사람이 장시간 어떤 사물을 응시하면 타고난 시력이 둔화되는데, 그때 속이는 영들은 생각에 어떤 것을 제시하여 환상을 볼 수 있게 한다는 것이다.

어떤 사람의 생각이 단순히 휴식하고 있을 때 그의 생각은 자신의 뜻대로 사용될 수 있다. 그러나 생각이 악한 수동성에 빠져 있을 때 그 사람은 무력하게 되어 '생각할 수 없게 된다!' 그는 마치 그의 생각이 쇠사슬에 묶여 속박당하고 있거나 어떤 것이 그의 머리를 내리누르고 있는 것처럼 느낀다.

판단과 이성의 수동성

판단과 이성의 수동성—이 상태에 있는 사람은 확립된 결론에 대해 논쟁하거나 규명하는 모든 말들을 듣지 않으려 하고 그 생각을 닫아버린다. 이 상태에 빠진 사람은 더 깊은 진리와 빛을 주려는 모든 노력을 간섭으로 여기고 진리와 빛을 주려는 사람을 무지하고 주제넘은 사람으로 몰아붙인다. 이러한 수동성에 빠진 믿는이는 악한 자신감과 자신이 절대로 틀리지 않다고 확신하는 상태에 빠져들게 된다. 마치 자신이 틀리지 않다는 그의 '판단'을 뒤흔들 만한 것이 없는 듯하다. 그런 사람이 구출되는 유일한 길은 자신의 상태를 바로 보는 것이다. 그 미숙한 그리스도인이 자신이 악한 영들에게 속임당하고 사로잡혔다는 것을 알고서 충격에 휩싸일 때, 비로소 자신이 옳다는 견고한 요새와 같은 확신이 무너질 수 있다. 이런 상태에 있는 믿는이가 속임당한 사실을 파헤칠 때, 그는 대개 자신의 영적 생활의 기초를 다시 놓게 된다. 그러므로 세상 사람들이 '광신자' 또는 '열성파'로 부르는 사람들 중에서 이러한 종류의 원수의 속임수에서 구출되는 사람은 극소수에 불과할 정도로 '판단과 이성의 수동성'에서 구원받는 것은 쉽지 않다.

양심의 수동성

추론하는 능력이 수동성에 빠진 믿는이들이 그들에게 초자연적으로 들린 음성을 하나님의 뜻의 표현으로 받아들일 때, 그러한 음성은 그들에게 율법이 되어 결과적으로 믿는이들은 그 음성에 대해 이성적으로 추론할 수 없게 된다. 그들은 어떤 일에 대해 (초자연적인 음성으로 들려진) '명령'을 받으면 그것을 검토하거나 이성적으로 생각하려 하지 않고 오히려 이러한 괴상한 지시로 인해 더 심오한 빛을 향해 자신들을 철저하게 닫아두기로 결심한다. 이것은 양심의 수동성을 초래한다. 믿는이들은 그들이 하나님으로부터 직접 이것저것을 하라는 음성을 듣고 더 높은 율법으로 인도받고 있다고 생각할 때 양심을 사용하지 않게 되고 그로 인해 양심은 수동적이 되는데, 그러한 직접적인 인도는 대개 음성이나 성경 본문에 의한 것이다.

믿는이들이 양심의 수동성에 빠질 때 어떤 사람들은 도덕적으로 타락하게 되고 또 어떤 사람들은 생활과 봉사에서 침체되거나 퇴보하게 된다. 어떤 것이 옳고 어떤 것이 그르며 어떤 것이 선하고 어떤 것이 악한지를 결정할 때, 그들은 생각이나 양심을 사용하는 대신 모든 것을 결정하는 요인이 되는바 그들이 믿는 '하나님의 음성'에 따라 행한다. 이러한 음성이 들리면 그들은 이성이나 양심 혹은 다른이들의 말에 귀를 기울이려 하지 않고 다만 그렇게 될 것이라고 가정된 소위 하나님의 지시를 통해 어떤 것을 결정하며, 그런 연후에 그들의 생각은 의혹을 품을 만한 문제에 대해 닫히고 봉인된 책처럼 되어 버린다.

믿는이가 참되게 판단하고 추론하는 능력을 사용하지 않을 때 그들은 온갖 종류의 악한 영들의 제안에 자신을 열어놓게 된다. 그에 대한 한 가지 실례로, 어떤 사람들은 그리스도의 오심에 대한 이러한 주님의 말씀—"충성되고 지혜 있는 종이 되어 주인에게 그 집 사람들을 맡아 때를 따라 양식을 나눠 줄 자가 누구뇨 주인이 올 때에 그 종의 이렇게 하는 것을 보면 그 종이 복이 있으리로다"(마 24:45-46)—을 대충 보고서 그리스도께서 곧 오실 것이므로 그들이 해야 할 일상적인 일을 할 필요가 없다고 잘못 판단했다.

그러므로 마귀는 그가 유익을 얻기 위해서라면 영에서든 생각에서든 몸에서든 수동성을 초래하기 위해 무엇이든 할 것이다.

영의 수동성

영의 수동성은 생각의 수동성과 밀접하게 연관되어 있는데, 이는 생각과 영이 밀접한 관련을 지니고 있기 때문이다. 즉, 일반적으로 그릇된 생각은 그릇된 영을 의미하고 그릇된 영은 그릇된 생각을 의미한다.

사람의 '영'은 종종 성경에서 여러 가지 활동을 하며 또 다양한 상태에 있는 것으로 묘사된다. 사람의 영은 세 근원—하나님, 마귀, 사람 자신—으로 말미암아 움직일 수도 있고 잠잠히 있을 수도 있으며, 또 '느슨해지고' 속박 당하고 침체되고 무기력해지거나 자유롭게 움직일 수 있다. 또한 영은 순수할 수도 있고 '더럽혀질'수도 있으며(고후 7:1) 또 어느 정도의 순수함과 어느 정도의 처리되어야 할 불순함이 혼합된 상태에 있을 수도 있다.

그리스도의 보혈의 정결케 하는 능력과(요일 1:9) 성령의 내주하심에 의해 사람의 영은 그리스도와 연합되어(고전 6:17) 완전히 성령과 협력함으로(고전 6:17) 그 사람을 강력하게 다스려야 한다. 그러나 몇 가지 원인으로 인해 믿는이들은 자신에게 영이 있다는 것을 전혀 의식하지 못하거나, 성령 침례를 통해 영이 자유케 되고 회복되어 해방됨으로 잠시 동안은 영적 생명을 민감하게 의식할 수 있으나 그 후로는 자신도 모르는 사이에 영의 수동성에 빠질 수 있다. 그럴 때 영이 수동성에 빠진 믿는이는 흑암의 권세들과의 전투에서 완전히 무력하게 된다. 완전한 자유를 얻기 위해서 내주하시는 성령과 협력함으로 영을 사용하는 것은 악한 권세들에 대해 그리스도의 권위를 행사하고 개인적인 승리를 거두는 데 있어서 가장 필수적인 것이다(행 13:9, 10에 나타난 바울의 예를 보라).

영의 수동성의 원인

일반적으로 영의 수동성은 성령 침례 후에 발생하는데, 이것은 믿는이의 의지와 생각이 사용되지 않아 수동적인 상태에 빠짐으로 일어나는 것이다. 믿는이는 수동성에 빠지게 된 후 빛과 자유를 누리는 기쁜 체험을 상실한 이유가 무엇인지 궁금해한다. 그러한 현상은 다음과 같은 경로를 통해 발생할 수 있다.

(1) 영의 법들에 대한 무지와 영의 자유를 지키는 길에 대한 무지.
(2) 그릇된 생각의 결론 혹은 그릇된 사고. 육체적인 감정과 혼적인 감정과 영적인 감정이 섞여 무엇이 무엇인지 구별하지 못한다. 이로 인해 영적인 것을 혼적이고 육체적인 것에 두거나 천연적이고 육체적인 것을 영적인 것으로 생각하게 된다.
(3) 영과 혼의 차이점을 알지 못함으로 인해 영 대신 혼 생명에 의존함. 이는 또한 영적 감각을 알지 못하여 영을 소멸함으로 발생하기도 한다. 생각은 몸의 감각

이 보고 듣고 냄새 맡듯이 영의 감각을 읽을 수 있다. 생각의 지식이 있고 영의 지식이 있기 때문에 우리는 영의 감각을 이해하는 법을 배워야 한다. 믿는이는 영의 감각을 읽고 사용하며 배양해야 하고, 그의 영에 어떤 중압감이 있을 때 그것을 인식하고 그 중압감을 제하는 법을 알아야 한다.

(4) 생각을 쉴새 없이 과도하게 사용함으로 인해 몸과 생각이 소진되고 기진맥진하게 됨. 간략히 말해서, 영이 완전히 제 기능을 발휘할 수 있으려면 먼저 생각과 몸이 긴장 상태에서 풀려나야 한다는 것이다(왕상 19:4, 5, 8, 9의 엘리야의 체험과 비교해 보라).

과거나 미래에 대해 걱정하거나 고통스러워하는 것은 속사람을 그 순간 하나님의 뜻에 대해 자유로운 상태에 있지 못하게 하며, 겉사람과 외부 일들이 영을 지배하는 위치에 있게 함으로써 영의 자유로운 활동을 저지한다.

이러한 모든 원인들의 결과는 영이 감금당하여 활동할 수 없으며 환경을 통해 간접적으로 공격하거나 직접적으로 믿는이들을 대항해 치열한 전쟁을 벌이는 흑암의 권세들에 맞서 싸울 수 없게 되는 것이다. 어떤 믿는이가 저항하는 자세를 견지하지 못하게 되는 순간 그가 수동성에 빠지는 속도는 돌이 물 속에 잠기는 것처럼 신속하다.

몸의 수동성

몸의 수동성이 발생할 때 실제적으로 시각과 청각과 후각과 미각과 촉각 등이 영향을 받아서 지각할 수 없게 된다. 그가 정상적인 건강 상태에 있다면 보기 위해서든 일하기 위해서든 자신이 선택한 어떤 사물에 눈을 고정시킬 수 있어야 하고 또 지식을 생각과 영에 전달하는 통로인 다른 모든 감각들을 동일하게 제어할 수 있어야 한다. 그러나 이러한 감각들의 전부 혹은 일부가 수동성에 빠짐으로 인해 지각이 둔해지고 무감각해진다.

따라서 예민하게 느껴야 할 것을 '지각하지 못하고' 무의식중에 기계적으로 행동하며 불쾌감을 주는 괴상한 습관이 부지중에 나타나기도 한다. 이런 상태에 있는 믿는이들은 이러한 현상이 자신들 안에서 진행되고 있다는 사실은 모른 채 오히려 다른 사람들에게서 이러한 결점을 곧잘 발견한다. 그들은 자신의 인격을 만지는 외부의 일들을 병적으로 민감하게 의식할 수도 있다.

악한 영들에 의해 그러한 수동적인 상태가 야기되어 그 절정에 달할 때 몸의 다른 부분들이 수동성에 빠지는 결과가 나타날 수 있다. 예컨대, 등과 척추가 구부정해지고 무기력해지며 손가락이 탄력성을 잃고 뻣뻣하게 경직될 수 있다. 또 악수하는 손의 근육이 흐느적거리고 수동적이며 눈은 다른 사람의 눈을 똑바로 쳐다볼 수 없어 이리저리 움직인다.

이러한 수동성은 흑암의 권세들이 믿는이의 온 존재에 깊이 개입함으로써 야기된 것인데, 이는 애초에 의지와 생각을 수동적인 상태로 내버려둔 것의 결과이다. 다시 말해서, 그 사람이 자제력과 의지를 사용하기를 포기함으로 생각과 의지가 수동적이 된 데 그 이유가 있다는 것이다.

전존재의 수동성

이 단계에 이르면 사람의 존재의 모든 부분이 영향을 받게 된다. 그는 자신의 생각과 의지와 상상과 추론을 완전히 사용하지 않은 채 행동한다. 즉 의지적으로 사고하거나 결정하거나 상상하거나 이성적인 판단을 하지 않고 행동한다는 것이다. 그 영향으로 생각과 몸의 모든 기능뿐 아니라 온 존재가 동면 상태에 있는 것처럼 보인다. 어떤 경우에는 육체적인 필요조차도 휴지 상태에 있으며, 혹은 그 사람 자신이 악한 영들의 지시에 따라 육체적인 필요를 억누르고 음식 섭취와 수면과 육체적인 휴식을 자제하기도 한다. 그럼으로써 그는 몸을 혹독하게 다루는데, 이것은 육체의 방종을 실제적으로 금하는 데에는 어떠한 유익도 없는 것이다(골 2:23). 또한 그의 동물적인 부분이 깨어나 육체적 필요를 공급하도록 요구하는 것에는 탐욕적이 될 수 있다. 다시 말해서, 이제 몸이 영과 혼을 지배하기 때문에 신체 구조라는 조직이 생각이나 의지의 조절과는 상관없이 계속 작동한다는 것이다.

사람은 영 안에서 살 수도 있고 혼이나 육체 안에서 살 수도 있다. 예를 들면, 탐식하는 사람은 육체 안에서 육체를 좇아 살고, 학생은 생각이나 혼 안에서 살며, 영적인 사람은 '영 안에서' 산다. '심령술사(Spiritists)'는 사실상 '영적'이지도 않고 참으로 영에 속한 사람도 아닌데, 이는 그들이 일반적으로 감각의 영역 안에 살면서 단지 악한 영적 세력들이 역사하는 데에 필요한 원칙을 이해하고 그 조건을 충족시킴으로 악한 영적 세력들과 왕래하여 '영'과 관계를 맺기 때문이다.

육체적인 감각 속에 묻혀 영적 감각이 상실됨

믿는이가 어느 정도 악한 영들에게 사로잡힐 때 자칫하면 육체 안에 살고 감각에 빠지며 물질적 영역에 지배받기가 쉽다. 이것은 신체 구조에 느껴지는 소위 '영적' 체험들을 통해 이루어질 수 있다. 그러나 이러한 '영적' 체험들은 영에서 나온 것이 아니기 때문에 실지로는 영적인 것이 아니다. 겉으로 볼 때 '영적'인 원인에서 발생된 것 같은 기묘한 몸의 느낌과 '전율', '뜨거움', 몸에 임하는 '불'이 타는 듯한 느낌 등은 사실 감각을 부채질하여 돋구고 무의식적으로 감각 기관을 만족시킨다. 믿는이들이 자신들을 '영적'이라고 말할지라도 이러한 체험을 하는 동안 그들은 감각의 영역 안에 살면서 사실상 '육체를 좇아' 행하고 있는 것이다.

이런 이유로 매우 정도가 약할지라도 귀신 들린 게 분명하다면 '내가 내 몸을 쳐 복종하게'(고전 9:27) 하는 것은 사실상 불가능하게 된다. 그는 그의 육체적 감각을 따라 살 수밖에 없다. 이는 귀신 들린 사람에게서는 감각적인 생활이 여러 방식으로 이루어져 그가 육체적 감각을 의식하지 않을 수 없기 때문이다. 육체적인 의식 속에서 모든 자극이 예민하게 느껴진다면 사실상 영적 감각은 상실되어 믿는이는 영적 감각을 깨달을 길이 없다. 예를 들어 건강한 사람이라면 그의 신체 구조에서 끊임없이 이루어지는 호흡이라는 신체 활동을 의식하지 못한다. 이런 식으로 영의 지배 아래 있는 믿는이의 육체적 감각이 표출되지 않는다. 그러나 이와 반대로 악한 영들이 발판을 얻어 기분 좋은 체험이나 또는 그와 반대되는 체험으로 감각적인 생명을 자극하여 비정상적인 행동을 하게 했을 경우, 상황은 반전되어 영적 감각은 육체의 감각에 묻혀 상실되고 육체의 감각만이 감지되어 표출된다.

이러한 수동적인 상태는 자신을 '내맡긴' 믿는이에 의해 수년 동안 부지중에 꾸준히 배양되어 종국에는 형언할 수 없을 정도로 깊이 악한 영들에게 사로잡히게 된다. 수동성이 극치에 달하면 그는 스스로 수동성의 속박 아래 있는 자신의 상태를 깨달을 수 있다. 그러나 그러한 때에 그는 자신의 상황을 다만 '자연적인 원인'으로, 혹은 말할 수 없는 이상한 방식으로만 설명할 수 있다고 생각하며, 하나님과 신성한 일들에 대한 그의 예민한 감각이 둔해져서 더 이상 회복되거나 새로워질 수 없다고 생각한다. 자신의 상태가 악한 영들이 야기한 수동성에 빠졌기 때문에 그렇게 되었음을 모른 채 '자연적인 것'과 설명할 수 없는 어떤 방식에서 자신의 예민한 감각이 둔해진 원인을 찾으려 하는 것이다. 수동성에 빠진 결과 그의 신체적인 느낌은 무감각해지고 쇠퇴하며, 그 영향으로 그는 다른 사람들 눈에 금욕적이고 돌처럼 딱딱하게 보인다. 이러한 때 속이는 영들은 그로 하여금 자신이 회복될 가망이 없으므로 하나님을 슬프게 해드렸다고 생각하게 하고, 또 그는 자신이 슬프게 떠나보냈다고 생각하는 (하나님의) 임재를 찾는 고통을 겪는다.

믿는이는 이러한 수동적 상태의 불편함을 제하거나 피하기 위해서 그를 돕는 수단들을 고안해 내고 또 그가 고안해낸 많은 도움들을 부지중에 의존하게 되는데, 이로 인해 수동성이 배양되는 것이다. 믿는이가 수동적 상태의 불편함을 피하기 위해 의존하는 수단들에는 기억력을 돕기 위한 눈에 보이는 피상적인 도움, 그리고 그 도움에 의존하는 것 등이며, 또는 수동적 생각의 사고를 돕기 위해 말로 표현하는 것과 그 개인만이 알고 있는 여러 종류의 '버팀목'들이다. 이러한 모든 것은 여러 가지 필요를 채울 수 있도록 정교하게 고안된 것으로서, 비록 그가 이러한 것을 알고 있다 할지라도 이러한 것들 때문에 자신의 참된 상태를 알기가 쉽지 않게 된다.

악한 영들의 영향으로 나타나는 것들이 믿는이의 타고난 특징으로 간주됨

그러나 믿는이들 가운데 있는 악한 영들의 역사에 대한 이러한 진리와, 악한 영들이 생각이나 몸에 힘을 미침으로써 생기는 징후나 그 원인이 베일에 휩싸인 채 알려지지 않음으로 인해 많은 하나님의 자녀들이 부지중에 그들의 힘에 속박당하고 있다. 악한 영들의 영향으로 나타나는 현상은 일반적으로 타고난 개성 혹은 연약함으로 간주된다. 악한 영들의 영향 아래 있는 믿는이가 '과도하게 긴장되어 있거나' 주님의 일을 행하는 데 '은사가 없기' 때문에 주님의 역사는 보류되고 또 한쪽으로 제쳐져 있다. 그는 '예민하고' '소심하며' 하나님을 섬길 수 있는 '구변의 은사'가 없고 '사고의 능력'이 없다. 그러나 이런 소심한 사람들이 사회적 활동 영역에서는 그러한 '결함들'을 개의치 않고 빛을 발하여 전성기를 구가한다. 그들은 왜 유독 하나님을 섬길 때에만 그렇게 무능력해지는지 그 이유를 자문해보지 않는다. 그러한 경우 사탄은 하나님을 섬기는 것과 관련해서만 감추인 역사로 믿는이들을 간섭하는 것이다.

믿는이가 그 진실을 알게 될 때 받는 충격

믿는이는 자신이 속임당하고 귀신 들렸다는 진실을 알게 될 때 커다란 충격을 받는다. 그러나 그가 궁극적인 결과를 깨닫고 난 후 그 진실을 알고 싸워서 완전히 해방받았을 때의 기쁨은 형언할 수 없는 것이다. 그때 교회와 세상에서는 물론 개인적 체험과 곤혹스런 환경에서 수년 간 풀리지 않았던 문제들 위에 빛이 임한다.

그가 하나님으로부터 빛을 얻기를 추구할 때 속이는 영들이 열린 생각을 지닌 그의 생활 안으로 교활하게 침입했다는 것이 점차 분명해지고, 진리의 탐조등이 과거를 비추어 그의 체험과 생활에서 설명할 수 없었던 어려움과 '알 수 없는 하나님의 뜻'으로 여겼던 많은 비밀스런 일들의 원인을 규명할 때, 그를 속이려는 속이는 영들의 계략이 폭로된다.

수동성! 얼마나 많은 사람들이 자신의 상태를 전혀 알지 못한 채 여기에 빠져왔던가! 그들의 기능이 수동적임으로 인해 많은 시간을 외부 환경의 도움에 의존하는 데 낭비했다.

시작은 했지만 결과나 성취된 것이 거의 없는 '행함'을 하는 사람들이 많다. 수동적인 사람은 "물론입니다. 그 일을 할 수 있습니다." 하면서 일해야겠다는 자극을 받지만 정작 그 행동을 해야 할 때가 이르면 그의 일시적인 관심은 사라진다. 이 때문에 수동적인 믿는이들은 그들 주변의 세상적이거나 사회적인 일들에는 매우 민감한 반면 영적인 일들에는 감응력이 무디고 한탄스러울 정도로 '무관심하다'.

세속적인 사람들도 다른이들의 어려움을 보면 매우 예민한 느낌으로 반응하는데, 하나님의 자녀들 중 많은 이들은 부지중에 자신들을 초자연적 세력에 열어둔 결과 사고와 생각과 동정심이 둔화되었다. 영적인 일들에서 늘 평안과 안락과 행복을 갈망해왔기 때문에 그들은 '수동성', 곧 '안식'과 '평안'과 '기쁨'이라는 수동적인 상태에 빠져든 것이다. 이러한 수동성으로 인해 그들은 스스로를 자신의 감옥 안에 가둠으로 흑암의 권세들에게 기회를 주어 결과적으로 고통스런 세상의 필요를 예민하게 이해하지 못하게 되었다.

'죽음' 에 대한 진리를 잘못 해석함으로 수동성이 야기됨

이러한 수동성의 상태는 진리—로마서 6장과 갈라디아서 2장 20절에 제시된 '그리스도와 함께 죽음'의 진리—에 대한 잘못된 해석에 기인할 수도 있다. 그러한 진리가 하나님의 말씀을 참되게 균형을 잡지 못하고 해석될 때 수동성을 야기한다. 하나님께서는 참된 믿는이들에게 그들 자신을 '죄에 대하여 죽은 자로 여기라'고 요구하시며, 또한 종교적이거나 '거룩한' 모습을 띤 악한 자아 생명, 즉 옛 창조인 첫 사람 아담으로부터 온 악한 자아 생명에 대해서도 죽은 자로 여기라고 요구하신다. 그러나 이것은 사람의 인격이 죽은 것을 의미하는 것은 아닌데, 이는 바울이 "그리스도께서 내 안에 사시지만 또 여전히 내가 산다"고 말했기 때문이다. 그가 '자제력'으로 묶여 있는 그의 인격을 활력화시킬 때 하나님의 영에 의해 지배되어야 할 인격과 의지와 자아와 개성이 유지 보존될 수 있다.

'그리스도와 함께 죽음'이라는 진리를 수동성과 그 사람의 인격적인 행동의 억제를 의미하는 것으로 생각하는 잘못된 관념이 빛 가운데 드러남에 따라, 로마서 6장 6절, 갈라디아서 2장 20절과 연관된 진리를 이해하는 것이 때로 흑암의 권세들의 초자연적인 현시의 전조가 되어온 이유를 아는 것은 이제 그리 어렵지 않은 일이 되었다. 이러한 진리들에 대한 잘못된 관념으로 말미암아 그 믿는이는 사실상 악한 영들이 역사하기에 필수적인 조건들, 즉 '강신술사'나 '영매들'이 원하는 현시들을 얻는 데 필요한 바로 그 조건들을 충족시킨 것이다. 그러한 경우에 이 진리는 마귀가 그의 거짓말을 내보내는 데 받침대로 사용된다.

로마서 6장이 죄에 대한 태도를 순간순간 선포하는 것으로 이해하고, 갈라디아서 2장 20절이 하나님께 대한 태도를 선포하는 것으로 이해하며, 또 고린도 후서 4장 10절에서 12절까지와 빌립보서 3장 10절이 믿는이로 하여금 그리스도의 죽음을 실지로 본받도록 이끄는 하나님의 영의 역사로 이해하는 한, 흑암의 권세들은 패하게 된다. 이는 끊임없이 그러한 태도를 견지하기 위해서는 능동적인 의지와 부활하신 주님과의 능동적인 협력과 십자가의 길을 능동적으로 받아들이는 것이 필요하기 때문이다.

그러나 이러한 진리들이 ① 개성의 상실과 ② 의지와 자제력의 부재와 ③ 믿는이가 '고행'이나 '죽음의 역사'라고 생각하는바 '무감각'하고 비둔한 기계와 같고 기계적이며 자동적인 '순종'의 상태에 '나 자신'을 밀어넣는 것, 즉 수동적인 태도를 취하는 것으로 해석될 때, 그리스도와 함께 죽음의 진리는 악한 영들이 역사하기 위한 여건이 된다. 그리스도와 함께 죽음이라는 진리를 잘못 해석함으로 악한 영들이 역사할 여건을 마련해줄 때 하나님께서 역사하실 수 있는 여건들은 사라지게 된다. 수동성을 바탕으로 발생하는 '초자연적인 현시들'이 아무리 아름답고 하나님처럼 보일지라도 그것들은 거짓 영들에 근원을 둔 것에 지나지 않는다.

이러한 영적인 '죽음'의 위조는 영, 혼, 몸과 관련하여 발생할 수 있다. '그리스도와 함께 죽음'의 진리가 얼마나 오용될 수 있으며, 이를 통해 악한 영들이 수동성의 근거를 얻으려고 얼마나 기회를 엿보고 있는지는 다음 예시를 통해 알 수 있다.

1. 자아 소멸에 대한 잘못된 관념으로 야기된 수동성: 하나님께 자신을 내맡기는 것이 자아 소멸, 자아 포기, 그리고 실지로 자아 파멸을 의미한다고 생각함으로 믿는이는 개성, 개인적 필요, 개인적 상태, 느낌, 갈망, 외적 정황, 환경, 불편, 다른이들의 의견 등을 의식하지 않고 그를 통해 움직이고 역사하고 행하시는 하나님만을 '의식'하는 것을 목표로 삼게 된다. 이 목표를 위해 그는 자신의 '자의식'을 '죽음'에 넘기고 세상에 있는 모든 것을 의식하지 않은 채 하나님의 임재만을 의식하기를 기도한다. 그리고 자신을 온전히 죽음에 내어줌과 전적인 자아 소멸을 실행하기 위해 그는 자기가 인지하는 '자아'의 움직임의 자취를 쉴새없이 '죽음에 넘기고', 지속적으로 그의 의지를 사용하여 개인적인 소망, 갈망, 취향, 필요, 느낌에 대한 모든 의식을 거절한다.

이 모든 것은 매우 '자아 희생적'이고 '영적'으로 보이지만 사실 인격을 완전히 억압함으로 악한 영들이 온 존재를 수동성에 빠뜨릴 수 있는 근거를 제공한다. 이로 인해 흑암의 권세들이 역사하게 되고 '무의식' 상태가 되는

데, 이러한 무의식은 머지 않아 그 자신만이 아니라 다른 사람들에 대해서도 무감각해지고 둔해지며 느끼지 못하게 되는 결과를 가져온다. 말하자면 그들이 언제 고통을 받는지, 또 언제 그 자신이 고통을 야기하는지 알지 못하는 것이다.

속이는 영들의 '가르침'이 진리의 일부라는 잘못된 관념

이러한 자아 소멸과 자의식 상실에 대한 관념은 믿는이가 하나님의 영과 협력하기 위해서는 그 자신의 기능을 온전히 사용해야 한다는 하나님의 영의 요구와 대조를 이루는데, 악한 영들은 이 '죽음'에 관한 속임수를 기초로 하여 역사할 입지를 얻는다. 죽음이 실지로 무엇을 의미하는가에 대한 잘못된 관념은 악한 영들의 '가르침'의 일부인데, 전심으로 하나님께 자신을 드리고 내맡긴 사람들은 악한 영들이 그러한 가르침을 교묘하게 제시하여 속일 수 있다는 사실을 모르고서 유사하게 보이는 것을 구분하지 못한 채 그러한 가르침을 받아들이게 된 것이다. 그러므로 '귀신의 가르침'은 진리에 그 기반을 둔 것일 수 있는데, 이는 그 믿는이가 진리 자체를 성실하게 붙들고 있으나 진리를 잘못 생각하거나 잘못 번역함으로 인한 것이다.

믿는이들이 속임당한 결과는 머지않아 악한 영들에 의해 생성되는 '무의식'으로서 이것을 깨뜨리기란 쉽지 않은 일이다. 믿는이가 무의식 상태에 있을 때 그는 주변이나 자신 안에서 일어나는 일들을 분별하거나 인식하거나 느끼거나 알 수 있는 능력이 없다. 그가 자신의 행동 방식과 태도를 의식하지 못하는 것은 자신이 의식하지 못하는 초자의식 상태에서 그러한 것들이 이루어지기 때문이며, 이때 그는 쉽게 상처받게 되지만 그 자신이 다른이들에게 상처를 주고 있다는 것은 의식하지 못한다. 그는 사실상 금욕적이 되지만 그의 그러한 행동이 결국 다른 사람들에게 고통을 가져다준다는 것을 보지 못한다. 말하고 행동하는 데 있어서 그는 의지적으로 생각하고 판단하고 상상하고 결정하는 것이 아니라 '무의식적으로' 행한다. 그 결과 그는 기계적이고 자동적으로 행동하게 된다. 그는 때로 무의식적으로 다만 말과 생각과 감정의 전달 통로가 되는데, 이러한 것들은 그의 의지의 작용이나 그 근원에 대한 그의 지식과는 상관없이 행해진다.

귀신 들린 결과인 '무의식'은 그가 구출되는 길에서 무서운 걸림돌이 되는데, 그 이유는 믿는이가 악한 영들의 역사를 '의식하지 못하고' 있는 동안에 악한 영들이 그를 통하여 혹은 그 안에서 그를 붙잡거나 방해하거나 공격하거나 그의 관심을 다른 데로 돌리거나 뭔가를 제안하거나 어떤 인상을 주거나 그를 끌고 가거나, 또는 기타 공격적이고 유해한 일들을 할 수 있기 때문이다.

2. '고난'을 잘못 받아들임으로 야기된 수동성—믿는이는 '십자가의 길'로서 '그리스도와 함께 고난받는 것'을 기꺼이 받아들이는데, 이때부터 그는 '그리스도와 함께 고난받는 것'이 곧 ① 보상과 ② 결실을 의미한다고 믿으면서 고난이 어떤 형태로 오든 그것에 수동적으로 굴복한다. 그는 악한 영들이 위조된 '고난'을 줄 수 있다는 것을 모른다. 뿐만 아니라 그러한 고난이 하나님의 손에서 온 것이라고 믿으면서 그 고난을 받아들일 수 있으며 또 그렇게 함으로써 악한 영들이 자신을 사로잡을 근거를 내줄 수 있다는 사실도 알지 못한다.

생활 가운데서 제거되지 않는 죄와 생활 가운데서 설명할 수 없는 고난, 이 모두는 '귀신 들림'으로 명쾌하게 해설될 수 있다. '귀신 들림'이라는 진리를 이해함으로써 생활 가운데서의 죄가 제거될 수 있고 생활 가운데서의 고난이 설명될 수 있다. 고난은 믿는이를 어떠한 과정 안으로 이끌기 위해 그를 통제하고 몰아가는 커다란 무기이다. 그러므로 고난은 악한 영들이 믿는이를 통제하여 강요하지 않고도 그가 원치 않는 것을 하도록 몰고갈 수 있는 커다란 무기가 된다.

믿는이는 이러한 사실을 모른 채 자신이 거치고 있는 고난을 전혀 잘못 해석할 수 있다. 이로 인해 믿는이들은 종종 자신이 다른이들을 위해 혹은 교회를 위해 '대신' 고난받고 있다고 생각하는 속임수에 빠진다. 따라서 자신들이 받고 있는 '고난'이 귀신 들림의 주된 증상 가운데 하나임을 모른 채 실지로 그 고난에 의해 희생되는 일이 일어날 때 자신들이 순교의 과정을 거치고 있다고 생각하게 된다. 악한 영들은 어떤 사람을 고난에 밀어넣음으로써 그 믿는이가 가지고 있는 증오심과 적개심을 누그러뜨린다.

악한 영들이 일으킨 고난의 특징들

악한 영들이 직접 일으킨 고난은 영적인 열매 맺음과 승리, 또는 생명의 성숙의 결과를 전혀 가져오지 못한다는 점에서 그리스도의 고난의 교통에 참되게 참여하는 것과 구별될 수 있다. 우리가 주의 깊게 관찰해본다면 그러한 고난이 완전히 무익한 것임을 알게 될 것이다. 하나님께서는 분명한 목적 없이는 어떠한 일도 행치 않으신다. 그분은 고난 자체를 위해 고난을 일으키기를 원치 않으시는 반면, 마귀는 그렇지 않다. 악한 영들이 일으킨 고난은 그 본질 면에서 심각하고 마귀적이며, 고난받는 믿는이가 그것이 하나님의 손에서 비롯되었음을 알려 주시는 성령의 내적 증거를 얻지 못한다. 노련한 의사가 모든 신체적인 통증을 정신적인 것과 구별할 수 있는 것처럼, 분별력을 가진 사람은 그러한 고난이 악한 영들에게서 비롯된 것임을 분명하게 진단할 수 있다.

악한 영들에게서 기인한 고난은 세 가지로 분류될 수 있다. ① 영적인 것으로서, 악한 영들이 매섭고 불쾌한 '느낌'을 영에 주입하여 격심한 고난을 일으킴 ② 혼적인 것으로서, 생각 속에 심한 어두움과 혼란과 혼돈과 공포와 번민을 가져다주며, 심장이나 존재의 다른 중요한 기관에 칼로 찌르는 듯한 감정적인 통증을 일으킴 ③ 신체적인 것으로서, 몸의 모든 부분에서 나타날 수 있음.

악한 영들이 그렇게 빈틈없이 고난을 위조할 수 있는 근거는 믿는이가 '십자가의 길'을 가기 위해 하나님께 절대적으로 굴복하고자 하여 어떤 고난을 하나님에게서 온 것으로 생각하고 신중히 받아들이려 할 때 제공된 것일 수 있다. 그때 이후로 그는 하나님께 완전히 굴복하는 삶을 이루기 위해 실지로는 악한 영들에게서 온 어떤 특별한 고난을 하나님에게서 온 것으로 받아들여 원수에게 근거를 내어주게 된다. 그것은 ① 악한 영들의 거짓말을 받아들이고 ② 고난 가운데서 명백하게 나타난 그들의 실제적인 능력을 허용하며 ③ 고난을 '하나님의 뜻'으로 해석함으로써—스스로 고난이 '하나님의 뜻'이라는 해석을 믿음으로써 계속해서 더욱 입지를 제공하게 된다—악한 영들에게 문을 열어줌으로 인한 것이다. 그리하여 그는 온 생애가 그 근원이 비합리적이고 설명할 수 없으며 그 결과가 무익해 보이는 '고난에 굴복될' 때까지 문을 열어주게 된다. 그렇게 될 때 하나님의 인격은 종종 그분의 자녀들에게 비방당하며 속이는 영들은 힘을 다해 그들이 하고 있는 일을 위해 하나님을 대항하여 거역을 일으킨다.

3. 겸손과 자기 비하에 대한 그릇된 생각으로 야기된 수동성—믿는이가 '죽음'을 받아들이는 데 동의할 때, 그는 적절하고 참된 자아 존중을 전혀 허용하지 않는 '자아 소멸'과 '무가치함' 속에서 그 죽음이 실행되게 한다(고후 10:12-18과 비교). 믿는이가 악한 영들이 만들어내어 그에게 제안한 '자기 경시'의 관념을 받아들일 경우, 그는 그러한 관념으로 인해 자신이 나약하고 소망 없다는 생각에 빠져 다른 사람들에게 슬프고 무겁고 어두운 영을 전염시키게 된다. 그런 믿는이의 영은 쉽게 억눌리고 상처받으며 침체된다. 이로 인해 그는 자신의 생활에서 어떤 특별한 죄를 발견하지 못하면서도 그 원인을 '죄' 탓으로 돌리는 어리석음을 범할 수 있다. 심지어 그는 자기의 '고난'의 체험을 교회를 위하여 '대신' 고난받는 것이라고 생각할 수도 있다. 그러나 고난에 대한 비정상적인 느낌은 귀신 들림의 주된 증상들 중 하나에 지나지 않는다.

믿는이가 귀신 들린 상태에서 '교만'과 그 교만에서 나오는 온갖 형태의 속임수—죄가 진정으로 제거되지 않았는데도 악한 영들이 교만과 죄가 제거된 것처럼 위조하는—는 다음과 같은 다섯 가지 항목으로 밝혀진다. ① 믿는이가 자신이 내뱉은 말을 듣고 다른 사람들이 고통스러울 정도로 당혹스러워하는데도 아주 부적절한 순간에 자신을 경시하는 말을 불쑥 꺼내는 것 ② 그리스도의 왕국의 권익을 인식하지 못하고 하나님을 섬기는 데서 뒤로 물러나는 것 ③ 대화와 행동에서 '나'를 배제하려고 애쓰면서도 정작 자신이 묻히게 될 상황이 오면 '나'를 더욱 잘 드러내려고 강변하는 것 ④ 변명하고 사과하는 태도로서, 이것은 하나님의 왕국에 전략적으로 중요한 순간에 '이 세상의 어둠의 권세 잡은 자들'에게 기회를 제공하여 그 부하들을 부추켜 이러한 '내가 아니요'라는 사람을 짓밟고 옆으로 제쳐놓게 함 ⑤ 약하고 어둡고 슬픔에 빠져 있고 애통해하며 소망이 결여되어 있고 쉽게 상처받는 과민한 성격의 소유자의 주변 분위기. 이 모든 것은 믿는이가 '죽음에 굴복하는' 어떤 순간에 하나님께서 그분의 영과 온전히 협력하는 삶 속에서 그리스도의 영을 나타내는 그릇이 되기를 요구하시는바 참된 인격을 (악한 영들이) 말살하도록 기꺼이 허용한 결과일 것이다.

이 다섯 가지 항목으로서 우리는 믿는이가 악한 영의 위조하는 속임수에 빠졌음을 밝히 드러낼 수 있다. 이 다섯 가지 결과를 볼 때, 그의 교만과 교만으로 인한 죄가 제거된 것이 아니라 다만 그가 자기 경시에 빠졌음을 알 수 있다.

믿는이는 그의 잘못된 믿음과 악한 영에게 복종함으로 인해 '죽음'이라고 할 수 없고 또 죽음을 의미하지도 않는 인격의 수동성에 빠졌다. 그는 이러한 수동성으로 인해 흑암의 권세들에게 그를 '사로잡을' 입지를 얻도록 문을 열어주었을 뿐이다.

4. 약함에 대한 잘못된 생각으로 야기된 수동성—믿는이는 약함이 하나님의 생명과 능력의 나타남을 위해 필요한 상태라는 잘못된 관념을 갖고서 지속적인 약함의 상태를 받아들인다. 이것은 일반적으로 "내가 약할 때 내가 강함이라"는 바울의 말에 근거를 둔 것으로서, 믿는이는 이 말이 바울이

약할 때 하나님의 힘이 그분의 뜻을 이루기에 충분함을 발견한다는 단순한 사실일 뿐, 하나님의 자녀들에게 약하게 되기를 원하라고 권유하는 것이 아님을 이해하지 못한다. 그러므로 그들은 많은 면에서 합당하게 섬길 수 없게 된다.

오히려 그들은 이렇게 말해야 한다. "나는 나에게 힘주시는 그리스도로 말미암아 모든 것을 할 수 있다." 그리스도의 능력을 얻기 위해 약하게 되기를 '원하는 것'이 잘못된 생각이라는 사실은 다른이들을 짊어지고 돌보는 데 있어서 '약함'을 수동적으로 받아들이는 많은 이들의 삶에서 실제적으로 볼 수 있는데, 그러한 태도는 하나님의 계획이나 하나님의 예비하심에 전혀 부합되지 않는다. 약하게 되기를 '원하는 것'은 사실상 하나님의 강화시키심을 방해한다. 많은 이들의 생각 속에 주입된 원수의 이러한 교활한 속임수 때문에 하나님께서는 그분을 위한 많은 능동적인 봉사를 강탈당하셨다.

사탄적인 활동과 함께하는 수동성

'수동성'이란 아무 '활동'도 없는 것을 뜻하는 것이 아니다. 이는 믿는이가 의지와 생각에서 수동적이 되면 그가 무언가를 행할 힘도 없이 속이는 영들에게 붙들리거나 사탄적인 활동을 하도록 강요받기 때문이다. 다시 말해서, 수동적인 상태에서는 생각이 제어할 수 없이 활동하고, 신체는 한시도 가만히 있지 못하고 안식하지 못하는 가운데 움직이며 극도로 흥분되고 불안정한 행동에 빠져들게 된다는 것이다. 수동적인 상태에서 이루어지는 행동은 발작적이고 간헐적이어서 마치 중앙 통제 스위치가 고장나 제멋대로 돌아가는 기계와 같다. 그것은 때로 매우 급하게 단숨에 이루어지며 또 어떤 때는 느리고 완만하게 이루어지기도 한다. 그러한 상태에 있는 믿는이는 해야 할 일이 많다는 것을 알고 있지만 할 수 없으며, 그로 인해 안절부절 못하게 된다. 그가 수동성에 빠져 있는 동안 만족하고 있는 것처럼 보이지만, 사탄적인 활동을 하도록 강요받아 그것에 빠져들게 되면 들떠서 가만히 안식할 수가 없고 그 주변의 모든 일과 조화를 이룰 수 없다. 그는 자신의 환경에서 완전한 만족의 상태에 이르러야 할 때에도 어떤 일 때문에—혹은 누군가에 의해—그의 바깥의 상황과 어울릴 수 없는데, 그 상황이 아무리 즐겁고 유쾌해도 마찬가지이다. 그는 고통스러울 정도로 들뜨게 만드는 불안정한 활동과 안절부절하지 못함, 혹은 수동성과 중압감을 의식하고 있다. 또한 '할 일'을 의식하면서도 하지 않는다. 이 모든 것은 마귀가 그의 평강을 깨뜨림으로 인해 나타나는 현시들이다.

수동성으로부터 구출됨

  수동적인 상태에서 벗어날 필요가 있는 믿는이는 먼저 자신의 정상적이고 올바른 상태가 어떤 것인지를 알고자 힘써야 한다. 그런 다음 그러한 상태에 비추어 자신을 점검하고 조사하여 악한 영들이 자신을 간섭해오지는 않았는지를 분별해야 한다. 이를 위해서 그는 영과 혼과 몸 안에서 혹은 그의 온 존재에서 '최선'이라고 생각되는 생애의 한 순간을 회상하고 계속 유지하고 싶은 그 순간을 정상적인 상태로 여기면서 그에 미치지 못하는 수준에 만족하고 안주하지 않도록 해야 한다.

  수동성이 점진적으로 야기된 경우라면 마찬가지로 그 사라짐도 점진적으로 진행될 것이다. 수동성이 제거되기 위해서는 그 사람의 완전한 협력이 필요하며, 이 때문에 그가 수동성에서 벗어나는 데에는 긴 시간이 필요하다. 속임수와 수동성은 사람이 자신의 상황을 깨닫고 그것의 근거 및 그를 통해 일어난 속임수를 거절하기 위해 그의 의지를 사용하여 협력할 때라야 제거될 수 있다. 악한 영들이 믿는이 안으로 침투될 수 있는 입지가 된 그 원인, 즉 의지를 사용하는가의 여부가 동시에 악한 영들이 그에게서 추방되는 데에서도 요인이 되기 때문에, 믿는이가 자신의 의지를 사용하지 않는다면 악한 영들이 '쫓겨날' 수 없다.

  수동성에서 벗어나는 데 있어서 핵심은, 첫째 생각의 정상적인 표준을 끊임없이 지키는 것이며, 둘째 그 믿는이가 그 표준 아래로 내려갈 경우 어느 때든 그 원인을 찾아내어 제거하는 것이다.

그의 존재의 어떤 부분 혹은 어떤 기능이 수동성에 빠져 그 용도를 상실했을지라도 믿는이는 의지를 능동적으로 사용하여 수동성에 빠진 부분과 기능을 되찾고 스스로 통제할 수 있어야 한다. 그의 기능을 원수의 속박 아래 빠뜨린 '입지'는 색출되어 제거되어야 한다. 더욱이 모든 땅에 속한 정부가 영토와 국민을 보호하기 위해 싸우는 것 못지 않게 흑암의 권세들도 사람 속에서 그들의 왕국의 일부를 잃어버리지 않으려고 싸운다는 것을 기억하고 악한 영들을 끊임없이 대적하면서 거절해야 한다. '(마귀)보다 강한 자'는 정복자이시며, 이분은 전투를 위해 믿는이를 강화시키시고 훼손된 모든 것을 회복시키신다.

제 5 장
속임 당함과 귀신 들림

5 | 속임 당함과 귀신 들림

War on the Saints

　믿는이가 거짓 영에게 속임당한 것이 반드시 악한 영에게 사로잡힌 것(귀신 들린 것)을 의미하지는 않는다. 속임당하지 않고서도 '귀신 들릴 수' 있다. 예를 들어, 한 면으로 믿는이는 이러한 속임수로 귀신 들린 상태에 떨어지지 않고서도 잘못 인도되거나 위조된 이상들과 현시들에 의해 속임당할 수 있으며, 다른 한 면으로 악한 영은 믿는이가 알려진 죄나 알려지지 않은 죄에 굴복할 때 그의 생각이나 몸을 점령할 수 있는데, 이는 어떤 속임수에 빠지지 않고서도 가능한 것이다(고전 5:5).
　믿는이의 기능은 개별적으로 악한 영들에게 붙들리거나 사로잡힐 수 있는데, 이것은 (1) 수동성의 죄에 자신을 내어주었기 때문이다. 수동성이란 태만의 죄이다. 왜냐하면 하나님께서는 믿는이에게 기능을 주실 때 잘못 사용하거나 혹은 사용하지 못하게 하려는 의도로 주신 것이 아니기 때문이다. (2) 행위상의 죄들에게 자신을 내어주었기 때문이다.
　예를 들어, 어떤 믿는이의 혀가 남을 중상하고 더러운 말을 잘 하는 혀라면, 그 혀는 죄가 역사하기에 알맞으므로 악령에게 이용당하기 쉽다. 혀뿐 아니라 눈, 귀, 몸의 다른 부분들도 마찬가지이다. 눈으로 볼 때 안목의 정욕에 따라 더러운 것들을 보며 또 귀가 잘못된 것을 들음으로써 악한 자가 그에게 역사할 수 있다. 귀를 사탄의 사자들에게 내어주는 잘못된 들음, 즉 엿듣는 것 등에 의해 악한 영들은 귀의 신경을 사로잡을 수 있으며, 그 결과 그 사람은 들어야 할 것을 듣지 못하고 듣지 말아야 할 것을 듣게 된다.

악한 영이 믿는이를 사로잡기 위해 필요한 입지의 정도는 한정될 수 없음

악한 영이 믿는이를 사로잡는 데에 어느 정도의 입지가 필요한지는 명확하게 한정할 수 없다. 그러나 악한 영에게 사로잡히지 않고도 죄를 지을 수 있는 것, 어떤 죄는 악한 영이 믿는이를 사로잡도록 문을 열어줄 수 있다는 것과 사탄이 믿는이를 사로잡은 결과 죄를 지을 수 있음은(요 13:2) 두말할 필요가 없다. 믿는이든 믿지 않는 이든 사람이 악한 영을 받아들이기 위해 죄를 짓는다면 악한 영에게 제공된 입지는 측량할 수 없이 깊어질 수 있다. 악한 영에게 제공된 입지는 귀신을 받아들이게 하며 그로 말미암아 악한 영의 '현시'가 일어나게 된다. 그럴 때 그가 여전히 악한 자의 많은 거짓말을 믿고 받아들이기 때문에 '현시'에 대한 그릇된 해석은 또 다시 악한 영에게 입지를 주게 된다.

또한 속임수와 귀신 들림이 발생했을지라도 사람이 그것에 대해 인식하지 못한 채 그런 현상들이 사라지는 것 또한 가능한 일이다. 그가 악한 영에게 접근을 허락하는 죄에 자신을 내어주었는데 그 후 자신도 모르는 사이에 그 귀신 들림이 사라질 때, 죄와 죄가 역사하는 입지에 대해 죽음의 위치를 취할 수 있다(롬 6:6, 11).

수많은 믿는이들이 매우 다양한 정도로 귀신 들리지만, 그들은 '현시들(manifestations)'이 나타나는 것을 '자연적'인 원인이나 '자아'나 '죄' 탓으로 돌리기 때문에 자신들이 사로잡혀 귀신 들렸음을 알지 못한다.

'현시'에 귀신 들림의 특징이 없는 것처럼 보이기 때문에 그 현상을 자연적인 원인이나 자아나 죄 탓으로 돌리는 것이다.

또한 하나님과 신성한 것들을 위조함으로써 믿는이를 사로잡는 속이는 영들의 속임수에도 정도가 있다. 그리고 이러한 속임은 믿는이가 사탄의 위조를 얼마만큼 받아들였는가에 따라 더욱 깊어질 수 있다. 성령의 역사의 위조를 받아들임으로 말미암은 '귀신 들림'을 통해 믿는이들은 부지중에 악한 영들을 신뢰하고 그들에게 의존하고 그들에게 굴복하고 그들에 의해 인도받고 그들의 먹이가 되고 그들의 말을 듣고 그들이 원하고 역사하는 것을 돕고 그들을 원조하며 그들을 위해 일하는 데로 이끌릴 수 있다. 그들은 이런 태도를 취하는 것이 하나님을 향한 것이며 하나님을 위한 것이라고 믿는다.

어떤 경우에 믿는이들은 주의 깊게 영을 분별하기를 게을리함으로 인해 위조된 현시들을 받아들여왔으며, 그러한 속임은 가장 예리하면서도 교활하고 고도로 정련된 형태로 신속하게 믿는이를 사로잡는 데로 발전하게 된다. 악의 존재의 명백한 흔적을 남기지는 않는 특이한 이중성과 완전히 발전된 '귀신 들림'의 특징은 연단된 영적 분별력에 의해 알아낼 수 있다. 악한 자의 이중성과 귀신 들림의 특징이 '영광 빛'을 띤 얼굴과 매우 아름다운 노래와 매우 영향력 있는 언변을 지닌 가장 아름다운 '광명의 천사'의 나타남 속에 감추일지라도 영적 분별력에 의해서는 쉽게 인지될 수 있다는 것이다.

귀신 들림의 이중성

완전히 발전된 귀신 들림의 이중성은 일반적으로 존재할 수 없는 현시의 형태로 나타날 때에만 인식될 수 있다. 예를 들면, 분명히 구별되는 다른 지적인 존재가 귀신 들린 사람의 인격을 모호하게 하여 당사자가 의도하지 않은, 혹은 그가 부분적으로 결정했을 뿐인 사상들이나 말들을 표현하기 위해 확연히 달라지고 변조된 음성으로 발성 기관을 통해 말할 때이다. 이럴 때 그 귀신 들린 희생자는 자신의 원래의 성격과 반대되는 식으로 행동하지 않을 수 없게 되며, 성경에 기록된 것처럼 그 몸은 외부의 힘에 의해 조종받으며 신경과 근육은 경련과 발작을 일으키고 뒤틀리게 된다(눅 9:39). 귀신 들림의 이중성의 특징은 현시들이 대개 주기적으로 나타나는 것이며, 따라서 현시들이 사라졌다가 실지로 침입하는 능력이 나타남으로 '공격'이 다시 시작되는 시기까지는 그 희생자가 비교적 자연스럽고 정상적인 상태를 유지한다는 것이다.

그리스도인 가운데 있는 악한 영에게 사로잡힘의 이중성

믿는이들 가운데서 극도로 악한 영에게 사로잡힌 것의 이중성은 빛에 불순종하거나 자신들이 알고 있는 어떤 죄에 자신을 내어주는 믿는이들에게서 일어나는 것이 아니다. 오히려 그들이 하나님께 속한 것으로 믿는 초자연적인 능력에 자신을 내던짐으로 속임당하여 사로잡힌 결과라는 것이다. 그러한 경우 복음서들에 기술된 모든 징후들과 현시들이 나타나게 된다. 그 사람이 '영 안에서' 하나님과 교제하며 평강 가운데 있는 동안 귀신은 그 자신의 음성으로 질문들에 답변하고 그 사람을 통해 하나님을 훼방하는 말을 한다. 이것은 ① 그 사람의 영 안에는 성령께서 계시고 ② 몸 안에는 귀신 또는 귀신들이 거하면서 그의 혀를 사용하고 그들 마음대로 그의 몸을 내던진다는 것을 증명한다.

완전히 다른 현시들 아래서 이러한 동일한 '이중성'은 '영들을 분별하는' 이들에 의해 쉽게 인지될 수 있다. 때로 이러한 사람의 환경은 다른이들보다 악한 영이 현시하기에 더 유리하며, 그들은 아름다우면서도 불쾌한 형태로 발견될 수 있다.

그리스도인들이 귀신 들릴 수 있다는 사실은 '이교도'나 죄에 깊이 빠져 있는 사람만이 귀신 들릴 수 있다는 이론을 뒤집는다. 믿는이들의 생각 속에 있는 이러한 검증되지 않고 입증되지 않은 이론은 마귀로 하여금 현세대의 그리스도인들의 생각과 몸을 사로잡을 수 있게 하는 덮개로 사용된다.

그러나 하나님의 자녀들의 눈을 가리고 있던 그러한 베일은 힘든 체험의 노정에 의해 벗겨지고 있으며, 교회 가운데 깨어 있는 일부는 성령으로 침례 받고 내적 성전인 영 안에 하나님께서 내주하시는 믿는이도 속임당함으로 인해 악한 영들을 그 존재 안으로 받아들일 수 있다는 지식을 점점 깨닫고 있다. 믿는이의 중심이 하나님의 성소일지라도 그는 다양한 귀신에게 사로잡힐 수 있으며, 하나님께서 그 안에서 그의 영을 통하여 역사하신다 할지라도 악한 영들은 믿는이의 생각과 몸 안에서 이를 통하여 일할 수 있다는 것이다.

이중적인 능력의 흐름

그러한 귀신 들린 믿는이들에게서는 때때로 두 근원에서 능력이 흘러나올 수 있는데, 하나는 믿는이 중심에 계신 하나님의 영으로부터 나온 것이고, 다른 하나는 겉 사람 속에 있는 악한 영에게서 나온 것이다. 이러한 두 가지 능력의 흐름은 두 흐름을 접하는 사람들에게 두 가지 결과를 발생시킨다. 진리를 전파할 때 그러한 믿는이가 말한 모든 진리는 하나님께 속하고 성경에 따르며 정확하고 빛이 가득할 수 있지만, 반면에 생각이나 몸에 역사하는 악한 영들은 그들의 현시를 집어넣기 위해 진리라는 덮개를 사용함으로 연사와 청중 모두로 하여금 그 현시를 받아들이게 한다. 다시 말하면, 한 믿는이를 통하여 청중들 가운데 말씀을 받아들이는 사람들을 향해 빛과 사랑과 축복을 주는 하나님의 말씀으로부터 나오는 진리의 흐름을 한 순간 쏟아붓고, 그 다음 순간에는 생각이나 몸 속에 숨어 있는 다른 영이 그 사람의 혼이나 신체 부분을 통해 어떤 흐름을 흘려보낼 수 있다는 것이다. 악한 영의 그러한 역사로 말미암아 감정적이거나 신체적인 현시들에 의해, 혹은 신경계나 근육계의 작용에 의해 자신들의 혼이나 신체 부분 안에서 사탄의 흐름에 반응하는 청중들의 혼이나 몸에 동일한 결과가 산출된다. 그의 영 안에 계신 성령으로부터 나온 능력의 흐름과 그의 생각이나 몸

속의 속이는 영으로부터 나온 능력의 흐름은 각각 다른 순간에 그 사람을 장악하기 때문에 동일한 사람이 짧은 시간의 간격을 두고 서로 다른 모습을 보이므로 마치 이중 인격을 소유한 것처럼 보이게 된다.

잠시 후 사역자에게서와 모임 가운데서 어떤 특이한 변화가 일어날 때까지 사역자가 전파하는 진리를 들으면서 청중들은 이렇게 말할지도 모른다. "그가 어떻게 말하는지를 보라! 얼마나 하나님께 영광을 돌리고자 하는지! 얼마나 온당하고 사리가 분명한지! 영혼을 향한 열정은 또 어찌 그리 놀라운지!" 그러다 뭔가 이상한 요소가 들어오는 것은 아마 예리한 영적 시야를 가진 사람들만이 감지할 수 있을 것이며, 그 외의 것들은 모든 사람들에게 일반적으로 인식될 것이다.

아마도 그 연사는 순수한 영으로 매우 조용히 기도를 시작하겠지만 갑자기 그의 음성이 높아져 알아듣기 어렵게 되거나 금속성의 음조를 띠게 된다. 그로 인해 그 모임에는 점차 긴장감이 고조되고 모임을 압도하는 위압적인 '힘'이 그 모임에 드리워지기 때문에 그 누구도 감히 '하나님께서 현시하신 것'처럼 보이는 것에 '저항할' 생각을 갖지 못한다.

혼합된 현시들

그러한 모임 가운데 있는 청중의 대다수는 슬며시 기어들어온 혼합물에 대해 전혀 개념이 없을 수 있다. 어떤 이들은 팽팽하게 긴장된 감정이나 생각에 미친 영향을 감당할 수 없어서 바닥에 고꾸라지고 어떤 이들은 초자연적인 힘에 의해 넘어뜨려지기도 하며 또 어떤 이들은 무아경에 빠져 고함을 지르기도 한다. 연사는 연단에서 내려와 한 동안 도취 상태에 빠진 젊은이 옆을 지나간다. 다른이들은 기쁨에 도취되어 웃는다. 어떤 이들은 이러한 절정에 달하기 전, 모임의 전반부에서 성령의 순수한 흐름이 흘러넘치는 동안 연사가 상세하게 해석한 하나님의 말씀을 통해 실제적인 영적 축복과 도움을 얻었다. 이렇게 그러한 모임의 시작 부분에서 성령에 의해 그들의 필요가 진정으로 채워졌기 때문에 그들은 이러한 이상한 역사를 하나님에게서 온 것으로 자연스럽게 받아들이게 된다. 그들은 동일한 통로를 통해 임하는 두 가지 구별된 '현시들'을 분별할 수 없다! 그들은 만일 그 모임의 후반부에 일어나는 일들에 대해 의혹을 품는다면 그 모임의 전반부가 '하나님께 속했다'고 믿었던 그들의 내적 확신이 거짓으로 판명될까 두려워한다. 또 다른이들은 그러한 '현시들'이 그들의 영적 관점과 판단에 상반된다는 것을 의식하지만 전반부의 축복으로 인해 그들이 가졌던 의심을 풀고 다음과 같이 말한다. "우리는 그 '신체적인' 현시를 이해할 수 없지만 하나님께서 하시는 모든 것을 이해할 수 있기를 기대하지 말아야 한다. 우리는 모임 전반부에 놀랍게 쏟아부어진 진리와 사랑과 빛이 하나님께 속했고 또 우리의 필요를 채웠다는 것을 알 뿐이다. 그 누구도 역사의 순수한 동기와 진실성을 의심할 수 없다. … 그러므로 나 자신으로서는 그러한 신체적인 현시들을 이해할 수 있다거나 '좋아한다고' 말할 수 없지만 그것은 틀림없이 하나님께 속한 것이다."

참된 것과 위조된 것을 함께 받아들임

간단히 말해서, 이것은 웨일즈 부흥 이후로 하나님의 교회에게 임해온 혼합된 '현시들'을 대강 훑어본 것이다. 부흥이 일어났던 모든 나라에서 매우 짧은 기간 내에 위조의 흐름이 참된 것과 뒤섞였으며, 참된 것과 거짓된 것이 동시에 발생할 가능성이 있다는 것을 모르는 사역자들로 인해 거의 예외 없이 참된 것과 거짓된 것이 동시에 받아들여져 왔다. 그렇지 않으면 참된 것과 거짓된 것을 구별할 수 없는 사람들에 의해 두 가지 모두 거절되었는데, 대다수의 믿는이들은 ① 하나님의 역사와 사탄의 역사 ② 하나님의 역사와 인간의 역사 ③ 사탄의 역사와 인간의 역사 ④ 혼에 속한 역사와 영에 속한 역사 ⑤ 혼에 속한 역사와 몸에 속한 역사 ⑥ 몸에 속한 역사와 영에 속한 역사가 혼합될 수 있다는 것을 이해하지 못하기 때문에 전혀 '참된 것'이 없다고 믿어왔다. 앞에 언급한 세 가지는 근원과 능력에 관한 것이고, 뒤에 언급한 세 가지는 감정과 의식에 관한 것이다.

혼합물을 만들기 위해서는 적어도 두 종류가 있어야 한다. 마귀는 진리에다 그의 거짓말을 섞는데, 왜냐하면 그의 거짓말을 받아들이게 하려면 진리를 이용해야 하기 때문이다. 그러므로 믿는이는 모든 것을 분별하고 판단해야 한다. 믿는이는 그가 받아들일 수 있는 것과 불순한 것을 분간할 수 있어야 한다. 사탄은 '뒤섞는 자(혼합하는 자)'이다. 사탄은 어떤 것이 99퍼센트 순수하다는 것을 알 때 1퍼센트의 불순한 것을 집어넣기 시작하여 불순한 것이 99퍼센트를 차지할 때까지 섞는 일을 한다. 초자연적인 현시들이 발생하는 모임에 사탄의 역사로 말미암은 '혼합물'이 있다고 인정되는 경우, 믿는이들이 그것을 식별할 수 없다면 식별할 수 있을 때까지는 이러한 '혼합물들'을 가까이하지 말아야 한다.

사탄의 위조를 받아들일 때 믿는이는 더 높은 삶에 이르는 데 필요한 거룩한 조건들에 순응하고 있다고 생각하고 또 그렇게 믿지만, 사실상 그는 사탄이 그의 생활에 역사하는 데 필요한 조건들을 받아들인 것이며, 그 결과 그의 순수한 영과 동기에도 불구하고 속임과 고통의 나락으로 떨어지게 되는 것이다.

그 다음으로 살펴볼 문제는 악한 영들이 믿는이에게 어떻게 접근하느냐에 대한 것이다. 여기서 필자는 여섯 가지의 간결한 목록을 칼럼 형식으로 제시하겠다. ① 악한 영들이 어떻게 속이는가 ② 속임을 위해 제공된 입지는 무엇인가 ③ 악한 영들은 어디에 들어가는가 ④ 악한 영들의 존재의 징후들 ⑤ 악한 영들이 자신의 존재를 숨기기 위해 사용하는 구실 ⑥ 귀신 들린 결과.

칼럼 1 | 악한 영들이 어떻게 속이는가

칼럼을 하나씩 다룸으로써 우리는 악한 영이 얼마나 교활하게 역사하는지를 볼 것인데, 악한 영은 먼저 속이고, 그런 다음 믿는이의 생각이나 몸에, 혹은 생각과 몸 둘 다에 접근한다. 하나님의 역사와 믿는이에게 힘써 접근하려는 사탄의 역사는 한 가지 원칙에 의해 지배된다. 사람이 자유 의지를 가진 존재로 창조되었을 때, 우주와 모든 천사들의 주권자이신 하나님께서는 사람의 충성을 얻는 데 있어서 사람의 자유 의지를 범하지 않으시겠다고 자신을 제한하셨다. 사탄의 악한 영들은 사람이 의식적으로든 무의식적으로든 승낙하지 않고서는 사람 안에 들어갈 수도 없고 그의 어떤 부분을 사로잡을 수도 없다. 사람이 선한 것을 '원할' 때 하나님께서 그가 원하는 것을 얻도록 역사하시듯이, 사람이 악한 것을 '원할' 때 악한 영들은 그가 원하는 바대로 되게 한다.

거듭나지 않은 사람의 의지는 사탄에게 종 노릇 하지만, 거듭나서 죄의 세력에서 구출받은 사람의 의지는 하나님께 속한 것들을 택할 수 있도록 자유케 된다. 따라서 하나님과 교통하도록 이끌려진 사람 안에서 사탄은 오직 책략(성경 용어로 '궤계')을 써서 그가 역사할 근거를 얻을 수 있을 뿐이다. 왜냐하면 믿는이가 사탄의 일이라는 것을 분명히 아는 한 사탄이 그 안에 들어가 그를 지배하는 것에 동의하지 않을 것을 사탄이 알기 때문이다. 속이는 자는 궤계를 사용하여 믿는이의 동의를 얻기를 바랄 뿐이다. 즉, 그자는 자신을 하나님 자신 또는 하나님께서 보내신 사자로 가장함으로써 믿는이로 하여금 자신을 받아들이게 한다는 것이다.

사탄은 또한 그러한 믿는이가 어떠한 희생을 치르더라도 하나님께 순종하기로 결심하고 이 땅의 모든 것보다 하나님께 대한 지식을 몹시 갈구한다는 것을 안다. 그러므로 이러한 사람을 속이기 위해서는 다른 방법이 아니라 하나님 자신과 그분의 임재와 그분의 역사하심을 위장해야 하며, 사탄의 더 깊은 속임수를 받아들이도록 사람의 의지의 동역을 얻기 위해서는 하나님인 것처럼 가장하는 방법을 사용해야만 한다. 결국 믿는이의 생각과 몸의 어떤 부분이 '귀신 들리게' 될 때, 하나님 앞에서 그의 유용성이 방해받을 뿐 아니라 또한 그의 영향을 받은 다른이들도 그렇게 된다.

하나님의 위격과 하나님의 임재를 구별함

믿는이 안에 계시고 믿는이와 함께하시는 하나님을 위조할 때, 이러한 속임을 통해 악한 영들은 그 사람 전체를 점유할 입지를 얻는다. 믿는이들은 하나님께서 그들 안에, 그들과 함께 계시기를 갈망하고 기대한다. 그들은 하나님의 임재가 그들과 함께하기를 기대하는데, 이것은 얼마든지 위조될 수 있는 것이다. 그들은 하나님께서 하나의 위격으로 그들 안에 계시기를 기대하고, 악한 영들은 삼위일체 하나님의 세 위격을 위조한다.

악한 영들이 위조하는 방법을 이해하기 위해 우리는 하나님의 위격과 하나님의 임재하심의 차이를 구별해야 한다. '임재하심'은 영향력을 발하는 것이며 '위격'은 아버지와 아들과 성령으로 나타나신 것이다. 말하자면, 그 둘 사이의 차이점은 빛이신 하나님과 하나님으로부터 빛이 나오는 것, 사랑이신 하나님과 하나님으로부터 사랑이 나오는 것의 차이로 묘사될 수 있다. 하나는 본성상 그분 자신의 인격이고, 다른 하나는 그분이 어떠한 분이신지를 나타내고 표현하는 것이다.

많은 사람들은 그리스도의 위격이 그들 안에 계신다고 생각하지만, 사실 한 위격으로서의 그리스도는 누구 안에도 계시지 않는다. 그분은 믿는이들이 '예수 그리스도의 성령의 도우심'(빌 1:19, 행 16:7)을 받아들일 때, 그분의 영 곧 그리스도의 영(롬 8:9)으로 믿는이들 안에 거하신다.

삼위일체에 관한 성경의 가르침과 삼위일체의 각 위격의 속성과 역사의 차이점을 이해하기 위해서는 또한 속이는 자의 위조한 역사를 분별하는 것이 필요하다.

한 분의 위격으로서 아버지 하나님께서는 가장 높은 하늘에 계신다. 그분의 임재하심은 '아버지의 영'으로 사람들 안에 나타나신다. 아들이신 그리스도께서는 한 분의 위격으로서 하늘에 계시며 그분의 영을 통해 사람 안에 임재하신다. 아버지의 영이자 아들의 영이신 성령께서는 이 땅에 있는 그리스도의 몸인 교회 안에 계시면서 믿는이들이 삼위일체 하나님을 이해하도록 가르침받을 때 그들 안에서와 그들을 향해 아버지와 아들을 나타내신다. 그러므로 그리스도께서는 그분을 사랑하고 순종하는 사람들에게 "그에게 나를 나타내리라"고 말씀하신 다음, 오순절에 보내신 성령에 의해 "우리가 저에게 와서 거처를 저와 함께하리라"(요 14:23)고 말씀하신 것이다.

하늘에 계신 하나님의 위격과 그분의 영을 통한 땅에서의 임재하심

하나님의 위격은 하늘에 계시지만 그 임재하심은 이 땅에서 믿는이들 안에서 그들을 통해 나타난다. 하나님은 그분의 임재를 나타내기 위한 성령의 기관인 사람의 영 안에 성령을 통하여 임하는 것이다.

하나님께서 믿는이 안에, 믿는이와 함께하실 수 있는 길에 대한 믿는이의 잘못된 관념, 그리고 악한 영들이 하나님과 신성한 것들을 위조할 수 있음을 알지 못함으로 인해 믿는이는 악한 영들의 위조하는 역사를 받아들이도록 속임당하고, 따라서 악한 영들이 그의 내적 존재로 접근하여 그를 사로잡고 지배할 수 있는 입지가 형성된다.

영이신 하나님께서 사람 안에 계시고 사람과 함께하실 수 있다면, 악한 영들 또한 그들이 접근할 수 있도록 사람들이 동의하는 경우 사람들 안에 거하고 사람들과 함께할 수 있다. 악한 영들의 목표와 갈망은 믿는이를 소유하고 그를 통제하는 것이다. 이러한 용어들('소유함', 혹은 '통제함'—편집자 주)은 믿는이들 안에서의 하나님의 역사를 묘사하는 데에도 종종 사용되지만, 사실상 현 시대 말씀의 의미에서 보면 성경적인 용어들이 아니다. 하나님께서는 다만 소유권의 의미에서 사람을 '소유'하시지만, 소유하신 후로는 믿는이를 '통제하시는' 것이 아니라 다만 '동역'을 원하신다. 하나님에 의해 통제받는 것이 아니라 하나님의 영과 동역함으로써 '스스로 자신을 통제하는 것'이다.

하나님께서는 기계가 사람이나 어떤 강한 힘에 의해 통제받듯이 사람을 통제하지 않으신다.

하나님 자신과 하나님께 속한 것들을 구분함

우리는 또한 하나님 자신과 하나님께 속한 것들 간의 차이점을 구분할 줄 알아야 한다. 즉, 사탄에게 속한 모든 것이 사탄 자신은 아니고 인간적인 모든 것이 다 그 사람 자신은 아닌 것과 마찬가지로, 하나님께 속한 것이라 해서 다 하나님 자신은 아니라는 것이다. 신성한 것과 사탄적인 것과 인간적인 것은 각각 하나님과 사탄과 사람으로부터 나오는 것이다.

믿는이는 모든 것에 대해 항상 이 세 가지 근원을 생각해 보아야 한다. 즉, 믿는이에게 임한 인도가 신성할 수도 있고 사탄적이거나 인간적일 수도 있으며, 믿는이의 순종이 하나님을 향한 것일 수도 있고 사탄이나 사람들을 향한 것일 수도 있다. 믿는이에게 임한 이상의 근원이 하나님일 수도 있고 악한 영들이나 그 사람 자신일 수도 있으며, 믿는이가 꾸는 꿈이 하나님에게서 비롯된 것일 수도 있고 악한 영들이나 그 사람 자신의 환경에서 비롯된 것일 수도 있다. 또 어떤 저작물의 근원이 하나님일 수도 있고 악한 영들이나 그 사람 자신의 사상일 수도 있다. 그러므로 악한 영들에 의해 만들어진 위조는 하나님과 신성한 것들, 사탄과 사탄적인 것들, 혹은 사람과 인간적인 것들에 대한 것일 수 있다.

죄에 유혹당하지는 않을 믿는이들을 사로잡고 통제하기 위해서 속이는 영들은 먼저 하나님의 임재의 현시를 위조함으로써 이러한 '임재'의 포장 아래 그들의 제안을 믿는이들의 생각 속에 집어넣어 아무런 의심 없이 그들의 위조를 받아들이게 한다. 이것은 속이는 영들이 믿는이들을 사로잡고 통제하기 위한 끈질긴 노력의 시작이다. 그러나 속이는 영들이 믿는이들을 사로잡고 통제하는 것이 늘 쉬운 일은 아니다. 특히 그 믿는이들이 성경에 좋은 기초를 두고 있고 믿음으로 하나님의 말씀 위에서 행하기를 배운 사람들일 경우에는 더욱 그러하다. 믿는이의 생각이 늘 민첩하게 활동하여 어떤 사상을 받아들일 때 방심하지 않고 건전한 것으로 채워져 있을 경우에도 속이는 영들은 믿는이들을 사로잡고 통제하기가 쉽지 않다.

하나님의 임재를 위장함

위조된 임재로부터 위장을 받아들이게 하는 영향력이 생긴다. 악한 영들의 '임재'가 하나님의 임재의 모방이 될 수는 없으므로 그들은 하나님의 임재를 모방하기 위해 무언가를 조작해야만 한다. 위장된 임재는 악한 영들이 조작해낸 역사일 뿐 그들 자신의 나타남은 아니다. 즉, 악한 영들은 그들에게 희생되는 믿는이의 이상에 걸맞은 제안을 넌지시 속삭이면서 그에게 하나님의 임재하심의 징후인 감미롭고 부드러운 느낌 혹은 평강과 사랑의 느낌 등과 유사한 느낌을 불어넣는다.

믿는이가 위장된 임재 혹은 그 영향력을 받아들일 그 때, 악한 영들은 잇따라 삼위일체의 세 위격 가운데서 그 믿는이의 이상과 갈망에 부합하는 한 '위격'을 위조한다. 믿는이가 거룩하신 삼위일체의 위격들 중 한 위격에게 보다 이끌린다면, 악한 영들은 그가 가장 애착심을 갖는 그 위격을 위조할 것이다. 아버지께 이끌린 사람들에게는 아버지를 위조하고, 아들을 '신랑'으로 여기는 사람들에게는 아들을 위조하며, 능력을 간절히 열망하는 사람들에게는 성령을 위조할 것이다.

하나의 영향력인 '임재'의 위장은 하나님의 위격을 위조하는 것에 선행하여 일어나는데, 이를 통하여 악한 영들은 더 많은 입지를 얻는다.

제3장에서 이미 보았듯이 위험한 시기는 성령 침례를 추구하는 때로서, 그때 사람들은 감각으로 느껴지는 성령의 '강림'이나 의식적인 하나님의 현시를 많이 말한다. 이러한 시기는 틈을 노리는 악한 영들이 역사할 수 있는 좋은 기회이다.

하나님의 '의식적인' 임재를 갈망하지 않는 믿는이가 어디 있겠으며, 그러한 임재를 얻기 위해 모든 것을 포기하려 하지 않는 믿는이가 또한 어디 있겠는가? 삶의 어두운 곳들을 통과할 때 '믿음'으로 행한다는 것이 얼마나 어려운 일이겠는가! 성령 침례를 통해 '의식적인 임재'를 얻을 수 있다면, 초자연적인 영향이 감각에 임하여 하나님께서 실제로 옆에 계시는 것처럼 느껴진다면 그때 누가 유혹받지 않을 수 있겠는가? 그러한 것은 하나님을 섬기는 데 절대적으로 필요한 장비처럼 생각되며, 오순절에 관한 성경 말씀에 비추어 그 당시 믿는이들은 신체적으로 혹은 실제적으로 느껴지는 이러한 의식적인 임재를 가졌음에 틀림없을 거라고 여기게 된다.

사탄의 역사가 감각에 임함

첫 번째로 사탄에게 문을 열어주는 위험한 시점이 여기 있다. 종교 영역에서 사탄의 역사가 감각에 임하는 것은 사탄이 숭배받고 왕 노릇 하는 세계 도처에서 사람들을 속이는 특별한 방법으로 오랫동안 사용되어 왔다. 사탄은 가능한 모든 방법을 동원하여, 또한 경건의 능력은 부인하면서도 경건의 모양은 가진 거듭나지 않은 사람들을 속이는바 이제까지 알려진 모든 종교 형식으로 감각에 역사하여 감각을 누그러뜨리기도 하고 흥분시키기도 한다. 진정으로 회심한 믿는이들, 심지어 하나님께 자신을 헌신한 믿는이들 가운데서도 그들의 감각은 사탄이 그들에게 접근할 수 있는 길이 된다. 그 영혼이 아름다운 감정과 행복한 느낌과 벅찬 기쁨을 열망하고, 특히 성령 침례 때 임하는 하나님의 임재를 증명하기 위해서는 현시나 '징후'가 필요하다는 관념을 받아들인다 하자. 그러면 사탄의 거짓 영들이 그 영혼을 속일 수 있는 길이 열릴 것이다.

참된 그리스도의 현시

주님은 십자가에 못 박히시기 전날 밤 성령께서 믿는이에게 임하실 것을 말씀하셨다. "나도 … 그에게 나를 나타내리라"(요 14:21). 그러나 주님은 약속을 어떻게 성취하실 것인지에 대해서는 말씀하지 않으셨다. 또 주님은 우물가의 한 여인에게 "하나님은 영이시니", "예배하는 자가 신령과 진정으로 예배할지니라"고 말씀하셨다. 이 말씀에서 알 수 있는 바와 같이 그리스도의 현시는 감각이나 동물적인 혼의 영역이 아닌 영에 일어난다.

그러므로 감각적인 현시를 열망하는 것은 속이는 영들에게 참된 그리스도의 임재를 위조할 수 있도록 문을 열어 주게 된다. 그러나 속이는 영들이 하나님의 임재를 위조하여 믿는이를 통제하려면 그의 의지의 동의와 협력을 얻어내야만 하기 때문에, 그들은 흑암이 아닌 빛으로 옷 입은 하나님의 사자인 '광명의 천사'로 가장하여 믿는이의 의지의 동역을 얻으려 한다. 속이는 영들이 빛으로 옷 입고서 믿는이를 속이는 이유는 빛이 하나님의 본성이자 특징이기 때문이다.

이렇게 믿는이가 속임당하는 것의 밑바탕에는 그가 하나님께서 사람 안에 역사하시는 원칙과, 하나님의 임재가 사람 영 안에 현시되기 위한 참된 조건들과, 초자연적인 세력에 대한 의지와 생각과 몸의 수동적인 복종 안에서 악한 영들이 역사한다는 조건들을 모르는 무지함이 있다. 하나님의 참된 역사를 알지 못하기 때문에 믿는이는 하나님께서 신체적인 존재에 움직이셔서 감각에 나타나시고 그분의 임재와 '다스리심'의 증거로 그 자신과 상관없이 그의 기능을 사용하시기를 기대하지만, 오히려 하나님께서는 오직 그의 의지—그의 자아인 의지—나 그 사람 중심의 적극적인 동역에 의해 그 사람 자신을 통하여, 그 사람 자신 안에서 움직이신다. 하나님께서는 그 사람의 협력을 떠나서는 그의 기능을 사용하시지도 않고 그 대신 일하시지도 않는다. 하나님께서는 사람의 의지의 협력을 통해 그와 함께 움직이신다(고후 6:1).

위조된 임재는 믿는이 위에 임한 영향력임

위조된 임재는 외부로부터 믿는이 위에 임한 영향력이다. 믿는이가 몸의 감각이 아닌 영의 감각에 의해서만 인식되고 영의 감각으로만 알 수 있는 '하나님'에 대해 감각적인 의식을 얻고자 하는 경우, 성령 침례 때 임재를 위조하는 것이 일어날 뿐 아니라 '하나님의 임재'를 '실행함'에 의해서도 임재를 위조하는 것이 시작될 수 있다. 하나님의 진정한 임재는 신체적 감각으로 느껴지는 것이 아니라 영 안에서 느껴지는 것이다. 악한 영들 혹은 사탄의 임재의 '느낌'도 마찬가지이다. 영적 감각만이 하나님의 임재 또는 사탄의 임재를 구분할 수 있으며, 몸은 간접적으로 느낄 수 있을 뿐이다.

망상이나 위조된 임재의 영향력과 망상이나 외부로부터 오는 영향력을 받아들인 결과로 발생하는 귀신 들림의 차이점을 인식하는 것은 확실히 중요한 일이다. 그러한 차이점과 특징들은 다음과 같이 간략하게 묘사할 수 있다.

(1) 망상이란 외부로부터 오는 영향력, 즉 어떤 사람 위에 임하는 하나의 영향력으로 위조된 하나님의 임재인데, 그런 사람은 생각과 몸 안에서 그러한 영향력에 자신을 열게 된다.
(2) 귀신 들림이란 속이는 영들이 어떤 사람 안에서 역사할 발판을 얻은 후에 일반적으로 사랑과 같은 그의 인격을 위조하는 것이다. 영은 영향을 받거나 감동을 받지 않은 채 신체적인 영역과 혼적인 영역에서 기묘한 느낌이 일어나는 등, 실제로 감각적인 생활이 영적인 형태를 띠게 되면 그 사람은 모든 것이 다 '영적'이라고 생각한다.

망상이란 말은 현대 어법에서 과장되게 사용되어 왔다. 따라서 실제로는 귀신 들림의 결과로 나타나는 징후들이나 현시들이 망상 때문에 일어나는 것으로 간주되기도 한다.

망상과 그 원인

'망상'이란 악한 영들이 아무리 미세한 영향이라도 어떤 사람 안에서 발판을 얻고 그를 귀신 들리게 할 목적으로 그 사람 주변을 맴돌면서 영향을 미치는 것을 의미한다. 그 사람이 이러한 영향을 받아들인다면 그는 틀림없이 귀신 들리게 된다. 다시 말해서 악한 영이 하나님의 임재를 위조하여 하나의 영향력으로서만 그 사람 위에 임할 경우에는 그것을 망상이라고 할 수 있지만, 악한 영이 그 사람 안에서 발판을 얻은 경우에는 귀신 들렸다고 하는 것이다. 그 이유는 망상에 사로잡히게 하는 영들이 그 사람에게 접근하여 제공된 입지를 최대한도로 붙잡을 근거를 차지했기 때문이다.

'망상'이란 용어의 사전상 의미는 이러한 것을 뒷받침해 준다. 망상이란 '포위되어 공격당하는 것'을 의미하며, '특별히 어떤 사람에 대한 악한 영의 지속적인 공격'과 '내부로부터 악한 영에게 통제되거나 귀신 들리는' 것과는 달리 '외부로부터 괴롭힘을 당하는 상태'로 서술되어 있다. 망상에 대한 이러한 서술을 볼 때, 그것이 하나님의 자녀들 위에 임하는 매우 흔한 흑암의 권세들의 공격 형태라는 것은 명백한 사실이다. 망상을 통한 악한 영의 공격은 이미 속에서부터 조종당하고 있는 거듭나지 않은 사람들과는 상관없는 것이다. "… 지금 불순종의 아들들 가운데서 역사하는 영이라"(엡 2:2).

망상의 특징을 지닌 외적 현시

악한 영들은 사람을 귀신 들리게 하려고 그를 '망상으로 괴롭히고' 끊임없이 방해하며 에워싸 공격한다. 악한 영들은 믿는이의 평강을 깨뜨리고 그의 생활을 어둡게 하는 어떤 위압적인 관념으로 그의 생각을 괴롭히며, 또는 하나님에게서 비롯된 것처럼 보이므로 믿는이가 아무 의심 없이 받아들일 만한 어떤 거룩한 체험을 위조한다. 이것은 현 시대의 망상의 한 가지 위험한 형태로서, 오늘날 악한 영들은 방 안을 가득 채우는 '임재'와 신체를 통해서 그리고 신체 위에 쏟아부어지는 '능력의 파도', 혹은 언뜻 보기에 거룩한 근원에서 기인한 것 같은 겉사람 위에 임하는 바람과 공기 혹은 호흡의 느낌과 같이 신체적 감각으로 느껴지는 '임재'로 하나님의 어떤 외적인 현시를 위조함으로써 믿는이에게 들어가려고 애쓴다. 간략히 말해서, 망상의 특징이 생각이나 몸에 접근하려고 시도하는 속이는 영들에게서 기인할 수 있다는 면에서 믿는이에게 나타나는 외부로부터 몸에 임하는 모든 외적인 현시는 '망상'의 특징을 지니고 있다고 할 수 있다.

어떠한 종류의 망상에 사로잡혀 있는 사람들을 구출하기 위해서는 다음과 같은 진리를 알려 주어야 한다.

(1) 그러한 사람들에게 무엇이 하나님에게 속한 것이며 무엇이 마귀에게 속한 것인지를 구별하는 방법에 관한 지식을 알려 줌으로써 성령과 악한 영들의 역사를 구분하는 원칙들을 이해하게 해야 한다.

(2) 그러한 사람들에게 외부로부터 생각에 임하는 어떤 제안들이나 몸에 임하는 어떤 종류의 영향력을 결코 받아들이지 말아야 함을 알려 주어야 한다.
하나님이신 성령께서는 사람의 영 안에서부터 역사하기 시작하여 사람의 생각을 새롭게 하시고 빛 비추시며 몸을 그 사람 자신의 의지대로 통제할 수 있게 하신다.

(3) 그들에게 그리스도 안에 서서 흑암의 권세들의 모든 포위 공격에 대항하는 법을 가르쳐주어야 한다.

악한 영들이 망상으로 믿는이들을 사로잡은 후, 어느 정도 믿는이 안에 들어가도록 허용된 상태에서 악한 영들의 속박 아래 있는 영혼들이 구출되기 위해서는 하나님과 영적 일들에 관한 많은 지식이 필요하다.

사람들은 일반적으로 악한 영들을 '추방하는 것'이 악한 영들을 다루는 유일한 방법이라고 생각하지만, 악한 영들로 믿는이 안에 들어가 거하게 한 근거가 '추방될' 수 없기 때문에 '추방하는 것'이 때로 유용할 수 있다 하더라도 확실히 믿는이를 구출하는 최상의 방법이 될 수는 없다.

귀신 들림에서 벗어나는 몇 가지 길

귀신 들림에서 벗어나는 길은 대부분 귀신 들린 원인을 발견하고 처리하는 것에 달려 있다. 중국 이교도들 가운데서 그리스도인들의 간단한 믿음의 기도에 의해 즉시 귀신들이 추방되는 일이 일어나기도 하며, 독일에서는 원숙한 체험이 있는 어떤 복음주의자의 한 번의 기도로 사람들이 귀신 들린 데에서 구출받기도 했다. 이와 대조적으로 어떤 경우는 '수주일, 수개월, 수년 동안' 괴롭힘을 당하고 나서야 벗어나기도 하는데, 이러한 일은 믿음에 능한 하나님의 사람들이 오랫동안 기도로 씨름한 후에서야 발생한다.

그러나 속임당한 결과로 악한 영들에게 사로잡히게 된(즉 귀신 들린) 믿는이들이 구출받기 위한 주된 원칙은 그들 스스로가 속임당했음을 깨닫는 것이다. 악한 영들에게 떠나라고 명함으로써 속임당한 것의 열매인 '귀신 들림'을 처리하는 것은 그 원인을 처리하는 것이라기보다는 그 결과를 처리하는 것으로서 일시적인 구출이 될 뿐이며, 악한 영이 곧 그가 거처로 정한 근거지인 '집'으로 되돌아올 위험성이 있다.

그러므로 자신들이 속임당하여 귀신 들렸다는 것을 깨달은 믿는이들은 악한 영들이 들어올 수 있게 한 근거를 빛 비추어 주시기를 구하고, 그런 다음에는 그 근거를 처리해야 한다. 악한 영들이 믿는이에게 접근할 수 있는 것은 그들이 역사할 수 있는 근거가 제공되었기 때문이며, 그들이 믿는이를 떠나는 것은 그 근거가 제거됨으로 인한 것이다.

이 책이 위장된 하나님의 역사를 받아들임으로 속임당하여 귀신 들린 믿는이들을 구출하는 길을 다루면서 그 강조점을 귀신을 추방하는 면보다는 오히려 진리를 이해하는 것에 둔 것은 이러한 이유에서이다.

속임당하여 귀신 들린 믿는이들은 또한 하나님과 사탄과 사탄의 속이는 영들과의 관계에 있어서 사람의 의지의 태도에 관한 근본적인 원칙을 배워야 한다. 성경은 이러한 진리로 가득하다. "사람이 하나님의 뜻을 행하려 하면 … 알리라"(요 7:17), "… 원하는 자는 … 받으리라"(계 22:17).

다시 한 번 강조하겠다. 속이는 영들은 어떤 사람 속에 들어가기 전에 먼저 그 사람의 동의를 얻지 않을 수 없으며, 얼마나 깊이 들어갈 수 있는지에 대해서도 그의 동의를 얻어야 한다. 그들이 사람의 동의를 얻기 위해 사

용하는 방법은 위장과 속임수이다. 그들은 오직 하나님인양 가장함으로써
만 믿는이들로 그들의 권세에 복종하게 할 수 있다. 사실상, 모든 경우에,
즉 거듭난 사람이든 거듭나지 않은 사람이든 망상과 귀신 들림은 속임과 궤
계에 달려 있는데, 그 이유는 사람이 완전히 사탄의 권세 아래 붙잡혀 있을
때라야 비로소 모든 것을 알면서도 사탄에게 기꺼이 굴복할 수 있기 때문
이다.

그러므로 구출받기 위해서는 자신의 의지를 능동적으로 행사하는 것이
필요하다. 모든 미혹하는 것과 고통에 직면할지라도 하나님의 힘을 의지하
여 이전에 악한 영들이 역사하도록 동의한 것을 무효화시키기 위해 흑암의
권세들에 맞서 자신의 의지를 능동적으로 부단히 사용해야 한다.

속이는 영들은 또한 하나님의 거룩하심과 그분의 의로우심을 위장한다.
속이는 영들이 그분의 거룩하심과 의로우심을 위조한 결과 믿는이는 하나
님을 두려워하고 그분을 피하며 모든 영적인 것들을 싫어하게 된다. 속이는
영들은 겁에 질려 두려워하는 이들을 위협하고, 능력을 열망하는 이들에게
영향을 끼치며, 혹은 사랑과 행복의 매력에 열려 있는 이들을 그들의 통제
아래로 끌어들이려고 애쓴다.

신체적인 감각으로 하나님의 임재를 느끼려 해서는 안 됨

어떤 경우라도 신체적인 감각으로 하나님의 임재를 느끼는 것은 결코 안
전하다고 말할 수 없는데, 그 이유는 믿는이가 신체적 감각으로 느끼는 '하
나님의 임재'란 거의 그 안에 역사할 발판을 얻기 위해 원수가 위조한 교활
한 덫이기 때문이다. 이런 이유로 분위기에서나 그들 안에서 느껴지는 임재
를 의미하는바 '하나님을 깨닫는 것'의 필요성을 다른 믿는이들에게 역설해
온 어떤 믿는이들은 애석하게도 자신들이 가졌던 '깨달음'을 잃고 감각이 마
비되어 감각의 흑암 상태에 빠진다. 이러한 감각의 흑암 상태가 조만간에 감
각에 임하는 모든 초자연적인 현시들의 직접적인 결과임을 모르는 이러한

희생자들은 영적인 것들에 대한 무감각함이나 '죽어 있음'의 원인을 그들이 안에서 누리는 체험을 '깨닫는' 데 두지 않고 '과도한 긴장 상태'나 '죄'의 탓으로 돌린다.

사람의 기능을 사용하기 위한 정상적인 상태는 하나님과 직접 교제하는 사람들에 관한 성경의 기록에서 분명히 볼 수 있다. '황홀경' 안에서(행 22:17) 바울은 자신의 기능을 완전히 소유하여 생각과 혀를 지적으로 사용할 수 있었다. 이러한 점은 특히 요한이 밧모 섬에 있었을 때에도 볼 수 있다. 그의 육신은 영광 받으신 주님의 계시된 임재 안에서 천연적인 사람의 약함으로 인해 엎드러지지만, 주님의 만지심으로 소생한 후에 그의 지성은 완벽하게 사용되며, 그에게 말씀하시고 보이신 모든 것을(계 1:10-19) 붙들고 지키는 능력에서 그의 생각은 분명하게 작동한다.

하나님의 계시에 대한 성경 기록과 하나님의 계시를 받은 사람들의 상태와 오늘날 초자연적인 현시들에 대한 많은 기록들 간의 차이점은 순수한 하나님의 역사와 사탄이 하나님의 역사를 위장한 것의 현저한 차이점들을 드러내는 원칙에 있는데, 그것은 곧

(1) 의지와 기능을 계속적으로 사용하는 것과
(2) 수동성으로 말미암아 인격적인 통제력을 상실하는 것이다.

우리는 소위 '투시(透視)'와 '투청(透聽)', 즉 보고 듣는 것을 예로 들 수 있다. 투시란 초자연적인 것들을 보는 것을 의미하며, 투청이란 초자연적인 말을 듣는 것을 의미한다. 우리 주위에는 초자연적인 것에 대한 '참된 봄'과 '참된 들음', '거짓된 봄과 '거짓된 들음'이 있는데, 이러한 것들은 각각 참된 것인(계 1:10-12) 신성한 은사에서 기인하거나 악한 자의 위조를 받아들이는 악한 수동적인 상태에 기인한 것이다.

투시와 투청과 그 원인

사람들은 흔히 투시력과 투청력은 '타고난 은사'라고 말하지만 실지로는 악한 수동적인 상태의 결과로서, 그러한 상태를 통해 악한 영들은 그들의 능력과 존재를 나타낼 수 있다. 수정점(水晶占) 또한 이러한 수동적인 상태를 유도해 내는 하나의 수단에 불과하며, 동양과 다른 곳에서는 초자연적 세력들의 역사와 현시를 일으키기 위해 다양한 수단들이 널리 사용되고 있는데, 그 원칙은 동일하다. 이러한 모든 것과 사람의 신체 구조 안에서 사탄이 역사하기 위해 핵심적으로 필요한 것은 사람의 정신적 활동이 중지되는 것인 반면, 모든 신성한 계시에 있어서는 정신적 기능과 능력이 방해받지 않고 완전히 정상적으로 작동한다.

초자연적인 기록과 말

악한 영의 조종 아래 기록하는 것에서도 동일한 원칙이 나타난다. 어떤 사람이 악한 영의 조종 아래서 말할 때 그의 의지나 정신적 활동은 중지 상태에 있다.

(1) 그 사람은 초자연적인 방식으로 귀에 들리는 것을 받아적는다.
(2) 그는 초자연적으로 그의 생각에 떠오르는 대로 적고 때로는 마치 강요를 당하듯이 급하게 기록한다.
(3) 그는 아무런 정신적인 작용이나 의지의 활동 없이 손이 움직이는 대로 기계적으로 기록할 뿐이다.

초자연적으로 그의 생각에 떠오르는 것을 묘사할 때 그가 사용하는 단어들은 마치 직접 눈으로 본 것처럼 선명하게 때로는 '불의 문자'나 '빛의 문자'로 나타나기도 한다. 그와 동일한 현상이 연사가 공중에게 말씀을 전하면서 모든 것이 '성령의 조명하심'이라고 생각하는바 정신적인 환상에 제시된 것을 묘사할 때에도 일어날 수 있다. 이러한 일이 일어날 수 있는 것은 그의 생각이 수동적인 상태에 있기 때문이다.

이것은 때로 그러한 것이 '총명한 생각'이나 '상상력의 은사'나 '시적으로 섬세하게 묘사할 수 있는 능력'에서 온 것이라고 여겨진다. 그러나 그러한 것은 사실 그 사람 자신의 생각의 산물이 아니다. 다만 그가 쓰거나 말하는 순간에 교묘하게 제시된 '생생한 묘사'를 붙잡음으로 말미암은 것일 뿐이다. 그것은 그 열매로 검증될 수 있다. 성령께서 조명하심으로 인한 것이 아니라 그의 생각이 수동적인 상태에 있었기 때문에 나타나는 이러한 현상은 그 확실한 결과가 부족하고, 때로는 악한 영들의 해로운 제안이 포함된 어떤 문장을 진리의 말씀에 섞어서 순수한 복음을 파괴하기도 한다. 게다가 그러한 아름다운 말들의 배후에는 어떠한 영적 실체도 없으며, 또 그러한 말들은 거듭나지 않은 사람들의 구원이나 믿는이들의 건축과 같은 항구적인 결과를 이끌어내지도 못한다.

정신에 제시된 것을 따라 전파함

이것은 처음에는 광범위한 규모로 실행되어 결실이 가득한 것처럼 보이다가 시간이 지남에 따라 몇 주 만에 아침 하늘의 구름처럼 쉬이 사라져버리는 선교 현상의 드러나지 않은 원인이 될 수도 있다. 연사들은 선교 현장에서 진리의 말씀을 전했지만 성령과 동역하는 그의 영으로부터 전파한 것이 아니라 그의 정신에 제시된 것을 따라 전파했을 수 있다. 연사가 전파한 말씀이 공공연한 하나님의 말씀일지라도 그안에 결실을 맺게 하는 생명이 없다면 흑암의 권세들은 복음 진리의 말씀을 이용하는 것 조차도 두려워하지 않는다.

악한 영들이 일으킨 것이 아닐지라도 거짓 회심이 광범위한 규모로 일어날 수 있다는 것은 지금 의심할 여지없이 엄연한 사실이다. 하나님의 백성들을 속이려는 그들의 계획과 일치하는 한, 악한 영들이 외관상으로 그들의 포로들을 놓아주는 것은 어렵지 않은 일이다. 오늘날 그리스도인들의 에너지만 소모하게 하고 언뜻 보기에는 하나님의 왕국을 확장시키는 것 같지만 실지로는 공중의 영들의 왕국을 교란시키는 데 아무런 영향도 미치지 않는 종교 운동이 많다.

어떤 이가 악한 영들에게서 더욱 정련된 제시를 받아 기계적으로 받아적을 때 그의 생각은 어느 정도 수동적인 상태에 있으며, 그때 그 사람은 생각의 정상적인 작용에서 나온 것이 아닌 다만 (악한 영이) 그에게 제시한 것을 본 그대로 기록하거나 말하는 것이다.

악한 영들의 존재에 대한 무지와, 하나님의 모든 자녀들을 속이려는 그들의 부단한 계략과, 그들로 역사하게 하는 조건을 충족시킬 위험성에 대한 무지로 인해 수많은 믿는이들이 일상 생활의 환경 속에서 (기회를 얻으려고 예리하게 엿보는) 초자연적인 존재들의 속임수에 자신을 열어놓을 수 있다는 것을 알지 못하며, '초자연적인 도움'에 의존하려고 하는 연사들, 소위 '하나님의 종들'을 의지하고 자신의 깨어 있는 영적 '사고력'을 가진 두뇌를 기민하게 사용하지 않는다. 그렇게 함으로써 실상은 원수가 완전히 이용할 수 있는 수동적인 상태를 배양하는 것이다. 따라서 알지 못하는 사이에 그의 삶은 그 영향을 받는데, 겉으로 볼 때에는 그의 생활이나 행동에서 원수가 역사할 근거를 허락한 적이 없는데도 그의 생활에서는 영문 모를 온갖 공격들이 일어난다.

이와 동일한 현상이 글을 쓰는 사람에게서도 나타날 수 있다. 그는 어떤 경우에 자신도 모르게 속 생명의 부분이나 어떤 기능을 사용하는 데 있어서 수동적인 상태에 빠지고, 그럼으로써 악한 영들이 제시한 '초자연적인 제안'에 자신을 열어놓는데, 그는 그것을 하나님께서 조명해 주신 것이라고 생각한다.

하나님의 손 아래서 이루어지는 참된 저술

신성한 인도하심 아래서 글을 쓰기 위해서는 세 가지 요소가 필요하다.

(1) 성령께서 내주하시고 그분에 의해 움직이는 영(벧후 1:21).
(2) 능동적인 이해력과 지적인 사고를 가진 민첩하고 깨어 있으며 새로워진 생각 (고전 14:20 참조).
(3) 자신의 영과 의지의 완전한 통제 아래 있는 몸(고전 9:27 참조).

어떤 이가 악한 영들의 통제 아래서 글을 쓰거나 말을 할 때는 그가 진정으로 '영적'이라고 할 수 없는데, 이는 그의 영이 사용되고 있지 않기 때문이다. '영적'으로 보이는 것은 초자연적인 세력이 그 능력을 그 사람의 영이 아닌 수동적인 생각을 통하여, 그리고 그 생각에 역사하여 나타내기 때문이다. 그러나 하나님의 인도하심 아래서 글을 쓸 때에는 자동 인형과 같이 기계적으로 받아적는 것이 아니라 그 사람의 영 안에 계시는 성령의 움직이심에 따라 기록하는 것이다. 그러한 인도하심을 받는 사람은 참으로 영적이며 그 근원은 영 안에 있다. 그러나 자신의 생각에서 나온 것을 쓰는 사람들은 그 근원이 다만 생각 안에 있을 뿐이다. 성경이 이렇게 (하나님의 손 아래서 영적인 사람들에 의해) 기록되었다는 것은 성경에 밝히 드러나 있다. "… 오직 성령의 감동하심을 입은 사람들이 하나님께 받아 말한 것임이니라"(벧후 1:21). 그러나 유의할 것은 그들이 영 안에 주어진 진리를 받아 말하거나 기록했을지라도 그들은 받은 것을 전달할 때 신성한 빛으로 빛 비춤 받은 자신의 기능을 완전하게 사용했다는 사실이다.

바울의 글은 이미 언급한 신성한 인도하심 아래서 글을 쓰기 위한 세 가지 요구 조건들이 구비되었음을 보여 준다. ① 그의 영은 성령의 움직이심에 열려 있었고, ② 그가 자신의 생각을 완전히 사용했으며, ③ 그의 몸은 영의 통제 아래서 복종하는 도구로 사용되었다. 그의 글은 또한 하나님의 깊은 것들을 이해하기 위해 그의 생각의 역량이 새로워진 것을 보여 준다.

바울의 영적 분별력

바울에게서 우리는 또한 영적인 사람이 소유한 분명한 분별력으로 무엇이 그의 영 안에 계신 하나님에게서 기인한 것인지, 무엇이 하나님의 종으로서 판단력을 행사하는 가운데 그의 생각에서 나온 것인지를 인식할 수 있었음을 본다.

오늘날 대부분의 '초자연적인 계시'의 기록에는 다음과 같은 두 가지가 거의 결여되어 있다. ① 참된 하나님의 현시를 위해 필요한 요구 조건들과 ② 악한 영들의 역사를 막는 법칙을 충족시키는 요구 조건들인데, 그것은 곧 '하나님께서 말씀하신' 것으로 믿고 있는 말들, 무의미한 '환상', 또는 기타 현시들에 대해 정신적 기능이 작동하지 않으며 그 결과 텅 비어 있는 상태에 있게 되고 때로는 어린아이처럼 어리석게 되는 것이다.

악한 영들이 사람 속에서 역사하는 데 필요한 것들이 충족되는 상황이 이루어지면, 과거에 좋은 체험과 존귀한 지위와 지식을 가졌고 또 지적 훈련을 거쳤다고 해서 악한 영들의 위조된 현시로부터 보호된다는 보장은 없다. 결과적으로 속이는 자는 하나님의 자녀들을 수동성에 빠뜨리기 위해 영 안에서, 혼 안에서, 혹 몸 안에서 어떤 일이든지 다 할 것이다. 왜냐하면 속이는 자는 조만간 그가 역사할 입지를 얻게 될 것을 알기 때문이다. 그러므로 악한 영들이 역사할 수 있는 법칙이 충족되기만 한다면, 희생자가 생각과 기능들을 사용하지 않는 상태에서 악한 영들이 역사하여 그 하나님의 선민을 속일 것은 뻔한 일이다.

악한 영들은 왜 몸을 얻고자 하는가

악한 영들이 몸을 얻고자 하고 끊임없이 몸에 접근해 몸을 점거하려는

(귀신 들리게 하려는) 이유는 무엇인가?

그것은 ① 악한 영들이 '쉴 곳'을 찾는 데 있어서(마 12:43) 우리가 알지 못하는 어떤 방식으로 휴식을 얻을 곳을 찾는 것 같다. 그러나 그 이상의 다른 이유가 또 있는데, 그것은 ② 몸이 혼과 영의 출구이므로 악한 영들이 외부, 즉 몸을 통제할 수 있다면 그들이 하나님 편은 방해할 수 없을지라도 사람 편에서 그의 행동의 자유를 방해함으로써 그 중심인 속 사람을 통제할 수 있기 때문이다.

악한 영들에게 몸을 점령당한 믿는이의 경우 악한 영들은 중심에 있는 속 생명을 파괴하는 것이 아니라 감금하기 때문에, 결과적으로 성령께서 내주하시는 속 사람은 악한 영들의 왕국과 역사를 공격하여 파괴할 수 없다. 악한 영들이 어느 정도 믿는이의 몸과 생각을 점거할 수 있을 때 이전의 모든 영적 성장은 실질적인 면에서 아무런 도움이 되지 않는다. 그리스도의 교회의 영적 부분을 구성하는 수많은 믿는이들이 그들의 환경에서 자유로워지기 위해서는 빛이 필요하다. 그들의 기능이 둔해짐, 잘못된 관념의 장애물, 그들 생각 속의 속임수, 혹은 그들 몸에 있는 약함과 질병으로 인해 그들의 영적 성장은 방해받고 저지된다. 또한 영 안에 내주하시는 성령의 유출을 방해하는 이러한 배경들로 인해 진리를 전달하기 위해 생각을 사용하거나 능동적이고 효과적으로 하나님을 섬기기 위해 몸을 강건하게 사용하여 예수의 생명을 그들을 통해 나타내는 일이 불가능해진다.

귀신 들림은 속 생명을 파괴하는 것이 아니라 감금하는 것이기 때문에 겉 사람이 귀신 들림에서 벗어날 때 그러한 벗어남으로 인해 속 생명은 새로이 생기는 것이 아니라 자유롭게 작동할 수 있게 된다. 이 모든 것은 다양한 정도로 발생할 수 있는데, 이는 모든 믿는이들이 동일한 정도로 속박당하지 않기 때문이다. 내적인 영적 성장에 단계가 있고, 영으로부터의 하나님의 역사하심과 악한 영들의 겉 사람 안에서의 역사의 혼합에도 단계가 있으며, 악한자에게 점령당한 영과 혼과 몸 안에서 수동성에 빠지는 것에도 단계가 있다. 악한 영들이 어떤 단계로든 사람 안에서 역사할 수 있는 입지가 주어지는 순간, 그 사람의 기능은 악한 영들에 의해 둔해지거나 기능을 사용하지 않음으로 인해 수동적이 된다. 그 다음 악한 영들의 목표는 그 사람의 모든 행동에서 그 사람을 대신하는 것이고, 그럼으로써 그 사람 안에 들어갈 입구를 얻어 자신들을 그의 존재의 가장 깊은 부분과 뒤섞어 그를 통제하고 자신들의 목적을 위해 그를 이용하는 것이다. 한편 그 사람은 하나님께서 자신을 대신하여 행하시고 일하시며 그는 '하나님의 소유'가 되어 가고 있다고 믿는다.

그때 속이는 영들에 의해 그런 정도로 귀신 들린 믿는이들은 자신들을 장악하여 통제하는 악한 영들에게서 초자연적인 능력을 받아 그 전달자들로서 다음과 같은 많은 초자연적인 역사들과 현시들을 퍼뜨린다.

'계시'를 받아 전달함.
'예언'의 능력.
'예지(豫知)'의(점치는) 능력.
초자연적으로 영향을 주고받음.
초자연적으로 특별한 인도를 받음
일어날 사건들을 미리 말함.
자동적으로 기록하는 능력.
정보를 주고받음.
해석을 받음.
환상을 얻음.

그러한 귀신 들린 믿는이는 다음과 같은 능력도 얻을 수 있다.

영적 존재들의 말을 듣는 능력.
영적 존재들의 말을 듣는 데 필요한 집중력.
초자연적인 방법으로 지식을 얻는 능력.

초자연적으로 교류하고 의사 소통할 수 있는 능력.
해석하고 비평하며 교정하고 판단할 수 있는 능력.
제안을 주고받는 능력.
메시지를 주고받는 능력.
초자연적으로 장애물을 처리하는 능력.
사실과 상상에 대해 '의미'를 주고받는 능력.
초자연적 사실에 대해 자연적 의미를 부여하고 자연적 사실에 대해 초자연적 의미를 부여하는 능력.
이끌리고 조종당함.

믿는이를 귀신 들리게 한 악한 영들의 이러한 나타난 역사들은 그 사람 자신의 역사인 것처럼 보이지만, 그는 자연적으로는 그렇게 할 수 없다. 다시 말해서, 그가 '해석하고 비평하는' 등의 능력을 '선천적으로' 소유할 수 없다는 것이다. 그러나 귀신 들리게 하는 영들은 그렇게 할 수 있는 능력을 그에게 줌으로 다른 사람들 눈에 그를 본래 모습과 달리 잘못 인식되게 한다. 그의 능력을 본 사람들은 그가 그러한 '은사들'을 선천적으로 소유했다고 생각하며, 그를 통제하는 악한 영들의 임의대로 하는 것이 아니라면 그러한 '은사들'을 사용하거나 '나타낼' 수 없다는 것을 모르기 때문에 그가 그러한 은사들을 사용하려 하지 않을 때 실망하게 된다. 또한 속임당한 믿는이가 그러한 현시들이 귀신 들린 결과 나타난 것임을 깨닫고서 더 이상은 사탄의 거짓 영들에게 종 노릇 하려 하지 않을 때 그러한 '은사들'은 사라지게 된다. 이러한 때는 한 면으로 악한 영들이 복수심에 불타 기회를 엿보면서 "그가 능력을 잃어버렸다." 혹은 "그의 영적 생명이 퇴보했다."고 다른 이들에게 말하여 속임당한 데서 벗어난 믿는이를 핍박하는 시기이자, 다른 한 면으로 속임당한 믿는이가 진리 안에서 악한 영들의 사악하고 극악한 역사들로 인한 영향에서 벗어나는 시기이다.

악한 영들이 하나님을 대신함

다음에 제시된 예는 어떻게 속이는 영들이 영적 진리에 대한 믿는이의 '잘못된 관념'을 바탕으로 그의 생활 속에 악한 영들의 역사와 그들 자신을 대치해 넣을 수 있는지를 보여 준다.

1. 믿는이의 말함을 대치함

성경 본문: "말하는 이는 너희가 아니라 … "(마 10:20).

믿는이들은 이 말씀이 하나님께서 그들의 말함을 대신하시고 그들을 수단으로 하여 말씀하시는 것을 의미한다고 생각한다. 그러므로 그는 "나는 말하지 말아야 한다. 하나님께서 말씀하실 것이기 때문이다."라고 하면서 그의 입을 하나님의 대변자로 그분께 '양도해' 드린다. 이러한 행동은 그의 입술과 발성 기관을 수동적인 상태에 빠뜨리는데, 이는 그가 하나님이라고 생각하는 초자연적인 능력에게 사용권을 넘겨주었기 때문이다.

결과: ① 그 사람 자신은 말하지 않는다. ② 하나님께서는 사람을 자동 인형으로 만들지 않으시기 때문에 하나님께서도 말씀하시지 않는다. ③ 악한 영들이 역사하기에 필요한 수동성의 조건이 충족되었으므로 악한 영들이 말한다.

그 결과 악한 영들은 특히 수동적인 복종을 점점 더 요구하는 초자연적인 '메시지' 형태로 믿는이를 점유하고 조종하며, 머지 않아 전혀 예기치 않은 영매 상태를 일으킴으로 그를 대치한다.

2. 믿는이의 기억을 대치함

성경 본문: "… 모든 것을 생각나게 하시리라"(요 14:26).

믿는이들은 이 말씀이 그들의 기억을 사용할 필요가 없으며 하나님께서 모든 것을 생각나게 하실 것을 의미한다고 생각한다.

결과: ① 믿는이 자신은 그의 기억을 사용하지 않는다. ② 하나님께서는 믿는이의 협력 없이는 그의 기억을 사용하시지 않는다. ③ 악한 영들이 그의 기억을 사용하고 믿는이가 그 의지대로 기억을 사용하는 것을 그들의 역사로 대치한다.

3. 믿는이의 양심을 대치함

성경 본문: "… 네 뒤에서 말소리가 네 귀에 들려 이르기를 이것이 정로니 …"(사 30:21).

믿는이들은 그들을 지시하는 음성이나 성경 말씀을 통한 초자연적인 안내를 자신의 양심을 통한 안내보다 더 고차원적인 형태로 여긴다. 그러므로 그는 그에 대해 생각하거나 고려할 필요 없이 단순히 '복종하면' 된다고 생각하여 소위 '보다 더 고차원적인 안내'를 따르는데, 이러한 것이 그의 양심을 대치한다.

결과: ① 그는 자신의 양심을 사용하지 않는다. ② 하나님께서도 그에게 기계적으로 복종하라고 말씀하시지 않는다. ③ 악한 영들이 기회를 잡아 초자연적인 음성으로 그의 양심의 활동을 대치한다. 그 결과는 그의 생활에서 악한 영이 안내하게 되는 것이다.

이때부터 그는 그가 느끼거나 본 것, 혹은 다른이들이 말한 것에 영향받지 않으며, 모든 의문에 대해 자신을 닫아걸고 논리적으로 사고하지 않게 된다. 이렇게 양심의 작용을 초자연적인 안내로 대치할 때 그 사람의 도덕 수준은 저하되는데, 이는 그의 양심의 작용을 악한 영들의 지시로 대치하기 때문이다. 그는 자신의 양심의 표준이 저하되고 있다는 것을 전혀 알아차리지 못하지만, 그가 더 이상 양심의 음성에 주의하지 않고 자신의 옳고 그름, 선과 악에 대해 양심으로 결정해야 하는 문제에서 '가르치는 영들'의 음성을 귀담아 들음으로써 그의 양심은 서서히 마비되는 것이다.

4. 믿는이의 결단력을 대치함

성경 본문: "너희 안에서 행하시는 이는 하나님이시니 …"(빌 2:13).

믿는이는 이 말씀이 하나님께서 그를 통하여 행하시므로 자신의 의지를 사용할 필요가 없음을 의미한다고 생각한다.

결과: ① 믿는이 자신이 그의 의지를 행사하지 않는다. ② 하나님께서도 그 대신 행하지 않으시고 그의 자유 대행인이 되고자 하지도 않으신다. ③ 악한 영들은 그의 수동적 의지를 장악하여 그를 아무 것도 행할 능력이 없는 마비된 상태로 만들든지, 아니면 강퍅하고 오만하게 만든다. 겉으로 보기에 사람의 의지를 대신하여 일어난 것처럼 여겨지는 하나님의 의지의 '신성한 대치'는 결국 '사탄의 대치'임이 판명되고, 이렇게 해서 사탄의 사자들은 그의 중심부를 장악하여 결국 의지를 행사하는 데 있어서 그를 우유부단하고 심약하게 만들든지, 아니면 그의 의지를 활력화시켜 다른 사람들에 대해 지배력을 행사하게 함으로써 비참한 결과를 맞게 한다.

악한 영들이 자아를 대치함

이런 식으로 악한 영들은 하나님을 대신하여 믿는이의 삶에 그들의 역사를 대치해 넣으려고 노력하는데, 그것은 믿는이가 참되게 하나님과 함께 행하는 법을 모르고 잘못된 관념을 갖고 있는 것에 근거한다. 뿐만 아니라 악한 영들은 믿는이의 생각, 이성, 기억, 상상, 판단과 같은 그의 모든 정신적 기능까지도 그들의 역사로 대치하려 할 것이다. 이것이 '대치'를 통한 자아 위조이다. 그럴 때 믿는이는 늘 그러한 위조된 자아를 자기 자신이라고 생각한다.

믿는이의 수동적인 복종—자신의 생명의 내적 부분이든 외적 부분이든 전혀 사용하지 못하는—에 근거하여 악한 영들은 믿는이의 생활을 그들 자신으로 대치하는데, 이것은 하나님께 복종한 대부분의 하나님의 자녀들이 깊이 속임당하고 귀신 들리게 되는 토대가 된다. 속임과 귀신 들림은 처음에는 완벽하게 영적인 형태를 띤다. 그는 자신이 교회 안에서 대단한 존재이며, 그의 사역이 '범세계적'이며, 그의 '신성한 위임'으로 인해 영향력 있는 높은 지위를 점하고 있으며, 보통 사람과는 다른 그의 높은 영성과 전례 없는 '체험들'을 가졌다는 과장된 느낌을 갖게 되고, 이로 인해 그는 자신이 다른 사람들보다 훨씬 더 높은 위치에 있다고 생각하게 된다. 그러나 그러한 사람에게는 피할 수 없는 엄청난 추락이 기다리고 있다. 그는 그러한 추락에서 벗어날 능력을 전혀 갖지 못한 채 원수의 후원으로 절정에 오르게 된다. 그러나 그가 속임에서 벗어나 자신이 생각한 바가 자신의 실제 모습이 아님을 깨닫게 될 때 점점 추락하여 무너지게 되고, 그 결과 붕괴되어 흔들릴 만한 것은 모두 흔들리게 된다. 그때 그는 무시무시한 흑암과 귀신 들림의 영향을 경험하게 된다. 귀신 들림이 절정에 달할 때 나타나는 결과는 흑암이다. 그렇다. 그 사람 안팎이 극심한 흑암으로 가득하게 된다. 그의 과거가 흑암에 덮였을 뿐 아니라 그의 미래도 흑암이 둘러싸고 있다. 흑암이 하나님과 그분의 모든 길을 에워싸고 있는 것이다.

이때 많은 사람들이 '용서받지 못할 죄'를 범했다는 공포에 빠진다. 그러나 어떤 사람들은 그들의 쓰디쓴 체험이 죄와 사탄에 대한 싸움에서 교회를 비추는 빛이 될 수 있음을 발견하며, 원수의 진영에 있으면서 그의 모든 비밀을 들어온 사람들로서 그들은 원수에게서 탈출하여 자유에 이르게 됨으로 악한 세력에게 공포스런 존재가 되는데, 그 결과 그들은 원수의 정체를 앎으로 인해 더한층 격렬해진 원한으로 공격을 받는다.

제 6 장
하나님께 속한 것들을 위조함

6 | 하나님께 속한 것들을 위조함

War on the Saints

    믿는이를 완전히 통제하기 위해 악한 영들이 첫 번째로 크게 노력하는 것은 사람으로 하여금 그들의 제안과 역사를 하나님의 말씀하심과 역사와 인도하심으로 받아들이게 하는 것이다. 그들이 초기에 사용하는 계략은 '신성한 임재'를 위조하여 그들이 원하는 대로 그들의 희생물인 믿는이들을 미혹할 구실로 삼는 것이다. 위조란 가짜로 진짜를 대치한다는 뜻이다.

    믿는이 편에서 속이는 영들에게 위장할 기회와 근거를 주는 조건은 '하나님의 위치를 오해'하는 것이다. 하나님께서는 그들 안에 계시거나 혹은 그들 주위에 계신다. 믿는이들이 기도할 때 그들은 자신 안에 계신 하나님을 생각하면서 그분께 기도하거나 혹은 그들 주위, 곧 방이나 공기 중에 계신 하나님께 기도한다. 그들은 자신들의 상상력을 사용하여 그분의 임재를 '실현하려고' 시도하며 그들 안에 계시거나 그들 위에 계신 그분의 임재를 '느끼기를' 갈망한다.

믿는이들이 정한 하나님의 위치

믿는이 안에 혹은 주위에 있는 하나님의 위치는 보통 성령 침례시에 정해진다. 믿는이는 그의 삶에서 중대 국면을 맞이하기까지는 그의 지성으로 이해되는 대로 성경에 선포된 사실들을 받아들이며 살게 된다. 그러나 성령 침례를 받음으로 그는 성령에 의해 영 안에서 하나님의 임재를 더욱 느낄 수 있게 되고, 그로 말미암아 하나님의 존재의 위치를 그의 안이나 주변이나 혹 그 위에 정하기 시작한다. 그런 연후에 그는 자신의 속 부분으로 돌이켜 자신 안에 계시는 하나님께 기도하기 시작하는데, 악한 영들이 위조함으로써 믿는이들 속에 들어가는 데 성공하는 경우, 이렇게 기도하는 것은 때때로 악한 영들에게 기도하는 결과를 초래한다.

믿는이들이 자신 안에 위치시킨 하나님께 기도하는 내용의 논리적 일관성은 때로 불합리적인 방향으로 진행될 수 있다. 예를 들어, 혼이 그 안에 계신 하나님께는 기도를 드리면서도 그 밖의 다른 곳에 계신 하나님께는 기도드리지 못하는 이유는 무엇인가? 하나님을 믿는이 안에 계신 분으로 위치를 정하는 이러한 잘못된 관념에서 위험이 야기될 수 있다는 것은 매우 명백한 사실이다.

어떤 믿는이들은 내면적인 교통과 경배와 이상 가운데서 산 결과 영적으로 내향성을 띠게 되며 그들의 시야는 제한되고 좁아지게 된다. 결국 그들의 영적인 역량과 정신적 능력은 위축되고 무능해진다. 다른이들은 '내적 음성'의 희생자가 되어 그 내적인 음성에 귀 기울이는 내향적인 태도를 소유하게 되는데, 그것은 하나님을 '안'에 계신 존재로 그 위치를 정한 궁극적인 결과로서 결국 이런 믿는이들의 마음은 전혀 외향적인 행동을 취하지 않는 내향적인 상태에 머물게 된다.

사실상 내면으로 돌이켜 하나님을 신체적이거나 의식적인 느낌으로 내주하고 말씀하시며 교제하고 인도하는 분으로서 주관적으로 위치를 정하는 것은 매우 커다란 위험을 초래하게 된다. 왜냐하면 꾸준히 흑암의 권세들에 의해 배양되어 온 이러한 생각과 신념 위에서 가장 심각한 속임수와 속이는 영들의 극도에 이른 역사가 발생해왔기 때문이다.

하나님의 위치를 잘못 정한 것의 궁극적인 결과

하나님의 위치를 잘못 정함으로 인해—이는 이러한 신념을 지지하고 심화시키는 현시(現示)들을 야기하기 위한 작업의 기초로 악한 영들에게 사용되었다—믿는이들은 과거 시대에 속아 왔고 최근에 이르러서는 자신들을 '그리스도'라고 주장하는 사람들도 나타나고 있다.

하나님의 위치를 잘못 정함으로 인해 이 시대 끝에 마태복음 24장 24절에서 주님이 예언하신 큰 속임이 발생할 것이다. 그때 '거짓 그리스도들'과 거짓 선지자들이 일어날 것이다. 지금도 어떤 미혹된 믿는이 단체의 지도자들은 "내가 그리스도다."라고 말하며, 또 수많은 사람들이 전혀 정신 나간 사람이 아닌데도 정신병원에 보내졌다. 마귀는 위조를 통해 가장 풍부한 수확물들을 얻는다. 깨어 있고 신실한 '거룩한' 교사들이 무의식중에 영적인 일들에 대해 물질적인 개념을 주는 언어를 사용함으로 마귀의 속이는 일을 돕고 있는데, 그러한 것은 (거듭나지 않은) 타고난 생각에 매우 적합한 것이다.

하나님께서 개별적으로, 또 전적으로 그들 안에 위치하신다고 하는 사람들은 자신들을 '신성한' 사람이라고 주장한다. 하나님께서는 어떤 사람 안에도 전적으로 계시지는 않는다. 하나님께서는 그분을 영접한 사람들 안에, 그분 자신의 영으로 그들과 교제함으로 거하신다. '하나님은 영'이시며, 생각이나 몸은 영과 교제할 수 없다. 영적 임재라고 여기는 것들에 대한 감각적인 느낌들이나 '의식적이고' 물질적인 즐거움은 아버지께서 그분을 경배하는 자들에게서 구하시는바(요 4:24) 참되게 영과 영이 교제하는 것이 아니다.

하나님께서는 하늘에 계신다. 영화롭게 되신 인자이신 그리스도도 하늘에 계신다. 우리가 경배하는 하나님의 위치는 지극히 중요하다. 만일 우리가 우리 하나님을 우리의 경배를 위해, 그리고 우리의 '누림'을 위해 우리 안과 우리 주위에 계신 분으로 생각한다면, 우리는 우리를 둘러싸고 있는 대기 중에 있는 악한 영들에게 부지중에 문을 열어놓게 된다. 그분은 더 낮은 하늘들(히 4:14, 9:24, 10:19, 20)을 통과해 가장 높은 하늘에 계신 하나님의 보좌에, 곧 "모든 정사와 권세와 능력과 주관하는 자와 이 세상뿐 아니라 오는 세상에 일컫는 모든 이름 위에"(엡 1:21) 계신다.

하나님의 참된 위치

이 요점에 대한 하나님의 말씀은 매우 분명하다. 우리는 히브리서 1장 3절, 2장 9절, 4장 14절부터 16절까지와 9장 24절과 기타 그러한 사실을 보여 주는 다른 구절들의 말씀들을 자세히 상고하며 살펴볼 필요가 있다. 우리가 경배하는 하나님, 우리가 사랑하는 그리스도께서는 하늘에 계신다. 그리고 우리가 하늘에 계신 그분께 나아가 믿음으로 그곳에 계신 그분과 우리와의 연합을 이해할 때, 우리는 그분과 함께 일으켜진 후 흑암의 권세들이 주관하는 공중 위에 그분과 함께 앉혀져서 흑암의 권세들이 그분의 발 아래 복종하고 있는 것을(엡 1:20-23, 2:6) 볼 것이다.

요한복음 14장, 15장, 16장에 기록된 주님의 말씀은 그분이 믿는이 안에 내주하심에 관한 진리를 매우 분명하게 제시한다. 그분과 함께, 그분 안에, 그분의 하늘에 속한 위치 안에(요 14:20) 있음을 나타내는 '너희가 내 안에'는 믿는이들의 믿음을 위한 사실이며, '내가 너희 안에'—제자들과 그리스도의 몸 전체에게 말씀하신바—는 믿는이의 개별적인 삶에서 믿음의 결과로 뒤따라오는 것이다. 영광 가운데 계신 분과의 이러한 연합은 이 땅에서 믿는이를 통해 성령과 생명이 흘러들어오고 흘러나가는 결과를 도출한다(빌 1:19). '너희가 내 안에'는 '내가 너희 안에'라는 결과를 가져온다. 달리 말해서, '주관적인 것'은 객관적인 것의 결과라는 것이다. 즉, 그리스도께서 하늘에 계심은 하나님의 성령에 의해 그분의 생명과 능력이 주관적으로 유입된다는 것을 믿는 믿음의 기초가 된다.

하늘에 계신 위격으로서의 그리스도

주님은, "너희가 내 안에(즉, 영광 안에) 거하고 내 말이 너희 안에 거하면 무엇이든지 원하는 대로 구하라" … (요 15:7)고 말씀하셨다. 그리스도께서는 성령으로 그분의 말씀을 통해 우리 안에 거하신다. 그러나 하나의 위격으로서 그분 자신은 하늘에 계신다. 그리고 그분의 영과 그분의 생명이 그분의 말씀을 통해 이곳의 우리 안에서 표현될 수 있는 것은 우리가 그곳에서 그분 안에 거할 때뿐이다.

'거하는 것'은 하늘에 계신 한 인격에 대한 신뢰와 의존의 태도를 의미한다. 그러나 만일 그 태도가 믿는이 안에 계신 그리스도에 대한 신뢰와 의존으로 바뀐다면, 그것은 사실상 내적인 체험을 의존하는 것이며 하늘에 계신 그리스도로부터' 돌아서는 것이다. 이러한 것은 사실상 그분의 생명이 흘러들어오기 위한 통로를 막고 성령에 의해 그분과 동역하는 데에서 믿는이를 분리시켜 놓는다. 그러므로 만일 안에 있는 어떤 '임재'의 현시가 믿는이로 하여금 하늘에 계신 그리스도를 향한 올바른 태도에서 벗어나게 한다면, 그것은 하나님으로부터 임한 진정한 '현시'가 될 수 없다.

하나님의 임재에 대한 참된 지식이 있지만 그것은 휘장 안에 계신 그분과 연합될 때 영 안에서 얻을 수 있는 것이다. 그러한 지식은 말하자면 믿는이를 들어올려 자신 안에서 나와 하나님 안에 계신 그리스도와 함께 거하게 하는 그분과의 영적인 연합과 교제에 대한 지식이다.

가장된 하나님의 임재는 대개의 경우 사랑의 감정 혹은 느낌으로 나타나는데, 믿는이는 그에 대해 아무런 주저함 없이 자신을 열어놓곤 한다. 또한 믿는이는 이러한 것이 그의 가장 깊은 내면의 존재를 채우고 만족시킴을 발견한다. 그러나 속임당한 사람은 자신의 내적 생명의 가장 깊은 필요에 있어서 그 자신을 악한 영들에게 노출시켰다는 것을 알지 못한다.

위조된 하나님의 임재

흑암의 권세들이 그의 계략에 무지한 사람들에게 어떻게 하나님의 임재를 위조하는가는 다음에서 어느 정도 볼 수 있다. 어느 순간 믿는이가 홀로 있을 때나 혹은 모임 중에 있을 때, 어떤 조건이 만족된 상태에서 하나님의 임재를 느끼기를 열망하면 간교한 대적은 접근하여 부드럽고 달래는 듯한 느낌으로—때로는 빛으로 방을 채우거나 공기의 움직임을 일으켜 '하나님에게서 오는 호흡'인 것처럼 착각하게 하여—그를 감싸거나 혹은 '이것이 네가 갈망하던 임재이다'라고 속삭이거나 그것이 그가 갈망해오던 것이라고 추측하게 만든다.

그런 다음 그의 경계심을 늦추고 사탄이 멀리 있다고 여기게 하여 안심시킨다. 이어 어떤 사상들이 믿는이의 생각에 제안되는데, 여기에는 신성한 것처럼 보이는 현시들이 뒤따른다. 달콤한 음성이 들리거나 환상이 주어지면 믿는이는 즉시 이것을 '신성한 임재' 가운데서 주어진 '신성한 인도'로 받아들이며 추호도 의심하지 않고 그것을 하나님에게서 온 것이라고 믿는다. 만일 믿는이가 악한 영들로부터 온 것을 하나님에게서 온 것으로 받아들인다면 악한 영들이 역사할 수 있는 첫 번째 근거지가 마련된 것이나 다름없다.

믿는이는 이제 하나님께서 그에게 이것저것을 하라고 명령하셨다고 확신한다. 그는 자신이 하나님에게서 큰 사랑을 받았으므로 그분의 왕국에서 어떤 높은 지위를 얻도록 선택되었다는 생각으로 가득하게 된다. 깊이 감추인 '자기사랑'은 이런 생각에 의해 배양되고 강화된다. 그는 이러한 비밀한 힘의 능력으로 모든 것을 견딜 수 있게 된다. 그는 하나님의 말씀을 들어왔다. 그는 특별한 사랑으로 선택되었다. 그의 버팀목은 이제 하나님 자신과 기록된 말씀이라기보다는 그의 체험이다. 하나님께서 특별히 그에게 말씀해오셨다는 이러한 은밀한 확신으로 인해 믿는이는 절대 틀릴 수 없다는 확신으로 가득 차 더 이상 가르침받을 수 없는 완고한 상태에 이르게 된다. 다른 사람들이 하나님께로부터 온 이러한 '직접적인' 계시를 받지 않았기 때문에 그는 이제 다른 사람의 말을 들을 수 없게 되었다. 그는 하나님과 직접적이고도 특별하며 개인적인 교제 안에 있으며, 따라서 자신에게 주어진 어떤 '지시'든지 그에 대해 의문을 품는 것을 다시없는 죄로 여긴다. 자신에게 임한 지시가 빛 가운데 행해진 모든 판단에 상반되고 그에게 명한 행동이 하나님의 말씀의 영에 반대될지라도 그는 순종해야만 한다. 간단히 말해서, 이 단계에 있는 믿는이는 하나님에게서 '명령'을 받았다고 믿을 때 더 이상 자신의 이성을 사용하지 않을 것이다. 왜냐하면 그렇게 하는 것을 세속적이라고 생각하기 때문이다. 그가 보기에 상식은 믿음이 부족한 것이므로 죄이며, '양심'은 당분간 말하기를 중단했다.

이러한 시기에 속이는 영들은 믿는이에게 다음과 같은 몇 가지를 제안할 수 있다.

(1) "당신은 하나님을 위한 특별한 도구이다." 이러한 제안은 자기사랑을 배양한다.

(2) "당신은 다른이들보다 더 진보하고 있다." 이런 제안은 영혼이 자신을 냉철하게 아는 것에서, 즉 자신을 있는 그대로 보게 하는 것에서 눈멀게 한다.

(3) "당신은 다른이들과 다르다." 이런 제안은 그로 하여금 자신이 하나님의 특별한 대우를 받을 필요가 있다고 생각하게 한다.

(4) "당신은 다른이들과 좀 다른 특별한 길을 걸어야 한다." 이런 제안은 독립적인 영을 배양한다.

(5) "당신은 직장을 내려놓고 믿음으로 살아야 한다." 이런 제안은 믿는이로 하여금 그의 가정과 그가 자신을 드린 하나님의 역사를 파멸시키는 결과를 가져오는 잘못된 인도를 받아들이게 한다.

이러한 모든 제안들은 믿는이로 하여금 그의 영적인 상태에 대해 잘못된 인식을 갖게 한다. 그는 자신이 그의 실지 상태보다 더 진보했다고 믿음으로 자신의 믿음과 지식의 분량을 넘어서 행하게 될 수 있으며(롬 12:3), 그 결과 미혹하는 적의 속임수에 더욱 노출될 것이다.

'하나님의 계시로 여겨지는 것'과 하나님의 임재의 특별한 현시와 그 결과로 믿는이가 완전히 하나님께 사로잡히는 상태를 기초로 하여 거짓말하는 영들은 그 위에 그들의 모조품을 건축한다.

위조된 '임재'는 감각적인 것임

아버지, 아들, 성령에 대한 위조는 감각에, 즉 신체적인 영역에 주어진 현시들에 의해 인지될 수 있다. 왜냐하면 하나님의 참된 내주하심은 영의 성전에서만 이루어질 수 있기 때문이다. 혼의 그릇과 믿는이의 인격은 그분의 영에 의해 믿는이 안에 보좌를 정하신 그리스도를 표현하기 위한 수단에 불과하다. 동일한 성령에 의해 소생된 몸은 그의 새롭게 된 의지로 행하는 사람의 자기통제를 통하여 사람의 영의 중심의 깊은 곳으로부터 하나님께 지배받는다.

하나님의 임재에 대한 위조는 속이는 영들이 신체 구조 위에, 혹은 신체 구조 속에, 또는 감각들 위에 역사함으로 이루어진다. 우리는 이러한 '위조'가 어떻게 시작되는지, 그리고 어떻게 그 첫 번째 근거지가 마련되는지를 보았다. 계속해서 매우 부드럽게 반복되는 이러한 감각적인 현시들에 의해 믿는이는 이것이 진정한 '하나님과의 교제'—믿는이들은 흔히 '하나님과의 교제'를 영에 속한 것이 아니라 감각적인 일로 여긴다—라고 생각하면서 그 현시들에 굴복한다.

이 시점에 이르면 그는 하나님께 기도하고 있다고 믿으면서 악한 영들에게 기도하기 시작한다. 자기 통제력은 아직 상실되지 않았지만 그는 이러한 '의식적인' 현시들에 자신을 내어주거나 반응할 때 자신의 의지력이 서서히 침식되어가고 있다는 것을 모른다. 마침내 이러한 미묘하고 달콤한 체험을 통해 그는 하나님 자신이 의식할 수 있게 그의 몸을 소유하신다는 믿음을 확고하게 갖는데, 이때 그는 생생한 전율을 느끼면서 몸이 활기를 띠거나, 온기와 열을 느끼거나, 마치 '그리스도의 고난의 고통'처럼 보이는 '심한 고통'이 몸을 채우거나 영혼들을 위해 해산하는 고통, 혹은 신체에 못이 박히는 것 등을 의식하면서 그리스도와 함께 죽는 것을 체험한다고 여긴다. 믿는이들이 이 시점에 이르면 거짓말하는 영들은 그들이 원하는 대로 역사할 수 있으며, 이 정도까지 속임당한 믿는이에게는 어떠한 제한도 없이 무엇이든 할 수 있게 된다.

신성한 역사하심에 대한 위조된 현시가 몸에 나타남

이제 다양한 방식으로 신성한 생명을 위조한 현시가 신속하게 뒤따라온다. 몸의 동작, 기분 좋은 전율, 자극들, 몸의 여러 부분에 일어나는 불 같은 뜨거움, 혹은 차가운 느낌, 혹은 흔들림과 떨림들―이 모든 것들이 하나님에게서 온 것으로 받아들여지게 된다.

그러나 이러한 것들은 속이는 영들이 신체에서 무방비 상태로 열린 입구를 얻었음을 보여 줄 뿐이다. 왜냐하면 믿는이의 몸과 생각 '속'에서 악한 영들이 일으킨 현시와 몸과 생각 '바깥'에서 악한 영들이 일으킨 현시에는 차이가 있기 때문이다. 악한 영들은 자신들이 실지로는 내부에 존재할 때일지라도 영향력과 행동에서 마치 외부에 있는 것처럼 보이게 만들 수 있다.

악한 영들이 실지로는 외부에 있으면서 내부로 들어가기를 바랄 때 갑작스런 제안을 하는데, 이러한 제안들은 마음에서 일어나는 평범한 것이 아니라 외부로부터 오는 것들이다. 일상적으로 생활하는 가운데 기억나는 평범한 것이 아니라 '섬광처럼 번뜩이는 기억'으로서 외부에서 제안한 것이다. 신경의 자극과 경련, 외부에서 바람이 불어오는 느낌들과 주변에서 바람이 일어나는 느낌 등이 이에 속한다.

악한 영들의 영향이 신체 구조에 미침

악한 영들이 내부에 있을 때 몸 전체는 (이미 언급했듯이) 때로 유쾌한 감각들로, 때로 원인 모르게 머리와 몸에 임하는 고통들로 영향받는다. 또한 악한 영들은 심장 고동을 촉진시켜 두근거리게 하는 등, 초자연적인 것과 쉽게 분간되지 않는 '자연적'인 것으로 역사하며, 또는 다른 방식으로, 즉 신체적 원인이 있는 현상을 일으키기도 하는데, 그러한 역사는 부분적으로는 자연적인 근거를 바탕으로 일어나기도 하고 부분적으로는 악한 자에게서 기인하기도 한다. 그런 연후에는 잇따라 의기소침한 상태가 이전의 유쾌함에 비례하여 일어난다. 황홀경에 이르렀을 때 신경계의 요구에 대한 반응으로 인해 피로와 피곤, 혹은 눈에 보이는 어떤 원인이 없이 힘이 빠지는 듯한 느낌, 슬픔과 기쁨, 열기와 한기, 웃음과 눈물, 다양한 단계들과 빠른 변화들에 잇따른 표현들이 나타나는데, 간단히 말해서 이런 상태의 믿는이는 감정적인 감각들이 왕성하게 활동하고 있는 것처럼 보인다.

또한 '감각들이 자극되어 믿는이의 의지력과 상관없이 그를 완전히 지배하게 되거나, 아니면 감각들이 어떤 통제 아래 있어 악한 영의 임재를 알지 못하게 된다. 악한 영은 이렇게 그의 역사가 그가 고찰해온 희생물에게 적합하도록 주의 깊게 조정하는데, 이는 악한 자가 믿는이로 하여금 감정과 신체 구조의 민감한 부분이 비정상적으로 움직이는 원인을 알아차리지 못하게 하기 위해서는 너무 정도를 넘어서 역사하지는 말아야 한다는 것을 알기 때문이다.

우리는 결국 속임당한 사람의 건강이 확실히 몸과 마음에 임한 이러한 작용에 영향받을 것이라는 사실을 쉽게 알 수 있다. 영향받은 결과 '하나님의 의식적인 임재'가 현저하게 사라지며, 모든 의식적인 느낌이 갑작스럽게 중단되고, 불꽃 튀는 긴장감이나 비정상적인 체험에 뒤따르는 '건강상의 쇠약' 상태에 떨어지기도 한다. 이러한 것에 이어 몸 속에 있는 속이는 영들은 이제 믿는이가 전에 체험했던 천국의 기쁨만큼이나 격심한 고뇌 및 실지로 고통을 가져다주는 '용서할 수 없는 죄'를 저지른 것에 대한 비난과 심한 송사로 그들의 희생자를 공격하기 위해 책략을 전체적으로 바꾼다.

강제적인 죄의 '자백'

이 시점에 이르렀을 때 악한 영들은 그 사람으로 하여금 대중 앞에서 온갖 죄를 '자백하도록' 밀어댈 수 있다. 그는 이러한 죄의 자백을 통해 그가 잃어버린 '체험들'을 다시 찾기를 기대하지만 모든 것이 허사이다. 죄의 자백이 강제성을 띤 것으로 그는 속이는 영들이 이러한 죄의 자백을 부추겼다는 것을 알아차릴 수 있다.

그는 죄를 자백하도록 강요당하며, 때로 이러한 것은 원수가 죄를 자백하라고 참소하는 것일 뿐 실제로 죄가 존재하는 것은 아니다. 악한 영들이 사람에게 가장 칭찬 얻을 만한 일을 하도록 그를 밀어댄다는 것을 미처 생각지 못하고 또 성경이 죄 사함을 얻기 위한 단 한 가지 조건을 선포하고 있다는 사실을 잊어버리기 때문에, 그는 단순히 편안함을 얻기 위해 그에게 임한 압력에 굴복하고 만다. 이로 인해 부흥의 시기 동안 '죄의 자백'이 널리 퍼질 위험이 있으며, 그때 죄의 '자백의 물결'은 거의 그 공동체를 뒤덮게 된다. 그리고 깊은 죄악된 삶이 다른이들의 눈앞에 폭로되며 이를 통해 거짓말하는 영들은 지옥의 독소를 그 분위기 가운데와 듣는 자들의 생각 속에 퍼뜨릴 수 있게 된다.

진정한 죄의 자백

진정한 죄의 자백은 (하나님의) 깊은 책망하심에서 나온 것이어야지 강제적인 것이어서는 안 된다. 만일 그 죄가 하나님만이 아시는 것이라면 그 죄의 자백은 오직 하나님께만 행해져야 하며, 그 죄가 사람에 대한 것이라면 개인적으로 은밀하게 그 사람에게 자백해야 한다. 단지 그 죄가 공중에 대한 것일 때에만 공중에게 공개적으로 자백해야 한다.

'죄의 자백'은 결코 어떤 강제적인 감정의 충동으로 이루어져서는 안 되며, 하나님의 뜻에 따라 의를 선택하여 어떤 것들을 올바른 위치에 두는 의지의 신중한 행동이어야 한다.

믿는이가 공개적으로 죄를 '자백할' 때 사탄의 왕국이 유익을 얻는데, 이것은 원수가 사람으로 하여금 공개적으로 죄를 자백하도록 유도하는 데에 사용하는 계략들에 의해 분명하게 드러난다. 악한 영들은 사람으로 하여금 죄를 짓게 하고 그런 후에는 자신들이 그 사람으로 범하게 한 죄—이러한 죄는 그의 실지 인격과 상반되는 것이다—를 공개적으로 자백하도록 강요하는데, 이는 악한 영들이 그로 죄를 짓게 함으로써 그의 남은 일생에 오명을 남기게 하려는 것이다.

때때로 자백되어진 '죄들'은 다시금 믿는이 안에서 일어난다. 이러한 현상은 '하나님께 자백할 죄가 무엇인지 알지 못한다'거나 혹은 '악한 충동이 일어나지 않는다'고 선포할 때(이러한 선포는 그로 하여금 자신의 존재에서 모든 죄가 완전히 제거되었다고 믿게 한다), 악한 영들이 이전에 느꼈던 하늘에 속한 순수함과 사랑에 대한 '의식적인' 느낌만큼 혐오스럽고 매스꺼운 느낌을 주입함으로써 일어나는 것이다.

간단히 말해서, 유쾌하고 하늘에 속한 느낌들로 몸에 임하는 '위조된 신성한 임재'의 현시에는 죄악된 것들에 대한 위조된 느낌이 뒤따를 수 있는데, 이것은 믿는이의 의지와 그의 중심의 순수성에 전혀 부합되지 않는다—그는 전에 그의 신체에 의식할 수 있게 임한 순결한 느낌에 탐닉했을 때처럼 지금은 하나님께 신실한 사람인양 죄를 증오한다.

속이는 영이 몸을 점유할 때, 그는 이제 뚜렷한 질병을 일으키거나 신체적 원인이 없이 격심한 고통을 유발하는 식으로 공격함으로써 그의 악의를 드러낼 수 있다. 이러한 그의 공격은 체력을 소모시키고 열이 나게 하며 신경을 손상시키고 다른 질병을 일으키거나 위조함으로써 임하는 것이다. 사탄의 사주를 받아 행하는 '살인자들'의 역사를 분별하고 그들에 맞서는 기도를 함으로 그 역사를 처리하지 않는다면, 그 희생자는 생명을 잃을 수도 있다.

위조된 인도

'위조된 인도'는 속이는 자가 계략을 써서 몸을 사로잡은 결과 중 하나이다. 많은 믿는이들은 하나님의 '인도'와 '이끄심'이 사람의 의지나 행동과는 무관하게 '이것을 하라' 혹은 '저것을 하라'는 음성에 의해서, 혹은 강제적인 움직임이나 충동에 의해서 이루어진다고 생각한다. 그들은 주 예수님에 대하여 사용된 다음과 같은 표현을 주시한다. "성령이 곧 예수를 광야로 몰아내신지라"(막 1:12). 그러나 이것은 그리스도의 생애에서 일상적인 것이 아닌 다소 이례적인 것이었다. 왜냐하면 이 말씀은 성령의 일상적인 인도에서 벗어난 곳에서 그러한 치열한 영의 격투가 있게 되리라는 사실을 암시하기 때문이다. 우리는 요한복음 11장 38절에서 "영 안에서 통분히 여기시며"라는 말씀을 보는데, 주 예수님이 나사로의 무덤으로 가실 때 그분의 영 안에 이와 비슷한 강한 움직임이 있었음을 어렴풋이 알 수 있다. 두 가지 예에서 주님은 (나사로의 경우에서처럼) 흑암의 왕인 사탄과 직접적으로 싸우기 위해 나아가고 계셨다. 겟세마네에서의 수난 또한 동일한 특성을 지닌 것이었다.

그러나 정상적으로 주님은 아버지와 단순히 교제하시는 가운데 안내받고 인도받으셨다. 그분은 하나님의 뜻을 아신 분으로서 결정하고 행동하고 판단하고 생각하셨으며, 지적인 판단력으로—공경하여 말하거니와—그러한 것들을 수행하셨다. 하늘로부터 임하는 '음성'은 흔치 않았는데, 주님이 친히 말씀하신 것처럼 하늘로부터 임하는 '음성'은 그분 자신을 위한 것이 아니라 다른이들의 유익을 위한 것이었다. 주님은 아버지의 뜻을 아셨고 사람으로서 소유하신 모든 기능으로 그 뜻을 행하셨다(요 12:30, 5:30, 6:38).

그리스도께서 그분을 따르는 이들을 위한 본이시므로 우리는 그분의 삶에서 완전하고도 진정한 형태의 안내나 '인도'를 볼 수 있다. 그리고 믿는이들은 그 본을 따라 행할 때에만 성령님의 함께 역사하심을 기대할 수 있다. 그 본에 일치되어 행하지 않을 때 믿는이들은 성령의 역사를 소유할 수 없고 오히려 악한 영들의 속이는 위조의 역사에 문을 열어 주게 된다.

만일 믿는이가 생각과 이성과 의지 및 사람으로서 가진 다른 기능들을 사용하기를 중지하고 생활의 모든 세세한 부분에서 인도받고자 하여 어떤 충동이나 음성들을 의존한다면, 그는 하나님으로 가장한 악한 영들에 의해 인도되고 안내받을 것이다.

위조된 '내적' 이끌림

성령 침례 후, 초기에 믿는이는 하나님의 진정한 인도하심에 대해 매우 많이 안다. 그는 모임에서 일어나 간증하는 등의 행함에 있어서 진정한 내적 자제와 행동을 제한하는 것이 무엇인지 안다. 그러나 얼마 후 그가 영의 순수한 내적 움직임을 주시하기를 멈출 때, 종종 그는 영의 움직임을 어떻게 읽어야 할지 모르기 때문에 행동하는 데 있어서 그를 인도하는 현시나 어떤 자극적인 것을 기다리기 시작한다. 이때가 바로 속이는 영들이 예의 주시해오던 때이다. 이 지점에 이르렀을 때 믿는이는 이제 영의 내적인 행동과 동역하고 그의 의지를 사용하여 스스로 결정하기를 멈추고서 가야 할 길이나 취해야 할 노정에 대해 뭔가 초자연적인 지시를 살핀다. 그는 어쨌든 어떤 '인도'나 무슨 '성경 본문'이나 '지시'나 '예비된 환경' 등이 있어야 움직일 수 있다. 이러한 시기는 속이는 영이 믿는이의 믿음과 확신을 얻을 수 있는 기회이다. 이 속이는 영들의 속삭임은 너무 부드럽고 믿는이가 체험해 온 내적인 이끌림과 정확히 일치하기 때문에 믿는이는 이러한 내적 이끌림과 말이 영의 깊은 내적 통제와 제한을 통해 믿는이를 인도해오신 성령이 아닌 다른 근원에서 온 것임을 인식하지 못한다. 속이는 영의 부드러운 속삭임은 너무나 섬세하고 부드러워서 믿는이는 아무런 의심도 없이 그 말을 듣고 받아들이며, 사고와 판단력과 이성과 의지를 행사할 생각을 전혀 하지 못한 채 이러한 부드러운 속삭임에 더욱더 굴복하게 된다.

이 '느낌'은 이제 몸 안에 있다. 그러나 믿는이는 그가 자신의 영으로부터, 그리고 성령의 빛 비추심 아래 늘 영과 조화된 의지와 생각의 순수한 행동에 의해 행하기를 중지하고 있음을 의식하지 못한다. 만일 믿는이가 자신을 '끌어당기는' 느낌들의 근원을 분간하지 못하고 그 근원을 발견하지 못한 채 그것에 양보한다면 매우 위험한 순간을 맞이하게 된다. 그가 특히 느낌으로 결정해야 할 때, 그는 어디서 유래된 것인지를 모르며, 혹은 그 느낌에 의해 그가 나아가는 것이 안전한지의 여부를 알 수 없는 어떤 느낌에 의해서도 빗나가지 않도록 분별의 기본 원칙을 점검해야 한다. 그는 육신적인 느낌들과 혼적인 느낌들과 영적 느낌들이 있음을 알아야 하는데, 이러한 느낌들은 그 근원이 신성할 수도 있고 사탄적일 수도 있다. 그러므로 '느낌들'—끌어당기는 느낌 등—에 의존하는 것은 그리스도인 생활에서 큰 해악의 근원이 될 수 있다.

이때로부터 속이는 영들은 더욱더 그에게 통제를 가할 수 있는데, 이는 믿는이가 귀 기울이는 태도를 취하기 시작했기 때문이다. 그러한 태도는 그가 영 안의 하나님의 음성을 정확히 위조한 '내적 음성'이나 귀에 들리는 음성을 항상 주의하게 될 때까지 급속도로 발전할 것이다. 그 결과 믿는이는 '초자연적인 인도'에 수동적으로 종 노릇 하는 노예와 같이 움직이고 행하게 된다.

위조된 하나님의 음성

악한 영들은 하나님의 음성을 위조할 수 있다. 이는 믿는이들이 악한 영들이 그렇게 할 수 있다는 사실과 하나님께서 그분의 자녀들과 교제하는 참된 원칙을 모르는 데에서 비롯된다.

주님이 말씀하시기를 "내 양은 내 음성을 아나니"라고 하셨다. 즉, 그분의 양은 그분이 말씀하시는 방식을 안다는 것이다. 그분은 이러한 음성이 귀로 들을 수 있는 음성이거나 믿는이의 지성과 상관없이 순종하도록 지시하는 음성이라고 말씀하시지 않았다. 오히려 그와 반대로 '안다'는 말은 생각을 사용하는 것을 가리킨다. 왜냐하면 영 안에 지식이 있을지라도 영과 생각이 하나로 조화되기 위해서는 이 지식이 사람의 지성에 이르러야 하기 때문이다.

이 지점에서 우리는 하나님께서 지금 믿는이가 들을 수 있게끔 직접적인 음성으로 말씀하시느냐 그렇지 않느냐는 질문을 고찰할 필요가 있다. 모세가 쓴 책들이 이스라엘에 대한 하나님의 뜻과 율법을 포함하듯이, 그리스도의 몸인 교회에 대한 하나님의 뜻을 남김없이 기록한 바울의 서신들을 신중하게 연구함으로써 우리는 '아들 안에서 말씀하신' 하나님께서 더 이상 그분 자신의 직접적인 음성으로 그분의 백성에게 말씀하시지 않는다는 사실을 분명히 알 수 있다. 또한 그리스도의 교회를 모든 진리 가운데로 인도하시는 성령님이 오신 이래로 하나님께서는 그분의 자녀들에게 말씀하시고 인도하시기 위해 천사들을 자주 사용하시지 않는 듯하다.

천사들의 사역

천사들은 그리스도나 성령을 대신하기 위해서가 아니라 "구원 얻을 후사들을 섬기라고 보내심" 받았다(히 1:14). 계시록은 이 땅에 있는 성도들에 대한 천사의 사역이 사탄의 세력에 대항하여 영적인 영역에서 전쟁하는 사역임을 보여 주는 듯하다. 천사의 사역은 다른 방식으로는 거의 제시되지 않는다. 그리스도의 첫 번째 오심 이후에, 아버지께서 새로운 족속의 '맏아들'을(롬 8:29) 이끌어 사람이 거주하는 땅에 다시 들어오시게 하는(히 1:6) 놀라운 사건이 일어날 때 위대한 천사의 활동이 있었다. 그리고 또다시 오순절 날 성령 강림 사건으로 성령께서 몸인 교회가 부활하신 머리를 닮도록 그분의 몸을 이루는 사역을 시작하셨을 때(교회 초기 몇 년 동안), 믿는 이를 지시하고 눈에 보이는 대화를 하는 데 있어서 천사를 고용하는 일이 사라지고 성령의 역사와 사역으로 그것이 대치된 듯하다.

그리스도를 증거하고 교회를 모든 진리 가운데로 인도하는 모든 사역은 성령께 위임되어 왔다. 그러므로 '천사들'의 중재나 하나님께로서 나온 것처럼 보이는, 즉 영적인 영역에서 나오는 귀에 들리는 음성은 사탄의 위조품으로 간주할 수 있다. 사탄의 최고의 목표는 그의 악한 영들의 역사로 하나님의 역사를 대치하는 것이다. 어쨌든 이러한 위험한 시기에 하나님의 말씀을 통해 역사하시는 하나님의 성령을 의지하고 믿음의 길을 지키는 것이 가장 최선책이자 가장 안전한 길이다.

음성의 근원을 어떻게 분간하는가

어느 것이 '하나님의 음성'이고 어느 것이 '마귀의 음성'인지를 식별하기 위해 우리는 성령만이 믿는이에게 하나님의 뜻을 전하도록 위임받은 분이시며 성령님은 사람의 영 안에서부터 역사하심으로 그의 마음눈을 밝히신다는 것을 알아야 하는데(엡 1:17-18), 이것은 곧 사람으로 하여금 지성적으로 하나님의 생각과 동역하게 하려는 것이다.

간단히 말해서 성령의 목적은 구속받은 사람을 영과 혼과 몸 안에서 완전히 새롭게 하는 데 있다. 그러므로 성령님은 믿는이의 모든 기능을 자유케 하는 방향으로 역사하시지 결코 어떤 식으로든 믿는이를 수동적인 기계로 만들어 선을 행하게 하시지 않는다. 그분은 믿는이가 선을 선택할 수 있도록 그 안에서 역사하시고 힘을 주신다. 그분은 '선'을 행하는 데 있어서 믿는이가 감각이 없어지거나 자유로이 행할 수 없게 만들지 않으신다. 그렇지 않으면 그분은 그리스도께서 갈보리에서 이루신 구속의 목적과 그분 자신이 오신 목적을 무효화시키게 될 것이다.

믿는이들이 이러한 원칙을 이해할 때 '마귀의 음성'을 알아차릴 수 있다. 즉, (1) 어떤 음성이 그 사람의 외부나, 혹은 성령께서 거하시는 그의 영의 중심의 깊은 곳이 아닌 주변 공간에서 들려올 때 (2) 어떤 음성이 믿는이로 하여금 생각하거나 지성을 사용하여 그 결과를 숙고할 겨를도 없이 불가피하고 집요하게 갑작스런 행동을 하도록 촉구할 때 (3) 어떤 음성이 혼란스럽고 소란케 하여 믿는이의 생각을 방해할 때—이런 경우 그것이 마귀의 음성이라는 것을 알아차릴 수 있다. 성령께서는 믿는이가 선택권을 가진 책임감 있는 존재로서 그의 지력을 사용하기를 원하시며, 또 그를 혼란케 하여 결정할 수 없도록 하지 않으실 것이기 때문이다.

악한 영들은 또한 자신들의 음성이 어떤 사람의 자기 내부의 명백한 음성인 것처럼 위조할 수 있다. 마치 그 사람이 스스로 '생각하고' 있는 것처럼 한다. 그러나 거기에는 집중된 생각의 활동이 없다. 예를 들어, 그 사람 자신의 의지나 생각과는 상관없이 "너는 틀렸어." "너는 결코 옳지 않아." "하나님께서 너를 버리셨어." "너는 그렇게 해서는 안 돼." 등등 그 사람 자신의 행동이나 다른이들의 행동들을 끊임없이 논하면서 속에서 떠돌아다니는 지속적이고 끊임없는 '논평'과 같은 것이다.

초자연적으로 말해진 '성경 본문들' 의 근원을 분간하는 길

광명의 천사로 나타난 '마귀의 음성'은 식별해내기가 더 어렵다. 특히 그것이 성령의 음성처럼 보이게 하는 일련의 놀라운 성경 본문들과 함께 들려올 때 더욱 그러하다. 하나님에게서 오는 것이든 천사들에게서 오는 것이든 외부에서 오는 음성들은 거절할 수 있다. 그러나 믿는이들이 하나님께로서 온 것이라고 생각되는 '쇄도하는 성경 본문들'에 의해서는 속임당할 수 있다. 이런 경우 그것을 식별하기 위해서는 다음과 같은 더 많은 지식이 필요하다.

⑴ 믿는이가 자신의 생각이나 이성을 사용하지 않고 이러한 '성경 본문들' 에 의존하는가!? 만일 그렇다면 이것은 믿는이가 수동성에 빠졌음을 가리킨다.
⑵ 이러한 본문들이 그에게 버팀목이 되는가? 이러한 결과로 하나님 자신을 의존

하는 것은 저하되고 그의 결단력과 합당한 자기 신뢰는 약화된다.

(3) 이러한 본문들이 그에게 영향을 미치는가? 이러한 본문들이 그로 의기양양하게 하고 '하나님에 의해 특별히 인도받는' 것처럼 우쭐하게 하거나 혹은 성령의 빛으로 기록된 말씀에서 얻게 되는 옳고그름에 대한 예리하고 증가된 지식으로 그의 생애 노정 내내 하나님 자신과의 청명한 관계 안으로 그를 이끄는 대신 그를 무너뜨리고 정죄하여 절망과 정죄감 속으로 던지는가?

만일 이러한 것들이 제시된 '성경 본문들'의 결과로 나타난 것이라면, 그러한 것들은 속이는 자에게서 온 것이므로 거절되어야 한다. 아니면 적어도 그 근원에 대해 정확히 알 수 있을 때까지는 그에 대해 중립적인 태도를 취해야 할 것이다.

또한 마귀의 음성을 하나님의 음성과 분간할 수 있는 길은 그 '목적과 결과를 살피는 것'이다. 만일 하나님께서 사람에게 직접적으로 말씀하신다면 그 사람은 미심쩍은 특별한 문제에 관하여 절대적으로 옳고 정확해야 한다. 예를 들어, 믿는이가 어떤 사람을 모임에 초청하도록 인도받았다면서 그 사람을 모임에 초청했다 하자. 그 초청받은 사람은 초청을 받아들이든지 아니면 그 '인도'가 거짓임을 드러내야 할 것이다. 만일 초청받은 사람이 그 초청을 거절함으로 그 인도가 하나님께 속하지 않았다는 것을 드러냈음에도 여전히 자신이 하나님의 '인도'를 받았다고 생각한다면, 그는 이 모든 일에서 거절한 그 사람이 마귀에게 속임당했다고 간주하거나, 아니면 그 문제를 더 이상 고려하지 않고 옆에 제쳐두게 된다. 인도를 받는 데 있어서 실패한 것이 그가 스스로를 속였거나 속이는 영들에게 속임당했다는 것을 의미함을 깨닫지 못한 채 말이다.

악한 영들은 어떻게 그들의 인도를 그들의 희생자에게 적용하는가

속이는 영들은 그들의 제안과 인도를 믿는이의 개인적 특성에 맞도록 주의 깊게 적용하기 때문에 믿는이들은 그것을 발견해내기가 쉽지 않다. 즉, 속이는 영들이 제시하는 어떤 '인도'도 마음에 견고하게 뿌리내린 하나님의 강한 진리에 어긋나거나 마음의 특별한 성향과 불일치하게 제시되지는 않는다는 것이다. 믿는이의 생각이 '실제적인' 성향을 띤다면 속이는 영들은 눈에 보이게 어리석은 '인도'를 주지는 않을 것이다. 속이는 영들은 성경을 잘 알고 있는 믿는이에게 성경에서 벗어난 것을 말하지 않을 것이다. 믿는이가 어떤 점에서 강하게 무언가를 느낀다면, '인도'는 그 점에 알맞게 조화되어 주어질 것이다. 그리고 가능한 한 그러한 '인도'는 과거에 하나님께서 주신 인도의 연속으로 보이게끔 과거에 하나님께서 주신 인도와 비슷한 것으로 각색되어 제시될 것이다.

여기에서 우리는 원수가 일하는 방법을 분명히 알 수 있다. 믿는이는 하나님의 뜻 안에서 시작하지만 악한 영의 목적은 하나님의 인도를 위조함으로써 믿는이의 주의를 자신의 뜻을 실행하는 데로 돌리는 것이다. 사탄의 인도는 삶의 목적을 바꾸어 그 사람의 힘을 그릇된 방향에 쏟게 하여 그의 봉사의 가치를 감소시킨다.

이러한 원수의 교활한 술책을 좌절시키기 위해서 믿는이는 인도에 대한 두 가지 분명한 태도가 있다는 것을 알아야 한다. 만일 그 차이점—(1) 하나님을 신뢰하여 그분으로 하여금 인도하시게 하는 것과 (2) 하나님께서 인도하고 계시다고 믿는 것—을 이해하지 못한다면 심각한 결과를 초래할 수밖에 없게 된다.

전자는 하나님 자신께 의존하는 것을 의미하고, 후자는 인도받고 있다고 가정하는 것을 의미하는데, 이것은 속이는 영들에게 이용당할 수 있다. 전자에서 하나님께서는 그분에 대한 분명한 신뢰에 반응하여 그를 인도하시고 믿는이의 모든 기능이 자유롭게 행사되도록 두심으로써, 그리고 믿는이가 자신의 의지를 사용하여 그 앞에 놓여진 길에서 옳은 발걸음을 이성적으로 선택하도록 하심으로써 그분의 영과 끊임없이 동역하는 사람의 영을 통하여 그를 인도하신다.

후자의 경우 시시각각으로 깨어 성령과 동역하지 않으면서도 하나님께서 자신을 '인도'하고 계신다고 가정하는 믿는이의 생각을 악한 영들이 이용할 때, 믿는이는 처음에 무언가가 경미하게 자신에게 강요되고 있음을 느낀다. 그러나 시간이 지남에 따라 그 강요하는 힘이 점차 증가하기 시작하여 마침내 믿는이는 "나는 이러저러하게 행하도록 '강요'받았으며 그에 저항하는 것이 두려웠다."고 말하기에 이른다. 그러한 강요는 하나님께서 그분의 자녀들을 대하시는 원칙과 모순되게 인식되지 않고 하나님께서 자신을 인도하고 계신다는 증거로 받아들여질 수 있다.

속임당한 믿는이는 악한 영들의 노예임

만일 믿는이가 굴복하여 그것을 하나님께 속한 것으로 믿는다면, 결과적으로 그는 의지력과 판단력의 자유를 모두 말살시키는 초자연적인 힘의 노예가 될 것이다. 그는 자신이 믿는 바를 행하기를 두려워하기 시작한다. 그는 '하나님의 뜻'에 대해 조그만 순종을 행하기 위해 삶의 가장 단순한 의무들을 수행하는 데 있어서도 '허락'을 구해야 하고, '허락' 없이는 한 걸음도 떼기를 두려워한다. 속이는 영들이 믿는이들을 완전하게 통제할 수 있는 권한을 얻어 믿는이가 수동적으로 기계적인 상태에 있음으로 자신의 참된 상태를 깨달을 수 없게 되는 순간, 속이는 영들은 더 이상 몰래 숨어서 일할 필요가 없게 된다. 그들은 믿는이의 판단력을 일깨우는 위험을 피하기 위해 믿는이가 그들의 뜻에 수동적으로 복종하는 범위 내에서 주도면밀하게 역사하면서 음흉하게도 믿는이로 하여금 지극히 불합리하거나 어리석은 일을 하도록 만들기 시작한다. 믿는이는 나실인 삼손과 같이 머리를 길게 기르라는 명령을 받기도 한다. 그러나 그는 참된 확신이나 참된 원칙을 갖고서 그렇게 하는 것이 아니라 단순히 한 가지 '순종할 문제로 그렇게 할 뿐이다. 그는 또한 모자를 쓰지 않고 밖에 나가는 것과 같은 아주 작은 문제에서도 기꺼이 자원함으로 순종하는 것을 증명하라는 명령을 받는다. 또 그는 '겸손'의 '표시'나 '자아가 못 박힌 것'의 표시로서, 혹은 '하나님께 대한 맹목적인 복종의 표시로서 낡은 옷을 입어야 한다.

이러한 것들은 자신의 판단력을 사용하는 이들에게는 하찮게 보일 수 있지만 속이는 영들의 목적에서 보면 큰 결과를 낳을 수 있는 것이다. 속이는 영들은 이렇게 역사함으로 믿는이들을 수동적이고 생각이나 이성을 사용하지 않는 매개물로 만들어 그들의 뜻을 잘 따르게 하는 것을 목표로 한다. 이러한 사소한 문제에서도 자신들에게 복종케 하여 믿는이를 더욱 깊이 사로잡는 것이다.

이러한 어리석고 불합리한 행동들이 눈으로 볼 수 있는 공개적인 것일 때, 거짓말하는 영들은 그러한 행동들을 통해 정상적인 사람들 앞에서 속임당한 사람의 간증이 파괴되었음을 안다. 한편, 교회에서 충성스런 성도로 인정되는 수많은 믿는이들이 있는데, 그들은 그러한 '극단적인' 외적 행동을 하도록 강요받지는 않지만, 그들 또한 똑같이 미혹되거나 하나님에게서 받았다고 생각하는 음식과 옷 입는 방식 등에서 '초자연적인' 명령에 속박당하기도 한다. 어떤 이들이 음식과 옷 입는 방식 등에서 '초자연적인' 명령을 따르면서 '하나님께 충성스럽게' 순종하고 있다고 생각함으로 은밀하게 자기를 높이고 다른이들을 판단하는 영을 갖고 있다면, 이는 원수가 교활하게 역사하고 있음을 나타내는 것이다.

악한 영들이 믿는이를 '점치는 판'으로 이용함

믿는이가 하나님의 인도를 받고 있다고 생각하는 한, 속이는 영들은 당분간 그 정체가 폭로되는 것을 면할 수 있으며 동시에 믿는이를 더욱더 깊은 속임으로 이끌 수 있게 된다. 믿는이가 사탄의 고도의 속임수와 사로잡음에 빠지게 될 때, 그는 자신을 통제하고 있는 영들이 허락하지 않으면 스스로 어떠한 행동도 할 수 없음을 발견한다. 결과적으로 그는 더 이상 이것저것을 행하고자 하여 '허락'을 구할 수조차 없게 된다.

어떤 경우에 악한 영들은 믿는이의 신체 속에서 그와 왕래하기도 한다. 이곳에 가야 할지 아니면 저곳에 가야 할지를 알기 원할 때 믿는이는 인도를 구하기 위해 '하나님의 음성'으로 가장된 내적 음성에 주의를 기울이는데, 그는 머리의 움직임을 내적 음성으로 보고 하나님께서 허락하시는지 금지하시는지를 판단한다. 즉, 그는 악한 영에 의해 이루어지는 머리의 움직임을 어떤 행동에 대한 하나님의 '허락'하심으로 보고 머리가 움직이지 않는 것을 하나님의 '금지'하심으로 생각한다는 것이다. 악한 영들은 '점치는 판'을 통해 그들의 조언을 구하는 이들에게 대답하는 것과 같은 방식으로 사람의 몸을 점치는 판으로 이용해 하나님의 인도를 구하는 이들을 통제하려 한다. 이것은 그의 몸에서 일어나는 모든 초자연적인 움직임이 '하나님'에게서 비롯되었으므로 의미를 지닌다고 믿는 그 희생자의 신체와 온 몸의 신경을 이제 악한 영들이 완전히 지배하게 되었음을 보여주는 것이다.

이 단계에서는 속이는 영들의 사로잡음(귀신 들림)이 너무나 깊어서 어떤 논쟁이나 이성적인 판단, 혹은 어떤 종류의 외부적인 고려도 믿는이의 행동에 아무런 영향을 미치지 못하기 때문에, 믿는이가 이러한 속임당함과 하나님께 속했다고 확고하게 믿는 내적 음성의 '허락'이나 '인도'에 순종하는 것을 제지하지 못한다. 참으로 아주 사소한 일에서도 그것에 대항하기를 힘써야 하지만, 그렇게 할 때 정죄와 고통이 너무 크기 때문에 그는 어떤 '불순종'에도 겁을 먹게 되고 내적 음성의 인도를 저항하면서 가기보다 온 세상에 의해 정죄되고 오해받는 편이 더 낫다고 생각하게 된다. 그가 가장 크게 두려워하는 것은 소위 '성령께 불순종하는 것'이다. 그를 속이는 악한 영들은 모든 기회를 붙잡아 이러한 두려움을 심화되게 함으로 계속 그를 억류해둔다.

그러므로 믿는이가 한 순간이라도 자신을 통제하는 영에게 복종할 때, 그는 더욱더 초자연적인 도움에 의존하게 되고, 그 도움과 분리되어 어떤 것을 행하는 순간 '하나님과 분리되어 일하는 것'으로 송사받는다.

이 단계에서 믿는이는 '인도하는 음성'에 전적으로 자신을 맡기게 됨으로 모든 기능들이 심한 수동적인 상태에 빠지며, 그의 느낌에 신성한(?) 말씀 하심에 의존하는 데에 떨어져 그 두뇌가 전혀 작동하지 않게 된다.

여기서 또한 '기적적인 은사들'과 예언과 방언과 신유와 이상과 초자연적인 체험들의 위조된 현시들이 그 '신성한 근원'을 확증하는 숱한 '성경 본문들'과 '증거들'과 함께 믿는이들에게 제시될 수 있다. 그는 마치 보이지 않는 손에 의해 움직여지는 것처럼 몸이 가벼워진 느낌을 경험한다. 또 그는 심령술사가 '공중 부양'이라고 하는바, 자신의 침대에서 들어올려지는 것을 경험한다. 또한 그는 전에는 결코 할 수 없었던 것을 행하고 노래하고 말할 수 있다. 영을 끊임없이 접촉함으로써 '신비로운' 얼굴 표정을 짓게 된다. 그러나 격심한 분투와 억압으로 말미암아 얼굴에는 모든 힘줄이 불거져 나오는데, 이는 감각적인 삶이 육체적인 습관들에 의해 그러했듯이 '영적인' 방식으로 충족되고 탐닉되기 때문이다.

사람들의 성격을 위조함

그러나 광명의 천사는 하나님과 신성한 것들을 위조하는 일만 자유로이 할 수 있는 것이 아니다. 악한 영들은 '인간'과 인간의 일도 위조할 수 있다. 가까운 사람들, 심지어 믿는이 자신의 성격도 위장할 수 있다. 사람들은 악한 영들의 이러한 역사로 말미암아 그들의 원래 모습과는 다르게 질투하고 분내며 비평적이고 불친절한 모습으로 나타나게 된다. '자아'는 또 다른 확대된 모습으로 표현되는데, 원래 그 사람은 이기적이지 않고 사랑으로 충만한데도 악한 영들의 역사로 인해 정반대의 이기적이고 사랑이 없는 사람으로 나타나는 것이다. 악한 영들은 원래 그 사람에게 없는 것을 있는 것처럼 표현한다. 단순한 행동들이 과장되고, 그가 하는 말은 원래 말하려고 생각한 것과 다른 의미로 전달될 것이다. 그리고 때때로 다른이들에게 잘못 행하지 않았나 하는 생각을 확실한 것처럼 보이게 할 것이다.

악한 영들은 또한 기도나 여가 시간에 이성(異性)을 불쾌하거나 혹은 아름다운 모습으로 가장하여 제시함으로써 순진한 성도가 자신 안에 존재하는지조차 알지 못하는 다양한 잠재 요소들을 불러일으킬 수 있다. 때로 이렇게 가장하여 나타나는 이유는 '기도하기' 위한 것이며 혹은 하나님의 일들 안에서 '서로 사귀고' '영적 교제'를 나누기 위한 것이다.

악한 영들의 발판이 그 몸에 있을 때, 거짓 영들이 다른이들의 모습을 위조하는 것은 열정과 애정의 영역에서도 나타날 수 있다. 속이는 영들은 귀신 들린 사람 안에서 이러한 감정을 일으키고 배양하려고 애쓴다. 그들의 얼굴과 음성과 풍채는 마치 그들이 동일하게 애정을 갖고 있는 것처럼 나타난다. 이것은 위조된 '사랑'이나 다른이에게 끌리는 감정을 수반하는데, 이것은 그 희생자를 거의 지배하고 있는 악한 영들과 함께 있고 싶어하는 애타는 열망과 더불어 나타난다.

악한 영들에 의한 이러한 사랑의 지배와 그것의 고통스런 자극과 교류 혹은 위조는 모든 계층의 수많은 믿는이들이 접하는 문제이다. 많은 이들이 어떤 구체적인 대상이 없이 누군가를 사랑하고 싶어하는 매우 강한 고뇌를 겪게 된다. 반면 어떤 이들은 사랑이라는 말만 언급되어도 얼굴에 어쩔줄모르는 기색이 역력하다. 이러한 것은 모두 악한 영이 그의 몸에 역사하는 것으로서 믿는이가 자신의 의지를 조절함으로 나타나는 것들이 아니다.

사람 자신을 위조함

믿는이 자신을 위조할 때 악한 영은 그로 하여금 자신의 됨됨이에 대해 과장된 관점과 거의 환상에 가까운 생각을 갖게 한다. 예를 들어, 자신이 놀라운 은사를 받았다고 생각하게 하여 우쭐대게 하든지, 아니면 비참할 정도로 무능하다고 느끼게 하여 절망에 빠지게 하든지, 혹은 자신을 매우 총명하다고 생각하게 하여 그가 할 수도 없는 일을 떠맡게 한다. 또한 그는 '무력하고' '소망이 없거나' 혹은 '너무 앞서 있거나' '너무 뒤쳐져 있다'고 생각하기도 하는데, 간단히 말해서 일단 악한 영이 어떤이의 상상 속에 그가 역사하기 위한 발판을 마련하기만 하면, 자신이나 다른이에 대해 셀 수 없이 많은 상(像)이 그 사람의 생각 속에 생겨나는 것이다.

속이는 영은 자신을 믿는이의 인격과 동일하게 만드는 일에 너무 능란하여 다른이들은 믿는이에게서 '가짜 인격'의 모습을 보게 된다. 때로 그 사람은 원래 이기적이지 않고 매우 순수한데도 '이기심으로 가득한' 모습으로 보이기도 하고, 그 속 사람은 참으로 겸손한데도 '교만으로 가득한' 사람으로 비치기도 한다. 사실상 그의 태도, 음성, 행동, 언어의 면에서 그 사람의 겉모습 전체가 종종 그의 실지 성격과 매우 반대되는 모습으로 나타나기 때문에, 그러한 사실을 모르는 그는 왜 다른이들이 자신을 오해하고 잘못 판단하며 비판하는지 의아하게 생각한다. 또 한 면으로 어떤 믿는이들은 이러한 '가짜 자아'의 현시는 의식하지도 못한 채 자신의 내적 동기와 참된 생활에 만족하면서 행복하게 생활하기도 한다. 그는 다른이들이 보고 연민하거나 비난하는, 즉 자신의 실제 모습과 매우 반대되는 겉모습을 생각지도 못한다.

귀신 들린 사람들에게서 악한 영들이 조작한 그 '가짜 인격'은 또한 아름다운 모습으로 나타나 다른이들을 유혹하거나 미혹되게 하여 무의식중에 귀신 들린 사람에게 이끌리게 한다. 이것은 때로 '반해버리는 것'으로 묘사될 수 있으나 만일 믿는이가 그것을 악한 영들의 역사로 인식하여 거절하고 저항한다면 그러한 '반하는 것'은 즉시 사라질 것이다. 이것은 그 사람의 의지의 작용과는 전혀 상관없는 것이므로 악한 영들의 역사로 분명하게 인식될 수 있는데, 특히 이렇게 '반하는 것'은 초자연적인 경험들에 뒤이어 올 때 그러하다. 그리고 귀신 들림은 악한 자의 위장하는 역사를 받아들인 결과이다.

죄를 위조함

악한 영들은 또한 악한 본성을 생활 중에 명백하게 표출함으로 죄를 위조할 수 있다. 성숙한 믿는이들은 그러한 표출됨이 실지로 옛사람에게서 나온 죄인지 악한 영에게서 비롯된 현시인지를 알아야 한다. 후자의 경우 그 목적은 믿는이들을 사로잡아 악한 영들에게서 나온 것을 그 사람 자신에게서 나온 것으로 받아들이게 하려는 것이다. 이는 악한 영들로부터 나온 것을 받아들일 때, 그것이 무엇이든 악한 영들에게 역사할 문을 열어주고 능력을 주기 때문이다. 믿는이가 십자가를 알고 죄에 대해 죽은 자신의 위치를 알며 의지와 실행에 있어서 단호하게 모든 아는 죄를 거절하는데도 여전히 '죄'의 '현시'가 일어난다면, 그는 그 근원을 알게 될 때까지는 중립적인 위치에 있어야 하는데, 이는 그가 나타난 죄가 자신에게서 나온 것이 아닌데도 자신에게서 나온 죄로 여긴다면 그는 거짓을 믿게 되며, 그가 자신에게서 나오지 않은 죄를 '자백'할 때 원수는 그가 자신의 죄로 여겨 '자백한' 죄에 그를 빠뜨릴 능력을 얻기 때문이다. 결과적으로 많은 믿는이들은 자신의 것이라고 믿는 죄들, 즉 '하나님께 어떻게 자백할지라도 제거될 수 없고' '자신을 에워싸고 있다고 생각되는 죄들'에 굴복하게 된다. 그러나 믿는이들이 그러한 죄들의 원인이 정확하게 어디에 있는지를 본다면 자유로워질 수 있을 것이다. 이러한 사실들을 인식할 때 '죄를 경시할' 위험이 없는데, 이는 그러한 경우에 믿는이들이 죄를 제하기를 갈망하거나 혹은 죄 문제로 자신을 괴롭히지 않으려 할 것이기 때문이다.

위조된 자기-정죄

다시 말하지만, 믿는이는 그가 몹시 증오하는 '자아'를 필요 이상으로 심하게 의식하고 있기 때문에 결코 자기-정죄, 자기-비난, 혹은 자기-절망의 어두운 그림자에서 벗어날 수 없으며, 십자가의 죽음 안에서 그리스도와 동일시되었다는 사실조차도 이러한 자기-정죄나 자기-절망감을 사라지게 할 수 없다. 그렇지 않으면 자기-신뢰에서 벗어나지 못하여 부끄러움과 실망스러움을 느낄 수밖에 없는 상황에 끊임없이 처하게 된다. 가짜 인격이 참된 속

사람을 둘러싸고 있다는 사실을 아는 사람이 거의 없지만, 애석하게도 이것은 대다수 하나님의 자녀들 가운데서 실제로 벌어지고 있는 상황이다.

자신의 인격에 대해 이처럼 끊임없이 떠오르는 가상의 모습에 사로잡혀 있는 믿는이는 자신이 '생생한 상상력'을 가지고 있다고 생각하거나, 혹 그 중 어떤 것들은 하나님께서 보여 주신 환상이며 그는 하나님에게서 특별한 은총을 받고 있다고 생각한다. 특히 그러한 환상이 '하나님을 위한 위대한 계획들'이거나 하나님께서 하시고자 하는 일에 대한 환상일 때 믿는이는 더욱 쉽게 그러한 생각을 갖게 된다! 그러한 믿는이는 늘 이러한 섬김에 있어서 자신이 특별한 도구이며 중심이라고 여긴다! 부흥과 관련된 '운동'을 위해 세운 많은 '계획들'이 그러한 특징을 지녀왔다. 그들이 보기에 그 계획은 '계시'로 주어졌지만 단지 몇몇을 얻는 데 그쳤을 뿐이다. 그 특징의 하나는 부흥의 여파로 사람들이 일상적인 직업을 버리고 '하나님을 위해 일하라'는 도깨비불 같은 계시를 따랐으며, 세계를 향해 광범위하게 계획이 구상되었지만 몇 달 만에 사라졌다. 그렇게 속임당한 믿는이들은 그들로 초자연적인 영역 외의 모든 것들에 대해서는 눈멀게 하고, 삶의 다른 방면의 요구들을 지혜롭게 충족시킬 힘을 그들에게서 앗아가 버리는 과도한 열심으로 자신을 그릇되게 헌신하게 된다. 이러한 모든 것은 악한 영들이 하나님의 임재를 위조하는 속임수를 통해 믿는이의 생각과 상상력에 침투함으로써 일어나게 된다.

사탄 자신을 위조함

사탄 자신을 위조하는 것 또한 때로 그의 위조의 목적을 위해 적절할 때가 있다. 그 시기는 사탄이 믿는이를 위협하여 자신의 권익을 방해하는 기도나 행동을 하지 못하게 할 때이다. 사탄이 믿는이의 마음을 두렵게 하여 자신을 방해하지 못하게 만들 필요가 있을 때 자신을 위조한다는 것이다. 이 목적을 위해 사탄은 자신을 두려운 존재로 위조하기도 한다.

마귀에 대한 두려움은 마귀가 하나님의 역사를 방해하는 목적을 수행하기 위해 야기시키는 것이다. 그 특징 중 하나는 마귀를 두려워함으로 마귀와 그의 역사에 대해 듣기조차 꺼려하고 악의 세력에 대한 모든 성경적 진리에 관하여는 죽은듯이 수동적인 마음을 갖게 되는 것이다. 그뿐 아니라 그러한 상태의 믿는이는 마귀의 이름을 언급하는 것만으로도 두려움을 느낀다. 이러한 계략은 마귀에 대한 진실을 알지 못하게 믿는이들을 위협하려고 행해지는 것이다. 이와 반대로, 진리를 갈망하는 이들이 마귀의 존재와 '싸움', '구름', '방해물', 흑암 등에 대해 과장된 인상을 받아 마귀에 대한 하나님의 분명한 빛을 잃을 수도 있다.

특히 속이는 자의 역사는 하나님의 자녀들로 마귀가 존재하지 않는다고 믿게 하는 노력과, 어떤 형태로든 원수의 세력에서 보호받기 위해서는 하나님에 관해 알거나 듣는 것만이 필요하다는 제안에서 나타난다. 다른 면으로 속임당한 믿는이는 다름아닌 도처에 있는 사탄의 위조품들을 봄으로써 더 깊이 속임당할 수도 있다.

초자연적인 환상들과 현시들은 속이는 영들의 수확을 풍성하게 하는 근원이며, 속이는 영들은 이러한 환상들과 현시들을 통해 믿는이의 마음이나 몸에 그들이 역사할 강력한 발판을 얻어왔다. 특히 속이는 영들이 발판을 얻는 것은 믿는이가 하나님의 말씀보다 이러한 체험들을 더 많이 인용하고 의지할 때이다. 사악한 영의 목표는 삶의 반석인 하나님의 말씀을 폐하는 것이기 때문이다. 성경이 언급되고 인용될지라도 실상은 이따금씩 그러한 체험을 보증하기 위한 것으로서, 그리고 하나님이 아닌 그분의 현시-나타나심-에 둔 믿음을 강화시키기 위한 목적으로 행해질 뿐이다. 믿는이의 믿음을 순수한 하나님의 말씀에서 하나님의 현시로 향하게 하는 이러한 은밀한 역사는 악한 자의 치밀하고 간교한 속임수이며, 이러한 것은 속임당한 믿는이에게서 쉽게 발견된다.

위조된 환상들

악한 영들이 환상을 제시할 수 있다는 것은 그리스도인이든 불신자이든 악한 영들이 사람 속에서 역사할 근거를 이미 얻었음을 나타내는 증거이다. 악한 자가 그러한 '근거'를 얻기 위해서 필요한 것은 알려진 죄가 아니라 수동성의 상태, 즉 생각과 상상력과 기타 기능들이 활동하지 않는 상태에 빠지는 것이다. 생각의 아주 작은 움직임만으로도 즉시 투시 상태가 깨진다는 것을 아는 영매들과 투시자들과 수정점을 치는 자들은 초자연적 현시들을 얻는 수단으로서 이러한 수동적인 비활동의 상태가 필수적임을 잘 알고 있다.

이러한 주된 원칙들을 모르는 믿는이들은 부지중에 악한 영이 삶 속에서 역사할 수 있는 조건을 충족시킬 수 있으며, 하나님의 참된 일들에 대한 잘못된 관념에 의해 자기도 의식하지 못하는 사이에 수동적 상태로 빠져들 수 있다. 예를 들어, 그들은 ① 기도할 때 자신들이 하나님을 기다린다고 생각하는 수동적 정신 상태에 빠져들 수 있으며 ② 하나님께 속했다고 믿는 어떤 초자연적 현시들을 얻기 위해 일부러 그들의 생각의 활동을 중지할 수 있으며 ③ 일상 생활에서 그들의 수동적 태도가 하나님의 뜻에 대한 복종을 실행하는 것이라 생각하여 수동적인 태도를 취할 수 있으며 ④ 아무런 갈망도, 필요성도, 바라는 것도, 소망도, 계획도 가질 수 없는 '인격의 부정' 상태를 유발하려고 애쓸 수도 있는데, 그들이 이렇게 하는 이유는 그렇게 하는 것이 하나님께 전적으로 굴복하는 것이며 그들의 의지가 하나님 안에서 잃어버린 바 되는 것이라고 생각하기 때문이다.

믿는이들은 부지중에 영매적 상황들을 발전시킬 수 있음

간략히 말해서, 믿는이들은 자기도 모르는 사이에 영매적 상황들을 발전시킬 수도 있는데, 속이는 영들은 이러한 상황에서 이익을 얻기 위해 지체하지 않는다. 속이는 영들은 믿는이의 눈을 뜨게 할 수 있는 어떤 것을 행하여 그를 놀라게 하지 않으려고 경계하면서 믿는이가 아무런 의심 없이 받아들일 수 있는 범위 내에서 뭔가를 행하려고 주의한다. 그들은 믿는이에게 영향을 끼칠 수 있는 특별한 방법으로 주 예수님의 행세를 한다. 예를 들면, 어떤 이들에게는 큰 영광으로 임하시는 보좌 위에 앉으신 분으로, 또 다른이들에게는 '신랑'으로 행세할 것이다. 그들은 또한 사랑하는 이들의 죽음을 비통해하는 이들에게는 그 죽은 자와 같이 행세할 것이다. 악한 영들은 그 죽은 자가 살아 있을 동안에 그를 지켜보아서 그에 대해 다 알고 있기 때문에 속임당한 이들을 확신시킬 수 있는 충분한 '증거들'을 제시할 수 있을 것이다.

환상은 세 가지 근원 중 하나에서 나올 수 있다. 그것은 ① 하나님으로부터 나온 신성한 것 ② 질병으로 인해 환각과 환영에서 나오는 인간적인 것 ③ 거짓된 것인 사탄적인 것이다. 악한 영들이 제시한 '환상들'은 또한 '장래'에 대한 끔찍한 그림들, 본문들에 대한 섬광과 같은 빛 비춤, 널리 퍼진 '운동'에 대한 환상—'마음의 눈'을 지닌 이에게 주어지는 성령의 참된 환상이나 정상적이고도 건강한 상상력의 활동을 위조하는—과 같은, 외부에서 임하여 마음이나 상상력에 나타나고 초자연적으로 제시되는 것들을 말한다.

그러므로 교회는 믿는이들이 하나님의 말씀에 나타난 옳고그름의 원칙 대신 그들의 결정을 인도하는 '성경 본문들'에 의존하기 때문에 종종 분열의 소용돌이 속에 빠지게 된다.

환상이 하나님에게서 온 것인지 사탄에게서 온 것인지를 식별함

질병의 결과인 '환상들' 외에, 사탄적인 환상과 하나님께 속한 환상을 식별해내는 것은 하나님의 말씀에 대한 지식과 그분의 자녀들 가운데서 역사하시는 근본적인 원칙들에 크게 의존된다. 다음에 이러한 지식과 원칙들을 간략하게 언급하겠다.

(1) 어떤 형태로든 초자연적인 '환상'은 하나님께 속한 것으로 여겨질 수 없다. 그러한 환상은 정신의 비활동 상태를 요구하거나 믿는이가 그러한 상태에 있을 때 보여지게 된다.

(2) 성령께서 비추시고 조명하시는 환상은 생각의 어느 부분도 수동적인 상태에 있지 않고 완전히 사용되며 모든 기능들이 이러한 성령의 조명하심을 이해할 수 있도록 깨어 있을 때, 즉 믿는이가 악한 영들이 역사하는 데 필요한 조건과 완전히 상반되는 상태에 있을 때 보여진다.

(3) 하나님께 속한 모든 것들은 성경에서 볼 수 있듯이 하나님께서 역사하시는 법칙과 조화를 이룬다. 즉, 수많은 군중을 모으는 '세계적으로 보편화된 운동들'은 밀알의 비유와(요 12:24) 일치되지 않으며, 또한 그리스도의 십자가의 원칙과(사 53:10) 그리스도의 체험과 바울의 체험과(고전 4:9-13) 누가복음 12장 32절의 '적은 무리'와 디모데 전서 4장 1절부터 3절, 6장 20절의 이 세대 끝의 전조의 예에서 볼 수 있는 그리스도의 교회의 성장 법칙과 일치하지 않는다.

많은 믿는이들이 사탄이 제시한, 영혼들을 휩쓰는 '세계적'인 운동의 환상에 사로잡혀 '밀알의 번식'의 노선을 떠났다. 사탄의 악의에 찬 증오심과 그칠 줄 모르는 적개심이 예수 그리스도와의 연합으로 말미암아 뱀의 머리를 깨뜨릴 그분의 참된 씨를 대적해왔다. 거룩한 씨의 출생과(요 3:3, 5) 성장을 (사 6:10) 지연시키는 것이 마귀의 목표이다. 이 세대 끝까지 마귀는 믿는이들이 광범위한 표면적인 일들에 빠지도록 조장할 것인데, 마귀는 그러한 일이 그의 왕국을 건드리지 못하며, 그리스도의 정복하는 씨가 태어나 보좌의 삶을 사는 것을 앞당기지도 못할 것임을 알기 때문이다.

시대 말의 믿는이들이 걸어야 할 안전한 길은 끝까지 흑암 세력들의 전술과 모든 방해들을 끊어버릴 수 있도록 성령의 검인 기록된 말씀 안에 견고한 믿음을 두는 것이다.

위조된 꿈

모든 꿈 또한 환상과 마찬가지로 그 근원에 따라 세 범주, 즉 하나님에 속한 것과 인간적인 것과 사탄적인 것으로 분류될 수 있다. 각각은 먼저는 그 사람의 상태에 따라, 둘째로는 하나님의 역사와 사탄의 역사를 구분하는 원칙에 따라 알 수 있다.

만일 그 사람이 어느 정도 귀신에게 사로잡힌 상태에 있다면 그가 밤에 꾸는 꿈은 반드시 자연적인 원인이나 '하나님과의 교통'에서 기인한 것이라고 말할 수는 없다. 오히려 낮 동안 마음에 떠오른 '환상들'과 동일한 성격의 것이 밤에 나타난 것에 지나지 않으며, 악한 영들이 이러한 두 가지 원인을 위조한 것이라고 할 수 있다.

두뇌의 수동성은 악한 영들이 생각 속에 어떤 일들을 나타내기 위한 필수 조건이다. 밤에 두뇌는 수동적인 상태에 있다. 악한 영들은 낮에는 생각의 능동적인 활동에 의해 방해받지만 두뇌의 수동성이 심화되는 취침시에는 기회를 얻어 일할 수 있게 된다.

귀신에게 사로잡힌 것에 대항해 싸우고 자신들의 정신적 기능들을 정상적으로 다시 사용하는 믿는이들은 낮 동안 악한 영들의 역사를 거절하는 것과 다름없이 밤에 악한 영들이 나타내는 꿈들을 단호하게 '거절할' 수 있으며 머지 않아 그들의 역사가 완전히 중단되는 것을 발견할 수 있게 된다.

믿는이의 자연적인 상태와 순전히 육체적 원인들에서 기인한 꿈들은 그가 귀신 들리지 않은 상태에 있고 그에게 정말로 그러한 육체적 원인들이 있으며 그가 꾸는 꿈이 속이는 영들에 의해 그들의 일을 숨기기 위한 덮개로 사용되지 않을 때에만 자연적인 것으로 인식될 수 있다.

믿는이의 꿈과 관련해서 신성한 것과 사탄적인 것들을 구분하는 원칙은 그 꿈이 믿는이에게 어떠한 영향을 미치는가의 여부만이 아니라 각각의 특징이 어떠한가를 보는 것이다.

즉, 하나님께 속한 꿈은 중요하고 매우 큰 가치를 지니지만(창 37:5-7, 마

1:20, 2:12) 사탄에게 속한 꿈은 '신비스럽고' 불합리하며 공허하고 어리석다는 특징으로 구분될 수 있다. 하나님께 속한 꿈을 꾼 사람은 정상적이고 고요하며 조용하고 이성적이며 열리고 투명한 마음을 지닌다. 반면에 사탄적인 꿈을 꾼 사람은 우쭐해지거나 의기양양해하며 혼란스럽고 비이성적이 된다.

밤에 악한 영들에게서 기인한 꿈은 자주 아침에 믿는이의 마음을 둔하게 하고 그 영을 무겁게 하는 원인이 된다. 잠자는 동안 생각의 수동성을 통해 전존재에 영향을 미치는 악한 영들의 힘으로 인해 잠을 자고 난 후에도 상쾌함을 얻을 수 없다. '자연적인' 수면은 신체 기능과 전 조직을 새롭게 하고 활력화시킨다. 매우 심각한 중증의 불면증은 악한 영들이 자신들의 공격을 덮개 아래 은폐시키기 위하여 매우 예민한 상태에 있는 믿는이에게 적용하는 것이다.

초자연적인 세계에 노출된 믿는이는 특별히 기도함으로써, 그리고 이런 식으로 일하는 악한 영들의 교활한 역사를 분명하게 거절함으로써 자신들의 밤을 지켜야 한다.

얼마나 많은 이들이 그들에게 주어진 '인도'나 '계시'의 결과를 분별하는데 있어서 생각과 의지가 일부만 깨어 있는 상태에서 "주께서 나를 깨우신다"고 말하면서 반의식적인 상태에서 주어진 '계시들'에 의존하는지 모른다. 그러한 믿는이들이 밤에 임하는 '계시들'에 복종하게 된 결과를 살펴보면 원수의 속이는 역사의 자취를 발견할 수 있을 것이다. 그들은 또한 얼마나 자신들의 믿음이 때때로 자신들에게 주어진 아름다운 경험에 기초를 두고 있는지, 혹 이와는 반대로 하나님의 변함없는 신실하신 성품과 그분의 자녀들을 향한 사랑 안에서 그분을 의지하는 대신 악한 자의 송사와 제안과 공격과 싸움에 의해 얼마나 요동하는지를 발견하게 될 것이다.

밤에 행해지는 원수의 모든 역사들은 믿는이들이 그러한 역사가 원수에게 속한 것임을 인식하고 과거에 부지중에 원수가 자신에게서 일할 근거를 내주었던 것을 폐함으로써 주 예수의 이름 안에서 그것들을 분명하게 거절할 때 그칠 수 있다.

제 7 장
귀신 들림을 위한 입지와 그 징후들

7 | 귀신 들림을 위한 입지와 그 징후들

War on the Saints

칼럼 2 | 악한 영들이 속이도록 제공된 입지(4장 참조)

악한 영들은 제공된 입지 없이도 믿는이와 교류할 수 있지만, 믿는이를 사로잡기 위한 입지를 충분히 확보하지 못하는 한, 결코 두뇌나 몸의 기능을 방해할 수는 없다. 사탄은 광야에서 그리스도와 대화할 수 있는 능력을 가지고 있었다. 마귀는 그분께 말했고 그리스도께서도 그에게 답변하셨지만, 그분은 나중에는 이 세상 임금이 그분께 올지라도 그분과 관계할 것이 없다고 말씀하셨다(요 14:30). 마귀는 또한 순진 무구한 상태에 있었던 하와와도 이야기를 나누었다. 그러므로 사탄이 믿는이와 교류하는 데에 생각 속의 죄나 생활상의 죄나 어떤 입지가 필요하다는 증거는 없다. 그러나 반드시 입지가 제공되어야만 교류가 가능한 특별한 경우도 있다.

또한 '교류'와 '교제'는 다소 차이가 있다. 교류는 악한 영들이 믿는이의 생각 속에 어떤 사상을 집어넣을 때 그 생각에서 이루어지는 것이지만, 악한 영들은 그들이 감각에 주입한 '느낌'에 대해 감각으로 반응할 때 그것을 통해 사람과 교제한다. '영적인' 원인들에서 비롯된 쾌락적이고 나른하고 예민한 몸의 감각은 늘 속이는 영들이 가져다주는 것이다. 이는 속이는 영들만이 사람에게서 그러한 감각을 배양하지 하나님께서는 결코 그렇게 하시지 않기 때문이다. 오히려 사람 안에서의 하나님의 역사는 그러한 감각이 배양되는 것을 제하고 생명이 예민하게 활동하도록 영과 혼과 몸을 북돋운다.

그러나 악한 영들이 일으킨 그러한 감각의 포만 상태는 조만간에 그 양상이 바뀐다. 그 근원의 실지 특성은 이제 하나님에게서 온 것으로 여겼던 평강의 '물결' 속에 흠뻑 젖어 있다가 하나님의 임재와 능력을 상실했음을 알게 될 때 드러나며, 이때 그가 느끼는 공포와 같은 예민하고 불쾌한 느낌이 과거에 가졌던 좋은 느낌을 대치하게 된다.

생각 속의 악한 영들의 입지

악한 영들에게 입지를 제공하는 여러 가지 방법이 있는데, 그 중 첫째는 악한 영의 제안이나 사상을 생각에 받아들이는 것이다. 믿는이는 어떤 사상이 사탄에게서 왔음을 의식하게 되는 순간 즉시 단호하게 거절해야 한다. 그러나 수많은 '사상들'이 믿는이의 의지와 상관없이 오는데, 이는 생각을 통제하여 모든 생각을 사로잡아 그리스도께 복종케 할(고후 10:5) 줄 아는 이가 거의 없기 때문이다.

귀신 들림의 징후들 중 한 가지는 의지력을 사용함에도 불구하고 사고의 방향이나 사고의 주제를 변경시킬 수 있는 능력이 결코 없다는 것이다. 생각이 너무 거세고 활동적이어서 어떤 특정한 생각에서 자유로워지기를 원할지라도 벗어날 수 없는 것이다.

속이는 영들의 접근에 노출된 주된 기능은 생각이다. 특히 믿는이가 생각이 새롭게 되어야 할(엡 4:23) 필요성을 이해하고 또 그의 존재의 가장 깊은 곳인 성전 안에 하나님의 신성한 역사가 있음에도 불구하고, 자신의 생각이 악한 영들에게 열려 있어 악한 영들에게 이용당할 수 있다는 것을 깨닫기 전에는 속이는 영들에게 생각이 속임당하기 쉽다. 또한 그가 과거 생활에서 악한 영들에게 역사할 입지를 내주었던 것을 깨닫기 전에 이 세상 신이 생각을 어둡게 함으로(고후 4:4, 엡 2:2) 삽입한 모든 '생각'은 악한 자가 후에 역사할 재료들을 마련해주게 되는데, 그것은 아마 무의식중에 쌓인 '사념들', 아무런 점검 없이 받아들여진 정신적 관념들, 어디서 왔는지 모르는 표류하는 생각들, 종이에 씌어진 한 문장, 그의 귀에 무심코 들린 한 마디 말, 혹은 그에게 생각지 못한 영향을 남기며, 성경 말씀을 편견을 가지고 대하게 하며, 그 생각을 악한 영들의 어떤 제안에도 거의 방치되어 있는 정신적 세계의 표류물과 같은 것들이다.

생각을 방해하는 악한 영들의 역사를 어떻게 간파하는가

믿는이가 악한 영들이 생각에 역사하는 것을 간파하기 위해서는 자신의 '생각'이 어디에서 왔는지 그 출처를 살펴볼 필요가 있다. 만일 믿는이의 생각이 당면한 의무에 대해 정상적으로 작동하면서 편안하고 고요하게 움직이는데, 갑자기 섬광처럼 번뜩이는 '제안'이나 분명한 '생각'이 그의 수중에 있는 일과 관련하여 일관성 없이 혹은 무질서하게 일어난다면, 그때는 아마도 원수가 그 사람 자신의 생각의 작용을 위조하고 그의 제안들을 믿는이의 생각 속에 주입하여 마치 그 제안들이 그 사람 자신의 생각의 산물인 것처럼 보이게 하려고 애쓰는 중일 것이다. 왜냐하면 믿는이가 생각하고 있을 때 거짓 영들은 어떤 사상과 제안이나 느낌을 처음에는 생각에 주입하고, 결국에는 영에 주입하려 하기 때문이다.

이 시점에서의 위험은 믿는이가 자신의 생각에서 일어나는 동시적인 역사와 또한 악한 영들이 믿는이가 자신의 '상상'에서 나온 것이라고 여기는 그림들이나 환상들을 그에 생각에 제시함으로 덫에 걸리는 것이며, 혹은 초자연적인 것처럼 보이지 않고 심지어 그 사람 자체와 전혀 구별되지 않는 매우 교묘하게 정제된 제안들에 의해 덫에 걸리는 것이다. 많은 이들은 '초자연적인 것'은 당연히 놀랍고 무시무시한 것이라고 생각한다. 그러나 원수의 역사는 매우 평범해서 믿는이들이 인식하지 못하며, 또 초자연적인 역사들은 매우 '자연스럽게' 보이기 때문에 믿는이들은 그것을 초자연적인 것으로 여기지 않는다. "온 세상은 악한 자 안에 처해 있다"는 성경 말씀은 진실로 사실이다. 온 세상은 악한 자의 말과 역사를 삶의 '일상적인' 일로, 정상적인 정신 기능의 작용으로 받아들이며 따른다. 그러므로 흑암의 권세 잡은 자의 다스림 아래 있는 세상에게 흑암의 왕국이란 가깝고도 '자연스러운' 것이다.

악한 영들이 생각을 방해하는 것의 징후들

일단 각양 모습과 형태에 있어서 비정상적인 것은 의심해보는 것이 가장 좋다. 하나님께서는 기능이 자연스럽게 작동하는 것을 간섭하지 않으신다. 기능을 사용하지 못하게 되는 것은 물론, 생각하거나 기억하는 데 있어서 갑자기 생각이 중지되거나 일관된 생각의 작동이 중지된 것은 악한 영들의 방해일 수 있다. 악한 영들이 생각의 어떤 기능을 점유할 때, 악한 영들은 그 기능을 붙들어두기도 하고 혹 기능이 작동할 수 있도록 갑자기 풀어주기도 하는데, 이러한 붙잡거나 풀어주는 능력은 갑작스런 행동에서 숱하게 일어나는 일들을 매우 잘 설명하며, 또는 다른 많은 것들과 같이 '생각의 변화'는 '설명할 수 없는' 모호한 상태에 있다. 한 순간에는 "나는 할 수 있다."고 말하고 그 다음 곧 "나는 할 수 없다."고 말하여 일반적으로 '괴상한 성격'의 소유자 또는 다른 문제가 있는 사람으로 치부된다. 그 믿는이는 원수의 간섭이나 방해로 인해 행동할 수 없을지 모르지만, 그 기능들이 자유롭기만 하면 실지로는 행동할 능력을 소유하고 있다.

'무기력한 영'의 속박 아래에서 나날이 살아가는 이들은 항상 자신이 일상적인 삶의 요구를 충족시키기에 '너무 피곤하고' '생기가 없으며' 무력하다는 것을 의식하고 있다. 그러나 그렇다고 해서 그들에게 만성적으로 무기력하고 무력하게 하는 어떤 질병이나 신체적인 결함이 있는 것은 아니다. 그 사람이 생각에 떠오른 그림이나 어떤 '사상'이나 말을 따르도록 강요받을 때, '생각이나 사고력의 부재'나 '정신 나간 상태'로 묘사되는바 듣고 있는데 갑자기 무능력하게 되는 상태는 악한 영들이 그 사람을 방해하고 있음을 가리키는 것이다. 그 사람이 정상적인 건강 상태에 있고 머리에도 어떤 질병이 없는데 강요나 압박을 당하는 것은 악한 영들이 역사한다는 표시이다.

예를 들어, 영적인 모임에서 사람들이 중요한 진리를 거의 들을 수 없는 것처럼 보일 때, 얼마나 많은이들이 공중의 권세 잡은 자가 그 순간에 적합하지 않은 다른 것들을 제안함으로써, 그리고 생각이 연사의 말을 따라가고 붙잡고 이해할 수 없게 함으로써 말씀을 빼앗아 가는 식으로 역사한다는 것을 인식하고 있는가? 거기에 집중하지 않고 생각을 의지적으로 사용하지 않는데도 생각을 통하여 쏟아지는 끊임없는 '성경 본문들' 또한 연사가 말하고 있는 모든 것을 압도하고 듣는 이를 연사가 말하고 있는 주제와 동떨어진 사상들과 '공상'으로 몰아넣는다. 그러한 것들은 매우 아름답고 '신성한' 것처럼 보이지만 '모임'이 끝난 후에는 실생활에 분명한 결과를 가져다주지 못한다. 이러한 갑작스런 제안들을 수용하거나 스치는 생각들을 받아들이는 것은 원수에게 입지를 제공하는 것을 의미한다.

원수가 생각 속에 사상들을 집어넣는 두 가지 방법

속이는 자는 두 가지 방법으로 생각 속에 사상들을 집어넣는다. 그 하나는 사상들을 생각 속에 직접 전달하는 것이고, 다른 하나는 영을 공격하는 것인데, 여기서 속이는 자는 생각 속에 조급함 등의 바람직하지 않은 느낌들을 일으켜 조급한 생각이 떠오르게 하여 조급하게 말하도록 공격한다. 믿는이는 보이지 않는 장애물에 의해 지속적으로 방해받고 있다는 느낌을 갖는데, 이는 악한 영이 그에게 어떤 행동을 취하도록 제안하기 때문이다. 그 후에 믿는이는 그가 받은 제안을 실행하려 할 때 근원을 알 수 없는 불안 초조의 느낌에 의해 방해받는다. 그에게는 '잘 되어가는' 것 같은 일이 도무지 없으며, 그의 삶은 '바늘로 찌르는 듯한' 고통들로 점철된 듯하여 감당하기에 너무 힘들고 자신도 모르는 사이에 불만과 시무룩한 느낌이 점점 심화된다.

아무 것도 이루어내지 못하는 열에 들뜬 활동들이 자주 표출되고, 혹은 그 외에 한 순간도 휴식하지 못하게 끊임없는 일들이 이어지며, 낮에는 일로 어렵고 밤에는 꿈으로 고통스러우므로 아무런 안식도 느낄 수 없고 조금도 여가가 없으며, 사람은 알아차리지 못하는 가운데 악한 영들에게서 오는 직접적이고 악의에 차 있으며 고의적인 모든 고통, 혼란, 활동의 어려움, 당혹스러움, 당황함의 현상이 나타난다.

환경들과 주변 상황이 바뀌어야만 그들의 생각이 기쁘고 고요한 상태에 있을 수 있는 믿는이들은 끔찍한 근심으로 시달리게 되고 고통스런 생각에서 벗어나기가 쉽지 않다. 그 상상력과 정신적 기능들이 속박당하고 있기 때문에 생각은 모든 것을 과장되게 평가한다. 개미 언덕도 그들에게는 산처럼 보인다. 모든 것이 지나치기 때문에 그들은 다른이들과 대화하기가 매우 어려워질 때 그들을 쳐다보는 것조차 꺼려한다. 그들은 정상적인 감각으로 '생각하고' 있다고 상상하지만, 정상적이라면 어떤 일이 생각을 붙잡을 때가 아니라 생각이 그 일을 붙잡을 때 비로소 '내가 생각하고 있다'고 말할 수 있는 것이다. 그들의 '생각'은 순전한 정신적 활동의 범위를 넘어선다.

신체적인 상태에서 기인하지 않은 약화됨의 원인들

많은 믿는이들이 신체적인 상태와 상관없이 약해지는 것을 체험하는데, 그러한 약화됨의 실지 원인이 있다. 믿는이가 쇠약함과 우울증의 희생자가 된 것은 생각이 속이는 영들이 제안하는 사상들을 받아들였기 때문인데, 속이는 영들은 그가 그러한 증상들을 생각에서 떨쳐버릴 수 없을 때까지,

혹은 믿는이의 정신적 기능들이 작동할 수 없도록 그것들을 수동적인 상태로 묶어둘 수 있는 발판을 얻을 때까지 그러한 역사를 한다. 믿는이는 그들이 악한 짓을 하고 있는 것처럼 느끼거나 모든 빛을 흐리게 하는 심한 압력에 짓눌리며, 또한 악한 자가 믿는이를 둘러싸고 있는 일들을 붙잡고 있거나 혹은 그의 판단력을 전혀 사용할 수 없도록 방해하는 것처럼 느낀다. 흑암의 세력들은 종종 가장 지치게 하는 구름과 그림자 아래 자신들을 붙잡아두도록 기회를 제공한 믿는이들을 붙드는 데 성공한다. 그들은 자신들의 사악한 행위들에 대해 기뻐하고, 그들의 희생자들을 묶고 속박 아래 가두어두기를 좋아한다.

이것은 진실로 원수의 '압제'(시 42:9)이며 속이는 영들이 생각을 공격하는 초기 단계의 결과이다.

원수가 정신적인 허약함이나 과도한 긴장 상태, 혹은 질병을 이용한다는 것은 물론 우리가 알 수 있다. 그러나 생각에 질병이 없는 정상적인 건강을 소유한 사람에게 발생한 '쇠약함'은 대개 이전에 무의식중에 악한 자에게 내어준 입지를 통해 원수가 침입함으로 일어난 것일 수 있다. 많은이들이 초자연적으로 유발되는 것을 자연적인 원인으로 돌리지 않도록 '두뇌가 기진맥진하는' 원인 또한 이러한 빛 가운데서 점검되어야 할 필요가 있다.

악한 영들이 잘못된 관념을 통해 역사할 입지를 얻음

영적인 것들에 대한 잘못된 관념들은 악한 영들에게 역사할 자리를 내어주며, 대적은 나중에 이용할 목적으로 이러한 관념들을 능숙하게 배양한다. 하나님께서 어떻게 부흥의 능력으로, 그리고 '오순절' 만큼 역사하셨는가를 상상하는 것은 특히 악한 영들에게 역사할 입지를 주게 되는데, 이것은 곧 하나님께서 모임을 움직이시고 바람이 갈대를 흔들듯이 모임을 흔드신다는 관념, 그리고 하나님께서 사람의 영의 중심으로부터가 아닌 사람의 신체 위에 움직이신다는 관념과 같은 것이다. 이러한 상상들은 믿는이로 하여금 이러한 형태의 사탄의 속임수에 넘어가도록 예비되게 한다.

어떤 출처에서 나온 이 '사상들'의 입구는 생각의 수동성이라는 더 깊은 원인에서 비롯되는데, 이것은 제4장에서 지적했듯이 악한 자가 믿는이의 의지의 통제권을 얻는 데 성공하기 전에 대적이 얻고자 하는 주된 목표이다. 마태복음 13장 23절의 "좋은 땅에 뿌리웠다는 것은 말씀을 듣고 깨닫는 자니"라는 주님의 말씀은 하나님의 진리가 사람들에게 이르러 그들의 사랑을 얻고 의지를 하나님과 이성적이고 신실하게 동역하도록 되돌려놓는 수단이 곧 생각(마음)임을 보여 준다. 이러한 상태의 생각(마음)은 사탄이 믿는이를 통제하려는 궤계를 수행하는 데 장애가 된다. 원수는 자신의 계획이 성공하기 위해서는 생각(마음)을 정지 상태에 이르게 하고 어떤 수단이나 전략이나 공격으로 생각을 쓸모없게 해야 한다는 것을 안다. 속이는 자들의 우두머리는, 만일 믿는이가 생각이 수동적인 상태로 이끌린 결과 초자연적인 표적들이 수반되는 속이는 영들의 '가르침들'이 무엇이며 그 가르침들의 궁극적인 목표가 무엇인지에 대해 어떤 의문도 품지 않고 이성적으로 따지지도 않는다면, 그 가르침들이 믿는이에게 받아들여질 수 있다는 것을 잘 안다.

생각의 수동성의 결과인 몸의 수동성

몸의 수동성은 사람 전 존재가 수동적인 상태로 발전하는 데 있어서 생각이 수동성에 빠지는 것의 다음 단계로서 생각의 수동성의 최후 결과이다. 왜냐하면 수동적인 상태에 빠진 생각에 의해 신체는 기민한 행동을 취하지 못하게 되기 때문이다. '백일몽에 잠긴 듯한' 수동적인 생각에 빠진 결과, 신체 구조의 모든 부분의 움직임이 무기력해지고 꿈속을 걷는 듯 움직이게 된다. 이러한 모든 것은 속이는 영들로 깊이 역사하게 하는 심화된 입지가 된다. 이로써 기능들은 사용되지 않고 정신적인 조절 능력과 이성을 합당하게 사용하는 능력이 부족하게 되며 판단력의 사용이 중지되고 결국 의지를 사용하는 것이 방해를 받는다. 믿는이는 서서히 결단력을 상실하게 되고, 그의 환경에서 일어나는 모든 일에 그의 결정을 맡김으로써 더욱더 내동댕이 쳐지며, 때로는 그것이 하나님께서 '섭리'하여 그를 위해 선택하시고 결정하신 것이라 생각하고 믿는다. 그러므로 그는 스스로 결정하거나 선택하지 않고 수동적으로 떠밀려 소위 '환경들'이 그를 위해 내린 선택과 결정을 받아들이거나 혹은 전혀 균형을 잡지 못한 채 충동으로 가득하게 된다.

그러나 하나님께서는 사람을 대신하여 선택하지 않으시며 또 사람을 대신하여 결정하지도 않으신다. 그렇지 않다면 사람은 한낱 기계에 지나지 않을 것이다. 하나님께서는 사람에게 영원한 기업을 선택해주시지만, 사람을 위한 이러한 하나님의 선택조차도 믿는이의 이성적인 협력 없이는 성취될 수 없다.

환경에 수동적으로 굴복함

그러므로 사람이 환경이나 때로 '섭리'라고 부르는 것에 수동적으로 굴복하는 것은 사실상 악한 영들로 사람을 위해 결정하게 하는 것이다. 흑암의 세상 주관자들인 악한 영들이 실지로 그의 수동적인 의지를 이용할 기회를 붙잡았기 때문에, 사람은 악한 영들에게 속아 자신이 하나님의 뜻에 굴복하고 있다고 생각한다.

이런 식으로 '선한 사람들'은 하나님의 명령에 불순종하지 않기 위해 '악에 대항하기를' 두려워함으로 오히려 다른이들의 죄의 희생자가 되는데, 이는 그들이 그렇게 함으로써 죄에 대항해 싸우는 데 있어서(히 12:4, 딤전 5:20) 하나님과 협력하는 것에 실패하며 그들의 환경 가운데 있는 그 시대의 영을 정복하지 못한다는 것을 지적으로 이해하지 못하기 때문이다. 하나님께서는 사람에게 의지와 결단력을 주셨다. 사람 안에서 하나님이 역사하시는 목적은 한 때 종 노릇 했던 의지를 지적인 결단력을 가진 의지의 보좌로 회복시키는 것인데, 그렇게 함으로써 그름 대신 옳음을, 사탄 대신 하나님을 선택하게 하려는 것이다. 그러나 사탄의 궁극적인 목적은 그 의지를 다시 포로로 사로잡아 사람으로 하여금 그 주변의 흑암의 세상 주관자들에게 부지불식간에 수동적으로 종 노릇 하게 하는 것인데, 그럼으로써 악한 권세들의 천사 군단을 통해 다스리는 이 세상 신인 사탄에게 복종하게 하려는 것이다. 그러므로 사탄의 밀사들인 악한 영들을 통하여 사탄에게 다시 사로잡힌 믿는이의 행동은 대적자의 교묘하고 드러나지 않은 다스림의 결과이며, 그러한 행동은 원수에게 더욱 입지를 주는 결과를 낳는다. 사람들은 종종 자신들이 한 말이나 행동이 어떠한 결과를 가져올지 이성적으로 이해하지 못한 채, 갑작스런 감정의 격변으로 인한 혼란 속에서, 혹은 충동적으로 아무렇게나 말하고 행동한다. 이때 사라진 듯했던 오랜 습관들이 다시 나타나고 한때 정복되었던 죄들이 그 힘을 다시 과시한다.

칼럼 3 | 악한 영들은 어디에 들어가는가

세번째 칼럼의 주제는 악한 영들이 어디에 들어가는가에 대한 것으로서 그 내용은 매우 간략하다. 사람 안에서 악한 영들의 역사가 얼마나 광범위하게 세분화되었는지는 영과 혼과 몸이라는 말로 표현될 수 있다. 왜냐하면 악한 영들은 인간 구조 속에 자신들을 감추기 때문이다. 그들 중 일부는 직접적으로 몸의 기관들이나 생리적인 욕구에, 일부는 생각이나 지성과 감성과 감정과 애정에, 일부는 영에 더 직접적으로 역사한다. 몸 안에서 그들은 특히 척추와 신경계와 가장 깊은 신경 중추에 자리잡고 그러한 조직들을 통해 전 존재를 지배한다. 그들이 자리잡은 곳은 내장과 감정적인 감각 기관과 신경의 지배를 받는 모든 기관들에 위치한 신경절의 신경 중추로부터 머리와 눈과 귀와 목과 턱과 혀와 얼굴 근육 위에 있는 대뇌 신경 중추와 뇌의 섬세한 신경 조직들까지이다.

이미 보았듯이 그들은 점진적이고도 교활하게 접근할 수 있지만 희생자를 굴복시키기 위해 갑자기 공격하는 경우도 있다.

칼럼 4 | 악한 영들이 실재함의 징후들

이미 설명한 바와 같이 악한 영들은 자신들에게 제공된 입지를 통하여 믿는이에게 들어갈 기회를 얻었을 때, 그들이 실재하는 징후들은 귀신 들림의 정도와 그들이 자리잡은 위치, 즉 악한 영들이 그 사람의 가장 깊은 속구조에 위치해 있는가, 아니면 현저하게 영향받은 생각과 기능들에 위치해 있는가에 따라 분간될 수 있다.

그 징후들 중 많은 부분이 이미 앞에 나온 장들, 특히 제4장의 '귀신 들림의 주된 기초인 수동성'과 제6장의 영적인 체험들에 있어서 '신성한 것들에 대한 위조'에서 다루어졌다. 믿는이가 속이는 영들에게 완전히 굴복하여 그의 겉사람 전체가 속이는 영들이 사용할 수 있도록 노출되었을 때 생각과 몸은 완전히 귀신 들리게 된다.

여기서 필자는 생각과 몸이 완전히 귀신 들렸을 경우 나타나는 특징 중 일부를 요약해서 제시할 필요를 느낀다. 필자가 제시한 특징들을 대할 때, ① 귀신 들림의 징후들이 매우 가볍기 때문에 자연적인 원인들과 거의 구별되지 않는다는 점 ② 귀신 들림의 징후가 침입자들이 위치한 조직에 나타날 뿐이라는 점 ③ 희생자가 인식하지도 못하는 사이에 징후들이 다양한 원인으로 나타나고 사라질 수 있다는 점을 분명히 이해해야 한다.

생각과 몸이 심하게 귀신 들린 결과 나타나는 특징들

귀신 들림이 매우 심화될 때 침입자들은 발성 기관, 혀, 턱, 눈, 귀, 후각, 미각, 근육, 손과 발을 이용하거나 방해함으로 겉사람을 완전히 다스려 때로 억제할 수 없고 의식할 수 없는 움직임을 일으키기도 한다. 그들은 머리를 방해하여 생각을 가로막고 그들이 원하는 대로 머리를 움직이며 몸의 오감을 훼방한다. 그들은 믿는이가 자신의 감각을 사용하는 것을 억제하고 억눌러 희생자를 통제할 기회를 더욱 얻으려 한다. 그들이 이렇게 할 때 감각과 기능이 작용하는 데 다소 어려움을 겪게 된다.

방해받은 발성 기관

악한 영들이 발성 기관에 영향을 미쳐 모든 발성 기관의 작용이 방해를 받을 때, 듣거나 말하거나 노래하거나 기도하는 데 있어서 어려움을 겪는다. 말할 때 발음이 둔탁하거나 어둔해지고 말의 속도가 느리거나 빨라진다. 말해내는 단어들이 서로 섞이고 발음이 변하며 강세가 틀리기도 하는데, 이는 말할 때 강세를 두는 것이 생각으로 강세를 조절한 결과 나타난 것이 아니라 귀신 들린 결과로 나타난 것이기 때문이다.

수동적인 생각에 영향을 미치는 초자연적인 힘은 생각 속의 단어들과 입을 통해 말로 나오는 단어들을 혼란시키며 생각이 사상들을 붙드는 것을 방해하고 생각을 행동으로 옮기지 못하게 한다. 단어들이 생각에 떠오르지만 말로 표현할 수 있을 만큼 충분하게 생각에 머무르지 못하며, 혹은 주체할 수 없을 정도로 생각이 쏟아져 발성 기관을 통해 말로 나올 수 없다. 그러한 때에는 다른이가 말하는 것을 듣는 것보다 자기가 말하는 것이 더 쉽다. 혀는 그 사람의 생각이나 의지와는 별개로 독립적으로 움직인다. 생각지도 의도하지도 않은 뜻밖의 말이 입에서 터져 나온다. 때로 생각하거나 의도했던 것과는 정반대되는 말이 나와 나중에 그가 말한 것에 대해 생각할 때 놀라기도 한다.

그리스도인들의 다변(多辯)

'다변'과 '수다'로 불리는 그리스도인들 사이의 무책임한 혀의 사용 중 많은 경우가 남을 헐뜯고 중상하며 비방하는 데 있어서 자신들의 혀를 제어하지 못하는 것인데, 이는 이렇게 하는 많은이들이 참으로 그들이 무엇을 하고 있는지 의식하지 못하거나 설령 자신들이 무엇을 하고 있는지 의식한다 할지라도 한탄스럽고 무책임한 말을 점검하고 제어할 능력이 없기 때문이다.

악한 영들은 발성 기관만을 '사로잡거나' 혹은 '수동적인 생각'이라는 통로를 통해 혀를 지배한다.

이것은 강단 위의 연사들에게서 일어날 수 있는 현상인데, 그들은 참된 생각의 활동이나 집중력이 없이 입술을 통하여 거대한 흐름처럼 말을 쏟아내며 빠르고 거칠게 퍼붓는다. 설교가 이런 식으로 행해지는 것은 가능한 일이다. 악한 영들은 그리스도의 속죄 제물 되심을 선포하지 않고 성령의 능력 안에 있지 않은 '설교'로는 아무런 영향도 받지 않는다.

악한 영들에게 영향받은 음성

사람의 음성은 많은이들이 생각하는 것보다 더 쉽게 초자연적인 힘에 영향을 받는다. 악한 영들이 사람의 영을 만질 때, 때로 귀에 거슬리는 금속성의 목소리가 나오거나 거칠고 굵은 쉰 목소리가 나오는데, 이것은 악한 영들이 성대에 영향을 미쳤기 때문이다.

악한 영들이 발성 기관과 음성을 이용하거나 혹은 방해함으로 나타난 표현들은 그 초자연적인 근원을 인해, 그리고 노래하는 이의 타고난 능력을 능가함으로 인해 '방언의 은사'의 위조 혹은 '천상의 음악'이라 칭하는 매우 아름다운 노래의 위조가 될 수 있다.

귀신 들린 사람이 발음할 때 악한 영들은 자연적 원인에서 기인한 자연적인 방식으로 음성에 영향을 미칠 수 있다. 예를 들어, 노래할 때 처음에 그는 종이 울리는 듯한 맑은 음성으로 힘있게 노래할 수 있지만 이내 목 근육이 약해지고 마른 기침이 나며 눈에서 눈물이 흘러 급기야는 노래를 멈추지 않을 수 없게 된다. 눈을 악보에 집중하기가 점점 어려워지고 목과 척추가 무거워짐을 느낀다. 연주는 계속되지만 사기가 꺾이고 풀이 죽으며 생기가 없어지는데, 노래하는 사람은 이 모든 것을 '호흡 곤란'과 신체적 장애의 탓으로 돌려버린다. 그러나 실상은 악한 영들이 그 사람을 완전히 사로잡음으로 나타난 현상이다.

머리가 방해받음

악한 영들은 머리와 턱을 방해하여 안면 신경이 그 사람의 의지와 상관없이 시의적절하지 않은 미소를 자아내도록 조작한다. 이러한 미소의 본질은 악한 영들이 안면 근육을 탄력적으로 조절함으로써 나타난 기계적인 것이다. 이뿐 아니라 악한 영들은 얼굴을 경직되게 하여 안색이 딱딱하고 잔인하며 메마르고 생기가 없거나 혹은 매우 비참하게 보이게 만든다.

악한 영들은 귀신 들림을 통해 얼굴에 영향을 미쳐 그 사람의 실지 성격과 반대되는 표정을 짓게 할 수도 있다. 조종하는 영들에게 영향을 받아 그의 얼굴 표정은 혐오스럽거나 혹 아름답게 보일 수 있으며 자연스럽게 보일 수도 있다. 수줍음으로 얼굴이 빨개지기도 하고, 순수치 않은 표정이나 매우 아름다운 미소와 영광 빛이 있는 천상의 아름다움을 가진 천사와 같은 표정이 나타나기도 한다. 그러한 아름다운 표정은 갑자기 입술을 꼭 다물고 눈썹을 찌푸린, 딱딱하고 펴지지 않은 표정이나 사나운 비바람과 폭풍우 속의 흑운과 같은 표정으로 변할 수도 있다.

믿는이가 악한 영들에게 장악된 결과 생명력이 소실되어 관자놀이가 흔들리며 머리는 너무 일찍 백발로 변해버린다. 침입자의 갑작스런 출현으로 콧구멍이 막히고 후각은 둔해지며 호흡이 짧고 곤란해져 숨막히고 질식할 것 같은 느낌을 갖게 되며 머리에서는 소음이 들릴 수도 있다.

눈이 방해받음

머리에 있는 신경의 어떤 부분도 눈과 관련된 신경만큼 영향받지는 않는데, 이는 악한 영들에게 지대하게 영향을 받은 결과인 수동성이 눈에 나타날 수 있기 때문이다.

시신경이 악한 영들에게 영향받음으로 눈이 수동성에 빠지면 악한 영들에 의해 움직여져 의지와는 상관없이 보이는 대로 사물을 보도록 강요받게 된다. 어떤 내용을 읽을 때 수동성에 빠진 눈은 악한 영들에 의해 인쇄된 단어들을 보도록 움직이면서 중요한 내용이 담긴 페이지를 스치듯 재빨리 지나가기 때문에 읽은 후에도 그는 어떤 내용도 생각하거나 기억해낼 수 없게 된다.

눈의 사용과 관련해서 중요한 것은 눈의 움직임이 정신 작용을 통해 조절되는지, 혹은 그 사람의 지적 의지력과 아무 상관없이 사물을 보게 되는지를 식별하는 것인데, 이는 그가 다른 사람에게 말하고 있는 동안 눈이 고정되지 않고 이리저리 움직이거나 위아래로 왔다갔다하거나, 별 이유도 없이 특정 방향을 응시할 때 악한 영들의 방해가 매우 현저하기 때문이다.

악한 영들은 특히 믿는이가 여러 가지 사물이나 다른 사람의 얼굴을 고정하여 응시할 때 그 눈을 이용한다. 그 중 악한 영들이 그의 눈을 사용하여 그가 부지중에 영매적 태도로 다른이를 고정된 시선으로 뚫어지게 응시할 때 특히 위험하다. 따라서 다른이의 얼굴을 지속적으로 바라보는 것은 그 어떤 것일지라도 즉시 거절되어야 한다.

특히 초자연적인 능력이 현저히 나타나는 모임에서 '고정된 시선'으로 연사의 말을 듣는 것은 삼가야 한다. 그러한 '고정된 시선'이 생각의 비활동 상태와 멍한 상태를 야기하는 효력을 갖는 경우에는 더욱 그러하다. 믿는이가 수동적인 상태에서 '고정된 시선'으로 연사를 바라봄으로써 악한 영들의 역사에 노출되기 때문이다. 같은 방식으로 그러한 모임에서 연사 또한 악한 영들이 연사의 눈을 사용할 기회를 얻어 연사가 고정된 시선으로 청중을 뚫어지게 응시하게 함으로 청중을 동요시켜 연사의 말에 대해 생각을 지적으로 열어놓는 것을 방해하지 않도록 주의해야 한다.

귀신 들림에 있어서 악한 영들이 눈을 방해하는 것은 매우 현저함

믿는이가 심각하게 귀신들렸을 때 신체 조직 중 특히 눈이 매우 현저한 영향을 받는다. 귀신 들린 믿는이의 눈은 악한 영들에 의해 악한 것과 나쁜 것을 보도록 강요당한 결과 안절부절못하고 불만으로 가득하게 된다. 그의 눈은 다른 사람의 얼굴을 똑바로 쳐다볼 수 없으며, 무언가를 바라볼 때마다 악한 영들이 일으킨 '공격'을 받게 된다. 이러한 공격을 받은 사람은 다른이들 눈에 범죄성이 있는 것처럼 보인다.

두 종류의 집중 상태가 있는데, ① 물질적인 것으로서 눈을 통한 것이고 ② 정신적인 것으로서 정신적 환상에 의한 것이다. 환상은 물질적인 것일 수도 있고 정신적인 것일 수도 있고 영적인 것일 수도 있다. 물질적 환상에는 육신의 눈이 필요하고 정신적인 환상에는 마음의 눈이 필요하며 영적인 환상에는 영적인 사람의 내적 시야가 필요하다.

악한 영들이 육신의 눈을 통제할 때 초자연적인 환상과 자연적인 것의 환상이 눈앞에 보이거나 또는 일상적인 생활상의 사물이 그 원래 모습과 다르게 보이기도 한다. 문틀이 십자가처럼 보이고 천체가 여러 모양으로 보이는 등, 눈이 악한 영들에게 영향을 받으면 어떤 사물에 대해 실제 모습과 다른 인상을 받게 된다. 그는 이러한 것들을 '본다'고 주장하지만 악한 영들이 그러한 환상을 보여줄 수 있다는 것을 알지 못하는 것이다.

악한 영들이 믿는이의 눈을 조작한 결과, 믿는이는 전반적으로 시력이 약해진 듯한 느낌을 갖게 된다. 사물이 안개에 싸인듯 흐릿하고 윤곽이 뚜렷하지 않다. 시야 거리가 짧아져 가까이 있는 것만 볼 수 있고 작은 사물을 집중하여 보기란 더더욱 어렵다. 눈을 작은 사물에 집중하여 보려고 하면 고통스러움을 느낀다. 그는 눈에 빛이 비추이거나 혹 눈이 피로하여 흑점들이 그 앞에 나타나 가만히 있거나 움직이는 것처럼 보이기 때문에 집중하여 보기가 어렵다고 불평한다. 만일 초자연적인 요소가 그러한 증상들에 수반되지 않는다면 그러한 증상들은 순전히 신체적인 것으로 여겨질 것이다.

귀와 청력이 영향받음

악한 영이 믿는이의 귀를 공격할 때 귀의 신경에 자리잡은 악한 영에 의해 심각한 청각 장애가 야기되거나 단어들이 유실되어 들리기 때문에 어느 순간 문장이나 단어가 전혀 들리지 않는 경우가 발생할 수도 있다. 혹은 연사가 말하는 것의 일부, 그리고 악한 영이 생각에 집어넣은 것의 일부를 듣기 때문에 그 연사가 한 말을 분명하게 파악할 수 없으며, 따라서 그 가르침을 오해하게 된다. 또한 침입자들인 악한 영들이 그들의 제안을 믿는이의 생각 속에 집어넣고 그들의 말에 주의를 기울이도록 요구하기 때문에 믿는이는 다른 사람들의 말을 듣는 것에 싫증나고 조급해져서 말이 다 마쳐지기까지 기다릴 수 없게 된다. 믿는이는 이중 음성을 듣는 듯한 느낌을 받는데, 말하자면 내부와 외부에서 말하는 것을 동시에 듣는 것이다. 즉, 그는 외부에서 들려오는 다른 사람들의 음성을 듣는 순간에도 그의 내부에서 일어나는 느낌과 움직임을 '들으려고' 애쓸 수 있다는 것이다. 이 때문에 음악을 듣거나 말하거나 소리내어 글을 읽는 데 어려움을 느끼게 된다.

또한 생각이나 사고력의 부재, 정신 나간 상태의 영향으로 귀가 윙윙거려 외부 소리를 제대로 들을 수 없으며 귀에서 나는 소리가 외부 소리보다 더 크게 들린다.

외부에서 나는 소리를 자유롭게 들을 수 있으려면 그는 먼저 자신 안에서 초자연적으로 말하는 음성에 귀 기울이는 데에서 구출되어야 한다.

귀의 청각 신경을 공격하는 악한 영들은 그들이 억류하고 있는 믿는이의 의식 속에 커다란 외부의 음성을 주입하여 혼란과 초조함을 가져다준다. 소리의 과장된 느낌이 믿는이들로 집중하는 데 어려움을 느끼게 만드는 것이다.

악한 영들은 또한 청각 신경을 방해하여 이상한 소리가 들리게 만든다. 그 때문에 청각 신경이 방해받은 믿는이는 어떤 음성이나 천둥소리, 혹은 옷이 바스락거리는 소리 등이 들린다고 호소하지만, 그러한 소리는 주변에 있는 사람들에게는 전혀 들리지 않는 소리이다.

악한 영들이 말하는 '윙윙거리는 소리'

귀에 들리는 이러한 끊임없는 '윙윙거리는 소리'는 희생자로 하여금 그 소리에 정신을 빼앗겨 그를 괴롭히는 어떤 것을 흔들어 떨쳐버리듯이 거의 무의식적으로 머리를 흔들게 만든다. 이러한 소리는 그의 마음을 매우 산란하게 하기 때문에 산란해진 마음을 추스리기 위해서는 자신에게 소리내어 말하지 않을 수 없다. 방해하는 영들이 일으키는 '윙윙거리는 소리' 때문에 생각이 혼란해진 그는 읽는 것에 대한 감각을 얻기 위해 큰소리로 읽거나 자신이 말하는 것을 이해하기 위해 크게 소리내어 말해야 한다. 또한 이러한 혼란으로 인해 흑암의 권세들은 역사할 새로운 근거지를 얻는데, 이는 그들의 방해로 마음이 산란해진 것을 통해 믿는이를 더욱 깊이 사로잡을 수 있기 때문이다.

그 원인은 종종 믿는이가 스스로 하나님에게서 듣고 있거나 자신에게서 듣고 있다고 믿기 때문에 부지중에 자신의 귀를 악한 영들에게 빌려주어 그들의 말과 제안을 들은 것에 있다.

이것은 믿는이가 특히 내적 음성을 듣거나 혹은 내부에 '귀 기울이기' 위해 정신을 바짝 차리고 있을 때 일어나는 일인데, 이때 악한 영들은 외부의 귀는 둔해지게 하고 외부의 교류에는 매우 기민해지게 할 수 있으며, 혹은 내적으로 '느낌'과 감각과 움직임과 '이끌림'에 귀를 기울이게 하는데, 이와 동시에 그는 외부에서 오는 음성과 성경 본문과 메시지들에도 귀를 기울이게 된다.

악한 영들의 말함에 대한 묘사

악한 영들의 말함은 어느 정도 다음과 같이 묘사될 수 있다.

(1) 악한 영들의 말함은 사람이 발성 기관을 통해 말하는 것과 같지 않다. 영들은 생명력이 없기 때문에 사람들이 말하는 것은 분명히 영들이 말하는 것보다 항상 더 강하다. 이 때문에 사람이 소리내어 말한다면 언제든지 악한 영들이 말한 것을 삼켜버릴 수 있다. 같은 원칙으로 사람 또한 성령의 음성을 소멸할 수 있는데, 이는 성령께서 영이시고 항상 영 안에서 양심을 통하여 말씀하시기 때문이다.

(2) 믿는이가 그 입술로 말하지 않을 때 악한 영들의 말함은 그의 '생각' 이나 자신 안에서 말하는 것과 보다 유사하게 여겨진다. 악한 영들이 내적인 귀에 말하고 있을 때 마치 믿는이 내부의 말들이 끊임없이 윙윙거리는 것처럼 보인다. 그러한 말은 언뜻 보기에 그가 한 말 같지만 실상은 그의 생각에서 나온 것이 아니고 그의 정신 작용의 결과도 아니며 또 그의 의지에서 나온 것도 아니다. 나아가 그 자신의 개인적인 사상이나 갈망을 표현한 것은 더더욱 아니다.

이러한 유쾌하지 않은 '윙윙거리는 소리'나 믿는이를 괴롭히는 말이나 신빙성 없는 말이 명확하지 않은 방식으로 그의 내적인 주의를 환기시키려 할 때, 그리고 그가 이러한 것을 처리하기 위해 밖으로 선포하려 할 때, 그는 자신이 소리를 높이고 있다는 것을 의식하지 못한 채, 또는 왜 그렇게 하는지 이유를 의식하지 못한 채, 단지 내적인 소음(와글거리는 것)을 압도하고 둔하게 하기 위해 강한 음성으로 소리내어 말하려 하는 것이다.

무의식적으로 음성을 높임

부지중에 음성을 높임으로써 그는 자신의 귀를 통하여 자신의 생각에 어떤 인상을 남기려고 한다. 이렇게 하지 않으면 둔해진 그의 생각은 그가 말하고 있는 것을 받아들이거나 간직하거나 인상받을 수 없을 것이다.

믿는이는 악한 영들이 내부에서 일으키는 '윙윙거리는 소리'를 의식하지 못할 수도 있고, 자신의 생각을 들을 수 있는 말로 표현하기 위해 음성을 높이고 있다는 것을 의식하지 못할 수도 있으며, 왜 자신의 생각을 분명하게 말하지 않으면 안 되는지 모를 수도 있다. 이러한 무의식은 악한 영들이 믿는이를 깊이 사로잡은 징후이다. 믿는이가 자신의 사실들, 자신에게서 어떤 일이 일어나는지 의식하지 못하는 것은 위험한 것이다.

속 생명과 환경에 연관된 모든 것을 의식하는 것은 믿는이의 영적 생활에 매우 필수적인 것이며, 또한 삶의 의무와 관련된 외적 문제를 의식하는 것처럼 믿는이는 자신의 속 생명과 환경에 관련된 것에 대한 의식을 배양해야 한다. 자신이 어떻게 행동하고 말하며 생각하고 나타나는가를 의식하지 못하는 것과, 누가 보아도 분명한 것을 자신만은 알아채지 못하는 것, 자신에 대해 의식하지 못하는 것, 혹은 자신의 행동에 대한 지나친 의식은 모두 속이는 영들이 역사한 결과이다.

초자연적인 음성을 들은 결과로 나타나는 몇 가지 징후가 다음에 묘사되어 있다.

(1) 다른이들의 말을 듣는 데 어려움을 느낌.
(2) 들은 것을 이해하는 데 어려움을 느껴 얼굴을 찌푸림.
(3) 귀가 둔하고 무거움을 느낌.

악한 영들이 귀를 방해함으로 말미암아 유발된 청각 장애와 신체적 원인이 있어 나타나는 자연적인 청각 장애를 구별하는 것은 그에게 악한 영들이 그를 사로잡은 결과 나타나는 다른 징후들이 있는가, 혹은 그가 정상적인 상태에 있는가에 달려 있다. 그가 정상적인 상태에 있다면 그의 청각 장애는 자연적인 것인 반면, 그에게 다른 징후들이 있다면 그의 청각 장애는 악한 영들이 사로잡은 결과일 것이다.

다양한 징후들

이 단락에서는 위에서 언급한 징후들 외에 귀신 들림으로 악한 영들에게 지배받는 사람 전체 조직을 악한 영들이 방해하는 것을 보여 주는 몇 가지 다른 징후들을 제시하겠다. 악한 영들이 근육이나 손이나 손가락 혹은 발에 영향을 미칠 때에는 신경을 통제하기 때문에 생각이나 의지로 조절할 수 없이 때로 발작적인 행동을 보이거나 경련을 일으키고, 쇠약해지거나 근육이 약해지고 강해지는 현상이 번갈아 빠르게 지속적으로 일어나기도 한다. 믿는이가 귀신 들린 결과, 악한 영들의 방해로 인해 '물건에서 손이 미끄러지고' 영문도 모르게 '생각을 할 수 없는 상태'에 빠지는 것과 같은, '하나님의 방문하심'이라고 여겨지는 설명되지 않은 많은 사건들이 일어나곤 하지만, 그러한 '사건'은 실지로는 보이지 않는 영적 존재들이 인간 세계에 관여하여 그 계획을 실행함으로 발생하는 것이다.

교활한 영들은 이렇게 사건을 조작하거나 생각을 서서히 둔화시켜 믿는이를 방해한다. 악한 영들은 사람의 추론 능력을 약화시켜 어떤 행동을 하면 어떤 결과가 나올지를 알지 못하게 하거나, 판단력을 사용하지 못하게 하고, 자신도 의식하지 못하는 사이에 결단력을 상실케 하며, 그의 의지와 독립되어 행하게 하여 위기의 순간에 그를 '덥석 물어' 치명적인 피해를 입힌다. 사탄의 밀사들이 이런 식으로 믿는이를 공격하는 것은 생각과 의지의 수동성 없이는 그들이 그토록 원하는바인 사람의 몸에서 완전한 통제권을 얻을 수 없기 때문이다.

몸에 영향을 미칠 때 악한 영들은 다양한 시간에 여러 방법으로 몸의 기능을 방해한다. 악한 영들은 믿는이가 음식을 먹고 마시고 삼킬 때 방해하기도 한다. 음식을 씹는 것, 침과 담즙의 분비, 호흡과 숨쉬기, 신체의 쇠약함과 강건함, 팔의 뻣뻣해짐, 몸의 무거움, 한기와 열기, 유쾌하거나 불쾌한 느낌, 밤에 휴식을 취할 수 없게 되는 것, 불면, 꿈 등—이 모든 것은 악한 영들의 활동과 그 뜻대로 발생하거나 과장될 수 있는 것들이다.

몸의 상태를 조작함

우리는 악한 영들이 신경계를 통해서 몸을 어떻게 조작할 수 있는가에 대해 성경에 분명히 정의되어 있음을 발견한다. 그러나 우리는 성령께서 악한 영들이 역사하는 것과 동일한 방식으로 역사하신 예를 단 한 건도 발견할 수 없다. 사도행전에서 우리는 성령으로 충만된 결과가 경련을 일으키고 몸이 뒤틀리며 발작을 일으키거나, 이외에 초자연적인 힘이 신체에 작용하여 나타난 어떤 현상들이라는 기록을 결코 발견할 수 없다. 그러나 우리는 악한 영들이 몸에 발작을 일으키고 몸을 찢고 상하게 하며(눅 9:39), 또 사람을 파리하게 하거나(막 9:18) 힘을 줄 수도 있다는 것을 성경에서 읽을 수 있다(막 5:4). 그들은 또한 사람으로 하여금 갑자기 큰 소리를 지르게 하거나(눅 9:39) 귀머거리가 되게 하거나 이를 갈게 하고, 땅에 구르게 하거나 물에 넘어지거나 불에 넘어지게 할 수 있다(마 17:15).

이러한 심한 상태에서는 귀신 들림과 정신 이상의 징후들이 거의 구별되지 않는다. 그 차이는 귀신 들린 경우에는 생각이 수동적으로 되거나 작용하지 못할지라도 손상되지는 않지만, 정신 이상에서는 악한 영들이 신체 상태를 이용한다는 사실에 있다. '정신 이상' 증세를 겪는 사람들은 건전한 정신을 소유한 사람들이 생각하는 것보다 더 정상이며, 그들의 말은 생각보다 진실하다. 그들이 '보는' 것은 결코 망상만이 아니라 악한 영들이 실지로 행한 것일 수 있다.

그러므로 순전한 정신 이상과 순전한 '귀신 들림' 간의 차이점을 이해하는 것이 필요하다. 어떤 사람이 정신 이상이라고 단정하기 전에 의사는 거기에 어떤 초자연적인 원인이 있는지를 조사해보아야 한다. 정신 이상은 자연적인 혼란과 악한 세력들의 초자연적인 방해로 야기될 수 있다. 진짜 정신 이상은 또한 귀신 들림의 결과일 수 있으며 (인간적으로) 회복될 수가 없을 때도 있다.

간략히 말해서, 거짓 영의 힘과 영향 아래 있는 사람은 자신의 몸을 제어할 능력을 잃고 침입자가 역사할 때 자신의 행동에서 무책임하게 된다는 것이다.

악한 영들에게 생각이나 영이 사로잡혔을 때 그 특징과 나타남이 매우 다양한 것처럼 몸이 사로잡혔을 때에도 그러하다. 어떤이는 그 행동이 거칠고, 어떤이는 누가복음 13장 11절에 묘사된 경우처럼 무기력해지고 귀신 들려 앓거나, 마태복음 12장 22절에서 눈 멀고 벙어리 된 것처럼 그 행동이 다소 부드럽다. 이러한 성경 말씀은 치료가 필요한 것처럼 보이는 귀신 들림이 있는 것을 보여 준다. 그러나 주님의 말씀과 행동은 십팔 년 동안 꼬부라져 있던 여인에게 필요한 것은 치료가 아니라 귀신으로부터 구출되는 것임을 증명한다. 등이 꼬부라진 것은 몸이 악한 영들에게 심각하게 영향받은 결과로 나타난 귀신 들림의 징후들 중 하나이다.

예언자의 황홀경과 영감

악한 영들의 또 다른 현시는 예언자의 황홀경이나 '신령감응'으로 묘사될 수 있다. 그러한 것은 바울이 빌립보에서 쫓아내었던 '점하는 귀신 들린' 여종에게서 나타난다(행 16:16-18). 이러한 종류의 귀신의 현시가 위험한 것은 그 나타남이 신경계나 신체 구조에서보다 성령의 나타남과 더 유사하다는 데 있다. 고린도 전서 12장과 14장에서 바울은 두 가지 나타남을 구별하는 것에 대해 말했다. "신령한 것에 대하여는 내가 너희의 알지 못하기를 원치 아니하노니"(고전 12:1). 바울은 이 글을 통해 귀신적인 '영감'이나 황홀경을 통한 속이는 영들의 현시와 진정한 성령의 영감의 차이점을 어떻게 구별하는지를 보여 주고 있다.

하나님의 영은 믿는이로 하여금 다른 지체들 안의 하나님의 능력의 나타남과 조화를 이루게 하며, 귀신의 영은 그리스도의 몸의 지체들로 하여금 다른 지체들과 분열되고 대립하게 만든다. 성령께서는 지체들 간에 상호 의존하게 하고 각자 안에서의 그분의 역사하심을 존중하게 하지만, 귀신의 영은 불법과 혼란을 야기시킨다. '조화' 혹은 '혼란'은 하나님의 백성의 모임에서 초자연적인 힘이 하나님에게서 기인한 것인지 혹은 사탄에게서 기인한 것인지를 구별하는 특징이 된다.

칼럼 5 | 악한 영들이 자신의 존재를 숨기기 위해 사용하는 구실

우리는 악한 영들이 얻은 입지를 은폐하기 위해 어떤 '구실'을 사용할 수 있다는 사실을 넓은 시각으로 살펴볼 필요가 있다. 일단 입지를 내어주면 믿는이는 생각의 식별력이 둔해져 거짓 영이 자신이 붙잡은 위치와 입지를 은폐시키기 위한 '구실'을 제안하기 쉽게 된다. 만일 악한 영들의 역사로 생각에 어떤 이상이 생긴다면, 거짓 영은 '그것은 자연적인 것이야.' 혹은 '그것은 유전적인 것이야.'라고 제안한다. 전체 신경계에 이상이 생기면 '질병 때문이야.' 혹은 '순전히 신체적인 것일 뿐이야.' '피곤해서 그래.' 혹은 '이것은 정신적인 것이야.'라고 생각하게 만든다. 속이는 자들은 환경과 기질 혹은 몸의 기능을 방해할 때 자연적인 상태와 매우 유사하게 하는 데 능란하다. 그들은 그런 일을 하는 데 필요한 '구실'을 확보해둔다. 그들은 자신들의 나타남을 덮기 위한 '구실'로서 신체적 질병이나 정신적 질병을 일으키곤 한다.

이런 사실에서 속이는 자의 공격은 자연적이고 신체적인 영역에 속한 것일 수 있지만, 그렇다고 해서 그 근원도 자연적이고 신체적인 것은 아니라는 점을 명심해야 한다.

어떤이가 귀신 들렸다면 그는 속이는 자에게 공격을 받는데, 속이는 자는 그로 하여금 그러한 공격이 간접적인 것, 즉 다른 사람을 통한 것이라고 생각하고 믿게 만든다. 침입자는 그 책임이 그 사람 자신이나 다른 사람, 혹은 진상과 다른 어떤 것에 있다고 뒤집어씌워 자신의 정체가 발각되지 않게 하여 쫓겨남을 면한다. 그러므로 모든 '구실들', 즉 그러한 설명할 수 없는 현시의 '이유'를 점검하는 것은 매우 중요한 일이다. 그 현시에 대한 잘못된 해석을 믿음으로 거짓 영에게 더 많은 근거를 줄 수 있기 때문에 그 구실은 늘 거절되어야 한다. 믿는이가 자신의 상태에 대하여 생각에 떠오르는 모든 제안을 점검하지 않는다면, 새로운 입지를 거짓 영에게 줄 수 있게 된다.

다음에 언급된 내용은 귀신 들림이 심화되는 단계 및 잘못된 해석이 어떻게 새로운 입지를 주게 되는가를 보여 준다.

(1) 먼저 입지가 주어진 다음
(2) 귀신 들리게 되어 현시가 나타난다.
(3) 예를 들면, 악한 영들은 '신경에 경련을 일으키고' 그 다음 이러한 경련의 원인에 대하여 잘못된 해석을 믿는이에게 주는데, 믿는이가 이 잘못된 해석을 받아들이면 악한 영들의 새로운 거짓말을 받아들여 결국 악한 영들에게 더 많은 입지를 주게 된다.

이와 관련하여 연속적으로 일어나는 네 가지 일을 주목하자.

(1) 무지로 인해 악한 영들에게 입지를 내어준 결과 속임당하게 된다.
(2) 그렇게 내어준 입지로 인해 귀신에게 사로잡히게 된다.
(3) 귀신에게 사로잡힘으로 인한 현시.
(4) 이러한 현시에 대한 잘못된 해석의 위험성.

속이는 영들이 또한 다른 어떤 것으로 믿는이의 생각을 채움으로 지속적으로 점유하려고 애쓰기 때문에 그는 자신이 구출되어야 할 필요성을 보지 못할 수 있다. 사역자들은 대개 '부흥'이나 '성도들의 필요'에 대한 생각에 사로잡혀 자신의 상태에 눈 멀어 있다.

헌신과 찬송과 전도와 경배 등, 이 모든 '올바른 일'에 생각이 사로잡혀 있기 때문에 자신이 대적의 속임수에서 구출될 필요가 있는가에 대해서는 미처 생각지 못하는 것이다.

악한 영들이 귀신 들린 믿는이에게 미치는 영향에 대해서는 이미 생각과 몸의 수동성 방면에서 다룬 바 있다. 이것에 더하여 우리는 사람의 전 존재, 즉 영과 정신과 신체의 일반적인 약함에 대해 다루고 있다. 악한 영들의 영향을 받은 믿는이는 성품이 변덕스럽게 되고, 말씀을 연구할 때 안정을 잃게 되며, 헌신이 흔들리고, 행동에 결단력을 갖지 못하게 된다. 또한 의지와 상관없이 충동적으로 재빨리 앞으로 나아가거나, 원인 모를 반발심으로 동요되어 의지와 상관없이 뒤로 물러나기도 한다.

모순으로 가득한 생활

믿는이의 생활은 점점 모순으로 가득하게 된다. 그는 강해 보이지만 실상은 약하고, 금욕적인 것 같으나 사랑을 추구한다. 또한 행동이 돌발적이고 신앙이 변덕스럽고 독선적이며 사고가 극히 비논리적이다. 이러한 모든 징후들은 일정한 시간 간격을 두고 나타났다가 사라지곤 하거나, 동시다발적으로 혹은 연속적으로 나타나기도 한다.

시간이 어느 정도 지나 믿는이가 자신의 상태를 의식하게 된 다음에는 이러한 징후들이 다른이들에게 알려지지 않도록 감추려고 애쓰는 고통스런 시간을 보내는데, 악한 영들은 그러한 것을 이용해 그를 공격하기 시작한다. 그러한 징후들의 현시가 너무 현저해서 감추어지거나 간과되지 못할 때, 그런 사람은 대개 '신경 쇠약증' 환자로 치부되어 버린다. 이는 믿는이가 과거 영적 체험을 점검하거나 초자연적인 세력들의 역사로 그러한 징후들이 야기되었다는 사실을 깨닫지 못한다면 신경 쇠약증과 구별할 수 없을 정도로 그 징후들이 신경 쇠약증의 특징과 일치하기 때문이다.

'신경 쇠약증'으로 분명하게 진단된 증상이 실상은 악한 영들이 믿는이를 사로잡아 발생한 것이라면, 휴식을 취하거나 자연 요법을 사용하는 것이 희생자의 몸에 활력을 주어 영적인 진리를 접하게 할 수는 있을지언정 그것을 통해 자유롭게 될 수는 없다.

이렇게 겉 사람이 점점 약화되는 것 또한 그리스도 안에서 영적 생명이 강하게 자라는 것을 방해하여 영적 생명을 약화시키는데, 그 이유는 영적인 속 사람은 그 표현과 발전을 위해 겉 사람을 필요로 하기 때문이다. 그러나 속임당하여 귀신 들릴 때 그의 생각은 매우 수동적이 되어 작동할 수 없고 그 속 생명을 표현할 수 없으며, 얼굴 표정은 생기가 없고 흐릿하며 눈은 꿈꾸듯 느리게 움직인다. 간략히 말해서, 겉 사람이 중심에 있는 영적 생명의 '감옥'이 되는 것이다.

귀신 들림의 또 다른 현저한 영향은 시간이 갈수록 믿는이가 혼과 영 안에서 살기보다는 더욱 육체 안에서 살게 된다는 것이다. 절제할 수 없을 정도로 식욕이 왕성하게 되고 점점 영적 생명에 대한 의식과 순종도 사라진다. 갈수록 그의 생활과 상태와 행동에서 변덕과 모순이 드러나는데, 이 모든 것은 '귀신 들림'의 특징이다.

초자연적인 체험을 한 사람에게 미치는 일반적인 영향

비정상적인 초자연적 체험 안으로 이끌린 사람들이 그것의 특징을 거의 고려하지 않는 것은 이러한 진단을 실증하는 것이 된다. 그러한 믿는이들이 받은 일반적인 영향은 이성과 판단력의 약화, 의지력과 정신력의 약화, 마음에서 떠나지 않는 두려움―장래와 사람에 대한 두려움, 어떤 사람에 대해 말하고 듣는 것에 대한 두려움―이 일어나는 것, 신체가 점점 약해지는 것 등이다.

조만간 신경계는 반사적인 영향을 받아 조바심을 느끼게 되고―이것은 분명히 정신적인 것이 아닌 '신경성'이다―밤에 잠을 잘 이루지 못하게 되며 종종 신경의 반사적인 경련이 일어나기도 한다.

정신적 영역에서는 선택하고 생각하며 말하고 행동하는 조절 능력의 상실과 함께 자신에게는 절대 오류가 있을 수 없다는 태도로 적극적으로 자기 주장을 펴기 때문에 누구에게서도 가르침받을 수 없는 상태가 온다. '귀신 들린' 사람은 선택하고 생각하며 말하고 행동하는 조절 능력의 상실로 인해 무언가를 선택하거나 행동할 수 없다. 그들은 악한 영들에게 사로잡혀 있기 때문에 어떻게 해야 할지 몰라 안절부절 못한다.

칼럼 6 | 믿는이가 귀신 들린 결과로 나타나는 영향들

악한 영들에게 사로잡힌 결과 나타나는 영향은 이미 앞에 나온 칼럼에서 어느 정도 다루었기 때문에 여기서는 다만 칼럼 4와 6을 비교해 그 영향을 요약하여 언급하겠다.

악한 영들의 속임수의 교묘함은 대다수의 경우 이러한 모든 '징후들'이 신체적이나 정신적으로 개개인의 인격에서 생성된 것, 즉 무덤에 들어가 흙으로 빚어진 몸에서 해방될 때까지 지니고 있어야 하는 그 사람의 '성품'의 산물로 여겨진다는 데 있다. 그는 '자아'가 자신의 어려움이라고 단언한다. 영의 충만함을 받고 빛을 받아 그리스도와 동일시되어도 변하지 않는다는 것이다.

믿는이의 이러한 태도로 인해, 기도할 때 생각이 떠돌고 잠을 이루지 못하며 말이 많거나 극도로 말수가 줄어드는 것과 같은 장애물과 기타 겉 사람을 방해하는 다른 장애물이 묶인되어 그대로 남겨지며, 믿는이는 소위 '자아'가 변화될 가능성을 발견하지 못한 채 비탄에 빠지기도 한다.

그러나 믿는이들을 괴롭게 하는 것이 원수에게서 기인한 것일 때 얼마나 다른 외관을 지니는지 모른다. "원수가 이렇게 하였구나." 많은 경우에 그것은 '자아'가 아니라 무의식적으로 속이는 영들에게 입지를 내어준 것이다. 이러한 속이는 영들의 공격은 진리의 지식에 의해, 그리고 입지를 거절함으로써 제거될 수 있다.

제 8 장
자유에 이르는 길

8 | 자유에 이르는 길

War on the Saints

 귀신 들린 사람을 다루는 유일한 길은 거룩한 믿는이들이 악한 영을 쫓아내는 것으로 거의 보편적으로 알려진 사실이다. 그러나 사실상 이 방법이 항상 성공하는 것은 아닌데, 그 이유는 악한 자의 존재에 대해 정확하게 알았을지라도 그가 점유하고 있는 입지는 제해지지 않을 수 있기 때문이다. 그 입지가 처리되지 않으면 대다수의 경우 완전한 구원과 변화를 얻을 수 없다. 악한 영이 분명히 떠났다 해도 귀신 들린 사람이 완전히 자유롭게 되었다고 확신해서는 안 되는데, 이는 특정 현상이 사라진 것에 불과할 뿐이며 또 다른 현상이 나타날 수 있기 때문이다. 이러한 현상은 아마도 보이지 않거나 쉽게 인식하고 간파되는 것이 아니지만, 악한 영의 역사와 사람의 역사와 하나님의 역사를 구별할 줄 아는 사람들은 인식할 수 있을 것이다. 일시적으로 어떤 현상이 사라지는 것은 가능하지만 그렇다고 완전히 그 현상이 제거된 것은 아니며, 그 입지가 처리되지 않으면 다르게 가장된 모양으로 똑같은 현상이 다시금 되풀이될 수 있다. 귀신 들림이 너무 현저해서 희생자의 인격이 거의 감추어지는 경우에는 즉시 구원을 얻을 수 있어도, 침입자가 교묘하게 생각과 몸에 숨어버려 사람의 행위와 행동과 구별할 수 없는 경우에는―자연적이고 물질적으로 보이는 어떤 상태나 형태 속에 자신을 감출 경우에는―'귀신을 쫓아냄'으로써만 구원을 얻을 수 있는 것이 아니라 적극적으로 그 입지를 부인하고 거절하는 결단력과 진리를 인하여서 구원을 얻을 수 있을 것이다.

자유에 이르는 첫걸음은 영적 생활―아마 매우 당혹스러웠을―에 들어와 하나님께 속했다는 가장 깊은 확신을 갖게 된 이래로 믿는이들이 겪은 체험의 본질과 근원에 대한 진리의 지식이다. 진리에 대한 인식과 수용이 없이는 '속임'에서 구출될 길이 없다. 어떤 영적이고 '초자연적인' 체험에 대하여 이렇게 진리를 적용하는 것은 그런 체험으로 인해 자존심과 자긍심에 찬 사람에게는 예리한 날선 검이 될 것이다.

잘못을 깨닫게 될 때의 굴욕감

믿는이가 자신이 받아들일 만한 것은 기꺼이 받아들이는 것처럼 자신을 깎고 낮추는 진리를 받아들이기 위해서는 하나님께서 그분의 자녀들의 속 부분을 지배하기 원하신다는 진리에 깊이 헌신하는 것이 요구된다. '속고 있음을 깨닫는 것'은 고통스러운 느낌이며, 자신이 속임당했음을 아는 것은 하나님의 영에 순종하는 데 있어서 자신이 '진보했고' '영적이며' '전혀 오류가 없다'고 확신하는 이에게 매우 치명적인 타격이다.

"그가 진보하지 않았는가?" 물론 위에 언급된 '혼에 속한 사람'은 그렇다고 말할 수 있다. 그러나 그는 자신이 생각한 목표에 도달한 것은 아닌데, 이는 그가 영적 세계로의 여행을 시작한 것에 불과하기 때문이다. 한 표준의 끝은 다른 표준의 시작일 뿐이다. 그럼에도 불구하고 그는 자신과 자신의 체험에 대한 거짓말을 믿었던 것이다. 그는 자신이 생각한 만큼 '진보한' 것이 아니었다. 그러므로 진리가 생각에 빛 비추어 모든 진상이 밝혀지는 것이

유쾌한 일은 아니다. 그가 한때 매우 철저하게 믿고 있던 것을 이제 완전히 믿지 않게 되는 것은 그리 쉬운 일이 아니다.

그렇다면, "그는 '영적'이었는가?" 그가 영적인 체험을 했을지는 모르지만 이러한 체험을 했다고 해서 그가 '영적인' 사람이 되는 것은 아니다. 영적인 사람은 자신의 영 안에 살면서 영에 지배받고 자신의 영을 이해하며 하나님의 영과 협력하는 사람이다. 영적 세계 안으로 들어가게 하는 탁월한 체험이 믿는이를 '영적'으로 만들지는 않는다.

속임에 관한 진리의 발견

속임당한 믿는이들은 자신이 아무런 정당성이 없는 위치에 놓여져 있다는 것을 시인하는데, 이는 진리에 입문함으로써 생각했던 것만큼 자신이 그렇게 진보하지 않았고, 영적이지도 않으며, 전혀 오류가 없지도 않다는 것을 발견했기 때문이다. 그는 자신의 영적 상태에 대해 가장된 믿음을 가진 채 추호도 거짓으로 판명되리라는 의심을 하지 않았지만, 이윽고 그 생각에 의심이 파고 들어와 자신에게 전혀 오류가 없다는 생각의 견고한 요새가 무너지고 만다.

그는 이제 '진보된' 체험이라고 생각했던 것이 단지 시작에 불과하며 자신이 피상적인 지식을 소유하고 있을 뿐임을 인식하게 된다. 이것이 진리의 역사이다. 무지 대신 참된 지식이, 속임 대신 진리가 주어진다. 무지와 거짓과 수동성, 이 세 가지를 바탕으로 원수는 조용히 그의 성을 건축하고 그 세 가지를 이용하여 조심스럽게 경계한다. 그러나 진리는 원수의 요새를 바닥으로 끌어내린다.

진리에 입문함으로써 믿는이는 다음과 같은 자신의 상태를 솔직히 인식하게 된다.

(1) 나는 그리스도인이 악한 영에게 속임당하고 귀신 들리는 것이 가능함을 믿는다.

(2) 내가 속임당하는 것은 가능한 일이다.
(3) 나는 악한 영에게 속임당하고 있다.
(4) 왜 나는 속임당하는가?

그런 후에 ① 악한 영에게 속임당하게 된 입지가 존재한다는 사실을 알고 ② 그 입지가 무엇인지 알고자 하는 지식을 추구할 수 있다.

그 입지를 발견하기 위해 믿는이는 먼저 입지란 어떤 것인가에 대한 올바른 개념을 얻어야 한다. 왜냐하면 ① 귀신 들림을 그 밖의 다른 것으로 간주하거나 ② 그 밖의 다른 것을 귀신 들림으로 보기 쉽기 때문이다. 그는 일반적인 갈등, 즉 흑암의 권세에 대항하는 영 안에서의 끊임없이 전투로 인한 갈등과 귀신 들림에서 오는 갈등을 혼동할 수도 있다. 그리고 속임수와 귀신 들림이 오래 지속될 때 악한 영들은 믿는이로 하여금 자신 안에서 일어나는 악한 자의 역사를 변호하게 만듦으로 그 속임수가 빛에 드러나 그의 역사가 폭로되지 않도록 집요하게 싸운다. 그러므로 악한 영들은 사실상 믿는이가 자신의 상태를 발견하고서 진정으로 구원받기를 원하게 된 후에도 그를 꼭 붙잡고서 자신들 편을 들어 싸우게 한다. 믿는이가 구원받는 데 있어서 가장 큰 한 가지 장애물은 자신이 한 '가장된 영적 체험'을 '성령께 속한 것'으로 믿고 점검하기를 싫어하는 것이다.

갈보리의 승리 안에 있는 구원의 영적 기초

구원을 얻기 위한 성경적인 근거는 갈보리에서의 그리스도의 완전한 승리에 관한 진리인데, 이러한 진리를 통하여 믿는이는 죄와 사탄의 능력에서 벗어날 수 있지만, 사실상 갈보리에서 승리를 얻은 사실은 그가 하나님의 법에 일치하는 삶을 살 때에만 적용될 수 있다. 사탄의 속임수가 폭로되고 사람이 의지를 세워 그 속임수를 거절할 때, 로마서 6장 6절부터 13절까지, 골로새서 2장 15절, 요한 일서 3장 8절 및 다른 구절들에서 볼 수 있듯이 갈보리에서의 그리스도의 역사를 근거로 하여 이러한 속이고 사로잡는 마귀의 역사에서 구원받을 수 있다.

속임당하고 귀신 들리는 것이 여러 단계로 진행되는 것같이 거기서 벗어나는 것도 믿는이의 이해력과 자신에 관한 모든 진실을 기꺼이 직시하려는 마음, 그리고 원수에게 내어준 입지를 처리하는 태도에 따라 여러 단계로 진행된다.

믿는이는 십자가에서 이루어진 그리스도의 죽음 안에서 그분과 동일시됨으로 그분 안에 견고하게 서서 영 안에서 보좌 위에 계신 그분과 연합될 필요가 있으며(엡 1:19-23, 2:6), 무지하여 원수에게 내어줌으로 몸과 생각에 자리잡은 원수의 활동 입지를 되찾도록 그분의 영으로 말미암아 그에게 힘과 은혜(히 4:16)를 주시는 분인 '머리이신 그리스도'(골 2:19)를 견고한 믿음으로 붙들어야 한다. 왜냐하면 그 사람 자신이 직접 '수동성'을 제하는 행동을 해야 하기 때문이다. 그는 악한 영이 들어오도록 동의한 것을 무효로 돌리고, 자신의 의지를 사용해서 악한 영이 속임수로 얻은 위치에서 물러가게 해야 한다(엡 4:27). 하나님께서는 그가 겉사람의 정상적인 상태를 회복할 수 있도록 그를 위해 행하거나 그를 대신해서 그의 선택권을 행사하지도 않으실 것이기 때문에, 그는 그리스도의 갈보리에서 승리하신 우세한 위치에 서서 자유를 선포해야 한다.

그러면 믿는이가 자신이 속이는 영들의 속임수의 희생자임을 발견했다 할 때 그는 어떻게 주관적으로 자유의 길에 들어설 수 있는가? 간략하게 말해서 그 길은 다음과 같다.

(1) 속임당했음을 인정함.
(2) 입지를 거절함.
(3) 모든 사로잡는 수단들을 대항하여 흔들림 없이 싸움.
(4) 악한 자가 제시하는 구실을 경계함.
(5) 귀신 들린 결과로 나타나는 모든 현상들을 간파함.

(6) 이러한 활동들의 결과를 식별함.

이는 믿는이가 대적자에게 다시는 속임당하지 않도록 귀신 들린 결과로 나타나는 징후들은 물론 귀신 들림에서 벗어난 표시를 읽어내는 것을 배워야 하기 때문이다.

필자는 여기에서 이전에 기록한 칼럼 목록에 보충하여 다른 칼럼 하나를 쓰고자 한다. 믿는이가 속임당해온 방식을 첫 번째로 다루었는데, 이것이 벗어나는 길 중 하나이다.

칼럼 1 | 체험에 의문을 제기함

1. 하나님께 속한 것으로 보이는 체험이나 '현상'에 의문을 제기해보라. 어떤 것에 대한 첫 번째 의심을 소멸시키거나 무시해서는 안 된다는 것은 아무리 강조해도 지나치지 않다. 이는 '의문을 품는 것'은 사실상 진리가 처음 생각으로 침투해 들어가는 과정이며, 그럼으로써 구원받을 수 있는 첫 단계이기 때문이다. 어떤이들은 '하나님을 의심하는 것'을 두려워하여 처음 의심이 생길 때 즉시 그 의심을 떨쳐버리는데, 이럼으로써 그들은 그들을 자유로 이끌어줄 빛이 첫 번째로 생각에 비취는 것을 막은 것이다. 그들은 참되고 합당한 의심과 악하고 잘못된 의심을 구별하지 못하고 의심을 유혹으로만 여겨 그것을 거부했다. 이것은 대부분의 그리스도인이 '판단하는 것', '비판하는 것', '원수 됨', '증오심', '불신' 등과 같은 것을 악한 것으로 생각하는 데에 그 뿌리를 두고 있다. 그러나 악하다고 생각되는 것들은 그 근원이 영적인가 혼적인가에 따라, 또한 그 목적에 따라 악한 것인지 선한 것인지가 결정된다는 것을 알아야 한다. 예를 들면, 사탄과 '원수 되는 것'은 하나님께서 부여하신 것이고(창 3:15) 죄에 대한 '증오심'은 좋은 것이다. 영의 현시를 '믿지 않는 것'은 믿는이들이 그 근원을 시험하여 믿을 수 있게 될 때까지는

필요한 것이다(요일 4:1).

하나님을 의심하는 것, 즉 그분을 신뢰하지 않는 것은 죄이다. 그러나 초자연적인 현상을 의심하는 것은 다만 모든 영적인 믿는이가 '선과 악'을 분별하기 위해 사용해야 하는 능력을 발휘하도록 일깨워지는 것이다. 그러므로 어떤 초자연적인 체험에 대해 깊이 의심해보는 것은 '유혹'이 아니라, 고린도 전서 2장 15절에 따라 성령께서 영적 기능을 운용하시는 방법이다. "신령한 자는 모든 것을 판단(시험)하나". 그러므로 '하나님의 일'은 '영적으로라야 분변된다'.

하나님의 영의 역사에는 '모순' 이 없음

'의심'은 일반적으로 ① 다른이들이 지적한 진리로부터 ② 믿는이의 주의를 끄는 체험에서 어떤 결함을 보는 것으로부터 생겨난다. 예를 들어, 외관상 하나님께 속한 것처럼 보이는 어떤 초자연적인 현상이 일어나는 경우, 혼을 혼란시키는 몇 가지 모순점이 있을 수 있다. 진리의 영이신 하나님의 영께서 역사하시는 경우에는 전혀 모순이 생길 가능성이 없으므로 작은 모순만 있어도 거짓 영이 역사하고 있음을 충분히 간파할 수 있다. 이 원칙은 절대로 간과되어서는 안 된다. 이를테면, 하나님께 속했다고 추정되는 초자연적 '능력' 아래 있는 믿는이가 하나님께서 질병에 걸린 어떤 사람을 회복시키기로 작정하셨다고 선포했는데 그 환자가 죽었다 하자. 이것은 충분히 시험되어져야 하며, '이해되지 않은' 현상으로 치부되어서는 안 될 '모순'이다. 왜냐하면 초자연적인 요소는 하나님의 영에 속한 것으로 여겨질 수 없기 때문이다. 하나님의 영은 하나님의 뜻을 계시하는 진리와 모순될 수 없다.

'범사에 헤아려' '좋은 것'을 취하고(살전 5:21) '범사에 오래 참음으로 … 경책하는 것'(딤후 4:2)뿐 아니라 '진리의 영'과 '거짓(오류)의 영'을 분별하기 위해 '영을 시험하는 것'(요일 4:1)은 하나님의 자녀들에게 내려진 분명한 명령이다. 모든 것이 충분히 시험을 거칠 때까지 이의를 제기하는 것은 가장 안전한 과정이며, 하나님의 신실하심과 사랑을 의심하는 것과는 매우 다르다.

속임당할 가능성을 인정함

2. 속임당할 가능성이 있음을 인정하는 것은 진리가 생각을 뚫고 들어갈 수 있는 두 번째 단계이다. 그러나 때로는 속임당하는 것이 의심하는 것보다 먼저 일어날 수도 있다. 새로운 체험이나 활동이나 진리에 대한 관점에서조차 속임당하거나 틀릴 수 있다는 것은 실로 모든 믿는이가 인정해야 할 사실이다. 그러나 원수의 속임수는 매우 교묘하기 때문에, 거의 예외 없이 속임당하는 사람은 '다른이들'은 속임당하기 쉬울지라도 자신만은 예외라고 생각하기 쉽다.

자신만은 예외라는 이러한 확신은 현저하게 속임당한 대부분의 사람들 속에 너무 깊숙이 자리잡고 있기 때문에, 속임당할 수 있다는 사상이 그 생각을 뚫고 들어가는 것은 기나긴 싸움과 같다.

그는 다른이들은 속임당할지라도 자신은 그렇게 될 수 없다는 흔들림 없는 확신으로 무장한 것처럼 보인다. 그는 형제 눈에 있는 티끌은 보고 자신 눈에 있는 들보는 보지 못한다. 그러나 진리를 향해 개방된 태도를 가진 사람은 다음과 같이 말한다. "나라고 해서 왜 다른이들처럼 미혹되지 않겠는가? '나는 안전하다'는 확신이 다른이들을 속이는 것처럼 나를 속이는 원수의 속임수일지도 모르지 않은가?"

모든 믿는이들이 속이는 영들에게 속임당할 가능성이 있다는 사실을 인정해야 하는 이유를 살펴보자.

타락에 대한 기본적인 사실

모든 인류가 알아야 할 일차적인 사실은 타락시에 첫 번째 창조가 완전하고도 철저하게 훼손되었다는 것인데, 이것은 첫 사람 아담이 뱀의 독소를 받아들임으로 그것이 온 존재에 침투되고 부패시켜 더 이상 회생 불가능하게 됨으로 인한 것이다. 타락의 결과 인류가 완전히 부패되었다는 이 사실은 신약에서 명백하게 선포된다.

"유혹의 욕심을 따라 썩어져 가는 구습을 좇는 옛 사람"(엡 4:22).
"저희 총명이 어두워지고 … 하나님의 생명에서 떠나 있도다"(엡 4:18).
"전에는 우리도 다 그 가운데서 우리 육체의 욕심을 따라 지내며 육체와 마음의 원하는 것을 하여 다른이들과 같이 본질상 진노의 자녀이었더니" (엡 2:3).

그러므로 사도는 이방인과 유대인, 바리새인과 서기관 등 온 인류를 언급하면서 "공중 권세 잡은 자가 지금 불순종의 아들들 가운데서 역사하고 있다"고 말했다.

하나님의 말씀이 선포하시는 이러한 사실과 실지로 혼미케 된 마음과(고후 4:4) 모든 인류의 황폐케 된 상태는 우리가 이 책에서 상고하고 있는 진리들을 이해하고 체험과 실행에서 사실로 증명하기 위한 근거일 따름이다.

논리적으로 합리적인 속임수에 의해 속임당할 수 있음을 인정함

첫 번째 사실의 논리적 결과인 두 번째 근본적인 사실은 다음과 같다. 성령으로 거듭나는 것과 그 영의 내주하심이 ① 죄 없음과 ② 부활의 몸을 현재 소유할 수 있음을 의미하는 것이 아니라면, '믿는이의 각 부분은 아직 새롭게 되지 않았으며' 갈보리 구속에 의해 타락의 영향에서 자유케 되지 않았음을 의미하며, 또한 이것은 속이는 영들이 들어와서 점유할 수 있는 입지가 있음을 의미한다. 다시 말해서, 믿는이가 성령으로 거듭나고 성령께서 믿는이 안에 내주하신다고 해서 믿는이의 죄가 완전히 없어지거나 주님이 재림하신 후 부활 때 얻게 될 영적인 몸을 지금 소유할 수 있는 것은 아니기 때문에, 여전히 속임당할 가능성이 있다는 것이다.

성경이 완전무결하게 죄 없음과 부활의 몸을 현재 소유하는 것이 땅에 있는 동안 성취될 수 있는 것이라고 분명하게 가르치지 않기 때문에, 심지어 사람의 영과 생각이 성령으로 새롭게 되고 있는 동안에도 속임당할 수 있으며 악한 영들이 생각이나 몸의 겉 사람에 들어올 수 있음을 인정하는 것은 모든 이에게 논리적이고도 합리적으로 가능한 일이다. 만일 우리 체험의 사실을 살펴본다면, 거듭나지 않은 세상뿐 아니라 의심할 여지없이 거듭난 하나님의 자녀들과 영적인 믿는이들 안에서도 그에 대한 증거는 너무 많아 이 책의 제한된 지면에서 다루기가 쉽지 않음을 알 것이다.

하나님의 말씀에 묘사된 대로 우리 자신과 죄인인 우리의 실제 상태를 깨닫는다면, 우리는 원수의 역사로부터 더 안전하게 보호받을 것이다. 우리를 사탄의 속임수에 노출되게 하는 것은 바로 우리 안에 심겨진 하나님의 새 생명에서 떠나 있는 우리의 실지 상태를 모르는 것과 우리의 믿음을 위한 지적 근거도 없이 우리가 사탄의 속임수에서 자유케 되어 안전하다고 맹목적으로 확신하는 것이다.

3. 초자연적인 일에서 속임당할 가능성이 있음을 인정한 후에 결국 개인적으로든 그렇지 않든 어떤 '체험들'이 하나님께 속했는지에 대한 의심이 생각 속에 들어오게 되었는데, 그 다음 단계는 속임당한 것을 발견하는 것이다. 빛과 진리만이 자유케 할 수 있다. 일단 의심이 들어올 때 자신도 다른 사람과 마찬가지로 쉽사리 속임당할 수 있다는 진리에 마음을 열면, 그의 열린 마음과 태도에 빛이 비췬다(요 3:21). 때로 속임수가 현저할 때에는 즉시 알아볼 수 있지만, 대부분의 경우 속임당했음을 발견하는 것은 점진적으로 이루어지기 때문에 빛이 서서히 비취는 동안 인내가 필요하다.

믿는이들이 인지하지 못한, 과거의 다양한 체험과 관련된 어떤 사실이 이제 빛 가운데 드러나고, 대적이 말씀을 왜곡하고 곡해하여 빛과 같이 모든 것이 투명한 성경의 문맥과 달리 적용함으로 믿는이를 속인 것이 명백하게 폭로된다.

4. 그런 연후에 속임당했음을 인식한다. 이것은 피할 수 없는 일이다. 믿는이는 진리를 알 뿐 아니라 소유해야 하는데, 그 결과 모든 것은 제자리를 찾고 거짓의 아비는 진리의 병기로 패배당한다.

이러한 것은 악한 영이 붙들고 있는 '입지'를 처리하는 길을 다루는 '칼럼 2'의 핵심적인 문제로 우리를 이끈다.

칼럼 2 | 입지를 거절함

생각에서 받아들인 사상들, 생각이나 몸의 수동성, 사용되지 않은 채 거짓 영에게 허용된 기능, 정신 조절력의 결여와 의지 사용의 부족, 결단력과 판단력의 결여—이제 믿는이는 신중하고도 견실하게 원수에게 내어준 이 모든 점거된 근거, 특히 그가 속임당했던 그 입지를 거절해야 한다. 속임당한 사람이 그 입지를 알고 처리하는 것이야말로 가장 중요한 일이기 때문이다.

귀신 들림은 믿는이가 악한 영이 역사할 입지를 받아들임으로 발생한 것이기 때문에, 귀신 들림에서 벗어나려면 그 입지를 거절해야 한다. 속임당한 사람은 속임당한 원인이 폭로될 때까지 빛을 얻기를 진지하게 갈망하면서 기도하고 또 모든 면에서 빛을 구하고자 해야 한다(요 3:21). 그는 그 원인과 징후를 인지할 수 있도록 하나님께 빛을 구해야 하며, 이러한 것들을 인식하게 되었을 때 빛 가운데 드러난 입지를 단순하게 거절하는 것과 반대되는 '자기 성찰'에 빠지지 않도록, 즉 자신을 향하지 않도록 주의해야 한다.

새로운 입지를 내어줄 수 있는 위험성

만일 믿는이가 어떤 것을 처리하기를 겁내어 시험하기를 두려워한다면, 그것은 대부분 원수가 거기에 발판을 두고 있음을 의미하기 때문에 그 특별한 것을 시험하는 것이 오히려 안전하다. 믿는이가 어떤 것에 대해 듣는 것을 견딜 수 없어하는 것은 아마도 그것이 그가 죄를 범한 바로 그 일이거나 그것과 관련하여 잘못 행한 것일 것이다. 믿는이는 그 입지와 원인이 폭로될 때, 그 입지가 받아들여진 기반이 되었던 것들을 거절하고 배제함으로 속이는 영들을 위한 그 입지를 제거하되 그 입지가 완전히 사라질 때까지 해야 한다. 왜냐하면 악한 영에게 내어준 입지는 악한 영이 지속적으로 사로잡는 근거가 되기 때문이다. 그것은 믿는이가 무심코 악한 영들을 붙들어 두는 입지가 되고 악한 영들이 믿는이와 그의 기능을 사로잡을 수 있는 입지가 되기도 한다. 또한 악한 영들의 현시에 대한 거짓 영들의 해석을 받아들임으로 새로운 입지를 내어줄 가능성도 있다. 거짓 영들의 해석을 받아들이는 것은 과거에 믿는이가 거짓 영들이 들어오도록 입지를 제공했던 것처럼 현재 거짓 영들의 거짓말을 받아들이는 것이다.

전투 기간

'전투'의 의미는 특별한 경우로 설명될 수 있다. 예를 들어, 믿는이가 자신이 수동성에 빠졌음과 악한 영이 수동성에 빠진 그의 기능을 붙들고 있음과 그의 기능이 그와 협력하는 데 있어서 수동적인 상태에 있음을 발견하여 그 입지를 제거하려 할 때, 그는 다시 스스로 행하는 것과 다시 기능을 사용하는 것이 매우 어렵다는 것을 알게 된다. 결정하는 문제에 있어서 피동성에 빠져 있다가 원수에게 제공한 입지를 거절하면서 이제 스스로 '결정'하고 악한 영의 통제 아래 행하지 않기로 결단한다면, ① 그는 스스로 행하고 결정하기가 어렵다는 것과 ② 악한 영들이 그가 그렇게 행하도록 내버려두지 않는다는 것, 즉 그 믿는이가 악한 영들이 자신을 통제하는 것을 거절할 때 악한 영들은 그가 임의로 그렇게 행하도록 내버려두지 않는다는 것을 알게 된다.

그러므로 그는 전혀 '행하지 않거나' 악한 영이 계속해서 그를 대신해 행하도록 내버려두는 것 중 하나를 선택할 수밖에 없다. 그러나 그는 그렇게 하기를 원치 않을 것이고, 잠시 동안 자신의 결단력을 사용할 수 없을지라도 원수가 자신의 결단력을 사용하도록 그냥 두지는 않을 것이다. 그것은 그의 '자유 의지'를 사용하기 위한 싸움, 즉 그의 결단력을 파괴하고 악한 영들로 그를 지배하게 했던 '의지의 수동성'에서 벗어나기 위한 치열한 싸움이 될 것이다.

그가 속이는 영에게 내어준 모든 입지를 거절한 즉시로 귀신 들림과 그 영향이 사라지지 않는 이유는 무엇인가? 그것은 모든 입지가 간파되어야 하고, 그가 모든 면에서 속임당하지 말아야 하며, 악한 영들이 그 붙잡고 있는 모든 것에서 쫓겨나야 하기 때문이다. 귀신 들리는 원인이 무엇이든 자유롭게 되기 위해서는 사탄의 거짓말 대신 하나님의 진리가, 수동성 대신 능동성이, 무지 대신 지식이, 원수에게 굴복하는 것 대신 저항이, 수용 대신 거절이 그 위치를 점해야 한다.

행동은 사상과 신념의 결과이다. 우리는 항상 그 입지의 근본적 원인이 되는 사상과 신념까지 점검해 보아야 한다. 악한 자에게 사로잡힐 근거를 내어준 잘못된 사상과 신념은 간파되고 포기되어야 한다. 수용 또는 거절의 근거는 우발적인 생각이나 막연한 느낌이 아니라 지식이다. 이런 이유로 이해력은 구원과 그 이후의 전쟁에서 중요한 요인이 된다.

영적 생활에서 일어난 어떤 어려움이든지 그 근거를 찾을 때 믿는이들은 일반적으로 그 현상의 근본적인 원인을 밝히려 하지 않고 자각하고 있는 '나타난' 어려움만을 살핀다. 나무의 뿌리를 찾을 때 사람들은 땅 위에 조금 '나타난' 뿌리를 발견하는 것으로 만족해하지 않는다. 그들은 나무의 성장 요인이 더 깊은 곳에 있다는 것을 안다. 믿는이들이 자신들이 겪고 있는 어려움의 원인이 처음에 자각한 현상보다 더 깊은 곳, 즉 악한 자에게 속임당할 기회를 내주었던 어떤 '사상'이나 '믿음'에 있음을 진단하는 것은 매우 중요한 일이다.

필자는 여기서 '무의식'을 예로 들어 설명하겠다.

(1) '무의식'의 징후를 발견함(이것은 다른이들에게서 온 빛을 통하여 발견할 수 있음).
(2) 거절과 선택의 행동(악한 무의식과 악한 의식을 거절함).
(3) 과거에 허용했던 입지에 대한 빛을 구함.
(4) 원인을 발견함 : '자아에 대한 무의식'이 죽음의 참된 의미이자 '하나님만을 의식하게 되기 위한' 조건이라는 '사상과 믿음'.

믿는이는 그러한 '사상'과 '믿음'을 받아들인 이래로 줄곧 악한 영들이 그 '사상'과 '믿음'을 이용해 얻은 모든 것과 그 결과에 복종케 되었다. 이는 악한 영들이 믿는이가 갈망했던 것, 즉 사탄적인 현시를 일으키는 수동성의 근거를 형성하는 '무의식'을 그에게 실현되게 했기 때문이다. 믿는이는 '자아에 대한 무의식'이 죽음의 참된 의미이자 '하나님만을 의식하게 되기 위한' 조건이라는 '사상'과 '믿음'을 받아들임으로써 악한 영들이 일으킨 무의식 상태에 빠졌기 때문에 악한 영에게 굴복하게 된 것이다. 따라서 악한 영에게서 자유로워지기 위해서는 자아에 대한 무의식이 죽음의 참된 의미이자 하나님만을 의식하게 되기 위한 조건이라는 사상과 믿음에서 '악한 영이 역사할 근거를 얻었음'을 발견해야 한다.

믿는이가 귀신 들리는 데에 필요한 특정한 입지를 거절하고 저항하는 데도 그 입지가 제거되지 않는다면, 그는 그 원인 곧 과거에 그가 가졌던 '사상'과 '믿음'에 기인한 입지를 발견할 수 있도록 빛을 구해야 한다. 이 입지가 발견되고 거절될 때 필연적으로 '귀신 들림'은 사라지게 된다.

모든 입지를 거절함

이 때문에 믿는이는 인내를 가지고 싸워야 한다. 즉, 악한 자에게 내어준 입지를 끊임없이 거절하는 태도를 견지해야 하는 것이다. 이는 입지를 거절하는 것과 입지를 제거하는 것은 별개의 문제이기 때문이다. 모든 입지는 거절하는 그 순간에 필연적으로 제거되지는 않는다. 믿는이는 그 입지의 각 항목이 간파되고 거절되며 사로잡힌 그의 기능이 점진적으로 풀려나 그의 의지대로 자유롭게 사용될 수 있을 때까지 지속적으로 거절해야 한다.

수동성에 빠진 기능이 제대로 작동되기 위해서는 그 기능이 정상적으로 작용할 수 있는 조건, 즉 참되고 순수한 생각이 유지되는 것과 같은 조건을 회복해야 한다. 그 결과 악한 자는 정복되고 믿는이의 기능은 더 이상 악한 자의 통제를 받지 않게 된다. 그러므로 찬송하고 기도하며 말하고 읽는 등의 몸의 활동과 상상력과 기억 등의 정신의 활동에서 모두 원수의 간교한 역사 아래 있는 타락한 수동적 상태로부터 능동적 상태로 이끌려져야 한다.

악한 영들의 역사를 거절함

귀신 들림에 있어서 속이는 영들의 역사를 거절하는 것은 속이는 영들이 사로잡을 수 있도록 빌미를 제공하는 입지를 거절하는 것 못지 않게 필요한 일이다. 그는 그의 결단을 다음과 같이 선포할 수 있다.

> 나는 악한 영의 '영향력'을 거절한다.
> 나는 악한 영의 '능력'을 거절한다.
> 나는 악한 영에게 '인도받기를' 거절한다.
> 나는 악한 영에게 '안내받기를' 거절한다.
> 나는 악한 영에게 '복종하기를' 거절한다.
> 나는 악한 영에게 '빌기를' 거절한다.
> 나는 악한 영에게 속한 것을 '구하기를' 거절한다.

나는 악한 영에게 '굴복하기를' 거절한다.

나는 악한 영에게서 비롯된 모든 '지식'을 거절한다.

나는 악한 영에게서 '듣기를' 거절한다.

나는 악한 영으로부터 오는 '환상'을 거절한다.

나는 악한 영을 '접촉하기를' 거절한다.

나는 악한 영으로부터 오는 '메시지'를 거절한다.

나는 악한 영에게서 오는 모든 '도움'을 거절한다.

믿는이는 부지중에 속이는 자가 역사하도록 제공한 빌미를 제해야 한다. 속이는 자들은 그를 통해 역사하려고 했지만 이제 그는 다음과 같이 선포한다.

"나 스스로 내 자신의 일을 할 것이다. 과거에 나는 내 일을 하려 하지 않았지만 이제 나는 영원히 그렇게 하지 않겠다."

'전투 기간'은 매우 고통스런 시간이다. 믿는이가 회복되고자 애쓰는 싸움에서 흑암의 권세들의 저항을 의식할 때, 거기서 비롯되는 심한 고통을 겪으면서 격렬하게 분투하는 힘든 순간이다. 그가 약한 상태에서 강화되려고 하는 순간, 그는 자신을 저지하는 악한 영들의 힘을 감지하게 된다. 결과적으로 그는 이전보다도 '싸울' 때 그의 상태가 더 악화되었음을 느낀다. 그가 그렇게 생각하거나 느끼지 않을지라도 이것은 '해방'의 표시이다.

귀신 들린 순서대로 귀신 들림에서 벗어나는 것은 아니다. 그 입지를 처리할 때 귀신 들림을 야기시킨 첫 번째 입지부터 처리해야 하는 것은 아니라는 것이다. 일반적으로 악한 영들에게 내어준 마지막 입지부터 제거해 나가야 한다. 그 이유는 가장 최근에 입지를 제공한 그 순간의 체험에서 싸움은 벌어지게 되며, 그 순간의 속박에서 구출되는 것이 가장 긴급한 필요이기 때문이다. 때로 이러한 시기는 귀신 들렸을 때보다 더 끔찍하게 속박당하는 단계로서, 이때 믿는이는 자신의 상태가 어떠한지 알게 된다. 그가 자신의 정상적인 상태를 되찾기 위해 싸우기 시작할 때에서야 비로소 그는 자신이 빠진 구덩이의 깊이를 알고 속이는 원수의 권세로부터 온 존재의 자유를 다시 회복하는 역사가 더디게 진행되는 것임을 발견하게 된다.

귀신을 내쫓음의 즉각적인 효과

자유를 되찾으려고 싸우는 믿는이는 귀신을 내쫓은 것의 즉각적인 효과에 속지 말아야 하는데, 이는 그 즉각적인 효과를 보면 그의 상태가 상당히 호전된 것처럼 느껴지기 때문이다. 예를 들어, 원수의 속박 아래서 수동적인 상태에 빠져 있을 때 그는 자신이 어떠한 사람인지, 무엇을 느끼고 있는지, 자신이 어떻게 표현되는지 전혀 개의치 않는다. 이 때문에 그는 이러한 것을 느낄 수 없고 이러한 것에 영향받을 수 없다. 그러나 그가 정상적인 상태를 회복하려고 싸울 때, 그는 자신이 어떠한 사람인지, 무엇을 느끼고 있는지, 자신이 어떻게 표현되는지 관심하게 되는데, 이때 그는 자신이 회복되었다고 생각한다. 둔해졌던 그의 느낌이 정상적인 상태로 회복되고 있기 때문에 그는 분명 귀신을 내쫓았다고 말할 수 있다. 그러나 그가 이 문제들에 대해 느끼는 사실은 그가 귀신 들림에서 해방되는 한 단계에 불과하다.

믿는이는 귀신을 내쫓는 것에 대해 더 많은 것을 알게 될 때 경계를 늦추지 말아야 한다. 악한 영의 속임수에는 또 다른 새로운 영역이 있으며, 영 안에서 흑암의 권세들과 벌이는 통상적인 싸움과 귀신 들림을 통한 악한 영들의 역사의 현시를 혼동하지 않도록 주의해야 하기 때문이다.

전투 기간 동안의 원수의 전략들

악한 영들이 더 이상 믿는이를 사로잡고 있을 수 없게 되었을 때에도 그 원인이 완전히 제거되지 않는 한 악한 영들은 믿는이를 놓아주려 하지 않는다. 악한 영들은 그들이 공격해온 대상들이 영적으로 어느 단계에 있든지 공격을 멈추지 않는다. 원수는 '싸울 때' 사람이 구출되는 것을 방해하려고 다양한 전략을 사용한다. 사탄은 실지 속임당한 원인이 아닌 것을 믿는 이 앞에 두어 믿는이로 그것에 매달리게 한다. 사탄은 믿는이가 갈피를 못 잡고 혼란스러워질 때까지 그를 죄에 빠뜨릴 시간을 얻는 것이다. 원수는 직접적으로 문책, 고소, 비난, 죄책감과 같은 수단을 사용하거나 간접적으로 다른이들을 사용하여 그렇게 한다. 정죄하는 영들은 믿는이가 잘못하지 않았는데 "너는 틀렸어."라고 말하며 혹은 그와 반대로 말한다. 또 다른 때에는 믿는이가 틀렸을 때 틀렸다고 말하고 옳을 때 옳다고 말하기도 한다. 그러나 믿는이가 그 말을 받아들일 만한 가치가 있다고 절대적으로 확신할 때까지 그 고소를 수용하지 않는 것은 매우 중요한 일인데, 말하자면 그 고소가 사탄의 거짓말하는 영들에게서 비롯된 것이 아님을 확실히 알게 될 때 비로소 그 말을 수용해야 한다는 것이다. 이는 하나님께서 성령의 책망하시는 역사를 결코 그 거짓 영들에게 위임하지 않으셨기 때문이다.

흑암의 권세에게 희생되었던 자가 진상을 알게 되어 악한 영들이 더 이상 속임수로 그에게서 이득을 얻을 수 없게 되었을 때, 속일 수 없게 된 순간부터 마지막 해방의 순간까지 내내 계속되는 그들의 한 가지 주된 공격은 지속적으로 "너는 틀렸어."라고 비난함으로써 믿는이로 하여금 끊임없는 정죄 아래 머물게 하는 것이다. 그럴 때 이 불쌍한 믿는이는 하나님께 나아가 '죄'에 대해 승리하려고 애쓰지만 그 모든 노력은 허사로 돌아가고 만다. 그가 기도할수록 점점 더 절망적인 수렁에 빠지는 듯하다. 그는 자신이 죄로부터 자유케 될 소망이 없는 '죄'투성이의 인간으로 느끼게 된다. 그러나 그에게 필요한 것은 흑암의 권세들에 대한 승리이다. 그가 자신이 겪는 괴로움의 진정한 원인을 간파하고 사탄을 이긴 갈보리의 승리를 붙잡을 때 이 사실이 입증될 것이다.

거룩한 말씀의 무기

자유를 얻기 위한 싸움에서 믿는이는 악한 영들에 대해 승리하기 위해 성경을 거룩한 무기로 사용해야 한다. 즉각적인 효력이 있고 구원의 증거를 주는 말씀들은 어떤 공격이든 그 공격의 특별한 성질을 보여 준다. 무기로서 효력을 발하는 말씀들은 그 싸움의 직접적인 원인을 나타내기 때문에 믿는이는 그 무기의 효력으로 그 싸움의 원인을 추론할 수 있다. 예를 들어, 무기로 사용된 본문이 '사탄은 거짓의 아비'라는 내용이고 믿는이가 사탄의 모든 거짓말을 거절한다고 선포함으로 원수의 압제로부터 자유를 얻는다면, 그것은 원수가 속이는 역사로 공격하고 있음을 가리킨다. 그렇다면 믿는이는 원수의 모든 거짓말을 거부해야 할 뿐만 아니라 "주여, 마귀가 내게 하는 모든 거짓말을 멸하소서."라고 기도해야 한다.

이 모든 것은, 다만 자유로워지기 위해서는 속임당한 믿는이가 지성적으로 행동해야 한다는 것을 의미한다. 그는 진리를 알아야 하며, 진리를 수용하고 그에 따라 행할 때 자유로워진다.

믿는이가 속임수에 빠져들어갈 때에는 지성이 사용되지 않는다. 그러나 자유를 되찾을 때 믿는이는 사려깊은 지식을 따라 행해야 한다. 즉, 믿는이는 '수동적'으로 속임에 빠져들지만, 이제 온 존재를 사용하여 능동적으로 자유를 향해 솟구쳐 올라가야 한다는 것이다.

힘에는 힘으로 맞서야 한다. 흑암의 권세들을 대항해 싸우는 전투에서 힘을 사용하는 것에는 두 방면이 있다. 하나는 믿는이가 사로잡힌 데에서 자유케 될 때 영적인 힘에 대항하여 영의 힘을 사용하는 것이고, 다른 하나는 몸을 사로잡는 능에 대항하여 물리적 힘을 행사하는 것이다. 이 둘 중 어느 것이든 속이는 자는 이러한 것이 '자기 노력'이라고 속삭임으로 그 사람을 속여 수동적인 태도를 취하게 하며, 그럼으로써 자신에 대한 저항을 그치게 하려 할 것이다.

믿는이가 귀신 들림에서 벗어나기 위해 싸울 때, 그는 세 부분으로 된 존재의 모든 힘을 사용해야 하며 싸움에서 영과 혼과 몸의 위치를 알아야 한다. 예를 들어, 악한 영들이 몸의 근육을 사로잡고 있다면 그들을 쫓아내기 위해 근육의 온 힘을 다 사용하여야 하며, 자신의 존재 다른 부분에서도 마찬가지로 그렇게 해야 한다. 그러므로 믿는이는 힘—순수한 힘—을 사용하는 것을 두려워하지 말아야 하는데, 이러한 힘을 사용하는 것은 다양한 행동을 함에 있어서 영과 혼과 몸을 능동적으로 사용함을 의미하기 때문이다. 악한 영들은 사로잡음을 통해 세 부분으로 된 사람의 힘을 피동적이고 수동적인 상태에 빠뜨렸으나, 이제 이러한 힘은 억류하고 있는 힘을 대항하여 발휘되어야 한다. 생각과 영뿐 아니라 신체적인 존재까지도 피동성에서 벗어나 자유에 이르러야 한다.

잘못된 '싸움'의 위험

그러나 영과 혼과 몸의 저항, 즉 영과 혼과 몸의 활동은 그 자신의 의지로 악한 자를 거절함으로써 수행되어야 한다. 그가 먼저 '거절'하지 않으면 어떤 결과도 얻지 못하고 '싸울' 수 있다. 거기에 악한 싸움, 즉 귀신 들림에서 비롯된 저항이 몸과 두뇌에 남아 있다. 이 악한 힘이 작용하지 않도록 믿는이는 다음과 같이 말할 수 있다. "나는 이제 영과 혼과 몸 안에서 벌어지는 모든 악한 싸움을 거절한다." 이렇게 말함으로써 그는 과거에 그가 선택한 것의 열매인 어떤 것에 저항하고 있을 수도 있다. 그가 과거에 선택한 것을 '거절'하고 무효로 할 때만이 현재 역사할 수 있다. 따라서 강력한 힘으로, 혹은 저항함으로 싸우는 것은 항상 그 배후에 거절에 대한 결단력 있는 태도를 수반해야 한다. 예를 들어, 기억력의 사용을 회복하기 위해 그는 악한 영을 거절하는 단계에서 "나는 기억하겠다."라고 말할 수 있다. 다시 말해서 그의 의지의 행동으로 자유를 붙드는 것이다. 그런 다음에는 실지로 싸우는 단계가 뒤따르는데, 이 단계에서 그는 거절함으로써 얻은 자유를 붙들고 그의 기억력이 귀신 들림에서 진정으로 자유케 될 때까지 능동적으로 행하는 것이다.

능동적인 태도와 행동을 취하기 위한 몇 가지 제안을 다음의 축약된 형태로 제시하였는데, 이것은 원수의 권세에서 자유로워지기를 추구하는 이들을 위한 지침이 될 것이다.

(1) 보혈의 능력을 지속적으로 선포하라(계 12:11).
(2) 빛을 구하기 위해 기도하고 과거를 직시하라.
(3) 당신의 영 안에서 끊임없이 마귀에게 저항하라.
(4) 당신이 자유롭게 되리라는 소망을 결코 포기하지 말라.
(5) 모든 자아-성찰을 피하라.
(6) 다른이들을 위해 살고 기도하며, 그럼으로써 온전하게 진취적이고 저항하는 능력을 갖추라.

다시 말하자면,
(1) 매일 죄에 대한 태도로서 로마서 6장 11절 위에 서라.
(2) 그리스도의 보혈의 근거 위에서(계 12:11) 매일 원수를 대적하라(약 4:7).
(3) 매일 다른이들을 위해 살라. 즉, 자신의 안을 향하여 살지 말고 밖을 향하여 살라.

승리의 무기인 로마서 6장 11절 말씀 위에 서기

로마서 6장 11절 위에 서는 것은 믿는이가 자신을 "그리스도 예수 안에서 … 죄에 대하여 죽은 자"로 여기는 태도를 취하는 것을 의미한다. 이것은 죄에 대하여서만이 아니라 믿는이 안에서, 믿는이를 통하여, 믿는이 대신, 믿는이와 협력하여 역사하는 악한 영들에 대한 죽음을 선포하는 것이다.

그리스도의 보혈을 근거로 하여 원수를 대적하는 것은 그리스도께서 이루신 역사의 무기를 믿음으로 사용하는 것을 의미한다. 즉, 죄를 인하여 죽으심으로 죄의식에서 믿는이를 자유케 하시고, 십가가 상에서 죄에 대하여 죽으시고 믿는이들 또한 그분과 함께 죽게 하심으로 사람을 죄의 권세에서 자유케 하시며, 갈보리에서 승리하심으로 믿는이를 사탄의 권세에서 자유케 하신 그리스도의 역사를 믿음으로 취하는 것이다.

다음은 악한 영들의 사로잡음과 속임에서 구출되기 위한 원칙과 조건을 요약한 것이다.

(1) 속임당하고 귀신 들릴 수 있음을 알아야 함.
(2) 실제적인 속임당함과 귀신 들림을 인정함.
(3) 과거의 영적 체험에 대한 진상이 규명될 때까지 모든 과거의 영적 체험에 대해 중립적인 태도를 취함.
(4) 악한 영들에게 기회를 주는 모든 입지를 거절함.
(5) (어떤 경우에) 그리스도의 이름의 권세로 악한 영들을 내쫓음.
(6) 죄에 대하여 죽음의 위치를 취함(롬 6:11).
(7) 귀신 들림에 관한 모든 것을 조사하고 거절함.
(8) 귀신이 내쫓긴 것의 표시를 측정하기 위해 정상적인 상태의 기준을 이해함.
(9) 기능이 정상적인 상태에 이르도록 기능을 능동적으로 사용함.

다음은 구출되기 위한 여러 단계를 다른 형태로 간략하게 요약한 것이다.

(1) 속박당한 것의 참된 원인을 끊임없이 인지함. 즉, 악한 영들의 역사를 인지함.
(2) 절대적으로 흑암의 권세들과 아무 관련이 없는 것을 선택하고 자주 이것을 선포함.
(3) 악한 영들이 일으키는 현시에 대해 말하거나 문제 삼지 말아야 함. 그것을 알아차리고 거절하고 무시함.
(4) 악한 영들의 거짓말과 변명이 드러났을 때 그것들을 거절하고 배척하라.
(5) 사상들을 주목하고 이 사상들이 침투하는 방법과 때를 주목하라. 그리고 즉시 원수의 모든 방해에 맞서 로마서 6장 11절의 태도를 취하라.

속임과 사로잡힘에서 구출되는 데 방해가 되는 것을 다음에서 간략히 살펴보자.

(1) 속임당할 수 있음을 인식하지 못함.
(2) 하나님께서는 믿는이들이 속임당하도록 허락지 않으실 거라고 생각함.
(3) 현실에 대한 지적인 인식 없이 "나는 보혈의 능력 아래 안전하다." 라고 말함.
(4) "나는 죄가 없다." 고 말함으로 '악한 영들' 에게 문을 열어줌.
(5) 주님의 뜻이 무엇인지 이해하려 하지 않은 채(엡 5:10-17) "나는 하나님께서 원하시는 모든 것을 다 하기 때문에 내가 하는 것은 다 틀림없이 옳다." 고 말함.

다음은 생각의 수동성을 극복하는 몇 가지 지침에 관한 것이다.

(1) 가능한 한 당신이 할 수 있는 것을 하라.
(2) 다른 사람을 수동적으로 의지하지 말고 주도권을 취하라.
(3) 당신이 할 수 있는 모든 것에 대해 스스로 결정하라. 다른이를 의존하지 말라.
(4) 한 걸음 한 걸음을 깨어 기도하면서 순간순간을 살라.
(5) 당신의 생각으로 사고하라―당신이 행하고 말하고 존재하는 모든 것에 대해 숙고하라.

믿는이가 계속해서 저항할 때 귀신 들림은 서서히 약화됨

칼럼 3

원수가 붙들고 있는 입지를 지속적으로 거절하고 버릴 때 원수의 사로잡음은 이제 서서히 약화된다. 속이는 자는 입지를 얻기 위해 기나긴 싸움을 싸웠으며, 이제 믿는이는 완전히 자유롭게 되기까지 오랜 기간 싸워야 할 것이다. 한편, 믿는이가 원수에게 더 많은 입지를 내어주지만 않는다면, 악한 자의 사로잡음이 약화되는 것은 또한 원수에게 내어준 입지가 어느 정도 제하여지느냐에 좌우될 것이다. 이러한 벗어남은 점진적으로 진행되지만 대부분의 경우 그 덫은 오랜 기간에 걸쳐 차츰차츰 그를 얽매어 왔을지도 모른다. 엷은 막과 같은 것이 점차적으로 그 마음을 덮어 많은 시간이 지난 후 결국 그를 속일 수 있게 되었을 것이다.

칼럼 4

근거를 거절하는 태도를 지속적으로 취하면 이어서 빛이 비취어 원수가 진상을 가리기 위해 '변명들'을 꾸며댄다는 것을 발견하게 된다. 원수는 끊임없이 그러한 시도를 함으로 사람으로 하여금 그 현상이 다른 원인에서 기인되었다고 믿게 만든다. 귀신 들림의 현시에 대해 원수는 그에게 빌미를 주었던 입지를 숨기고 덮기 위해 "그것은 신성하다.", "그것은 자연적인 것이다.", "그것은 물질적인 것이다."라고 말하며, 혹은 주로 믿는이의 기질, 환경, 다른이들의 잘못 행함 등등 때문이라고 변명한다. 그러나 믿는이가 그러한 변명을 알아차리게 될 때 그는 그것을 대적하고 그것이 사탄의 거짓말임을 밝히 드러낸다.

신성한 역사의 모조품을 제한 후에, 믿는이는 인간 자신의 모조품을 인지하고 그로부터 자유케 되는 어려운 단계를 거쳐야만 한다. 믿는이가 원수의 '변명'과 거짓말을 인식한 후에는 원수의 속임을 간파하는 데 있어서 더 예리해지며, 점검과 확신이 없이는 '자연적'이고 '물질적인' 원인을 진정한 변명으로 받아들이지 않게 된다. 예를 들어, 만일 그가 어떤 사람에 대하여 듣거나 말하는 것을 견디지 못한다면, 그는 그 '이유'가 무엇인지 자문하게 되고, 어떤 문제에 대한 공격이 멈추지 않는다면 그는 그 '원인'을 찾게 될 것이다.

사실은 믿는이가 귀신 들림으로 말미암아 공격받음으로 일들을 감당할 수 없고 또 일들을 수행할 수 없는 것이다.

승리에서 요인이 되는 공격을 지적해냄

'공격'을 지적해내는 것은 승리의 커다란 요인이다. 예를 들어, 사탄은 믿는이들을 방해하기 위해 공격할지도 모른다. 그러므로 믿는이는 보이든 보이지 않든 방해자가 그의 길을 가로막기 위해 일으키는 모든 방해를 경계해야 한다. 사탄은 믿는이로 하여금 인내하지 못하도록 공격할 수도 있으므로 그는 자신의 인내를 시험할 만한 모든 것에 대해 경계를 늦추지 말아야 한다. 믿는이가 사탄이 감행한 공격을 더 빨리 깨닫고 그것이 사탄의 공격임을 더 빨리 지적할수록 더 신속하게 그 공격을 파괴할 무기를 사용할 수 있을 것이다.

때로 성도가 잘못 행한 것에 대해 참소가 쇄도할 수 있는데, 그러한 잘못 행함은 아직 그 진위가 인정되거나 시험된 것이 아니다. 참소하는 자가 어떤 일에 대해 특별히 잘못 행한 몇 가지로 믿는이를 고소하여 믿는이가 그 일을 하나님께 맡기었다 하자. 그럼에도 불구하고 그 일에 대한 참소가 계속된다면, 이러한 참소는 실지로 근거가 있어서 하는 것이 아니라 숨겨진 다른 원인에서 나온 것임을 나타낸다. 그때 믿는이는 요한복음 3장 21절에 근거하여 그 숨겨진 원인을 보여 주시도록 하나님께 빛을 구해야 한다. 그리고 "나는 이러한 공격의 원인이 무엇이든지 그것을 거절하고 주님께서 그 원인을 멸하실 것을 믿는다."고 말함으로 그 참소 자체를 알아볼 필요 없이 참소의 원인을 거절해야 한다. 그러나 때로 믿는이가 어떤 일을 잘못 행한 것으로 인해 참소받을 때, 이런 식으로 거듭 그 참소를 제하려고 애써도 그 참소가 사라지지 않는다. 그때 그 공격의 실지 원인은 귀신 들림에 있지 결코 어떤 '일'에 있는 것이 아니다. 이 경우 믿는이가 싸워야 할 대상은 전적으로 '귀신 들림'이다.

속이는 영의 실지 위치는 종종 믿는이들이 명백하게 알아볼 수 있는 것과는 반대되는 방향에서 발견될 것인데, 이는 속이는 영들이 드러나면 내쫓길 것을 알기 때문에 믿는이들의 주의를 딴 데로 돌리기 위해 애써 다른 곳을 공격하기 때문이다.

칼럼 5 | 징후들이 서서히 사라짐

이제 위에 언급된 단계들의 결과를 볼 수 있다. 징후들은 서서히 사라지고 믿는이는 정상적인 상태로 되돌아와 스스로 그의 기능을 사용할 수 있으며 그의 의지로 자신의 사상을 조절할 수 있음을 발견한다. 그것은 사탄적인 매장시킴에서 영적으로 부활한 것이다.

이제 자유케 되고 있는 사람은 그것이 최후의 승리라고 생각하거나 혹은 속이는 영이 일으키는 현시들이 사라졌기 때문에 이제 속이는 영이 완전히 쫓겨났다고 생각지 않도록 주의해야 한다.

그러므로 이전과 다름없이 깨어 기도할 필요가 있다. 악한 영은 폭로되었고 영혼은 속임에서 벗어났지만, 그 속임이 깊으면 깊을수록 사탄이 믿는이의 마음을 덮었던 막을 제거하는 데, 그리고 여러 가지 기능과 영과 혼과 몸의 피동성을 멸하는 데 더 많은 시간이 걸린다. '속임에서 벗어나는 것'이 반드시 완전히 구원되는 것을 의미하는 것은 아니다. 그러므로 믿는이는 그를 묶고 있던 모든 묶임에서 벗어나게 될 때 귀신 들림에 대한 싸움을 그치는 올무에 빠지지 않도록 조심해야 한다.

여기서 믿는이는 자신을 알아야 하는데, 말하자면 자신이 어느 정도 자유를 가졌는지 판단할 수 있어야 한다는 것이다. 믿는이는 자신의 원래의 정상적인 상태에 대한 분명한 표준을 가지고서, 그가 그 표준을 초과하여 그의 정상적인 균형과 역량 이상으로 과도하게 긴장된 상태에 있는지, 혹은 그 기준에 미치지 못하여 그의 존재의 모든 부분을 통제할 수 없는 상태에 있는지를 간파함으로써 자신이 어느 정도의 자유를 가졌는지 판단할 수 있다.

자신의 원래의 정상적인 상태를 아는 것이 중요함

이러한 이유로 인해 믿는이가 악한 영들의 세력에서 완전히 구출되기 위해서 자신의 원래 정상적인 상태를 아는 것은 필수 불가결한 것인데, 믿는이는 그 앞에 놓인 이 척도를 가지고 그가 신체적으로나 지적으로나 영적으로 얼마나 구출받았는지를 판단할 수 있다. 이것은 믿는이의 모든 기능이 자유케 되고 그리스도께서 자신을 자유케 하신 그 자유함 속에서 해방된 사람으로 서기까지 확고한 결단력과 믿음으로 끝까지 싸우기 위한 것이다.

그가 이러한 표준으로 자신을 판단할 때 그는 "내 상태가 이전과 같지 않다."고 말할지 모른다. 이로 인해 그는 자신의 정상적인 상태를 복구하기 위해 기도로 싸운다. 속이는 영들은 그의 자유를 향해 나아가는 것을 막기 위해 온갖 종류의 변명을 제시할 것이다. 예를 들어, 그의 나이가 사십이라면, 속이는 영들은 "당신의 지성은 이십 세 때처럼 활력적이지 않다." 혹은 "과로했기 때문에 당신이 해야 할 일을 하지 못한 것이다."라고 하면서 다양한 변명을 제시할 것이다. 그러나 자신이 귀신에게 사로잡힌 사람이었다면 그는 '자연스러운 것'처럼 보이는 이유를 받아들이지 말아야 한다. 믿는이는 영과 혼과 몸에서 자신이 도달한 은혜의 최고의 분량을 알고 흑암의 권세들의 모든 시도에 맞서 저항함으로 자신을 지켜야 한다. 만일 그가 치밀한 사람이라면 거짓 영들이 그를 속이려고 애쓴다는 것과 그들의 거짓말에 저항해야 한다는 것을 알게 될 것이다.

정상적인 상태를 회복함

지속적으로 생각을 정상적인 활동 상태에 있게 하는 몇 가지 실제적인 길을 간략하게 제시하겠다.

(1) 과거에 대한 태도

자신이 한 일과 하지 않은 일에 대해 '후회해서는' 안 되며 '지나치게 생각에 잠겨서'도 안 된다. 이것은 과거를 회고하는 보편적인 생각의 작용일지라도 자칫하면 일반적으로 '가슴앓이'로 묘사되는 심한 상태에 빠져들 수 있다. 믿는이는 단순히 '회고'하는 것인지 아니면 '후회'나 '가슴앓이'를 하는지, 혹은 '지나치게 상념에 빠져' 있는지를 분별하기를 배워야 한다. 삶에서 승리하기 위해서는 과거의 실패들을 포함하여 과거에 대해 승리해야 한다. 과거의 좋은 것은 마음에 혼란을 일으키지 않고 악한 것으로 생각되는 것만이 마음에 어려움을 일으킨다. 믿는이는 요한 일서 1장 7절을 근거로 하여 하나님과 함께 처리함으로써 이것을 해결해야 하고, 그렇게 할 때 구원받을 수 있다.

생각의 정상적인 활동이 회복될 때, 먼저 생각은 활동을 개시해야 하며, 그런 다음 균형 잡힌 활동을 할 수 있게 된다. 이것은 악한 영에게 사로잡혀 있는 동안에는 매우 어렵고 때때로 불가능하기조차 한 일이다. 그러므로 귀신 들림은 균형 잡힌 작용이 회복되기 전에 사라져야 한다. 이러한 원칙은 모든 기능에도 적용된다.

(2) 미래에 대한 태도

미래에 대한 생각의 활동에도 동일한 태도가 적용될 수 있다. 죄나 사탄이 초래한 '생각에 빠지는' 악한 상태에 떨어지지 않는 한 과거나 미래에 대해 생각하는 것은 가한 일이다.

(3) 악한 영들에 대한 태도

믿는이는 귀신 들림이든 훼방하는 것이든 악한 영들에게 새로운 입지를 내어줌으로써 그들이 자신을 훼방하도록 허용해서는 안 된다.

(4) 현재에 대한 태도

필요할 때 사용할 수 있도록 능동적으로 준비하면서 매순간 해야 할 일에 마음을 집중해야 한다. 이것은 끊임없이 활동하라는 의미는 아닌데, 전혀 쉬지 않는 지적인 활동은 속임당한 것의 징후가 될 수 있다.

하나님의 말씀의 무기

믿는이는 자신의 기능을 손쉽게 사용하는 것을 회복하며 악한 영에게 수동적인 상태로 복종하다가 회복된 후 생각을 건강한 상태로 유지하는 것이 흑암의 세력과의 부단한 싸움임을 알아야 한다. 이러한 싸움에서는 체험이 증명하듯이 하나님의 말씀에 나타난 싸움의 병기를 사용해야 한다. 예를 들어 성경에 있는 "한날의 괴로움은 그날에 족하다"라는 진리는 과거에 대해 지나치게 생각하는 것이나 미래에 대한 고뇌를 거절하게 하는 무기이다. 원수의 압박이 너무 심할 때 "마귀를 대적하라 그리하면 너희를 피하리라"는 말씀을 무기로 사용할 수 있다. 이 외에도 여러 다른 '전투'에 대한 성경 본문들은 악한 날에 원수의 속박에서 벗어나려는 믿는이를 맹습하는 그 자를 찌르는 '성령의 검'이라는 것이 참되게 입증될 것이다.

(5) 의지의 견고한 태도나 행동

생각이 정상적으로 활동하는 상태로 유지되고 원수의 방해에서 벗어나기 위해서는 믿는이가 그의 의지를 견고하게 세우는 태도를 유지해야 한다. 예를 들면, "나는 내 생각이 수동적인 상태에 떨어지도록 가만히 있지 않겠다." "나는 내 기능들을 자유자재로 완벽하게 조절해서 사용하겠다." "나는 원수에게서 오는 모든 것을 인식하기 원한다."라는 태도이다. 이러한 모든 것은 이렇게 하겠다는 결심이라기보다는 그의 선택을 천명하는 말들이다. 흑암의 권세들은 단순한 결심, 즉 결의에 영향을 받는 것이 아니라 흑암의 권세들에 대항하여 서는, 즉 하나님께서 주시는 능력으로 확신 있게 선택하는 결단력 있는 행동으로 무력화된다.

칼럼 6 | 구출될 때 체험한 것의 결과들

이제 믿는이는 체험에서 다음과 같은 결과를 얻게 된다. 그는 하나님의 빛 가운데서 두려움 없이 원수의 역사에 대한 분명한 이상을 갖는다. 그 모든 활동이 지적으로 이루어지는 분명한 생각과 대적자에게 속한 것으로 간주되는 모든 것을 주저함 없이 강하고 순수한 영으로 저항하는 데 있어서 의지의 냉철한 결단력을 갖게 되는 것이다. 여기에는 원수의 역사를 받아들이는 대신 확고하게 확립된 거절의 태도가 있으며, 거짓 대신 진리가 있고, 무지 대신 지식이 있다.

이제 거기서 구출된 믿는이는 사냥꾼이 쳐놓은 그물에 걸려든 것처럼 보이는 다른이들의 구출을 깊이 갈망하게 된다. 그러한 믿는이는 그리스도와 그분이 구속하신 이들에 대해 지독한 적대감을 가진 마귀의 특성을 예리하게 꿰뚫어 본다. 그는 영적인 체험에서 과거에 혼란스럽게 느꼈던 것을 이제 분명하게 이해하게 되고, 대적자는 역사할 입지를 더 이상 찾지 못하게 되며, 이제 미혹됨에서 벗어난 사람은 초자연적인 역사들을 '자연스럽게' 보게 된다. 그는 이제 결코 방심하지 않고 항상 경계를 늦추지 않으며 하나님의 힘을 의지하면서 흑암의 권세들을 대항하여 깨어 있다. 더욱이 그는 악한 영들이 자신을 공격하고 미혹할 수 있는 입지가 되었던 과거의 약하고 수동적인 태도를 벗어버리고 자신을 공격하는 사악한 영들을 저항하는 힘을 점점 더 많이 갖게 된다.

이제까지의 구출되는 단계들은 '믿는이들의 행동의 실제적인 방면'을 다룬 것이다. 하나님 편에서는 이미 승리를 얻었고 사탄과 그의 속이는 영들은 정복되었지만, 믿는이가 실지로 자유를 얻기 위해서는 성령과 능동적으로 동역하며 속박 대신 자유를 선택하는 결단력을 지속적으로 행사할 필요가 있다. 이 결과 믿는이는 자신의 모든 기능을 정상적으로 사용함으로 원수의 속박에서 자유케 된다.

주님은 "진리를 좇는 자는 빛으로 온다"(요 3:21)고 말씀하셨다. 악한 영들은 정확한 것을 싫어하므로 속임수와 거짓으로 위장하여 일한다. 믿는이는 만일 그가 '어둠의 일을 벗고'(롬 13:12) 하나님의 갑옷, 즉 빛의 갑옷을 입고자 한다면 하나님의 빛으로 나아와 그분의 빛이 삶의 모든 방면들뿐 아니라 모든 영적인 체험들에도 비추일 수 있게 해야 한다.

구출되는 것에 대한 말씀의 방면

우리가 빛 가운데 행하면 하나님의 아들 예수 그리스도의 피가 우리를 모든 죄에서 씻는다.

그러나 빛은 영혼이 빛 가운데 행할 수 있도록 비춰져야 한다. 악한 영들은 주 예수의 이름으로 쫓겨날 수 있지만 그들이 얻은 입지는 '그 입지를 거절하는 의지의 지적인 선택'과 '갈보리에서 그리스도와 함께 죽음으로 구원을 자기의 것으로 취함'으로써만 제거될 수 있다.

제 9 장
사람의 의지력과 사람의 영

9 | 사람의 의지력과 사람의 영

War on the Saints

　이제 우리는 성경을 통해 믿는이 안에서 하나님께서 역사하시는 참된 길에 대해 사탄과 그의 사악한 영들의 길과 대조하면서 살펴볼 필요가 있다. 하나님과 협력하는 원칙은 하나님에 의해 수동적으로 조종당하는 것이 아니라 완전히 이해하는 가운데 행하는 것인데, 이것은 속임당함과 귀신 들림에서 벗어나기 위한 기초일 뿐 아니라 다음 장에서 다루게 될 전투의 기초이기도 하다.

　간략히 말해서, 거듭난 사람의 영 안에 내주하시는 성령께서는 믿는이의 의지의 능동적인 협력이 있어야만 혼의 기능과 몸의 지체들을 통하여 활동하고 역사하신다고 할 수 있다.

　즉, 사람의 영 안에 계시는 하나님께서는 그 사람 자신이 "나는 내 손을 사용하겠다."라는 의지를 세우지 않는다면 그의 손을 사용하시지 않는다는 의미이다.

하나님과 협력하는 것은 기계적으로 일하는 것을 의미하지 않음

바울은 '내 속에서 능력으로 역사하시는 자의 역사'(골 1:29)를 말한 다음 '나도 그의 역사를 따라 수고하노라'고 말했다. '나도 수고한다'는 것은 증기의 힘으로 엔진이 작동하는 것과 같이 손과 발과 지성이 힘을 주시는 하나님께 반응하여 기계적으로 역사한다는 것을 의미하지 않는다. '나도 수고한다'는 바울의 말 배후에는 '나는 수고하기를 선택한다', '내가 수고할 때 하나님의 능력과 힘이 내가 움직일 수 있도록 나에게 활력을 불어넣어 준다'라는 바울의 의지의 완벽한 활동이 있다. 즉 "내가 살고 움직이고 행한다." "그러나 내가 아니요 내 안에 계신 그리스도(그리스도의 영으로서)이시다"라는 의미가 포함되어 있다는 것이다(갈 2:20, 빌 1:19 참조).

그것은 바울보다 크신 분인 그리스도께 있어서도 마찬가지였다. 그분은 말씀하시기를, "내 뜻을 행하려 함이 아니요 나를 보내신 이의 뜻을 행하려 함이니라", "아들은 스스로 아무 것도 하지 않는다"고 하셨다. 그러나 그분은 또한 말씀하시기를, "내 아버지께서 이제까지 일하시니 나도 일한다", "나의 하는 일을 저도 할 것이요!" 라고 하셨다. 그분께서는 독립된 의지를 가지셨지만 자신의 뜻을 행하려 함이 아니요 그분을 보내신 아버지의 뜻을 행하러 오셨으며, 그분의 치료하심을 구하는 이에게 "내가 원하노니 깨끗함을 받으라"고 말씀하실 때도 아버지의 뜻을 행하고 계셨다.

그러므로 그러한 것은 믿는이의 삶 속에서도 그대로 이루어져야 한다. 하나님의 의지와 조화를 이루려는 신중한 선택으로 말미암아 하나님의 의지와 그의 의지의 본질적인 연합과 성령의 활력화시키는 능력이 주어질 때, 믿는이는 영과 혼과 몸 안에서 자신을 통제하는 데 자신의 의지를 능동적으로 사용한다. 그의 영 안에 거하시는 하나님께서는 그가 결단력을 행사할 때 그와 협력하실 수 있다.

하나님께서는 새롭게 된 사람을 그의 협력하는 의지에 의해 다스리심

죄의 권세에서 구출되고 속이는 영의 역사에서 보호받기 위해서는 구속에 대한 하나님의 목적을 분명히 이해하는 것이 중요하다. 하나님께서는 사람을 스스로 통제할 수 있는 통치권을 가진 존재로 창조하셨다. 심지어 창조주께서 이 통치권을 주셨을지라도 통치권이 행사되는 것은 그의 의지의 행동에 의한 것이었다. 그러나 사람은 타락하였고 그로 인해 그의 의지는 사탄의 통치에 굴복되었으며, 사탄은 그때부터 악한 영들로 말미암아 타락한 사람의 의지를 사로잡아 세상을 지배해왔다.

그러나 두 번째 아담이신 그리스도께서 오셔서 사람을 대신하여 아버지의 뜻에 순종하시고 일시라도 아버지의 뜻과의 온전한 협력에서 벗어나지 않으셨다. 광야에서 그분은 사탄의 뜻대로 신성한 능력을 발휘하기를 거절하시고, 겟세마네에서 고난받으실 때 그분의 뜻은 아버지의 뜻을 선택하시는 데 있어서 전혀 동요됨이 없었다. 사람으로서 그분은 하나님의 뜻을 전적으로 원하시어 죽기까지 복종하심으로 거듭난 사람을 회복하여 하나님과 화목케 하셨을 뿐 아니라 사탄의 속박에서 자유케 하셨으며, 사람을 회복하여 새롭게 되고 거룩케 된 의지를 자유롭게 사용하는 위치에 두셨으며, 하나님의 뜻에 따라 그의 의지를 신중하고 지적으로 행사하게 하셨다.

그리스도께서는 사람의 영과 혼과 몸을 죄와 사탄의 지배로부터 구출하시기 위해 갈보리 십자가에서 구원을 이루셨다. 그러나 그러한 완전한 구원은 믿는이의 의지가 중심이 되어 작용하게 되는데, 그의 세 본성의 각 부분에 대해 하나님의 뜻을 신중하게 선택함으로써 믿는이 안에서 성취된다.

하나님의 뜻과 연합된 인간의 의지는—하나님의 활력화시키는 힘이 그의 의지와 함께 역사하도록 하는—'그의 영'과(잠 25:28, 고전 14:32), 혼의 모든 능력을 포함하는 사상 혹은 생각과(골 3:2), 몸을 지배한다(고전 9:27). 죄와 사탄에게 종 노릇 하는 데에서 자유케 하는 하나님의 능력에 의해 믿는이가 그의 의지의 자유로운 활동을 회복함으로 기꺼이 자발적으로 하나님의 뜻을 원할 때, 그리고 새롭게 된 사람이 자신의 영과 혼과 몸에 대한 통치권을 다시 손에 넣었을 때 그는 '예수 그리스도로 말미암아' 생명 안에서 왕 노릇 하게 된다(롬 5:17).

그러나 천연적인 사람은 먼저 자신의 영의 거듭남에 대해 알지 못하고서는 그의 의지의 새롭게 됨과 자유의 단계에 도달할 수 없다. 하나님께서는 타락한 사람이 거듭나는 순간에 비로소 그 안에 계실 수 있다(엡 2:12, 3:16, 요 3:5-8). 그는 '하나님으로부터 나야 한다'. 그러한 태어남이 필요하다는 사실은 이전에는 그 안에 신성한 생명이 존재하지 않았다는 것을 말한다. 그러나 일반적으로 거듭났다 해서 그 사람이 즉시 영적인 사람, 즉 전적으로 영에 의해 지배받고 영을 따라 행하는 사람이 되지는 않는다는 것 또한 이해할 필요가 있다.

'천연적인' 사람 대(對) '영적인' 사람

처음에 거듭난 사람은 성령께서 그분의 지성소인 거듭난 영 안에 거하시도록 더 충만하게 그분을 받아들일 필요가 있음을 이해하기까지는 다만 그리스도 안의 '갓난아기'로서 시기와 다툼 등 천연적인 사람의 특성이 나타나게 된다.

거듭나지 않은 사람은 전적으로 혼과 몸에 의해 지배받는다. 거듭난 사람은 그의 영이 거듭난 후 소생되어 그 안에 성령께서 내주하시기는 하지만 그의 영이 압박당하고 묶여 있기 때문에 혼과 몸의 지배를 받을 수 있다. 영적인 사람의 영은 혼의 속박에서 자유케 되어(히 4:12) 생각과 몸 안에서 성령의 기관이 된다.

거듭난 사람의 의지가 성령의 능력에 의해 하나님의 법과 목적에서 그분과 조화를 이루고, 겉 사람 전체가 '자기 통제'의 상태로 이끌려지는 것은 그때이다. 그러므로 성령의 열매 중에 절제(자기 통제)가 있는 것이다(갈 5:23). 성령의 열매는 단지 혼—인격—의 통로를 통해 나타나는 사랑과 희락과 오래 참음과 온유만이 아니라, 자신의 세계를 지배하는 데 있어서 다음과 같이 되는 것이다. ① 그리스도에게서 나타난 것처럼 모든 생각이 사로잡혀 아버지의 뜻에 복종된다(고후 10:5). ② 또한 그의 영이 의지에 '지배받아' '냉철하게' 된 결과 그는 자신의 마음에 있는 것은 물론 영 안에 있는 것도 임의로 '마음에 간직하여 두거나' 말할 수 있다(잠 17:27). ③ 그의 몸은 의지에 복종되어 하나님께서 활력 있게 하시고 능력을 주심으로 훈련된 치밀한 도구가 된다. 몸은 섬김을 위한 수단으로서 지성으로 조절할 수 있는 도구이며, 더 이상 사람의 주인이거나 사탄의 도구이거나 제어하기 어려운 욕망을 충족시키는 도구가 아니다.

결단력 있는 의지의 행동을 하도록 부르심

이 모든 것은 신약의 서신서들에서 완전히 밝혀진다. "우리 옛 사람이 예수와 함께 십자가에 못 박혔다"는 말씀은 갈보리에서의 그리스도의 역사를 말하는 것이다. 그러나 이러한 잠정적인 사실이 그의 속에서 실현되기를 갈망하는 사람 편에서, 그는 부정적인 면과 긍정적인 면 모두에 대해 단호하게 선택의 태도를 표명하라는 요구를 받는다. 다음의 몇 구절이 보여 주는 바와 같이 사도는 구속받은 믿는이에게 자신의 의지로 과단성 있게 행동할 것을 거듭 호소한다.

부정적인 면

"어둠의 일을 벗어버리라" (롬:13:12)

"옛 사람을 벗어버리라" (엡 4:22)

"옛 사람과 그 행위를 벗어버리라" (골 3:9)

"땅에 있는 지체를 죽이라" (골 3:5)

"육적 몸을 벗으라" (골 2:11)

긍정적인 면

"빛의 갑옷을 입으라" (롬 13:12)

"새 사람을 입으라" (엡 4:24)

"새 사람을 입으라" (골 3:10)

"너희 지체를 하나님께 드리라" (롬 6:13)

"예수 그리스도로 옷 입고 정욕을 위하여 육신의 일을 도모하지 말라" (롬 13:14)

"하나님의 전신갑주를 취하라" (엡 6:13, 16)

"자비를 옷 입으라" (골 3:12)

"하나님의 전신갑주를 입으라" (엡 6:11)

이 모든 구절은 사람의 결단력 있는 의지의 행동을 서술하는데, 이 구절들은 밖에 보이는 것을 향한 것이 아니라 보이지 않는 영적인 영역을 향한 것이며, 사람의 의지적인 행동이 영적인 영역에 미치는 영향을 부수적으로 보여 준다. 이 구절들은 또한 사람의 의지가 그리스도의 자유케 하는 능력과 조화를 이루어 행동할 때, 그의 의지를 결단력 있게 사용함으로 나타난 결과를 강조한다. 그리스도께서는 갈보리 십자가에서 그 역사를 이루셨지만, 그 역사는 사실상 믿는이 자신의 의지의 행동을 통하여 적용된다. 이러한 의지의 행동은 마치 그가 직접 보이지 않는 흑암의 일들을 '내쫓는' 능력을 가진 것처럼 행동하는 것이며, 이러한 그의 의지의 행동으로 그 '내쫓는' 일을 유효하게 만드시는 하나님의 영의 동역을 얻어낼 수 있다.

사람을 구원하시어 자신의 구원을 이루어내도록 하시기 위해 하나님께서는 그분 자신과 협력하도록 사람을 부르셨는데, 이는 그가 그분의 기뻐하심을 원하고 행할 수 있도록 그와 함께 그 안에서 역사하시는 분이 하나님이시기 때문이다.

하나님께서는 구원을 이루기 위해 사람이 그분과 협력하도록 부르심

사람이 거듭날 때 하나님께서는 그가 하나님과 교제하는 가운데 행함으로 자신을 다스리도록 의지를 결단력 있게 사용할 수 있는 자유를 그에게 주신다. 그리고 하나님을 선택하는 이러한 자유 의지의 회복으로 말미암아 '사탄은 그 능력을 상실하게 된다'. 사탄은 이 세상 신이며, 직접적으로든 간접적으로든 그에게 종 노릇 하는 사람들의 의지를 통하여 세상을 다스리는데, 그는 사람들이 서로를 속박하도록 자극하고 그러한 영향력을 탐내도록 부추김으로써 이 일을 수행한다. 그렇기 때문에 사람들은 하나님과 함께 역사하여 각 사람에 대한 자신의 인격의 의지의 자유를 회복하고 옳은 것을 옳은 것으로 선택하는 능력, 즉 갈보리에서 이미 얻은 그 능력을 회복해야 한다.

이러한 측면에서 우리는 어둠의 세상 주관자들이 지배하는 영역─직접적으로는 분위기의 영향력으로, 간접적으로는 사람들을 통하여─에서 ① 최면술적인 암시와 ② 생각을 읽는 것과 ③ 의지의 조종과 다른 형태의 보이지 않는 힘으로 역사하는 것을 볼 수 있는데, 그것은 때로 다른 사람들의 유익을 위해 일하는 것처럼 보인다.

'암시'에 의한 치료 형태와 육체적인 면과 정신적인 면에서 사람에게 유익을 주려고 추구하는 모든 유사한 방식들이 위험한 것은 후에 그의 의지와 정신력이 수동성에 빠져 사탄의 영향력에 노출되기 때문이다.

의지의 결정에 대한 믿는이의 권리

믿는이의 의지가 수동적인 상태에서, 그리고 이 세상 임금의 지배에서 자유케 되는 것은 그가 자신의 선택의 권리를 깨닫고 그의 의지를 신중하게 하나님 편에 둠으로 그분의 뜻을 선택하기 시작할 때 이루어진다. 믿는이가 자신의 의지를 완전히 자유롭게 사용할 수 있을 때까지 "나는 하나님의 뜻을 선택하고 사탄의 뜻은 거절한다."라고 말함으로써 자주 그의 결심을 확고하게 표명하는 것이 유익하다. 그는 무엇이 무엇인지 분간할 수조차 없을지 모르지만, 그러한 선포는 보이지 않는 세계, 즉 하나님께서 그분의 뜻을 선택하는 믿는이 안에서 성령으로 역사하시는 세계에서 효력을 발한다. 하나님께서는 이러한 그의 의지를 통해 죄와 사탄의 요구를 끊임없이 거절하도록 힘을 주신다. 그로 인해 사탄은 더욱더 무력하게 되고, 믿는이는 갈보리에서 자신을 위해 잠정적으로 성취된 구원 안으로 들어가게 되며, 하나님께서는 거역적인 세상에서 다시 한 번 충성된 백성을 얻으시게 된다.

믿는이 편에서 의지의 작용은 생각의 이해에 지배된다. 즉, 생각은 무엇을 해야 할지 알고, 의지는 그것을 하기로 선택하며, 그런 다음 영으로부터 생각이 인식하고 의지가 선택한 것을 성취할 힘을 얻는다. 예를 들면, 사람은 ① 그가 말해야 함을 깨닫고, ② 말하려는 것을 선택하거나 뜻하게 된다. ③ 이에 따라 그는 자신이 결정한 것을 수행할 힘을 영에서 얻는다. 이것은 하나님과 완전한 동역을 하기 위해 어떻게 영을 사용할 것인지를 인식하고 영의 법을 아는 것이 필요함을 의미한다.

의지의 배후에서 성령에 의해 힘을 얻는 사람의 영

그러나 하나님과 협력하여 자신의 의지를 사용하는 믿는이는 로마서 7장 18절에서 바울이 말한 바, "원함은 내게 있으나 선을 행하는 것은 없노라" 의지로 선택하는 것만으로는 그다지 충분치 않다는 것을 이해해야 한다. 영으로 말미암아, 그리고 '속 사람(거듭난 사람의 영, 엡 3:16)' 안에 계신 성령께서 힘을 주심으로 말미암아 자유케 된 의지는 하나님의 뜻을 갈망하고 그분의 뜻을 행하기로 결정한다. "너희 안에서 행하시는 이는 하나님이시니 … 너희로 소원을 두고 행하게 하시나니"(빌 2:13). 하나님께서는 믿는이로 하여금 결정하거나 선택하려는 소원을 가지고 행하게 하신다. 그런 다음 하나님께서는 믿는이에게 그가 선택한 것을 수행할 수 있는 힘을 주신다. "너희 안에서 행하시는 이는 하나님이시니 … 자기의 기쁘신 뜻을 위하여 …".

하나님께서는 그분이 거하시는 영으로부터 믿는이가 무언가를 할 수 있는 힘을 주시는데, 그것은 믿는이가 ① 자신의 의지와 ② 생각과 ③ 몸을 사용하는 것을 분명히 이해하는 것과 마찬가지로 그의 영을 사용하는 것에 대한 이해를 가짐으로써 가능해진다. 믿는이는 자신이 어떤 일을 할 수 있기 전에 먼저 하나님의 뜻을 이해하기 위해 어떻게 그의 영의 느낌을 식별하는지를 알아야 한다.

영이라는 구별된 기관

사람의 영이 혼이나 몸과 따로 구별된 기관이라는 사실은 다음 몇 구절에서 보여 주듯이 성경에 매우 분명히 계시되어 있다.

"사람의 영" (고전 2:11).
"나의 영이 기도하거니와" (고전 14:14).
"성령이 친히 우리 영으로 더불어 … 증거하시나니" (롬 8:16).
"내 영" (고전 5:4).
"내 영이 편치 못하여" (고후 2:13).

이 외에도 히브리서 4장 12절에 나타난 바와 같이 하나님의 말씀—성령의 검—에 의해 수행되는 '혼과 영'의 분별이 있다. 영은 하나님과 연합하여 혼과 몸을 지배하고 통치해야 했으나 타락으로 인해 그 뛰어난 위치에서 혼의 용기(容器)로 전락하여 더 이상 혼과 몸을 통치할 수 없게 되었다. 그러나 이 타락한 영은 '새로운 출생' 때에 거듭나게 되는데, 이는 주 예수님이 니고데모에게 말씀하신바 모든 사람에게 필요한 것이다. "성령으로 난 것은 영이니"(요 3:6), "새 영을 너희 속에 두고"(겔 36:26). 로마서 6장 6절이 말하듯이 옛 창조가 그리스도와 함께 십자가에 못 박혔다는 사실을 깨달음으로써 새 영은 혼에서 분리되어 자유케 됨으로 죽은 자 가운데서 살아나신 주님과 연합되었다. "율법에 대하여 죽임을 당하였으니 … 죽은 자 가운데서 살아나신 이에게로 가서 … 죽었으므로 … 영의 새로움으로 섬길 것이요 …"(롬 7:4-6).

그러므로 믿는이의 삶은 '영의 일들'을 생각함으로 '영을 좇아' 행하는 것이다(롬 8:4-5). 개역 성경에서 '영'이라는 단어는 하나님의 영을 가리키는 대문자 'S(Spirit)'로 표기되지 않고 사람의 영을 언급하는 소문자 's(spirit)'로 표기되었다. 그러나 믿는이는 하나님의 영이 그 안에 거해야(롬 8:9) '영을 좇아' 행할 수 있다. 만일 하나님의 영이 그 안에 거하시면 성령께서는 그의 영으로 죽은 자 가운데서 살아나신 주님과 연합되어 '한 영'이 되게 하심으로(고전 6:17) 그의 영을 혼과 몸―도덕적으로든 물질적으로든 '육체'가 되어버린―을 지배하는 위치로 들어올리신다.

믿는이가 지속해서 의지로 그의 영을 조절하는 것은 주목해야 할 중요한 요점이며, 그것을 모를 때 그의 영이 성령과의 협력에서 벗어나 부지중에 소위 혼을 좇아 '행하거나' 육체를 따라 행하게 된다. 그러므로 하나님의 뜻을 행하도록 굴복된 의지를 가졌다고 해서 그가 하나님의 뜻을 행하고 있다고 보장할 수는 없다. 그는 주님의 뜻이 무엇인지 이해해야 하며(엡 5:17) 그 뜻을 행할 수 있도록 영 안에서 가능한 한 최고도로 충만케 되기를 구해야 한다.

하나님의 영께서 오셔서 '영'이라는 성전에 거주하고 계신다는 인식이 믿는이가 지속적으로 영 안에서 행하고 육체의 욕심을 이루지 않으리라는 것을(갈 5:16) 충분하게 보증해 주지는 않는다. 만일 그가 영으로 '산다면' 또한 어떻게 영으로 행하는지를 알아야 하며, 이를 위해 어떻게 신령한 일들을 신령한 것에 결합시키고 비교하는지를 배워야 한다(고전 2:13). 그 결과, 모든 것을 시험하고 주님의 마음을 분별할 수 있는 영의 기능을 훈련함으로 하나님의 영의 일들을 정확하게 해석할 수 있다.

그러한 믿는이는 어떻게 영 안에서 행하는지를 알아야 하는데, 이는 그가 영을 사용함으로 그 힘을 길러 그의 영이 하나님의 영에 의해 움직이고 그 기능이 발휘될 때 그 활동과 기능이 소멸되지 않기 위함이며, 그럼으로써 '영 안에서 강건케 되고'(눅 1:80) 하나님의 교회 안에서 '장성한' 참된 영적인 사람이 되기 위함이다(고전 2:6, 히 6:1).

믿는이들이 얼마나 사람의 영에 대해 무지한가

① 많은 믿는이들이 자신에게 '영'이 있다는 것을 의식하지 못한다. ② 어떤 사람들은 감각의 영역에서 일어나는 모든 체험을 영(spirit)이나 '신령한' 것이라고 생각한다. ③ 성령 침례를 추구하고 그분의 내주하심을 의식하게 된 또 다른 믿는이들은 자신들의 속 생명 안에서 일어나는 모든 것이 의심할 여지없이 그분의 역사하심이라고 결론지으면서, 그분만이 그들 안에서 행하시며 그들은 당연히 그분에 의해 특별히 인도받고 있다고 생각한다.

이 세 가지 경우에서 사람 자신의 영은 소홀히된다. 첫 번째 예의 경우, 그 믿는이의 종교적인 생활은 정신적인 것이다. (아마도 매우 신령하게 정신적'이라고 말할 수 있을 것이다.) 그의 생각은 빛 비춤받고 영적인 진리를 누리지만 그는 '영'이 무엇을 의미하는지 분명히 알지 못한다. 두 번째 믿는이의 경우, 그가 자신을 영적인 사람이라고 생각할지라도 그는 실로 '혼적'인 사람이다.

그리고 세 번째 경우, 성령의 내주하심이란 모든 움직임이 그분께 속한 것을 의미하는 것이라고 생각하는 믿는이는 성령을 가장한 악한 영들의 속임수에 문을 열어주게 되는데, 그 이유는 그가 분별없이 모든 내적인 '움직임(감동)'이나 체험을 그분께 속한 것으로 생각하기 때문이다. 이런 경우 그 믿는이의 영은 성령을 영접함으로 활동할 수 있게 되지만, 그 후 믿는이는 성령께서 그들을 수동적인 통로로 삼아 행하시지 않고 그가 영 안에서 어떻게 그분과 협력하는지 알기를 요구하신다는 것을 이해해야 한다. 그렇지 않으면 성령만이 자신의 영의 활동 근원이 된다고 생각할지라도 실상 그 '자신의 영'(사람의 영)은 그분과 상관없이 행할 수 있다.

사람의 영은 성령과 함께 역사함

'영을 좇아' 행하는 것과 '영을 생각하는 것'은 생각과 몸이 영에 복종하는 것을 의미하는 것이 아니라, 사람의 영이 일상 생활에서, 그리고 생활 가운데 일어나는 모든 일에서 성령과 함께 역사하는 것을 의미한다. 이러한 동역을 위해서 믿는이는 영의 법칙, 즉 성령의 역사하심에 필요한 조건은 물론 하나님의 영을 향해 지속적으로 열려 있을 수 있도록 그 자신의 영을 지배하는 법을 알아야 한다.

성령께서 사람의 영을 그분의 지성소로 취하실 때 악한 영들은 사람의 영을 공격하여 하나님과의 동역에서 벗어나게 만든다. 그들은 먼저 생각이나 몸에 접근하여 그 사람 중심에 거하시는 하나님의 영의 출구를 닫음으로 그분께서 흘러나오시지 못하게 하려는 것을 목표로 일한다. 혹은 그 사람이 '영적이어서' 생각과 몸이 그의 영에 복종할 때에는 사탄의 영적 세력들이 그 사람의 영에 직접 접촉하려고 할 수도 있으며, 그런 연후에 바울이 말한 '씨름'(엡 6:12)이 뒤따르게 된다.

만일 그 사람이 성령 침례를 통해 '신령하게' 되었을지라도 영의 법칙, 특히 사탄의 책략에 대해 무지하다면, 그는 쉽사리 속이는 영의 맹렬한 공격에 굴복하게 된다. ① 속이는 영들은 그의 영을 황홀경이나 의기양양한 상태에 밀어넣으며, 혹은 ② 악한 상태에 몰아넣는다. 전자의 예에서 그는 신성하게 보이는 '이상'과 계시를 받지만, 후에 그런 이상과 계시가 아무런 결과 없이 사라지기 때문에 그것이 원수에게 속했다는 것이 입증된다. 후자의 예에서 그 사람은 마치 하나님께 속한 모든 지식을 잃어버린 것처럼 흑암과 사망 속에 침몰하게 된다.

믿는이가 그의 영을 통제함

믿는이가 사악한 영들의 이러한 맹렬한 공격을 이해할 때, 모든 억지스런 의기양양함과 긴장감을 거절하고 하나님의 영과 동역할 수 있는 정상적인 상태 아래로 끌어내리는 모든 중압감과 압력에 저항함으로써 그는 자신의 영의 상태를 분별하고 자신의 영을 지속적으로 통제할 수 있다.

사람의 영이 성령과 동역하는 데서 벗어나 행하는 위험성과 속이는 영들에 의해 미혹되고 영향받게 되는 것은 매우 심각한 것이다. 그러나 이것은 온유하고 겸손하게 하나님과 함께 행하는 이들에 의해 점점 간파될 수 있는 것이기는 하지만 속이는 영들에 의해 미혹되고 영향받는 것은 심각하다. 이를테면, 어떤 사람은 성령께서 다른 영혼을 구원하시는 데 그를 사용하시는 것을 보기 때문에 자신의 영의 노련함이 하나님의 능력의 증거라고 생각하기 쉽다. 또 어떤 사람은 어떤 일에 대해 그의 영 안으로 분노가 삽입되는 것을 느끼면서 그것이 하나님에게서 기인한 것이라고 생각한다. 그러나 분노가 표출되는 것을 본 다른 사람들은 움츠러들며 그러한 거친 표현은 분명 하나님께 속한 것이 아님을 안다.

하나님과 함께 행하기를 추구하는 믿는이는 성령과 동역하는 데서 벗어남으로 인해 그의 영이 하나님의 역사하심 혹은 그 사람 자신의 역사조차도 위조하는 악한 영들에 의해 받은 영향을 이해하고 간파할 필요성이 있다. 그는 그가 영적이기 때문에 그의 '영'이 영적 세계의 두 세력에 노출된다는 것을 알아야 하고, 만일 성령만이 영적 세계에서 그에게 영향을 미칠 수 있다고 생각한다면 그는 빗나가고 있음이 분명하다는 것을 알아야 한다. 물론 성령께서만 그에게 영향을 미치신다면 그는 절대로 틀리지 않겠지만, 그는 깨어 기도하며 하나님의 참된 역사를 이해할 수 있도록 빛 비춤 받기를 구해야 한다.

진정한 영적 생활을 위한 몇 가지 지침

성숙한 영적 삶을 위하여 믿는이의 영적 생활을 지배하는 몇 가지 법칙을 간략하게 요약하면 다음과 같다.

(1) 믿는이는 무엇이 영인지, 어떻게 영의 요구를 주의하며 그 요구를 소멸하지 않을 수 있는지를 알아야 한다. 예를 들어, 어떤 사람이 그의 영에 중압감을 느꼈다 하자. 중압감이 그의 영을 내리누를지라도 그는 그 압력을 견디며 계속하여 자신의 일을 한다. 그는 그렇게 하는 것이 어렵다는 것을 알지만, 그 중압감을 더 이상 견딜 수 없어서 결국 그 일을 중단하게 되기까지는 그 원인을 조사할 시간적 여유가 없다. 그러나 사실은 처음부터 그가 영의 요구를 주의해야 했으며, 원수에게서 오는 모든 압력을 기도로 거절하면서 그 '중압감'을 하나님께 가져갔어야 했다.

(2) 그는 자신의 영의 상태를 읽을 수 있어야 하고, 그의 영을 하나님과 교제하는 상태에서 끌어내리는 모든 공격을 신속하게 거절하면서 언제 그의 영이 성령과의 동역에서 벗어나는지를 즉시 알아차려야 한다.

(3) 그는 그의 영이 언제 악한 영들의 독소를 접하는지를 알아야 한다. 예를 들면, 언제 원수가 직접 그의 영에 슬픔, 고통, 불만, 불평, 결점의 발견, 애처로움, 쓰라림, 감정상의 상처, 시기 등을 주입하는지를 알아야 한다. 그는 자신의 영에 주입된 모든 슬픔, 의기소침함, 불만을 거절해야 한다. 왜냐하면 자유케 된 영의 승리의 생활은 기쁨으로 충만한 생활을 의미하기 때문이다(갈 5:22). 믿는 이들은 슬픔이 그들의 기질과 관계 있다고 생각하고 그 원인을 추론하거나 저항할 생각도 하지 않고 그것에 굴복하고 만다. 만일 뭔가를 훔치는 강한 기질을 가진 사람이 자신의 기질대로 훔쳐야 하는지를 자문한다면, 그는 즉시 "그래서는 안 돼."라고 스스로 답변할 것이다. 그렇지만 그만큼 잘못된 것처럼 보이지 않는 다른 '기질들'에는 아무런 의문을 제기하지 않고 굴복해버리고 만다. 원수가 그의 영에 이런 불화살을 쏠 때 갈등의 압박 가운데 처한 믿는이는 즉시 하나님께 그 원인을 제거해 주시기를 구하면서 그 공격에 대항해 어떻게 기도할지를 알아야 한다. 만일 그가 영을 좇아 사는 것을 아는 믿는이라면 위에서 언급된 이러한 다양한 방법으로 그의 영이 공격받는 것은 단지 원수의 공격일 뿐 '육체의 일들'의 나타남이 아니라는 사실을 주목해야 한다. 그가 육체적이기 때문에 그러한 어려움을 겪는 것이 아니라는 것이다.

(4) 그는 언제 자신의 영이 혼과 몸을 지배하는 올바른 상태에 있는지, 언제 긴박한 갈등이나 환경 때문에 영이 평정을 잃는지를 알아야 한다.

다음은 믿는이가 구별하고 처리해야 할 영의 세 가지 상태이다.

(1) 침체된 영, 즉 억눌리고 '가라앉은' 영.
(2) 올바른 상태에 있는 영, 즉 안정되고 평온하게 조절된 영.
(3) 긴장 상태에 있거나 원수에 의해 책동되거나 '들떠서' '평정'을 잃은 영.

사람이 영을 좇아 행하고 자신의 영이 이러한 상태 중 어디에 속했는지를 식별할 때, 그는 그의 영이 침체되었을 경우 어떻게 그의 영을 '들어올려야' 하는지, 또는 과도한 열망으로나 영적 원수들의 책동으로 영의 안정 상태가 깨졌을 경우 어떻게 잠잠히 그의 의지력을 행사하여 영의 지나친 활동을 억제하는지를 알아야 한다.

빛 가운데서 참된 인도를 받아 영을 좇아 행함

'인도'를 받는 데 있어서 믿는이는 그의 영에 어떠한 활동도 없을 때에는 자신의 생각을 사용해야 한다는 것을 알아야 한다. 만일 범사에 영 안에서 '아멘'한다면 두뇌를 사용할 필요가 전혀 없겠지만 항상 영이 말하는 것은 아니다. 영의 기능이 정지 상태에 있는 경우도 있기 때문이다. 이런 경우 모든 것을 인도하는 데 있어서 생각은 영의 느낌만이 아니라 생각에 있는 빛에 의해 행동의 경로를 결정한다.

결정해야 할 시점에 이를 때 뭔가를 결정하는 것은 정신적인 추론의 작용이나 영의 감각, 혹은 양자 모두에 근거한 생각과 의지의 행동에 의한 것이다.

(1) 정신적인 작용이나 추론에 의한 결정, 혹은
(2) 영의 감각에 의한 결정. 즉 영 안에서 느껴지는 움직임, 강요, 추진, 혹은 제재, 마치 '죽은 것같이' 반응이 없음, 위축됨, 열려 있음, 충만됨, 억눌리고 짐을 진 것 같은 상태, 씨름과 저항 등의 느낌으로 결정함.

하나님께서는 그분의 뜻을 세 가지 방법으로 사람에게 전달해 주신다. ① 매우 드문 방법으로서 하나님께서 사람의 생각에 이상을 주셔서 그분의 뜻을 알려 주시는 것인데, 이것은 모세와 같이 매우 성숙한 영적인 사람들에게만 주어진다. ② 생각으로 이해하게 함으로써 그분의 뜻을 알 수 있게 하시는 것이며, ③ 영에 의식을 일으키시는 것으로서, 즉 생각과 영 안의 의식에 빛을 비추심으로써 그분의 뜻을 전달하시는 것이다. 참된 인도를 받을 때 영과 생각은 하나로 조화되고 이성은 영의 인도에 맞서 거역하지 않는다. 반면 악한 영들이 위조한 인도 아래 있을 때 믿는이의 영과 생각은 하나로 조화되지 못하고 지성은 영의 인도를 거역한다. 이때 믿는이는 하나님께 속한 것처럼 생각되는 초자연적인 것에 순종하도록 강요받아 불순종하기를 두려워한다. 이 때문에 믿는이의 영과 생각은 하나로 조화되지 못하고 지성은 영의 인도를 거역하는 것이다.

이것은 모두 주관적인 인도를 언급하는 것이다. '이에 더하여 하나님으로부터 오는 모든 참된 인도는 성경과 조화를 이룬다는 사실'이 강조되어야 한다. 생각이 기록된 말씀의 지식으로 적셔졌을 때에라야 생각으로 하나님의 뜻을 '이해할' 수 있으며, 내주하시는 하나님의 영으로 말미암아 그리스도와 연합될 때 '영 안에서 참된 의식'을 소유할 수 있다.

생각은 결코 정지 상태에 빠져서는 안 된다. 사람의 영은 생각에 의해 영향받을 수 있으므로 믿는이는 공정한 결단력을 소유할 뿐 아니라 그의 생각을 정결하게 보존하고 선입관이 없는 공정한 상태로 유지해야 한다.

영 안에 아무런 움직임이 없을 때 온 종일 영 안의 '인도'를 구함으로 인해 수동성이 야기될 수 있다. 영 안에 아무런 움직임이나 '영의 이끎'이나

'영의 인도'가 없을 때에는 "온유한 자를 공의로 지도하심이여"(시 25:9)라는 하나님의 약속을 신뢰함으로 생각을 사용해야 한다. 이렇게 생각을 사용하는 예는 바울이 하나님에게서 온 어떤 특별한 인도하심에 대해 영 안에 아무 의식이 없는 상태에서 어떤 문제를 고린도인들에게 명하는 데에서(고전 7:10) 분명하게 제시된다. 그러나 또 다른 곳에서 그는 "내가 주께 받은 계명이 없으되 … 의견을 고하노니"(고전 7:25)라고 말한다. 한 면에서 그는 그의 영을 통해 인도받고 있었고, 다른 면에서 그는 그의 생각을 사용하여 "내 뜻에는"(40절 참조)이라고 분명히 말했다.

  무지함으로 인해 대부분의 믿는이들은 혼(자신의 생각과 감정)을 좇아 행하면서도 영을 좇아 행하고 있다고 생각한다. 사탄의 세력들은 이것을 잘 알기 때문에 때로 생각에 섬광처럼 번뜩이는 이상을 주거나 몸에 강렬한 기쁨의 느낌이나 들뜨는 듯한 생생한 느낌 등을 주는 계략을 사용하여 믿는이로 자신의 혼이나 육체 안에서 살도록 이끈다. 그 결과 믿는이는 혼과 육체를 좇아 행하면서도 하나님의 영을 따르고 있다고 믿는다.

  외부로부터 오는 초자연적인 일이나 감각의 영역에 있는 신령한 체험을 의존하는 것으로 인해, 영을 통해 이루어지는 믿는이의 내적인 영적 생활이 방해받는다. 믿는이는 참된 영적 영역 안에 사는 대신 감각적인 체험에 의해 겉 사람인 몸 안에 살도록 이끌림받는다. 결과적으로 그는 그의 중심을 따라 행하지 않고 환경의 초자연적인 외적 역사들에 사로잡혀 하나님과의 내적 동역의 상태를 잃게 된다. 이와 같이 마귀의 계략은 믿는이로 영을 좇아 행하지 못하게 하고 그를 혼이나 몸의 영역 안으로 이끌어들이는 것이다. 그런 연후에 영적 원수를 대항하여 싸우는 전쟁에서 성령의 기관인 영은 정지 상태에 빠지게 되고 영적 전쟁에서 그 기능이 무시되는데, 이는 믿는이가 감각적인 체험에 사로잡힘으로 인한 것이다. 이로 인해 믿는이의 영은 사실상 하나님에게서 인도받고 그분을 섬기는 능력을 얻거나 혹은 원수와 싸우는 데에서 아무런 활동과 기능을 발휘할 수 없는 상황에 처하게 된다.

사람의 영을 위조함

그런 다음 악한 영들은 영을 위조하려고 애쓴다. 악한 영들이 사람의 영을 위조할 때 사용하는 방법은 사람 안에서 영의 느낌이 아닌 다른 느낌들을 산출해 내는 것인데, 이를 위해서는 먼저 발판을 얻어야 한다. 일단 발판을 얻으면 악한 영들은 참된 영의 활동이나 영적 느낌들을 압도하고 잠재울 수 있을 정도로 강성해진다. 만일 믿는이가 이런 식으로 역사하는 원수의 책략에 대해 무지하다면, 그는 참된 영의 활동을 잃거나 영을 사용하지 않는 데 빠지게 되고, 자신이 항상 영을 좇아 행하고 있다고 생각하는 위장된 영적 느낌을 갖게 된다.

참된 영의 활동이 그칠 때 악한 영들은 하나님께서 이제 '새로워진 생각'을 통하여 인도하고 계신다고 속삭인다. 이를 통해 악한 영들은 그 자신의 역사를 숨기고 사람이 그의 영을 사용하지 못하게 하려고 시도하는 것이다. 영이 성령과 동역하던 것이 멈추고, 몸에 위조된 '영'의 느낌이 발생하며, 혼의 판단력과 이성과 생각에 위조된 거짓 빛이 비칠 때, 믿는이는 성령의 온전한 운행하심에서 오는 참된 조명을 생각에 받아들이지 못한 채 생각과 육체를 좇아 행하고 영을 좇아 행하지 않는 결과에 빠지게 된다.

참된 영의 생활을 더 깊숙이 방해하기 위해 속이는 영들은 무거운 부담과 고통을 느끼게 함으로 영의 활동을 위조하려고 애쓴다. 속이는 영들은 먼저 그에게 거짓된 '신성한 사랑(Divine love)'을 줌으로써 영의 활동을 위조한다. 믿는이는 속이는 영들의 거짓 '신성한 사랑'을 받아들인다. 이러한 애정은 완전히 속이는 자들에게 지배된다. 속이는 자들이 애정의 느낌을 지배하여 그 느낌이 사라지면 그는 자신이 하나님과 그분과의 모든 교통을 잃었다고 생각한다. 그런 다음 믿는이가 영적이고 하나님께 속했다고 생각하는바 격심한 고통으로 발전하는 속박과 압박의 느낌이 뒤따른다. 이제 그는 이러한 느낌들을 겪으면서 이러한 느낌들을 '영 안의 고뇌', '영 안의 슬픔' 등으로 부른다.

그러는 동안 속이는 영들은 애정의 느낌을 지배함으로 일으킨 고통을 통하여 그로 하여금 속이는 영들의 뜻을 행하게 한다.

믿는이는 생각을 영을 좇아 행하는 것에서 벗어나게 하여 육신적인 감각에 집착하게 하는, 초자연적인 일들에 대한 모든 육체적인 의식뿐 아니라 자연적인 일들에 대한 지나친 의식조차도 거절해야 한다. 육체적인 의식은 또한 지속적으로 생각을 집중하는 것에 장애가 되며, 영적인 믿는이 안에서 원수가 이용하는 '육체적인 의식'이라는 '공격'은 생각을 집중하는 것을 방해하며 영에 어두운 그림자를 드리울 수 있다. 몸은 완벽한 통제 아래 고요한 상태로 유지되어야 한다. 과도하게 웃는 것을 피해야 하고 모든 생각과 영을 지배할 만큼 육신적 생명을 자극하는 것은 모두 피해야 한다. 하나님의 생명 안에서 장성하고 영적인 사람이 되기를 갈망하는 믿는이들은 범사에 무절제와 방종과 극단을 피해야 한다(고전 9:25-27 참조).

육신적인 부분이 사람을 지배하고 초자연적인 체험이 몸에 영향을 미침으로 인해, 몸이 영의 일(작용)을 하게 되고 눈에 띄게 두드러져 참된 영의 생활을 가리게 된다. 몸은 압력과 갈등을 느끼며 영을 대신하는 감각 기관이 된다. 영이 아닌 몸이 느끼게 되는 것이다.

믿는이들은 그들이 '어느 부분'에서 느끼는지, 그 감정이 '어디'에서 일어나는지 지각할 수 없다. 만일 그들이 '어디'에서 느끼는지를 질문받는다면 대답할 수 없다. 그들은 감정적(혼적)이지도 않고 육신적이지도 않은 영의 느낌을 어떻게 분별하고 식별하는지를 배워야 한다(막 8:12, 요 13:21, 행 18:5 참조).

영에 대한 몇 가지 묘사

영은 전깃불에 비유될 수 있다. 만일 사람의 영이 하나님의 영과 접촉하는 가운데 있다면 사람의 영은 빛으로 충만할 것이며, 그분과 분리되어 있다면 그 영은 어두움으로 가득할 것이다. "사람의 영은 여호와의 등불이라"

(잠 20:27). 영은 또한 탄력성 있는 고무줄에 비유할 수 있는데, 영이 묶여 있거나 억압되어 있거나 중압감에 짓눌리면 영은 아무 것도 행하지 못하게 되거나 소위 생명의 샘과 능력의 근원이 될 수 없다. 중압감을 느낄 때 믿는이는 그 중압감이 무엇인지를 알아내야 한다. "중압감을 느끼는 것이 너의 몸이냐?"라는 질문을 받는다면, 그는 아마 "아니다."라고 대답할 것이다. 그러나 그는 속에서 묶임을 느낀다.

그때 묶이거나 중압감을 느끼는 것은 무엇인가? 혹 영이 아닌가? 영은 압착되거나 팽창될 수 있으며, 치솟거나 침체될 수 있으며, 묶이거나 자유롭게 될 수 있다. 사람의 영의 가능성과 잠재력은 그리스도와 연결되고 연합한 영이 강하게 되어 흑암의 세력들을 대항해 설 때라야 비로소 알려진다.

교회의 크나큰 필요는 하나님께서 그분의 백성을 통하여 그분 자신의 목적을 성취하는 데 있어서 그분의 영과 동역하기 위해 영의 법칙을 알고 이해하는 것이다. 그러나 이 책의 앞 장에서 말한 바와 같이 믿는이가 영적 생활에 대한 지식이 부족함으로 인해 사탄의 속이는 영들은 하나님의 자녀들을 속일 기회를 얻어 왔다. 하나님의 자녀들은 사탄의 위조하는 일에서 하나님의 참된 역사를 분별해야 한다.

제 10 장
전투에서 승리함

10 | 전투에서 승리함

War on the Saints

앞 장에서 우리는 악한 영들에게 사로잡힌 데에서 구출되는 길을 보았다. 이 장에서 다룰 중요한 문제는 흑암의 세력을 어떻게 이기는가에 관한 것이다. 어떻게 믿는이들을 주관하는 사악한 영들에 대하여 권위를 가지고서 이기는가를 말하는 것이다. 원수의 계략과 구출되는 길에 대해 알게 된 믿는이는 '원수의 모든 세력을 이긴' 승리의 위치로 이끌림받으며 다른이들이 자유롭게 되는 문제에 깊이 관심을 갖게 된다. 이를 위해 그는 이제 개인의 전투에서 악한 영들을 얼마나 이겼느냐에 따라 하나님의 영께서 악한 영들을 제어할 수 있는 그리스도의 '권위'를 부여하실 것이라는 사실을 이해해야 하는데, 그러한 개인의 전투는 그가 이제 들어가게 된 영적 생활의 영역에서 본격적으로 직면해야 하는 것이다.

구원과 승리의 단계들

믿는이는 자신의 길과 역사와 영의 법칙들에 대하여, 그리고 생애의 갖가지 상황에서 영의 다스림을 받을 수 있는 길에 대하여 철저히 알고 이해할 필요가 있다. 사탄이 믿는이를 속이는 데 정도가 있고 믿는이가 귀신 들리고 그 귀신 들림에서 해방되는 데 정도가 있듯이, 마귀를 이기는 데에도 정도가 있으며 믿는이가 유혹받고 그 유혹에 대해 승리하는 데에도 정도가 있다. 그리스도의 권위를 행사하는 데 있어서 성령과 협력하는 능력 또한 정도가 있을 것이며, 그것은 여러 가지 일에서 마귀를 이김으로써 공격적인 영적 힘을 얻는 것에 비례하여 얻어질 것이다. 이것은 사람이 죄의 유혹을 이길 때 죄에 대한 승리의 힘이 심화되는 것과 같다. 세상을 이긴 이김은(요일 5:4-5) 하나님의 아들을 믿는 믿음에 의해 점점 더 알려진다. 이러한 이기는 능력의 정도에 따라 보상의 정도가 결정되며, 이것은 계시록에 기록된 교회들에 대한 주님의 부르심에서 분명하게 볼 수 있다. 장차 얻게 되는 바 그리스도와 함께 다스리는 권위의 정도 또한 그분의 말씀에 비유로 예시되어 있다. "열 고을 권세를 차지하라 하고 … 다섯 고을을 차지하라 …"(눅 19:17-19).

악한 영들의 속임수와 귀신 들림에서 벗어난 믿는이가 흑암의 권세들에 대해 완전한 승리를 얻기 원한다면, 이제 모든 면에서 마귀에 대한 개인적인 승리 안에 행하기를 배워야 한다. 이를 위해, 믿는이는 주 그리스도와의 살아 있는 연합 안에서 그분의 능력을 힘입기 위해 그분의 이름과 그분의 인격의 모든 방면을 알아야 하듯이, 대적의 존재 및 어디에서든 믿는이를 공격하고 또 세상에서 어둠의 '세상 주관자들'로 역사하는 모든 사악한 영들을 분별할 수 있기 위해 대적자의 이름과 특성에 묘사된 대로 그가 여러 가지 방법으로 활동한다는 것을 알아야 한다.

유혹하는 자 사탄에 대한 승리

믿는이는 유혹하는 자인 마귀와 그의 모든 유혹에 대해 직접적이든 간접적이든 체험적인 실제 안에서 몸소 승리하기를 배워야 한다. 그들의 능력 중 얼마는 감추어 있기 때문에 모든 '유혹들'이 유혹이라고 알아차릴 수 있거나 항상 눈에 보이게 나타나는 것은 아님을 기억해야 한다. 믿는이는 유혹이 어떤 사람이 방에 들어오는 것과 같이 분명히 의식할 수 있게 접근하는 것이라고 생각한다. 그러므로 하나님의 자녀는 마귀의 역사 중 극히 일부분에만 대항해 싸우고 있을 따름이다. 다시 말해서, 스스로 악한 자의 초자연적인 역사라고 인식하는 것만을 대항해 싸우고 있다는 의미이다.

마귀의 특성과 마귀가 일하는 수단들을 아는 지식이 그들에게 제한되고 한정되어 있기 때문에, 많은 하나님의 자녀들은 악에 대한 제한된 지식에 따라 나타난 것의 본질이 악하게 보일 때에만 '유혹'으로 인지한다. 결과적으로 자연적이거나 물질적인 것, 혹은 합법적이고 외관상 '선'으로 보이는 것을 접할 때 그들은 유혹자와 그의 유혹을 인지하지 못한다.

흑암의 왕과 그 밀사들이 광명의 천사들로 다가올 때 그들은 빛으로 옷 입는다. 그 빛은 실상 흑암이다. 그들은 선의 외양을 지니고 오는 것이다. 흑암은 빛과 상반되고 무지는 지식과 상반되며 거짓은 진리와 상반된다. 흑암은 도덕적인 어두움과 악한 도덕성에 적용되는 단어이다. 믿는이는 가장 된 선의 영역 안에 있는 악한 영들을 분별할 필요가 있다. 그들에게 '빛'으로 다가오는 것이 흑암일 수도 있으며, 겉으로는 '선'으로 보이는 것이 실제로는 악일 수 있다. 그들이 붙들고 있는 '도움'이 실상은 장애물일 수 있다. 예를 들어, 사역에 있어서 어려움이 약함을 받아들이는 데에서 기인할 수 있는데, 이러한 약함은 실상 귀신 들림의 결과이다. 능력 얻기를 갈망하는 동안 믿는이는 그를 약화시키는 조건들을 충족시킬지도 모른다. 믿는이가 약해져 굴복하기 때문에 마귀는 그를 유혹하는 것이다.

모든 사람은 끊임없이 선과 악 중에 하나를 택해야 하는데, 고대의 제사장들은 특히 '거룩한 것과 속된 것', '부정한 것과 정결한 것'의 차이점을 구별하여 사람들에게 가르치도록 부르심 받았다(겔 40:23). 그러나 오늘날 그리스도의 교회는 무엇이 선이고 무엇이 악인지 분별할 수 있는가? 교회는 끊임없이 선을 악으로, 악을 선으로 여기는 덫에 빠지지는 않는가? 하나님의 백성의 사상이 무지와 제한된 지식에 지배되기 때문에, 그들은 하나님의 역사를 마귀의 역사로 간주하고 마귀의 역사를 하나님으로 역사로 간주한다. 그들은 '부정한 것과 정결한 것'의 차이점을 구별하기를 배워야 한다고 가르침 받지 않으며, 그들이 부지중에 매일 매순간 선택을 하지 않으면 안 될 상황에 빠지는데도 스스로 무엇이 하나님께 속한 것이고 무엇이 마귀에게 속한 것인지 구별하는 법을 배우지 않는다.

모든 믿는이들은 자신들이 선과 선 중에서, 즉 보다 나은 선과 보다 못한 선 중에서 하나를 선택하고 있다는 것을 모르는데, 마귀는 종종 믿는이들을 이런 데 얽혀 들게 하여 실족케 한다.

다양한 종류의 유혹

많은 유혹들이 눈으로 볼 수 없는 것이며, 유혹들은 보이지 않는 가운데 있다. 그리스도께서 광야에서 직접적으로 유혹을 받으시고 베드로를 통하여 간접적으로 유혹을 받으셨을 때와 같이, 물질적인 유혹, 혼적인 유혹, 영적인 유혹이 있고, 직접적인 유혹과 간접적인 유혹이 있다.

믿는이는 마귀가 눈에 보이도록 분명하게 유혹할 때에나 자각할 수 있는 공격을 할 때에 그를 대적해야 할 뿐 아니라, 마귀가 '유혹하는 자'로서 믿는이들을 유혹하려고 항상 계략을 꾸미고 있다는 것을 인지하면서 끊임없는 기도로 감추이고 가리워진 유혹을 빛으로 가져가 폭로해야 한다. 이러한 마귀의 감추인 역사를 기도를 통해 빛으로 끌어내는 이들은 체험에 의해 유혹하는 자인 마귀의 역사에 대해 더 폭넓은 지식을 소유하며 원수의 세력에서 다른이들을 구출해 내는 데 있어서 하나님의 영과 더욱 동역할 수 있게 된다.

흑암의 세력에 대해 승리하기 위해서는 필수적으로 그들이 무엇을 하고 있는지 알아차릴 수 있어야 한다. 바울은 어떤 경우에 대해서는 그것을 '환경'이라고 하지 않고 '사탄이 나를 막았다'고 말했는데(살전 2:18), 이는 그가 그의 삶과 봉사에서 언제 환경이 가로막았는지, 언제 성령이 그를 저지했는지(행 16:6), 언제 사탄이 방해했는지를 알 수 있었기 때문이다.

유혹에도 여러 종류가 있다. 광야에서 그리스도를 유혹한 후 마귀는 그리스도를 떠났지만, 그분께 다시 돌아와 직접 또는 간접적으로 거듭해서 다른 유혹으로 그분을 유혹했다(요 12:27, 마 22:15).

'유혹'과 '공격'의 차이점

그리스도의 생애에서 거듭 볼 수 있듯이 '유혹'과 '공격'은 다르다. '유혹'은 사람들로 하여금 의식적으로나 무의식적으로나 악한 일을 행하도록 부추기는 유혹하는 자 편의 계략, 음모, 혹은 강압이다. 그러나 공격은 어떤이의 생활이나 인격이나 환경에서 그것에 임한 습격으로서, 마귀가 고향 사람들을 통하여 주님을 산 낭떠러지 아래로 밀쳐 내고자 할 때(눅 4:29), 주님의 친속들이 그분에게 미쳤다고 비난했을 때(막 3:21), 원수들에게서 귀신 들렸다고 비난당하셨을 때(요 10:20, 마 12:24) 그분이 당한 습격과 같은 것이다.

더욱이 우리가 그리스도의 생애에서 거듭 볼 수 있듯이 이 유혹은 고난을 의미한다. 성경은 "자기가 시험(유혹)을 받아 고난을 당하셨은즉"(히 2:18)이라고 기록한다. 그러므로 믿는이들은 언젠가는 유혹으로 인하여 고난을 느끼지 않는 경지에 이를 것이라고 생각지 말아야 한다. 이러한 잘못된 관념을 바탕으로 원수는 이유 없이 그들을 공격하고 고통스럽게 할 입지를 얻는다.

감추인 유혹을 빛 가운데 드러내는 기도

그러므로 영원한 승리를 위하여 믿는이는 유혹하는 자의 감추인 유혹이 폭로되도록 기도함으로 끊임없이 그에 대한 경계를 게을리하지 말아야 한다. 유혹하는 자의 역사와 활동을 어느 정도 이해하고 있는가는 그가 승리하는 체험을 얼마만큼 했는가에 따라 결정되는데, 그 이유는 "사람이 그물을 치고 있는 것을 새가 보면 그물 치는 일이 허사가 되기" 때문이다. 즉, 체험이 없으면 그 실상을 완전히 이해하기 어렵다는 것이다. 우리는 이전 장들에서 만일 믿는이가 유혹하는 자의 각 방면의 역사에 대해 승리를 얻기 원한다면 그에게 많은 지식이 필요하다는 것을 언급했다. 그러나 특별히 그에게 요구되는 것은 유혹하는 자가 십자가에 못 박히지 않은 '옛 사람'에게 역사함으로 오는 유혹이 무엇인지, 악의 영들에게서 직접적으로 오는 유혹이 무엇인지를 구별하는 능력이다.

'유혹'에서 중요한 것은 유혹을 받는 자가 그 유혹이 그에게 접근한 악한 영의 역사인지 혹은 자신의 악한 본성에서 기인한 것인지를 아는 것이다. 이것은 믿는이의 삶의 기초인 로마서 6장을 체험적으로 앎으로써 분별할 수 있다. 타락한 본성에서 비롯된 시험은 "너희 자신을 죄에 대하여는 죽은 자요 그리스도 예수 안에서 하나님을 대하여는 산 자로 여길지어다"(롬 6:11)라는 말씀과 그에 뒤따른 계명인 "죄로 너희 죽을 몸에 왕 노릇 하지 못하게 하여"(12절)라는 말씀에 실제적으로 순종하는 것을 기초로 하여 처리되어야 한다. 죄의 유혹을 받을 때 믿는이는 그의 믿음의 위치인 로마서 6장 6절 위에 굳게 서야 하며, 로마서 6장 11절에 순종하여 그리스도와 연합한 죽음 안에서 죄에 대하여 죽은 태도로 그가 죽음을 선택했음을 선포해야 한다.

이러한 선택이 그의 진정한 의지의 표현인데도 죄에 대한 유혹이 그치지 않는다면, 그때 그는 죄의 욕망을 일으키거나 죄의 욕망을 위조하려고 애쓰는 악한 영들을 처리해야 한다(약 1:14). 그 이유는 악한 영들이 악한 욕망과 악한 사상과 악한 말들과 악한 표현들로 옛 본성을 위조할 수 있기 때문이다. 많은 정직한 믿는이들은 악한 영들이 이러한 것을 일으킬 때 자신의 옛 본성에 속한 것들과 싸우고 있다고 생각한다. 그러나 믿는이가 능동적으로 로마서 6장의 위치에 서 있지 않다면 악한 영들은 믿는이들을 유혹하기 위해 그렇게까지 위장할 필요가 없는데, 왜냐하면 그러한 경우 타락한 옛 창조는 흑암의 세력이 역사할 수 있도록 항상 노출되어 있기 때문이다.

참소자 사탄에 대한 승리

참소자인 마귀에 대한 승리: 원수의 '참소'와 그의 '유혹'의 차이점은, 후자는 사람을 죄 가운데로 끌어들여 강제로 죄를 짓게 하려는 마귀의 노력을 말하고, 전자는 마귀의 노력으로 죄를 지은 것에 대해 비난하는 것을 말한다. 유혹은 사람으로 하여금 법을 범하게 하려는 노력이며, 참소는 믿는이로 하여금 법을 범한 죄 있는 위치에 서게 하려는 노력이다. 악한 영들은 사람이 잘못한 것에 대해 그를 참소하고 벌 주기 위해 그가 잘못되기를 원한다. '참소'는 정죄, 즉 하나님의 책망하심의 모조품이다. 믿는이는 자신이 범한 죄에 대해 비난받을 때 그것이 하나님의 책망인지 사탄의 참소인지를 알아야 한다.

(1) 마귀는 사람이 정말 죄를 범했을 때 그를 참소할 수 있다.
(2) 마귀는 사람이 죄를 범하지 않았을 때도 참소할 수 있으며, 이때 그는 사람으로 하여금 자신이 죄를 지었다고 생각하고 믿게 만든다.
(3) 마귀는 그의 참소를 하나님의 책망으로 여기게 하려고 애쓰며, 그에게 전혀 죄가 없을 때에는 그것이 악한 본성에서 비롯된 것이라고 생각하게 만든다.

악한 영들은 믿는이에게 죄의식을 주입할 수 있다. 죄 자체는 믿는이 속에 있는 악한 본성에서 기인하며, 이것은 죄를 범하도록 외부에서 그에게 강요한 것은 아니다. 그렇다면 믿는이는 어떻게 고의성이 없는 죄의 배후에 악한 영들이 있다고 말할 수 있는가? 사람이 하나님과의 관계가 바르고 죄로 여기는 것에 대해서는 결코 굴복하지 않은 채 로마서 6장의 위치에 서 있는 그때에도 설명할 수 없는 죄에 대한 참소가 계속된다면, 이는 악한 영들에게서 온 것으로 간주되어야 한다.

그러므로 만일 믿는이가 이성적인 지식과 분명한 판단에 따라 자신이 죄를 범했다고 완전히 확신할 수 없다면, 자신이 죄를 범했다는 참소나 초자연적으로 가해지는 비난을 결코 받아들이지 말아야 한다. 왜냐하면 만일 그가 결백함에도 그 비난을 받아들이면 그는 실제로 범죄했을 때와 상응하는 고통을 받을 것이기 때문이다. 그는 또한 다른이들에게 죄를 '자백'하도록 강요하는 것을 거절하기 위해 경계를 늦추지 말아야 한다. 이로써 원수가 거짓 참소하는 것을 막을 수 있다.

참소의 근원이 증명될 때까지 참소에 대해 중립적인 태도를 견지해야 함

믿는이는 참소가 어디에서 비롯되었는지 그 진정한 근원이 밝혀질 때까지 참소에 대해 중립적인 태도를 견지해야 한다. 만일 믿는이가 자신에게 죄가 있음을 안다면 그는 즉시 요한 일서 1장 9절을 근거로 하여 하나님께 나아가 마귀가 그를 비난하는 것을 거절해야 한다. 이는 그가 하나님의 자녀들의 심판자도 아니요 잘못한 것을 비난하도록 하나님의 사자로 위임되지도 않았기 때문이다. 성령만이 죄에 대해 책망하도록 하나님께 위임받으셨다.

믿는이가 악한 영들의 참소를 받아들일 때 악한 영들이 믿는이를 참소하고 거짓으로 비난하는 단계들은 다음과 같은 순서로 진행된다.

(1) 믿는이는 자신이 죄를 지었다고 생각하고 믿는다.
(2) 악한 영들은 그로 죄를 지었다고 느끼게 한다.
(3) 그런 후에 악한 영들은 다른이들에게 믿는이가 범죄했다고 보이게 한다.
(4) 그런 다음 악한 영들은 '믿는이로 하여금 그들의 거짓말을 믿게 함으로써' 실제로 유죄가 되게 하는데, 그것은 애초에 그가 죄를 범했느냐 범하지 않았느냐

의 문제가 아니다.

악한 영들은 끈질기게 참소하여 믿는이로 하여금 유죄라고 느끼게 한다. 그 순간 악한 영들은 믿는이가 아무런 이유 없이 참소받고 있는 바로 그 일을 다른 사람들에게 섬광처럼 제시한다. 결과적으로 그는 다른 사람 앞에서 죄 있는 것처럼 행동하거나 그렇게 보이게 된다. 믿는이는 그러한 모든 '느낌들'을 점검해야 한다. 잘못되었다는 느낌만으로는 믿는이가 자신이 틀렸다고 말하거나 참소자가 그를 틀렸다고 참소하기에 충분치 않다.

그는 자신이 잘못되었다고 '느낀다'고 말한다. 그러나 그는 '이 느낌이 옳은가?' 하고 물어야 한다.

그가 잘못되었다고 느끼지만 옳을 수 있고, 옳다고 느끼지만 잘못될 수도 있다. 그러므로 그는 진지하게 '내가 잘못되었는가'라는 질문을 점검하고 확인해야 한다.

악한 영들에 의해 주입된 '느낌들'

육신적인 느낌이 있고 혼적인 느낌이 있으며 영적인 느낌이 있다. 악한 영들은 '느낌들'을 이들 각부분 안으로 주입할 수 있는데, 그 목표는 그들이 주입한 느낌으로 믿는이의 생각의 활동을 대치함으로써 믿는이가 그의 느낌을 통해 속이는 영들에게 지배받게 하려는 것이며, 또한 옳고그름을 인식하는 양심을 느낌으로 대치하려는 것이다. 만일 믿는이들이 스스로 어떤 일을 할 수 있다고 '느낀다면' 그들은 그 일이 악하게 보이지 않는 한 옳은지 그른지 묻지 않고 행한다. 속이는 원수의 모든 역사에 대해 승리하기 위해 필수적인 것은 하나님의 자녀들이 행동할 때 '느낌들'에 따라 인도받기를 그치는 것이다.

거듭 말하거니와 믿는이들은 어떤 행동을 하면서 '편안함을 느낀다면' 그러한 편안한 느낌은 자신들이 하나님의 뜻을 행하고 있다는 표시라고 생각한다. 그러나 사람은 영적인 생활에서만이 아니라 일상 생활에서도 자신의 일을 할 때 편안함을 느낀다. 일련의 행동을 할 때 가질 수 있는 '편안한 느낌'이 어떤 행동이 하나님의 뜻 안에 있음을 나타내는 기준은 아니다. 믿는이가 하는 행동은 단지 그 행동을 하는 사람에게 미치는 효과에 의해서만이 아니라 그 자체로 판단되어야 한다. 예를 들어, 믿는이는 어떤 일을 행할 때 그 일을 행한 후 '행복을 느낀다'고 하면서 그것이 그가 하나님의 뜻을 행하고 있다는 증거라고 말한다. 그러나 어떤 행동을 한 후 느끼게 되는 '평화'와 '안식'과 '편안함'이 자신이 하나님의 뜻 안에 있다는 것을 '증거하는' 것은 아니다. 믿는이들은 또한 만일 그들이 마귀가 원하는 어떤 행동을 한다면 즉시 '정죄감을 느낄 것'이라고 생각한다. 그러나 이것은 사탄이 기쁨의 느낌을 줄 수도 있다는 사실을 간과하는 것이다.

악한 영들은 수없는 공격과 수없는 거짓 제안에서 기인하는 숱한 다양한 느낌들을 일으키는데, 이러한 느낌들로 인해 믿는이의 영적 분별력과 영적인 일들에 대한 이해력이 방해받는다.

참된 정죄와 참소를 분별해야 함

유혹하는 자인 마귀가 믿는이를 유혹하는 데 실패할 때, 그는 즉시 방향을 바꾸어 그를 참소하기 시작한다. 그는 믿는이를 유혹하는 데에는 실패할 수 있을지라도 참소는 할 수 있다. 우리가 본 바와 같이 속이는 영들은 믿는이가 죄를 지은 것처럼 의식하게 만들어 그를 통렬히 비난하고 참소할 수 있다. 그들은 믿는이들의 생활에서 어떤 죄를 위조할 수 있는데, 믿는이는 그것에 속아 그러한 죄를 '나를 따라다니는 죄'라고 자백한다. 믿는이가 그것을 악한 본성에서 기인한 죄라고 생각하는 한, 그에 대해 '자백'하거나 승리하려고 애써도 그러한 죄는 제거되지 않을 것이다. 속이는 영들은 또한 실지의 죄 뒤에 숨어 자신을 감출 수 있다.

죄를 짓지 않았다는 느낌이 반드시 절대 행복감을 가져오는 것은 아니다.

왜냐하면 심지어 결백하다는 의식으로 인한 평화에도 고통이 수반될 수 있고, 그 고통은 자신이 모르는 어떤 죄에서 비롯된 것일 수 있기 때문이다. 알고 있는 빛에 따라 행하고 알고 있는 죄에 대한 지식으로 그의 무죄를 판단하는 것은 깊이를 헤아릴 수 없는 평화를 갈망하는 이에게 매우 위험한데, 이는 그러한 판단이 '평화의 갑주'의 이음매—갈라진 틈새—에 화살을 쏘는 참소자의 공격에 의해 어느 순간에라도 방해받을 수 있는 피상적인 안도감을 가져다줄 뿐이기 때문이다. 이러한 공격은 믿는이가 눈으로 볼 수 없는 것이다.

그러므로 영적인 믿는이들이 속이는 자의 참소하는 영들에 대해 승리하기 위해서는 죄를 지었다는 어떤 의식이 실지 범죄의 결과인지 혹은 악한 영들에 의해 야기된 것인지를 분명하게 알아야 한다. 만일 믿는이가 죄를 짓지 않았는데도 죄를 지었다는 의식을 받아들인다면, 그는 즉시 죄에 대하여 죽은 위치를 떠나 자신이 죄에 대하여 살아 있다고 여기게 되고 만다. 이로써 로마서 6장 11절의 '(죄에 대해 죽은 자로) 여김'으로 죄에 대해 승리한 것을 참되게 알고 있는 많은이들이 그들이 서 있는 기초를 포기하고 승리의 위치를 잃게 된다. 참소자는 '자아' 혹은 '죄'의 표현을 위조한 후 '로마서 6장은 통하지 않는다'고 조소하면서 그에 대해 믿는이를 참소한다. 참소자는 이러한 책략으로 믿는이로 그의 승리의 기초를 포기하게 함으로 그를 진흙탕과 흑암의 수렁인 혼란과 정죄에 빠지게 한다.

죄에 대항해 굽히지 않고 단호하게 싸워야 함

다른 면에서, 믿는이가 죄를 가볍게 처리하도록 시험받거나, 혹은 그것이 자신에게서 기인한 것인데도 악한 영의 탓으로 돌린다면, 그는 여전히 잘못된 기초 위에 서 있는 것이며, 더 배가된 힘으로 그를 주관하는 타락한 옛 본성에게 자신을 노출시키게 된다. 사탄에 맞서는 전쟁은 죄에 대항해 강하고 위축되지 않는 전쟁과 함께 수행되어야 한다. 알고 있는 죄는 그 어떤 것도 일시라도 용납되어서는 안 된다. 그것이 타락한 본성에서 나온 것이든 사람으로 죄를 짓도록 부추긴 악한 영들에게서 비롯된 것이든, 로마서 6장 6절과 12절을 근거로 하여 제거되고 멸해져야 한다.

믿는이의 동태를 주시하는 원수로 하여금 유리한 입장에 서게 하는 두 가지 잘못된 관념이 있는데, 이것은 많은 믿는이들의 생각에 있는 사상이다. 그러한 사상은 ① 만일 그리스도인이 죄를 범한다면 즉시 자신이 죄를 범했다는 것을 알 수 있으리라는 것이며 ② 하나님이 그에게 말씀해 주시리라는 것이다. 그러므로 그들은 자신들이 옳든지 잘못되었든지 요한복음 3장 21절에 따라 빛과 지식을 구하려 하지 않고 하나님께서 그들에게 말씀하실 거라고 기대한다.

원수의 모든 속임수에 대해 승리하기를 추구하는 믿는이들은 죄를 다루는 데 있어서 능동적인 태도를 취해야 한다. '죽음'에 대해 잘못된 관념을 갖고 있는 이들은 하나님께서 자신들을 위해 죄를 그들의 삶에서 제해주실 것이라고 생각한다. 그것은 그들이 자기 속에 있는 악이든 그들 환경에 있는 악이든, 다른이들 안에 있는 악이든 세상에 있는 악이든 그것을 처리하는 일에서 하나님과 능동적으로 동역하는 데 실패했기 때문이다.

참소자인 사탄에 대해 영원히 승리하는 삶을 살기 위해서, 믿는이는 그가 '의지'의 태도를 갖는 것과 그의 생활에서 실지로 행동하는 것 사이에 어떤 불일치가 있음을 깨닫고 이러한 불일치를 찾아내는 것은 매우 중요한 일이다. 그는 그의 의지와 동기에서만이 아니라 그의 행동들에서도 자신을 알고 판단할 수 있어야 한다. 어떤 사람이 어떤 일을 한 것에 대해 비난받고 있다고 하자. 그가 한 그 행동이 그의 의지의 태도와 일치하지 않기 때문에, 즉 그 행동은 그가 원하던 바가 아니기 때문에 즉시 그는 자신이 그런 행동을 하지 않았다고 부인한다. 그는 자신이 비난받고 있듯이 그렇게 행하고 말하지 않았으며 그로 인해 비난받는 것은 가당치 않은 일이라고 한다. 그 믿는이는 자신의 의지와 행동들이 아닌 자신의 의지와 동기에 대한 내적 시각으로 자신을 판단한 것이다(고전 11:31).

하나님 편에서 볼 때, 빛 가운데서 행하기를 추구하며 육과 영의 온갖 더러움에서 자신을 깨끗케 하고(고후 7:1) 하나님을 두려워하는 가운데 거룩함을 이루고자 하는 사람들에게는 그리스도의 보혈의 씻는 능력이 끊임없이 필요하다(요일 1:7).

참소자인 마귀는 또한 다른이들을 통하여 간접적으로 역사하기도 한다. 마귀는 그들을 선동하여 믿는이를 송사하게 함으로 믿는이로 하여금 마치 그 송사가 참인 것처럼 받아들이게 하며, 그럼으로써 그 송사를 사실로 만드는 문을 열어주게 한다. 혹 그는 어떤 믿는이에 대한 '환상'이나 '계시'를 통해 그 믿는이를 다른이들에게 송사하여 그를 잘못 판단하게 만든다.

사람에게서든 마귀에게서든 믿는이에게 무슨 일이 닥치거나 그가 어떤 경우에 처할 때, 그 일과 환경을 '기도하기 위한 기회로 사용하고', 기도로써 모든 참소를 승리에 이르는 단계로 바꾸라.

거짓말쟁이 사탄에 대한 승리

"저는 처음부터 살인한 자요 진리가 그 속에 없으므로 진리에 서지 못하고 거짓을 말할 때마다 제 것으로 말하나니 이는 저가 거짓말쟁이요 거짓의 아비가 되었음이니라"(요 8:44). 이것은 원수가 결코 진리를 말하지 않는다는 의미가 아니라 그가 말하는 '진리'는 믿는이를 악에 빠뜨리려는 목표를 가지고 있다는 의미이다. 예를 들어, 점치는 영이 바울과 실라가 하나님의 종이라는 진리를 말했을 때, 그것은 바울과 실라의 능력이 악한 영들의 권세 아래 있는 여자의 능력과 같은 근원에서 나온 것이라는 거짓을 말한 것이다(행 16:16-18).

마귀와 그의 사악한 영들은 한 가지 거짓을 퍼뜨리기 위해 아흔 아홉 가지의 진리를 말하거나 사용할 것이다. 그러나 바울은 그들의 신성한 권위를 인정한 점치는 여자의 증언에 속지 않았다. 그는 사악한 영과 그의 목적을 분별하여 폭로하고 사악한 영을 쫓아버렸다.

　믿는이는 거짓말쟁이인 사탄에 대해 승리할 수 있어야 하고, 어떤 형태로 나타나든 사탄의 거짓말과 거짓말하는 영들의 거짓을 인식할 수 있어야 한다. 믿는이가 이렇게 할 수 있는 것은 진리를 알고 진리의 병기를 사용함으로 인한 것이다.

진리로 거짓을 이김

　진리로 말미암지 않고는 거짓을 이길 수 있는 길이 없다. 거짓말쟁이인 마귀와 그의 거짓말을 이기기 위해서 믿는이는 항상 자신이나 다른이들에게 혹은 자신 주변에서 일어나는 모든 일에 대해 언제나 진리를 알고 말하기를 결단해야 한다.

　거짓말쟁이인 사탄은 그의 거짓 영들을 통해 하루 종일 끊임없이 믿는이에게 거짓말을 쏟아붓는다. 즉, 믿는이 자신에 대한 생각과 그의 느낌과 그의 상태와 그의 환경에 거짓말을 쏟아붓는 것이다. 그와 그 주변에 일어나는 모든 일을 잘못 해석하게 하는 거짓말, 그가 접촉하고 있는 이들에 대한 거짓말, 과거와 장래에 대한 거짓말, 하나님에 대한 거짓말, 믿는이 자신에 대한 거짓말, 그리고 마귀의 능력과 권세를 과장하는 거짓말을 쏟아붓는다.

　거짓의 아비에게서 오는 이러한 끊임없는 거짓의 흐름에 대항하여 승리하기 위해서 믿는이는 ① 기록된 말씀 안에 있는 하나님의 진리의 병기로 싸워야 하고 ② 그 자신과 다른이들과 환경 안의 사실에 대한 진리로 싸워야 한다. 거짓의 아비와 그의 추종자에게서 온 모든 거짓말을 어떻게 끊임없이 '거절할' 수 있는지에 대해서는 이 책의 다른 부분에서 설명된다. 믿는이가 거짓말쟁이인 마귀에 대항해 승리하면 할수록 마귀의 거짓말을 점점 더 잘 분별할 수 있고 다른이들을 위해 마귀의 속임수를 제거할 수 있게 된다.

위조자 사탄에 대한 승리

"사탄도 자기를 광명의 천사로 가장하나니"(고후 11:14). "사탄의 일꾼들 ('거짓 사도', '궤휼의 역군', 13절)도 자기를 의의 일꾼으로 가장하는 것이 …"(15절).

사탄에 대한 이러한 승리의 방면은 앞에서 말한 것과 일치하는데, 다시 말해서 사탄이 빛으로 가장하여 나타날 때 믿는이들은 사탄의 거짓말을 인지하게 하는 진리의 지식으로 승리할 수 있다는 것이다.

빛은 바로 하나님 자신의 본성이다. 빛—초자연적인 빛—으로 옷 입은 흑암을 인식하기 위해서는 참 빛에 대한 깊은 지식과, 외관상 하나님처럼 보이고 아름답게 보이는 것들의 가장 깊은 근원을 분별하는 능력이 필요하다. 대적자가 하나님처럼 보이기 위해 하나님의 빛을 어떻게 위장하는지는 6장에서 이미 언급한 바 있다.

대적자에 대한 이 승리의 방면을 위한 주된 태도는 믿는이가 무엇이 하나님께 속한 것인지 알 수 있을 때까지 모든 초자연적인 역사에 대해 중립적인 입장을 견지하는 것이다. 만일 어떤 체험이 아무런 의심도 없이 받아들여진다면, 그것의 신성한 근원을 어떻게 보증할 수 있겠는가? 수용과 거절의 근거는 지식이어야 한다. 믿는이는 '알아야' 하지만, '시험해보지' 않고는 알 수 없다. 또 무엇이 하나님께 속했는지 '시험하고' 증명하기까지 '모든 영을 믿지 말라'는 태도를 유지할 수 있어야만 그는 시험해보게 될 것이다.

방해자 사탄에 대한 승리

"너희에게 가고자 하였으나 … 사탄이 우리를 막았도다"(살전 2:18). 바울은 사탄의 방해와 하나님의 성령의 제한하심(행 16:6)을 구별할 수 있었다. 이것은 그에게 지식이 있었고 또 사탄의 역사와 그의 교활한 계획과 그가 하나님의 자녀들의 행하는 길에 둔 장애물들을 식별하는 능력이 있었기 때문인데, 많은 경우 그러한 장애물들은 매우 '자연스럽고', '하나님의 섭리' 처럼 보이므로 믿는이들은 순순히 머리를 숙이고 방해자가 우세하도록 허락하게 된다.

이러한 식별하는 능력은 ① 사탄이 방해할 수 있다는 지식에 의해 ② 사탄이 둔 방해물의 목표를 관찰함으로 ③ 사탄이 사용하는 방법을 관찰함으로 얻을 수 있다.

예를 들어, 갈보리 십자가의 복음을 전파하는 선교사들은 돈에 제한을 받게 하고, 적그리스도의 영의 가르침과 거짓된 것들을 전파하는 이들에게는 물질의 부요함을 허락하는 것이 하나님이신가 아니면 사탄인가? 믿는이가 하나님의 교회에서 섬길 때 중요한 봉사를 하지 못하도록 환경이나 질병으로 방해하는 것은 하나님이신가, 사탄인가? 하나님을 섬기는 데 전략적으로 유리한 위치에서 어떤 한 사람을 내쫓고자 하여 그를 대신할 일꾼이 없는데도 그 가정을 타당한 이유 없이 다른 곳으로 이주하라고 밀어대는 것은 하나님이신가, 사탄인가? 그리스도인들로 하여금 하나님의 왕국의 필요보다 먼저 자신의 건강과 안락과 사회적 지위를 구하게 하는 것은 하나님이신가, 사탄인가? 가족 구성원들의 방해를 통하여, 혹은 사업에 문제를 일으켜 하나님을 섬길 시간을 얻지 못하게 하거나 재산상의 손실을 통해 하나님을 섬기는 일을 방해하는 이는 하나님이신가, 사탄인가? 방해자에 대한 지식을 갖는다면 그의 계략과 역사에 대해 승리할 수 있다. 그러므로 믿는이는 그의 교묘한 술책을 알아야 한다.

살인자 사탄에 대한 승리

"저는 처음부터 살인한 자요"(요 8:44). 흑암의 왕인 사탄은 상황만 허락된다면 하나님의 종들의 생명을 빼앗으려고 늘 기회를 엿본다. ① 사탄은 하나님께서 보내시지도 않았는데 하나님의 종들이 위험 속에 들어가도록 계획적으로 강요함으로 그들의 생명을 빼앗을 수 있으며 ② 사탄은 그가 자연의 법칙 배후에서 역사할 수 있도록 하나님의 종들을 꾀어 환상이나 초자연적인 인도를 통하여 그들을 위험에 빠지게 하는데, 이는 그들의 생명을 멸하려는 것이다. 이것은 사탄이 광야에서 그리스도를 유혹하려고 사용했던 방법이다. 그때 사탄은 천사가 주님을 손으로 받들어 떨어지지 않게 하리라(눅 4:11)는 성경 구절을 인용하면서 "네가 하나님의 아들이어든 뛰어내리라"고 말했다.

그러나 하나님의 아들은 유혹하는 자요 살인하는 자인 마귀를 알아보셨다. 그분은 하나님의 뜻에서 한 걸음 물러나 사탄의 악의에 찬 증오에 기회를 허용한다면, 자신의 사람의 생명이 끝나게 되리라는 사실을 아셨다. 그리고 속이는 자가 그의 목적을 성취하기 위한 계략을 그의 제안 속에 깊이 감추고 외관상 깨끗하거나 하나님의 영광을 위하는 것처럼 보이는 것을 제안하고자 한다는 사실도 아셨다. 속이는 자의 제안 속에는 그의 목적을 성취하기 위한 계략이 감추어져 있었던 것이다.

지금 그리스도께서는 '사망과 음부의 열쇠'(계 1:18)를 갖고 계시며, 따라서 '사망의 세력을 잡은 자 곧 마귀'(히 2:14)는 허락 없이는 그의 권세를 행사할 수 없다. 그러나 하나님의 자녀들이 알게 모르게 사탄에게 그들의 육신의 생명을 공격하도록 입지를 내어주는 조건을 충족시킬 때, '사망의 열쇠'를 가지신 주님은 법을 따라 역사하시며 그들을 구원하시지 않는다. 그러므로 그들은 '기도의 병기'를 사용함으로 하나님께서 개입하셔서 '그리스도 예수 안에 있는 생명의 영의 법'을 통해 그들이 죄의 법뿐 아니라 사망의 법을 이기게(롬 8:2) 하시도록 해야 한다.

"멸망받을 마지막 원수는 사망이라". 그러므로 사망은 원수이다. 우리는 사망을 원수로 인식해야 하고 원수로 대항해야 한다. 믿는이가 이 땅을 '떠나서 그리스도와 함께 있을 욕망'(빌 1:23)을 갖는 것은 가할지도 모른다. 그러나 단지 '고통'을 끝내기 위해 죽음을 원하거나, '하나님의 교회를 섬기기 위해 그가 필요한데도 '그리스도와 함께 있을' 욕망 때문에 자신을 죽음에 내어주어서는 안 된다'. 그러므로 사도는 빌립보 사람들에게 "내가 육신에 거하는 것이 너희를 위해 더 유익하리라", "너희 무리와 함께 거할 이것을 확실히 아노니"라고 말했다(빌 1:24-25).

믿는이들은 원수인 사망에 대항해야 함

믿는이가 육체적인 죽음을 원한다면 이것은 대적에게 사망의 권세를 주어 그 믿는이 위에 왕 노릇 하게 하는 결과를 가져오게 된다. 믿는이는 하나님께서 그분의 백성을 섬기는 데에서 자신을 놓아주셨다는 것을 알게 될 때까지는 '떠나서 죽고 싶어하는 욕망'에 굴복해서는 안 된다. 믿는이가 '죽을 각오'를 하는 것은 매우 작은 문제이다. 그는 자신의 생명과 사역이 끝났다는 것을 확신할 때까지는 반드시 살 각오를 해야 한다. 하나님께서는 곡식이 익을 때라야 비로소 추수하신다. 그분의 구속받은 자녀들은 '때가 되어서' 수확의 단으로 묶여야 한다.

살인자인 사망의 왕은 종종 하나님의 자녀들의 무지를 통해 역사하는데, 그것은 ① 그의 능력에 대한 무지요 ② 그들이 그에게 능력을 주는 조건들에 대한 무지요 ③ 사탄의 능력─하나님의 전사들을 전장에서 넘어뜨리는─에 저항하는 기도의 승리에 대한 무지이다. 하나님의 교회에 보배로운 사역자들에게 소위 '영광의 환상'과 '죽고자 하는 소원'을 넣어주어 그들이 적극적으로 섬길 수 있는 때인데도 불구하고 서서히 사망에 굴복케 하는 자는 바로 살인자 사탄이다.

믿는이들이 어느 순간에라도 사탄에 대해 승리하려면 영과 생각만이 아니라 몸에 임하는 그의 공격에도 반드시 저항해야 한다. 그들은 몸에 관한 하나님의 법도에 순종하기 위해 그러한 법도를 아는 지식을 구해야 하며, 사탄에게 그들을 죽이려고 시도할 기회를 결코 허락지 말아야 한다. 그들은 몸이 영적 생활에서 차지하는 위치를 알아야 한다. 바울은 "나는 내 몸을 쳐서 복종시킨다"고 말했다. 믿는이들은 그들이 대적자의 계략과 능력을 알면 알수록, 대적자를 완전히 이긴 갈보리의 승리를 알면 알수록, 더욱더 대적자가 그들을 손상시킬 계획을 세우리라는 것을 깨달아야 한다.

하나님의 자녀들을 대적하는 대적자의 전체적인 책략은 다음 세 가지로 요약될 수 있다.

(1) 광야에서 그리스도를 유혹하였을 때처럼 하나님의 자녀들로 죄를 짓게 함.
(2) 그리스도께서 가족과 원수에게 비방받으셨던 것과 같이 그들을 비방함.
(3) 하나님의 직접적인 허락하심으로 어두움의 때와 능력이 그분 주위에 임하고 사악한 인간들의 손에 그리스도께서 못 박히고 죽임당하셨을 때처럼(행 2:23) 그들을 죽임.

믿는이가 다양하게 역사하는 사탄과 그의 속이고 거짓말하는 영들을 인식하고 저항하고 이김으로써 그들에 대한 승리를 얻을 때, 그들을 정복하는 영의 힘은 점점 더 강화되며, 믿는이는 사탄과 죄를 이기기에 충분한, 갈보리에서 이루어진 역사에 대한 진리로 더욱더 장비될 것이다. 이러한 진리는 그리스도의 능력과 권위 안에서 성령에 의해 악한 자의 능력으로부터 자유케 할 것이다.

싸움과 공격

물론, 이러한 면에서 사탄에 대한 승리는 '악한 날'(엡 6:13)이라 불리는 치열한 싸움과 맹렬한 공습 없이는 얻어질 수 없다는 점을 분명히 인식해야 할 것이다. 이러한 공격과 싸움에서 믿는이들이 이해해야 할 몇 가지 요점들이 있다. 먼저 그 공격과 싸움이 자신이 입지를 제공함으로 일어난 것인지 아니면 다른 사람이나 또 다른 것들에게 그 공격과 싸움의 입지가 있는지를 아는 것이 필수적인 일이다. 믿는이들이 공격을 받고서 싸움을 통해 승리하지 못하는 한 가지 이유는 그 공격과 싸움의 원인이 그들에게 있기 때문이다.

새로운 입지를 내어줄 가능성

믿는이가 자신이 빠졌던 속임수와 귀신 들림에서 벗어났을지라도, 삶 속에서 흑암의 권세에 대항하는 공격적인 싸움을 계속하는 가운데 지식이 부족함으로 인해 거짓의 영들에게서 오는 어떤 거짓말을 받아들이거나 자신의 체험과 상황 등에 관한 잘못된 해석을 받아들임으로 다시 원수에게 새로운 입지를 내어줄 수도 있다. 어떤 체험에 대한 잘못된 해석이 원수에게 새로운 입지를 내어준다는 사실을 결코 잊어서는 안 된다. 믿는이는 자신이 당면한 공격과 싸움의 원인을 잘못된 것에 돌릴 수 있다. 즉, 믿는이가 자신에게 임한 공격과 싸움이 외적인 원인이나 마귀의 악함이나 그의 주변 환경에서 일어나는 원수의 역사나 다른이를 통하여 오는 '국부적인' 싸움에서 기인한다고 보는 것이다.

믿는이가 공격과 싸움에 직면하게 될 때 원수에게 새로운 입지를 내어주지 않으려면, 그러한 공격과 싸움이 임한 이유를 알 수 있도록 기도로 하나님께 빛을 구해야 한다. 공격을 당할 때 두 가지 이상의 이유가 동시에 존재할 수 있다. 그러므로 그는 즉시 그 이유를 이해하려 애쓰고 새로운 싸움에서 행해지는 원수의 모든 역사를 주시하고 살펴 보아야 하며, 그 상황에서 그가 무엇을 거절하고 어떻게 기도해야 할지 보여 주시기를 하나님께 구해야 한다.

잘못된 병기를 사용할 가능성

원수가 어떤 싸움과 공격을 일으키는 근거나 원인이 믿는이 자신 안에 있는 경우, 만일 그가 그 공격을 순수한 싸움, 즉 교회를 위한 전쟁의 일부분으로 간주한다면, 그는 잘못된 병기를 사용하여 싸우게 될 것이며, 그 진정한 원인이 발견되어 그 근거가 제거되고 거절될 때까지는 승리에 이를 수 없을 것이다. 왜냐하면 외부에서 온 '공격'으로 여겼던 것이 사실은 내부의 악한 영의 징후나 현시일 수 있기 때문인데, 이 악한 영은 믿는이가 모르고 있거나 완전히 사라졌다고 생각하는바 어떤 감추인 곳에 남아 있던 발판을 다시 얻을 수도 있다. 그러므로 믿는이는 자신이 전투 중에 있다는 것을 발견했을 때, 즉시 다음에 나오는 악한 영들의 역사의 세 방면에 비추어 "거기에 입지가 있는가?"라는 질문을 던져보아야 한다.

(1) 공격을 받을 때, 거기에 입지가 있는가 혹은 단순한 공격인가?
(2) 싸움에 임하게 되었을 때, 거기에 입지가 있는가 혹은 단순한 싸움인가?
(3) 원수의 제안이나 사상이나 속삭임이 있을 때, 거기에 입지가 있는가 혹은 사탄이 하와와 대화했던 것처럼 단순히 외부에서 온 것인가?

믿는이는 이러한 세 가지 경우에 직면할 때 다음과 같이 선포해야 한다. "나는 모든 입지와 그 원인들을 거절한다."

일반적으로 마지막으로 한 말은 그 이전에 한 말을 고치거나 확증하거나 무효화한다. 예를 들어, 믿는이는 지금 이 순간 과거에 그가 구했던바 악한 영의 역사를 통한 산물일 수도 있는 그것을 '거절할' 수 있다. 그는 "내가 과거에는 그러한 것을 구하고 믿고 받아들였을지라도 지금 나는 그것을 거절한다."라고 말할 수 있다. 이렇게 믿는이가 현재 거절하는 것은 그가 과거에 받아들였던 것을 무효화시킨다.

'거절하는 것'의 가치와 목적

믿는이들은 거절이라는 행위의 가치(의의)와 그 표현의 가치가 무엇인지를 이해해야 한다. 간략히 말해서, 거절은 수용의 반대이다. 믿는이가 악한 영들에게 입지와 통행권과 자신의 기능 사용권을 '제공함'으로써 악한 영들은 입지와 통행권과 기능 사용권을 '얻어왔고', 믿는이가 거절함으로 이 모든 것을 회수할 때 악한 영들은 이 모든 것을 잃는다. 믿는이의 오해와 무지와 그의 의지의 동의에 의해 원수에게 '제공된' 것은 믿는이가 동일한 의지의 작용으로 거절함으로 원수에게 '제공한 것'이 구체적이고도 일반적으로 무효화될 때까지 원수는 그것을 입지 삼아 그 위에서, 그를 통해 역사한다. 과거에 의지는 무의식적으로 악한 일에 사용되었으나 이제는 끊임없이 악한 일을 거절함으로 그에 대항하는 데 사용되어야 한다.

일단 이해했다면 그 원칙은 매우 간단하다. 의지로 선택하는 것은 원수에게 뭔가를 제공하거나, 혹은 이전에 제공했던 것을 제하거나 무효화시킬 것이다. 원수에게 뭔가를 '제공하거나' 이전에 제공했던 것을 회수하거나 무효화시키는 것은 의지의 선택으로 인한 것이다.

거절하는 것의 가치(의의)와 목적은 하나님을 향해서나 사탄을 향해서나 동일하다. 사람은 하나님께 뭔가를 드리거나 혹은 드리기를 거절한다. 그는 하나님에게서 뭔가를 받거나 혹은 받기를 거절한다. 그는 알게 모르게 악한 영들에게 뭔가를 제공하거나 혹은 제공하기를 거절한다. 그는 부지중에 그가 악한 영들에게 제공해온 것을 발견하며, 이제 그는 거절하고 철회하는 행동을 통해 그것을 무효화시킨다.

원수에게 내주었던 입지를 새롭게 발견하는 것과 싸움에서 승리하는 것의 관계

속이는 영들에게 과거에 내주었던 '입지'를 새롭게 발견하는 것과 공격적인 전투 사이에는 어떤 관계가 있다. 믿는이가 속이는 영들에게 입지를 내주었음을 발견하고 거절하는 것은, 원수의 간교한 속임수가 점점 폭로되어 믿는이가 그에 대해 깊은 적대감을 갖게 됨과 동시에 그의 영이 새로운 자유를 얻고 결과적으로 그가 사탄과 그의 추종자로 더불어 더욱 격렬한 싸움을 하게 되는 것을 의미한다. 그것은 그가 속이는 영들에게서 더욱더 해방되고 그들이 그를 사로잡을 수 있는 발판과 입지가 감소될 수 있음을 의미한다. 왜냐하면 이러한 전쟁을 통해 믿는이가 '징후들'과 '영향들'과 '현시들'이 추상적인 '것'이 아니라 지속적으로 대항해 싸워야 할 활동적인 '사탄의 앞잡이의 나타남'이라는 것을 깨닫기 때문이다.

더욱이 실제적인 지식이 증가하는 것은 속이는 원수에 대한 방어책이 증가함을 의미한다. 믿는이가 새로운 입지를 발견하고 흑암의 권세들에 대한 새로운 진리와 그들을 이기는 길을 알게 될 때, 그 진리는 그를 흑암의 권세들의 속임수에서 해방시킬 것이며 또 속임수에서 그의 지식에 따라 그를 보호해 줄 것이다. 믿는이는 그가 진리를 적극적으로 사용하지 않음으로 그 진리가 역사하기를 멈추면, 끊임없이 그를 대적할 계획을 세우고 있는 원수의 공격에 그가 노출될 수밖에 없다는 것을 체험적으로 발견한다.

예를 들어, 속임당하거나 귀신 들린 적이 없는 믿는이가, ① 악한 영들의 존재와 ② 악한 영들이 다시 믿는이를 속이기 위해 끊임없이 그를 주시한다는 것과 ③ 계속적으로 악한 영들에 맞서 싸우고 거절해야 한다는 것과 ④ 하나님의 영과 동역함으로 믿는이의 영이 정결하고 활력적인 상태로 유지될 수 있다는 것에 대한 진리들과 그와 유사한 다른 진리들—믿는이가 그 많은 고통을 통과하면서 얻은 지식들—을 사용하기를 중단할 때, 그는 다시 수동성에 빠지고 더 깊은 속임수에 떨어질 가능성이 있다. 왜냐하면 믿는이가 전쟁을 수행하고 승리할 수 있도록 성령께서 그에게 힘을 주고 강화시키시는 데 있어서 그가 진리를 사용하는 것은 필수적인 일이기 때문이다. 성령께서는 믿는이가 깨어 기도함으로 그분과 동역하지 않으면 그를 원수에게서 지켜주시지 않는다.

악한 영들에게 입지를 내어주는 것을 끊임없이 거절함

거절하는 방법과 무엇을 거절하느냐는 악한 자와의 싸움에서 가장 중요한 것이다. 우리가 보았듯이 믿는이는 능동적인 태도와 필요하다면 지속적이고 끊임없는 거절의 표현과 갈보리에서 그리스도의 죽음에 연합되었다는 기초 위에서 믿음 위에 서는 태도를 유지해야 한다.

믿는이는 전쟁의 시기에 부지중에 악한 영들에게서 오는 어떤 것을 받아들이거나 자신의 생각 속에 주입된 거짓말을 믿음으로 그들에게 새로운 입지를 내어주지 않도록, 악한 영들로 하여금 새로운 발판을 얻게 할 수 있는 모든 것들을 거절해야 한다. 이런 행동을 통해 전쟁이나 공격이 즉시 그치거나 지나갈 것이며, 원수가 믿는이에게서 역사할 입지를 얻었던 수단들이 직접적으로 처리될 것이다.

믿는이는 과거의 체험을 통하여 속이는 영들이 지금까지 어떠한 방법으로 자신에게서 유익을 얻어왔는지 알 것이다. 그리고 그는 자유를 되찾기 위해 싸울 때 그에게 크게 도움이 되었던 '거절'의 각 요점들을 직관적으로 주의하게 될 것이다. 이런 식으로 거절함으로 믿는이는 많은 면에서 악한 영에게 내어준 입지를 그들에게서 빼앗아올 수 있다. 거절의 행동과 태도가 더 넓은 범위로 행사될수록, 믿는이는 그의 선택을 통하여 그의 의지의 동의에 의해서만 입지를 확보할 수 있는 속이는 영들에게서 자신을 더 철저히 분별시킬 수 있다. 일단 악한 자에게서 받아들였던 모든 것을 거절하는 태도를 지속적으로 견지하는 한, 그는 악한 자에게 내어준 입지에서 비교적 자유롭게 될 수 있다.

전투에서 '거절하는 것'은 공격적인 무기가 됨

전쟁의 시기에 흑암의 세력들이 믿는이를 내리누르고 있을 때, 믿는이가 능동적으로 흑암의 세력들에게 거절의 표현을 하는 것은 그들에 대한 방어용 무기만이 아니라 공격적인 무기가 될 수 있다. 원수가 맹렬하게 공격할 때 사람의 혼의 중심에 있는 의지가 두려움과 낙심 가운데 빠져들지 않고 믿는이가 원수를 대항하는 태도를 표명함으로써 그에 맞서 공격적으로 저항하는 결과를 가져오는 것은 믿는이가 거절하는 표현을 하는 바로 그때이다. 그 전쟁은 공격하는 악한 영들 가운데 하나를 받아들이거나 굴복하기를 단호하게 거절하는 의지의 선택에 달려 있다. 하나님의 총체적인 힘은 사람이 성령에 의해 원수를 거절하는 태도로 능동적으로 저항하는 데에서 역사할 수 있다.

속임당하지 않는 믿는이 편에서, 원수에게 장애물이 되는 의지로 거절하는 것의 효과를 이해하는 것은 중요한 일이다. 왜냐하면 겉 사람이 기만당해왔던 속임의 구덩이에서 구출된 후에도 오랫동안 감정과 신경계에 그 흔적이 남아 있을 것이기 때문이다. 겉 사람의 방벽이 악한 자의 초자연적인 힘에 의해 일단 손상되면 쉽게 재건될 수 없다. 그러므로 원수의 속임수와 사로잡힘에서 벗어난 믿는이들은 의지와 선택의 적극적인 표현으로 원수를 공격하는 순간 원수에게 공격적으로 맞서 대항하는 능력을 알아야 한다. 이렇게 공격적으로 대응하는 것은 결국 자신을 방어하는 행동이 된다.

원수와 싸울 때 믿는이는 다음과 같이 강력하게 말할 수 있다. "나는 내 위에 임한 악한 영들의 모든 권세와 나에 대해 주장하는 권리와 나에 대한 요구와 내 속에 있는 그들의 능력과 내 속이나 내 위에 있는 모든 영향력을 거절한다."

거절하는 무기는 그 전쟁의 많은 방면에서 통한다. 예를 들어, 뭔가를 말하거나 쓸 때 믿는이가 자신이 하고 있는 일에 어려움이나 장애나 어떤 간섭을 느낀다면, 그는 즉시 모든 사상과 생각과 제안과 환상, 즉 악한 영들이 그를 억누르려고 그에게 주입하는 생각 속에 떠오르는 어떤 상상이나 말이나 인상을 거절해야 한다. 결과적으로 그는 성령과 동역할 수 있게 되고, 그의 생각은 투명하게 되어 그분의 뜻을 수행할 수 있게 된다.

즉, 믿는이는 자신의 영 안에 계신 성령과 동역하기를 추구하는 동안, 거절함으로써 그리고 그의 겉사람을 손상시키려는 모든 초자연적인 시도에 저항함으로써 능동적으로 흑암의 세력들을 대적할 수 있다는 것이다. 이를 위해서 처음에는 치열한 전투가 필요하겠지만, 그가 적극적으로 저항하는 자세를 견지하고 점점 그의 전존재를 악한 영들에게 닫으며 악한 영들의 역사를 인식하고 거절하는 데 경계를 늦추지 않는다면, 죽었다가 살아나신 주님과의 연합은 더욱 깊어지고 그의 영은 점점 강해지며 그의 이상은 맑고 그의 정신적 기능은 한때 악한 영들의 권세 아래 그를 붙들어놓았던 원수를 영원히 이겼다는 사실을 밝히 깨달을 것이다.

특히 그는 속이는 영들의 '이중 위조'라고 할 수 있는 것에 대항해 경계 태세를 갖추게 된다. 그것은 원수가 그에게 퍼붓는 공격에 관련된 위조이다. 예를 들어, 마귀가 현저하고 눈에 띄게 믿는이를 공격하면, 그는 그 공격이 악한 영의 맹렬한 공습이라는 것을 분명히 알아차릴 것이다. 이러한 공격에 대해 그는 그의 의지와 영 안에서 기도하고 저항하여 승리를 얻게 된다. 그 때 놀랄 만한 평화와 안식의 느낌이 밀려오는데, 그것 또한 원수의 맹렬한 공습과 다름없는 일종의 '공격'일 수 있다. 그러나 너무 교묘하여 믿는이가 주의하지 않으면 속기 쉽다. 느닷없이 격렬하게 공격하기를 멈추고 후퇴한 원수는 처음에 얻으려다 실패한 이익을 두 번째 공격으로 얻기 원한다.

원칙에 따라 싸움

믿는이가 원수와의 싸움에서 승리하기 위해서는 싸우는 방법을 알아야 하는데, 말하자면 어떻게 '냉정하게' 싸울 것인지를 필수적으로 알아야 하는 것이다. '냉정하게 싸우는 것'의 의미는 싸움에서 모든 종류의 느낌과 감정을 완전히 벗어버리는 것이다. 원수와의 싸움에서 '냉정하게' 싸우는 것을 아는 것이 필수적인 이유는 믿는이가 실상은 패배했는데도 승리했다고 느낄 수 있고, 그 반대로 승리했는데도 패배했다고 느낄 수 있기 때문이다. 느낌에 의존하는 것과 '충동'으로 행하는 것은 이 전쟁에서 옆으로 제쳐두어야 한다.

성령 침례를 받기 전에 그는 자연적인 영역에서 원칙을 따라 행했을 것이다. 이제 그는 영적인 사람으로서 동일하게 영적인 영역에서 '원칙을 따라'

행해야 한다. 어떤 사람들은 싸움을 느낌으로 감지하게 되었을 때 비로소 싸움을 인식할 수 있다. 따라서 그들은 싸우지 않을 수 없는 상황에 처했을 때에만 간헐적으로 혹은 어쩌다 우연히 싸운다. 그러나 이제 그 싸움은 계속되어야 하고 생활의 일부가 되어야 한다.

흑암의 세력들의 정체가 무엇인지 알고, 그 정체를 알게 된 결과 '원칙에 따라' 싸울 때, 흑암의 세력들을 '냉정하게' 인식할 수 있게 된다. 원수의 존재와 역사를 전혀 볼 수 없을 때에도 이러한 보이지 않는 원수들에 맞서는 싸움은 틀림없이 존재한다는 것과, 항상 그들은 공격할 수 있을 때에만 공격하지 않는다는 것을 기억해야 한다. 만일 어떤 기회가 주어졌을 때에만 공격했다면 그들은 손해를 보았을 것이다. 왜냐하면 그때 그 공격의 특성과 근원이 드러나게 되었을 것이기 때문이다.

믿는이는 유혹하는 자인 마귀가 항상 유혹하기 때문에 원칙을 따라 저항해야 한다는 진리를 알아야 한다. 간단히 말해서, 항구적으로 승리하기 원하는 사람은 싸움이 '원칙 대(對) 느낌과 의식'의 문제라는 것을 이해해야 한다. 만일 원수와의 전쟁이 원칙에 의해서가 아니라 느낌과 의식에 의해 지배된다면, 믿는이는 어쩌다가 한 번씩 간헐적으로 승리를 얻을 수 있을 뿐이다. 원수가 믿는이를 공격할 때 그가 로마서 6장 6절부터 11절까지의 갈보리의 근거 위에 서서 죄와 사탄을 향해 그의 근본적인 입장을 진지하게 선포한다면, 거기에서 중요하고 강한 승리의 무기를 발견할 것이다. 현재 이 순간 자신을 '죄에 대하여는 죽은 자요 그리스도 예수 안에서 하나님을 대하여는 산 자'로 여기는 사람은 공격이나 싸움의 모든 방면에서 죄와 사탄에게 굴복하기를 거부한다.

그러므로 믿는이가 원수에게서 맹렬한 공습을 받는 전쟁의 시기에 그의 위치를 선포할 때, 그는 종종 자신이 보이지 않는 원수와 실제적인 싸움을 싸우지 않으면 안 된다는 것을 발견할 것이다. 죄에 대해 죽음으로 그리스도께서 이루신 역사 위에 설 때, 사람의 영은 사탄의 계급적인 군단, 즉 정사들과 권세들과 어둠의 세상 주관자들과 하늘에 속한 영역에 있는 악한 영들의 무리에 대항하여 설 수 있는 힘을 얻고 자유롭게 활동할 수 있게 된다.

사탄과의 싸움과 그 싸움이 의미하는 것

영으로 흑암의 세력에 대항하여 싸우는 것은 가능한 일이다. 그러한 것은 영적인 전투로서 영적인 사람, 즉 그의 영에 의해 살고 지배받는 사람만이 이해할 수 있다. 악한 영들은 믿는이를 공격하고 그와 싸우며 그를 대적한다. 그러므로 믿는이는 악한 영들을 대항해 싸우고 그들과 전투하며 그들을 대적해야 한다.

이러한 싸움은 혼이나 몸이 아닌 영으로 수행된다. 왜냐하면 낮은 것이 더 높은 것으로 더불어 싸울 수 없기 때문이다. 몸은 물질적인 영역에서 몸과 싸운다. 지성의 영역에서 혼은 혼과 싸운다. 영적인 영역에서 영은 영과 싸운다. 그러나 흑암의 권세들은 사람의 삼중 본성을 공격하고 몸이나 혼을 통하여 사람의 영에 이르려고 한다. 만일 그 싸움이 정신적인 것이라면 의지를 고요하고 확고하며 과단성 있게 행사해야 한다. 만일 그 싸움이 영적인 것이라면 영의 모든 힘이 생각과 합류되도록 이끌려져야 한다. 만일 영이 억눌려 있어 악한 영들을 대적할 수 없다면, 그때 생각이 영을 일으키기 위해 그 손을 내미는 정신적 싸움이 지속적으로 수행되어야 한다.

악한 영들의 목표는 믿는이의 영을 침륜에 빠지게 하여 믿는이로 그들을 대항하여 공격적인 행동을 취하지 못하도록 무기력하게 만드는 것이다. 믿는이의 영을 침륜에 빠뜨릴 수 없을 경우 악한 영들은 믿는이의 영이 적절한 균형을 잃고 정도를 넘어서도록 밀어붙임으로써 믿는이를 결단력과 지성을 통제할 수 없는 흥분 상태로 이끌어 간교한 적에 대해 방심하게 하려고 애쓴다. 또는 믿는이로 하여금 말과 행동과 생각과 분별력을 균형 있게 행사하지 못하게 만들어서 그들이 역사할 수 있는 입지나 어떤 유익을 은밀하게 다시 얻으려 한다.

커다란 승리는 커다란 위험을 의미하는데, 이는 믿는이가 승리에 점유되어 있을 때 마귀는 어떻게 하면 그에게서 승리를 빼앗을까를 궁리하기 때문이다. 그러므로 승리의 시기에는 생각이 냉철하고 깨어 기도해야 한다. 믿는이가 승리로 인해 조금이라도 의기양양하게 되면 그 순간 승리를 잃고, 완전한 승리를 되찾기 위해서는 다시 기나긴 격렬한 싸움에 발을 들여놓아야 하기 때문이다.

믿는이의 영이 악한 영들과의 싸움에서 이겨 승리를 쟁취할 때, 보이지는 않지만 실제로 존재하는 적에 대한 저항과 승리의 흐름이 영에서 터져 나온다. 그러나 원수는 이 전쟁에서 이따금씩 몸이나 혼을 공격함으로 계속해서 영을 방해한다.

영은 그 표현을 위해 혼과 몸을 필요로 한다. 그러므로 원수는 믿는이의 영을 봉쇄하여 믿는이가 자신에 맞서 저항하지 못하도록 공격한다. 이와 같은 일이 일어날 때 믿는이는 자신이 '감금당하여' 제한 아래 있다고 느낀다. 그는 '거절하는 음성을 발하지 못한다'. 그에게는 기도의 말도 '공허한 말처럼 들린다.' 그러한 기도가 '아무런 효력도 없는 것처럼 느껴진다'. 그에게는 그러한 기도가 '헛수고' 같다. 그러나 사실 이러한 현상은 그의 영이 원수에게 붙들리고 지배받으며 묶여 있기 때문에 일어나는 것이다. 믿는이는 이제 자신의 영이 자유함에 이를 때까지 스스로 소리내어 표현하기를 힘써야 한다.

이것은 계시록 12장 11절에서 용을 이기는 능력의 일부분으로 언급된 '증거하는 말'이다. 원수와 싸우는 믿는이는 ① 어린양의 보혈의 근거 위에 서는데, 이 보혈은 죄와 사탄에 대해 승리하는 데 있어서 갈보리에서 이루신 역사가 의미하는 모든 것을 포함한다. ② 원수와 싸우는 믿는이는 그리스도를 통하여 얻은 확실하고 틀림없는 승리와 죄와 사탄에 대한 그의 태도를 확증하는 증거의 말을 발한다. ③ 그는 하나님의 뜻을 행하기 위해 죽기까지 그의 생명을 내어놓는 태도로 갈보리의 영 안에 산다.

기도와 개인적인 전투

기도는 영적인 싸움과 밀접한 관계가 있다. 이러한 기도는 아버지께 드리는 간구의 기도라기보다는 하나님의 아들과 영 안에서 연합된 자의 기도이다. 즉, 그분의 뜻과 믿는이의 뜻이 하나로 융화되어 모든 악한 자들의 세력을 이기는 그리스도의 권세를 원수에게 선언하는 기도이다(엡 1:20-23).

때때로 믿는이는 기도하기 위해 '싸워야' 한다. 또 한편 싸우기 위해서 기도해야 할 때도 있다. '싸울' 수 없다면 기도해야 하고, 기도할 수 없다면 '싸워야' 한다. 이를테면, 자신의 영에 중압감을 느낄 때 믿는이는 그러한 압력을 일으키는 모든 '원인들'을 거절함으로 그 압력을 제해야 한다. 왜냐하면 싸우기 위해서, 그리고 원수의 역사를 간파하는 분별력을 유지하기 위해서는 영이 아무런 짐도 지지 않은 가벼운 상태로 유지될 필요가 있기 때문이다. 섬세한 영의 느낌은 영을 누르고 있는 압력이나 '무게'로 인해 둔해질 수 있다. 원수가 영에 압력을 주고 '짐들'을 지우는 책략을 끊임없이 사용하며, 믿는이들로 압력과 '짐들'이 원수에게서 온 것임을 알아차리지 못하게 하거나, 혹은 알더라도 처리하지 않은 채 그대로 남겨두게 하려고 애쓰는 것은 바로 믿는이의 영을 둔하게 하려는 목적에서이다.

믿는이는 자신이 '속박당하고' 있다고 느낄 수 있는데, 그가 그렇게 느끼는 원인은 자신이 아닌 다른이들에게 있을 수 있다. 즉 ① 스스로 속박당하고 있다고 느끼는 사람의 생각과 영을 받아들인 믿는이는 열린 영이나 열린 생각이 없으며 ② 그에게는 진리의 메시지를 받아들일 만한 역량이 없으며 ③ 영으로부터 나오는 흐름을 막는 어떤 생각들이 있기 때문에 믿는이가 속박당하고 있음을 느낄 수 있다는 것이다.

만일 아침에 믿는이가 영에 '중압감' 혹은 무거움을 느꼈는데도 처리하지 않은 채 그대로 둔다면, 그는 틀림없이 그날 내내 승리의 위치를 잃게 될 것이다. 영에 있는 중압감을 처리하기 위해서는 그 중압감을 감지하는 순간 즉시 영 안에서 행해야 한다. 그리고 '서서'(엡 6:14) 흑암의 세력들을 '대적하고'(엡 6:13) '저항해야'(약 4:7) 한다. 이러한 위치에 서서 행하는 것은 영의 활동을 의미하는데, 이는 이러한 말들이 혼이나 몸의 행동 또는 '상태'나 '태도(주로 의지의 태도)'를 묘사하는 것이 아니기 때문이다.

'서는 것'은 원수의 공격적인 행동을 물리치는 영의 활동이다. '대적하는 것'은 원수를 대항해 공격적인 행동을 취하는 것이다. '저항하는 것'은 사람이 자신의 신체를 공격해오는 어떤 것을 그의 몸으로 '저항'하는 것과 같이 영으로 적극적으로 싸우는 것이다.

마귀의 책략

'책략'이란 말의 원래 의미는 '수법'이다. 그 말은 다양한 의미와 사상을 지니는데, '술책' 혹은 '교묘한 계획', '수법으로 역사함', 속이는 것, 뒤쫓아가는 것, 어떤 일을 행하는 수단이나 방법 혹은 체제의 사상 등이 그것이다.

성도들에 대한 사탄의 전쟁은 '마귀의 책략'이라는 한 마디로 요약될 수 있다. 그는 공개적인 방식으로 일하지 않고 항상 배후에 숨어서 일한다. 속이는 영들이 사용하는 방법은 수년 간의 경험에 의한 기술과 기량으로 각 사람에게 알맞게 각색되어 적용된다. 일반적으로 책략은 알고 있는 죄를 빌미로 하여 적용하는 것은 차치하고, 우선적으로 믿는이의 생각 혹은 '사상들'에 적용한다. 믿는이의 생활에서 사탄의 역사는 대부분 잘못된 생각이나 신앙에서 비롯되어 생각에 받아들여지는데, 믿는이는 그것이 속이는 영들에게서 온 것임을 인지하지 못할 수 있다. 예를 들어, 사탄이 하는 모든 일은 현저하게 악한 모습으로 나타날 거라고 생각하는 믿는이가 있다 하자. 사탄이 그 사람에게서 완전한 신뢰를 얻으려면 '선(善)'으로 옷 입고 가장하기만 하면 된다. 사탄이 이런 식으로 책략을 쓰기 때문에 그러한 전쟁은 속임과 위조의 전쟁이며, 하나님에 대하여, 사탄에 대하여, 그리고 자신들에 대하여 하나님의 완전한 진리를 구하는 사람들만이 속이는 자의 모든 책략에 맞서 굳게 설 수 있다.

마귀의 책략을 이해함

사도는 믿는이가 마귀의 책략에 대항해 설 수 있어야 하고, 이를 위해 전신갑주를 입어야 한다고 말했다. 만일 믿는이가 무엇이 마귀의 책략인지 모른다면 어떻게 그 책략에 대항해 설 수 있겠는가? 유혹과 책략 사이에 차이점이 있고, 원칙들과 사탄 및 그의 사자의 역사와 그들의 책략 사이에 차이점이 있다. 즉 그들 자신은 유혹하는 자들이다. 유혹은 책략이 아니다. 책략은 그들이 유혹하기 위해 음모를 꾸미는 방법이다. 바울은 믿는이가 '유혹'이나 거짓말 혹은 악한 영들의 어떤 다른 특성에 대항해 서야 한다고 말하지 않았다. 다만 믿는이는 그들의 책략에 대항해 '설' 수 있어야 한다. 영적인 사람은 그들의 책략에 사로잡히지 않도록 주의를 늦추지 말아야 한다. 악한 자들의 음모가 폭로될 때 악한 자들의 목표는 좌절되고 성취될 수 없다.

영적인 믿는이는 자신의 영적 감각을 재빨리 읽어내고 원수의 능동적인 역사를 간파할 수 있도록 기민한 태도로 생각을 극도로 집중해야 할 필요성이 있다. 그는 또한 그의 영이 자신에게 전달하는 메시지를 대하고 감지하는 데 있어서 주의해야 한다. 어떤 사람이 외풍이 있음을 느낄 때 즉시 능동적으로 외풍에서 자신을 보호하기 위해 생각의 지성을 사용하여 찬 기운에 대한 신체적 느낌을 인지하는 것과 같이, 직감적인 재치로 그의 영의 느낌을 감지할 수 있어야 한다. 그러므로 영적인 사람은 기도로 원수를 찾아내어 쫓아내는 데 있어서 그의 영적 감각을 사용해야 한다.

다시 한 번 말하거니와, '목표'와 '책략'은 매우 다르다. 책략은 원수가 목표에 도달하기 위해 사용하는 수법이다. 악한 영들이 그들의 목표를 성취하기 위해서는 '책략'을 사용해야 한다. 그들의 목표는 사로잡는 것이지만 그들이 사용하는 '책략'은 위조하는 것이다. 그들은 거짓말쟁이들이다. 그러나 그들이 거짓말을 사람의 마음속에 주입하는 데 성공할 수 있는 방법이 무엇이겠는가? 그들 자신이 거짓말쟁이가 되는 데에는 책략이 필요 없지만, 믿는이가 그 거짓말을 받아들이도록 하는 데에는 책략이 필요하다.

마귀와 그 사자들의 책략은 셀 수 없고 그것은 믿는이들을 속이기에 알맞게 각색되어 적용된다. 만일 어떤 믿는이가 악한 자들의 이익에 치명적인 영향을 미칠 수 있는 어떤 행동을 함으로 고난받는 것에 감동하는 사람이라면, 그는 악한 자들이 그와 가깝고 친근한 사람에게 고난을 일으키는 것을 보고 그것에 공감할 것이다. 이런 경우 악한 자들은 악한 자들에게 치명적인 어떤 행동을 함으로 고난받는 것에 감동되는 그의 특성을 이용한 것이다.

혹은 그가 자신에게 있는 고통 때문에 뒤로 물러가는 사람이라면, 악한 자들은 그의 길을 바꾸게 하려고 고통을 사용할 것이다. 천연적으로 동정심이 많은 이들에게 악한 자들은 사랑의 모조품을 사용할 것이다. 지적인 것들에 매료되는 이들은 공부를 더 하고 싶은 마음에 이끌리거나 많은 종류의 지적 매력에 의해 영적인 영역에서 이탈될 것이다. 예민하고 양심적인 사람들은 계속되는 실패로 인해 끊임없이 송사받을 수 있다.

거짓말하는 영들은 믿는이가 한 일로 인해 그를 비난하지만, 믿는이가 거짓말하는 영들에게서 온 모든 비난을 거절하는 법을 안다면, 그는 그 거짓 영들이 한 행위를 그들을 대항하는 병기로 사용할 수 있다.

전쟁을 위한 갑주

이러한 흑암의 권세와 전쟁을 벌이기 위해 믿는이는 어떻게 에베소서 6장에서 사도가 묘사한 갑주를 취하고 사용하는지를 체험적으로 배워야 한다. 에베소서 6장의 목적은 분명히 죄에 대한 승리가 아니라 사탄에 대한 승리이다. 그 부르심은 세상에 대한 것이 아니라 교회에 대한 것이다. 이러한 부르심은 13절에서 보여 주는 바와 같이 하나님께서 주신 능력에 의해 갑주를 입고 서라는 부르심, 악한 날에 서라는 부르심, 흑암의 권세에 대항해 서라는 부르심, 모든 것을 이긴 후, 즉 악한 자들을 전복하는 역사를 성취한 후에 서라는 부르심이다.

에베소서 6장에 자세히 언급되었듯이 그 갑주는 하나님의 자녀가 마귀의 책략을 대항해 '설' 수 있게 하는 것이다. 믿는이가 승리에 필요한 조건을 충족시키고 자신에게 제공된 갑주를 사용한다면, 그 갑주는 그가 지옥의 모든 정사들과 권세들을 정복할 수 있다는 것을 분명히 보여 준다.

만일 갑주가 실지의 적을 대적하기 위한 것이라면, 그것은 실지의 갑주이어야 하고 믿는이 편에서는 그에 대한 실질적인 지식을 소유해야 한다. 싸움에 대한 예비가 필요하다는 사실, 적에 대한 사실, 싸움에 대한 사실은 성경에 선포된 다른 사실들만큼이나 실제적인 사실임에 틀림없다. 다음은 갑주를 입은 믿는이와 갑주를 입지 않은 믿는이의 대비를 간략히 제시한 것이다.

갑주를 입은 그리스도인	갑주를 입지 않은 그리스도인
진리로 갑주를 입음.	무지로 인해 거짓말에 노출됨.
생활의 의(義).	무지로 인해 불의함.
화평을 이루고 지킴.	분열과 다툼.
자기 보호와 통제가 있음.	무분별하고 깨어 있지 않음.
믿음의 방패를 지님.	의심과 불신앙.
손에 성경을 지님.	하나님의 말씀 대신 이성에 의존함.
쉬지 않고 기도함.	기도 대신 일에 의존함.

적으로부터 자신을 보호하고 덮기 위해 하나님의 전신갑주를 취하는 믿는이는 원수에 대한 승리 안에서 행해야 한다. ① 그가 흔들리지 않고 서기 위해 하나님의 능력으로 강화될 수 있도록 그의 영에는 성령께서 내주하셔야 하고, 그의 영을 부드럽고 순전하게 유지하기 위해 끊임없이 '예수

의 영의 공급'을 받아야 한다. ② 그는 사탄의 거짓말을 멸하고 사탄이 한 때 사용했던 휘장을 제하기 위해 진리의 빛으로 채워진 마음을(엡 1:18) 갖도록 새로워진 생각을(롬 12:2) 지녀야 한다. 이러한 생각은 주님의 뜻이 무엇인지 지적으로 이해할 수 있도록 투명하게 된 생각이다. ③ 그의 몸은 그 영에 복종하고(고전 9:25) 생명과 봉사에 있어서 하나님의 뜻에 순종해야 한다.

제 11 장

흑암의 권세 잡은 자들에 대한 싸움

11 | 흑암의 권세 잡은 자들에 대한 싸움

War on the Saints

속임당함과 귀신 들림에서 자유롭게 되는 길에서 믿는이는 흑암의 권세 잡은 자들과의 싸움의 필요성을 절감하게 되는데, 이는 이러한 싸움을 통하여 사탄과 그를 수종하는 악한 영들의 사악함의 깊이가 폭로되기 때문이다. 믿는이는 악한 영들의 맹렬한 공격에 대항하여 끊임없이 매일 싸워야 할 뿐 아니라, 악한 영들이 ① 자신을 사로잡는 것과 ② 그들의 역사와 ③ 그들의 속임수와 다른이들을 사로잡는 것을 대항해서도 싸워야 한다. 결국 이러한 싸움을 통하여 믿는이는 악한 영들에게 입지를 내어주는 데서 자유롭게 될 것이다.

귀신 들림에서 벗어난 믿는이는 '그 싸움 안으로 태어난다'. 그리고 그는 자유를 지키기 위해 싸우지 않을 수 없게 된다. 어린아이가 '자연적인 세상 안으로 태어나고' 생명을 유지하기 위해 호흡을 해야 하듯이, 믿는이도 속임당하지 않으려는 노력과 고난을 통하여 '싸움 안으로 출생하여' 사탄의 속박에서 벗어난다.

적을 대항하여 싸우는 공격적인 전투를 통하여 믿는이는 사탄의 세력들의 체계적인 역사를 이해하게 된다. 믿는이는 자신의 체험에서 그가 악한 자에게 속임당하고 사로잡힌 결과 나타난 징후를 통해 얻은 지식으로 말미암아, 이제 악한 자에게 속임당하고 사로잡힌 다른이들에게서 그 징후들을 읽고 그들이 구출되어야 할 필요성이 있음을 발견하고 그들을 위해 기도하면서 그들이 구출되는 것을 목표로 일하기 시작한다.

공격적인 전투와 방어적인 전투

자연적인 것이든 초자연적인 것이든 싸움에는 그 싸움을 지배하는 두 가지 원칙, 즉 공격과 방어가 있다. 공격하는 쪽은 반드시 적에 대항하여 공격적인 태세를 취해야 함은 물론 자신을 방어할 수도 있어야 한다.

속임당하고 귀신 들린 데에서 벗어나는 기간 중에 믿는이는 자신의 약점과 공격받기 쉬운 부분이 무엇인지 알게 되고, 그러한 부분에 임하는 조직적이고 체계적인 원수의 공격에 대해 인식하기 시작한다. 이렇게 공격당하는 것을 체험하면서 믿는이는 거짓 영들의 적극적인 역사와 그들에 맞서 끊임없이 싸워야 할 필요성을 더욱 깊이 이해하게 된다.

그는 매일 그들을 대항해 서 있어야 하며, 그렇지 않으면 다시 그들의 궤계에 말려들어 그들의 간교한 계략의 희생물이 될 수 있음을 안다. 믿는이는 자신이 속임당하고 사로잡히기 전에는 느끼지 못했던 작은 공격조차도 신속히 그를 압도해 즉시 영적 균형과 평형을 잃어버리게 한다는 것을 발견한다. 이러한 발견으로부터 그는 자유를 되찾기 위한 싸움에서 얻은 교훈들을 통해 반드시 이후에도 자신을 지키고 간교한 원수의 공격에 대항해 깨어 있어야 함을 안다. 그러한 공격이 믿는이 주변의 일들을 통해 직접적으로 오든 다른이들을 통해 간접적으로 오든 (때로는 간접적인 맹공이 가장 위협적일 수 있다) 늘 깨어 있어야 한다는 것이다.

믿는이가 속임에서 벗어나는 기간 동안, 그의 눈은 또한 악한 세력들의 초자연적인 역사들을 볼 수 있도록 열리게 된다. 주님의 역사하심으로 우리가 하나님을 볼 수 있는 것처럼(요 14:10, 11) 흑암의 권세 잡은 자들도 그들의 활동으로 인지될 수 있다. 하나님의 역사와 사탄의 역사는 모두 육신의 눈으로는 볼 수 없으나, 그 표징을 읽을 능력이 있는 사람은 그 역사가 가져올 결과를 지각할 수 있다. 악한 자에게 사로잡힌 데에서 벗어난 사람은 하나님의 주권에서 비롯되었다고 생각했던 것들 가운데 얼마나 많은 것들이 사실상 사탄에 속한 세상 주관자들의 역사의 결과인지를 알 수 있다. 그는 교회의 냉담함과 죽어 있음이 사탄에게 속한 것이며, 죄와 악한 본성의 탓으로 돌린 많은 것이 실상은 악한 영들의 역사라는 사실을 안다. 따라서 그는 세상에서 사탄의 역사를 '하나님의 운행하심'으로 인정하여 받아들이게 하는 거짓 가르침에 맞서 싸우게 된다. 믿는이가 속임당함에서 벗어남으로 말미암아 하나님과 사탄에 관련된 일들에 대한 그의 옛 관념들은 검증되지 않은 이론으로 판명되어 그 신빙성을 잃게 되고, 결과적으로 그는 두 가지 축복을 얻게 된다. 말하자면 '정화된 신학 이론'과 '진정한 마귀론'에 대한 이해를 축복으로 얻는 것이다.

속임당함에서 벗어남으로 얻게 되는 몇 가지 결과들

속임당함과 사로잡힘에서 벗어난 믿는이는 또한 지극히 실질적인 사람이 된다. 그는 하나님께서 '실질적인' 분이심을 깨닫는다. 마귀는 실질적인 존재이고 사람은 마귀를 대적하시는 하나님과 연합하는 데에 실제적이어야 한다. 그는 하나님의 아들께서 마귀의 일을 멸하시기 위해 사용하신 방법 중 한 가지가 기도임을 알고, 기도가 원수를 대항하는 가장 강력한 무기라는 사실을 안 이후로는 기도의 삶을 살아야 한다.

악한 자에게 속임당한 데에서 벗어난 믿는이는 흑암의 권세들이 세 부분으로 된 존재인 인간을 공격하는 실제적인 힘을 의식해왔으며, 이러한 의식에 따라 구속받고 새롭게 된 자유로워진 능력—정신적, 영적, 육체적—으로 자신이 얻은 자유를 지키기 위해 흑암의 권세들과 싸워야 함을 배운다. 체험을 통해 그는 더더욱 자신의 영을 의식하고 흑암의 권세들을 대항하여 힘과 순수함과 능력으로 영을 사용해야 할 필요성을 느껴왔다. 그는 또한 악한 영들은 시간과 장소와 시기를 불문하고 자신에 대해 끊임없이 싸움을 벌인다는 사실을 발견했다. 그러므로 어디에 있든, 무엇을 하든, 어떠한 상태에 있든 그는 지속적으로 흑암의 권세들과의 싸움을 수행해야만 한다.

만일 그가 심한 아픔과 고통 가운데 있음을 발견한다면, 그는 자신이 '흑암의 때와 그 능력' 안에 있음을 알고 흑암의 권세들이 일으킨 고통을 통하여 그들이 악할 뿐 아니라 냉혹하다는 것을 안다. 그들은 극도로 악하고 악하며, 악(惡) 외에는 어떤 것도 목표 삼지 않으며, 집요하게, 가만히, 쉴새 없이 믿는이를 악으로 끌어들이려 애쓰면서 자신이 가진 온갖 힘을 사용할 수 있는데, 이는 인류를 향한 그침없는 증오와 악을 기반으로 한 것이다. 그들은 인류의 원수이며, 앞으로도 여전히 원수로서 인류를 악으로 끌어들이려 할 것이다. 그들은 예전과 다름없이 지금도 여전히 악하고 악할 뿐이다.

그러므로 믿는이는 그들을 저항해야 한다는 사실과, 흑암의 권세들을 이길 수 있도록 자신의 영을 강하고 순수하며 활력 있게 유지하기 위한 싸움에는 그로 하여금 승리할 수 있도록 이끄시는 하나님의 능력 안에서 그의 존재의 온 힘을 발휘해야 한다는 사실을 배워서 알아야 한다.

믿는이가 자신이 지옥의 모든 권세와 전쟁을 벌이고 있음을 발견함

자신을 대항해 싸우는 초자연적인 악한 권세들의 증오와 사악함을 발견할 때, 믿는이는 자신이 어떤 초자연적인 존재의 지략에 대항하여 싸우는 것이 아니라 정사들과 권세들에 대항하여 싸우고 있음을 아는데, 그들은 마음대로 사용할 수 있는 막대한 지배력을 장악한 자들이다. 이뿐 아니라 그들의 계략에 승리하여 서 있다면 이것은 일개 악한 영만이 아니라 지옥의 모든 권세들을 정복한 것이라는 사실 또한 알게 된다. 믿는이는 지옥의 모든 권세가(엡 6:12) 다 믿는이를 정복하는 데 실패하기 전에는 한 개인적 믿는이를 그들 위에 승리자가 되도록 놔두지 않을 것임을 알게 된다. 그들 전체를 이기도록 정해진 믿는이에 대한 그들의 맹렬한 공격은 갈보리 십자가 위에서 죽음을 통하여 그들을 수치스럽게 하신 승리자이신 주님과의 생생한 연합 안에서 좌절된다.

이러한 믿는이는 모든 흑암의 권세 잡은 자들을 모두 이기도록 부르심받지만, 그러한 목표에 이르기 위해서는 하나님의 전신갑주를 입고 하나님의 능력과 진리와 의와 평강과 믿음과 강력한 말씀의 검을 붙들고 깨어 기도해야 한다. 이러한 갑주와 그에 딸린 무기는 그로 하여금 사탄의 '모든 궤계를 대적하여 설 수 있게 한다'. 만일 그가 선다면 모든 하늘이 그것을 알고, 패배한다면 지옥 전체가 그 사실을 알 것이다. 그가 승리한다면 어둠의 주관자들이 정복당할 뿐 아니라 무력해지며, 그들의 교활한 책략은 아무런 효과도 발휘하지 못하고 무(無)로 돌아갈 것이다.

그렇게 훈련되고 끈질기게 공격하는 원수를 이기고자 하는 믿는이는 자신이 원수를 정복하고자 하는 것 못지 않게 원수도 자신을 집요하게 정복하고자 한다는 사실을 발견하기 때문에 결코 그의 갑주를 벗으려 하거나 부주의하게 일하지 않을 것이다.

그러나 원수와 전쟁의 본질과 그 영원한 결과를 완전히 아는 믿는이는 땅을 황폐케 하는 원수에 맞서 싸우는 기쁨과 그분의 모든 원수들을 밟고 주 예수 그리스도와 함께 장래에 누릴 승리를(히 10:13, 고전 15:25, 26) 미리 맛보는 승리의 기쁨 속에서 즐거워하게 된다.

우리는 흑암의 권세들의 타락한 본성을 연구해 볼 필요가 있다. 정복당하거나 기회를 잃는 것은 그들에게 고통스러운 일인데, 이는 사람이든 천사든 타락한 본성은 패배를 인정하고 싶어하지 않기 때문이다. 그리스도의 날이 임하기 전, 곧 그들의 때가 이르기 전에 그 은신처에서 쫓겨나 쉴 곳을 빼앗기는 것은 귀신들에게 '고통'이었다(마 8:29 참조). 그러므로 귀신들은 오늘날 그들을 폭로하는 모든 진리로 인해 괴로움당하고 있다. 귀신들과 그들의 역사를 폭로하는 진리는 현 시대에 그들의 안식을 방해하고 있으며, 그리스도께서 땅에 계셨을 때 일어났던 일은 모든 그리스도인들과 그들의 복음 전파 활동에 의해 악한 영들이 쫓겨날 때 다시 한 번 일어날 것이다. 사복음서는 사탄과 그의 추종자들이 어떻게 이 땅에 계신 그리스도를 반대했는지를 기록하고 있다. 그분은 승리자로 움직이고 계셨으며 그들은 패배자로 나타나 있다.

원수의 능력에 대해 그리스도의 권위를 사용함

그러므로 체험을 통해 사탄의 세력의 역사와 책략의 진상을 배우고, 다른 이들을 자유케 하기 위해서만이 아니라 자신을 방어하기 위해 그들과 싸워야 함을 깨달은 믿는이는 이제 그리스도께서 이미 완성하신 갈보리의 구속의 부분을 붙잡는 모든 이에게 '원수의 모든 능력'을 제어할 권세를 주셨음을(눅 10:19) 발견한다. 그리스도와 연합할 때 그분은 그분의 이름을 사용할 권세와 그분의 이름으로 귀신을 쫓아낼 권세를 주신다. 이것은 초대 교회의 믿는이들에게 권세를 부여하신 결과 중 하나였다.

그리스도께서는 십자가에 못 박히시기 전날 밤 "너희가 내 이름으로 아무 것도 구하지 않았으나"라고 말씀하셨다. 그러나 오순절 후에 그들은 그분의 이름을 사용했고 하나님의 영께서 그 권위를 증거하시는 것을 보았다. 베드로는 "내게 있는 것으로 네게 주노니 … 이름으로 일어나 걸으라"고 말했고, 바울은 악한 영들에게 "예수 그리스도의 이름으로 내가 네게 명하노니 … 나오라"(행 16:18)고 말했다. 그리스도께서는 그분을 따르는 자들에게 "내 이름으로 귀신들이 쫓겨나겠고"라고 말씀하셨다. "귀신들이 너희에게 항복하는 것 …"(눅 10:20)이 주님과 '한 영'(고전 6:17) 됨을 실제적으로 체험하는 모든 이에게 적용됨은 틀림없는 사실이다.

그러므로 그리스도의 권위는 영 안에서 그분과 연합된 모든 그분의 자녀들의 믿음에 대해 열려 있다. 심지어 그들이 그러한 사실을 모르므로 자신들의 겉 사람 안에서 속이는 영들의 능력으로부터 완전히 자유롭지 않을지라도 그러하다.

그리스도의 권위는 믿는이가 본래 가지고 있는 것이 아님

이것은 당연한 일인데, 이는 사탄의 악한 군주들을 패배시킨 정복자이신 그리스도의 권위는 믿는이가 본래 가지고 있는 것이 아니라 성령의 능력으로 말미암아 믿는이에게 부여되는 것이며, 믿음에 반응할 때에만 소유할 수 있게 되기 때문이다. 그러나 믿는이가 그러한 성령의 능력 없이 감히 그들의 승리자의 이름의 권위를 주장하면서 소위 믿음으로 악한 영들에게 떠나라고 명한다면, 악한 영들은 대부분 그때 믿는이에게 역사할 기회를 얻게 될 것이다.

이것은 이 책의 처음 부분에서 다룬 사실로 설명할 수 있는데, 영 안에서 그리스도와 완전히 연합되고 영 안에 성령께서 거하시는 믿는이가 자신도 모르는 사이에 자신의 생각과 몸에 외부에서 침입해 들어온 영들에게 자리를 내어줌으로써 그들이 속임수로 믿는이 안에서 역사할 발판을 마련하는 것은 일어날 수 있는 일이다. 그러나 성령께서는 그분을 받아들인 하나님의 자녀 안에 있는 그분의 성소를 포기하지 않으신다. 왜냐하면 침입자는 '사람의 참된 갈망에 역행하여 간교하게' 들어왔기 때문이다.

진리를 알고도 원수에게 역사할 기회를 제공하는 입지를 거절하는 태도를 취하지 않고, 그럼으로써 그가 알고 있는 죄에 집착하여 악한 영들에게 명백한 입지를 내어주게 될 때, 믿는이의 가장 깊은 속의 생명은 심각하게 영향을 받고 하나님과 사람 사이에는 구름이 끼게 된다. 믿는이가 자신도 모르게 일관성 없는 행동을 하여 다른이들을 실족하게 할지라도 그가 알고 있는 빛에 정직하고 참되게 순종하여 원수가 역사할 입지를 거절하는 태도를 취한다면 하나님께서는 그를 사용하신다.

이름의 권위를 사용함으로 나타난 결과의 정도

앞 장에 묘사된 대로, 믿는이의 개인적 승리의 정도에 따라 그를 통해 악한 영들을 지배하시는 그리스도의 권위의 나타남은 다르다. 두 믿는이가 모두 그리스도의 권위를 붙드는 믿음을 가질 수 있으나, 흑암의 권세들의 역사를 인지하는 지식에 있어서 각기 차이가 있기 때문에 각자 다른 결과를 얻을 수 있다. 그 다른 결과는 그들 앞에 일어나는 일의 진상에 대한 판단과 분별력의 차이가 가져다주는 것이다. 만일 한 믿는이가 단지 '명령'으로 악한 영들을 내쫓을 수 있다고 생각할 뿐 악한 영들이 역사하는 '입지'를 어떻게 처리해야 하는지를 모른다면, 악한 영들이 실지로 쫓겨나기에 앞서 그 입지가 처리되어야 한다는 것을 아는 사람이 얻을 수 있는 것과 동일한 결과를 얻을 수 없다.

믿는이가 갖는 지식과 분별력은 하나님의 영께서 언제, 어디에서 믿는이로 하여금 그리스도의 권위를 붙들게 하시는지를 볼 수 있게 한다. 예를 들면, 악한 영들을 추방하는 권위는 악한 영들의 거짓말을 접하게 되면 아무런 효력을 발할 수 없다. 그리스도의 권위로 악한 영들을 추방하기 위해서는 권위를 행사할 때 말하는 지식이 거짓이 아닌 진리여야 한다는 것이다. 그러한 때 진리는 권위의 무기이다. 다시 말해서, 진리란 그리스도의 권위가 행사될 수 있게 하는 무기라는 의미이다. 그 자체가 진리인 지식의 권위로 말한 하나님의 진리만이 영혼을 자유롭게 할 수 있을 것이다.

지식은 권위를 행사하는 데에 하나의 요인임

악한 영들을 다스리는 권위의 정도는 개인적인 승리만이 아니라 또한 지식에 달려 있다. 다른이들을 구출하기 위해서 어떻게 악한 영들에 대해 완전한 권위를 행사할 수 있는지를 알기를 원하는 믿는이는 범사에, 그리고 자신이 거치는 모든 것에서 승리하고자 애쓸 뿐 아니라 악한 영들의 역사를 이해하고자 애써야 한다.

성경에서 지식과 이해에 관하여 얼마나 많이 말하고 있는지를 주의해보자. 사도는 골로새 사람들에게 보내는 서신에서 "모든 신령한 지혜와 총명에 하나님의 뜻을 아는 것으로" 채워지는 것을(골 1:9) 말했으며, 주님은 "영생은 … 예수 그리스도를 아는 것이니이다"(요 17:3)라고 말씀하셨다. "만일 우리가 빛 가운데 행하면 서로 사귐이 있고". 빛 가운데 행하는 것은 하나님을 아는 것이요, 하나님을 알 때 우리는 상대적으로 흑암의 권세를 알게 된다. 왜냐하면 빛이 흑암의 일을 드러내기 때문이다(엡 5:11-13 참조). 영적 생명이 장성한 사람들은 선과 악을 분별하는 데 연단된 지각을 소유하고 있다(히 5:14).

믿는이는 악한 영들을 분별하는 데 필요한 지식을 얻기 위해서 기꺼이 대가를 치르고자 하는 태도를 가져야 한다. 그 이유는 믿는이가 하나님께 속하거나 선하다고 생각하는 일에 대해 저항적인 태도나 중립적인 태도를 취할 수 없기 때문이다. 그는 어떤 일이 하나님께 속했는지 그렇지 않은지를 분명히 알아야 한다. 그가 악한 영들의 역사를 얼마나 이해했는가에 따라 그는 악한 영들을 그만큼 분별할 수 있고 저항할 수 있으며, 또한 악한 영들에게 사람에게서 떠나라고 명하든 혹 진리의 빛으로 그들을 흩어버리든, 그들을 '내쫓기 위해' 그리스도의 이름을 붙들고서 그만큼 그들에 대해 권위를 행사할 수 있게 된다. 믿는이는 그들의 계략과 책략과 수단과 송사와 영에 임하는 압력과 그들이 역사하는 입지를 알고, 이러한 모든 것들을 식별하고 저항할 수 있기 위해 원수가 방해와 장애를 일으키는 때가 언제인지를 알아야 한다.

악한 영들은 살아 계신 그리스도와 연합된 믿는이들에게 복종함

지식은 또한 믿음에 영향을 미친다. 믿는이는 악한 영들이, 잠정적으로뿐 아니라 실지로 하나님의 거룩한 분과 유기적으로 연합되어 연결된 사람에게 복종하는 것이 하나님의 뜻이라는 사실을 알아야 한다. 하나님의 거룩한 분은 이 땅에서 행하셨을 때 모든 것 위에 승리하신 승리자로서 그분의 이름을 사용하는 이들에게 그분의 사자의 권위를 부여해 주셨다(눅 10:17-24 참조).

교회의 태도와 흑암의 권세들을 향한 그리스도의 각 지체들의 태도를 기술할 때, 성경에 사용된 일부 표현은 하나님의 뜻과 그분의 백성을 향한 그분의 목적을 분명히 보여 준다. 바울은 하나님께서 그분의 자녀들의 발 아래 사탄을 '상하게' 하실 것이라고 말씀하셨다(롬 16:20). 하나님의 자녀들은 정사와 권세들에 '대항해 씨름해야' 한다(엡 6:12).

물론 악한 영들이 그리스도인을 이긴다는 관점을 버려야 하며, 그들의 존재와 역사를 무시함으로 그들을 대하는 것이 아니라 믿음의 견고한 태도로 '대적해야' 한다(벧전 5:8-9).

믿는이는 악한 영들의 공격에 무시하는 태도로 임하는 것이 아니라 그들의 맹렬한 공격을 '대적하는' 태도를 견지해야 한다(엡 6:13). 믿는이는 경계해야 할 악한 영들의 '음모'를(고후 2:10-11) 파악하고 예수의 이름의 권위로 명한 말씀으로 '내쫓아야' 한다(막 16:17). 악한 영들은 믿는이가 그들의 정복자이신 분과 그 자신을 동일시하고 그분의 이름의 권위를 의지하여 행할 때 내쫓기게 되어 있다.

지식은 원수에 저항하려는 의지를 사용하는 데에 영향을 미친다. 만일 믿는이에게 모임 중의 권세가 하나님께 속한 것인지 사탄에게 속한 것인지를 식별하는 지식이 없다면, 어떻게 모임에서 악한 영들에게 저항하는 태도를 취할 수 있겠는가? 지각 또한 지식의 요소이다. 믿는이의 지각이 귀신 들림으로 둔해진다면 흑암의 권세들의 역사를 간파하고 읽어내는 데 필요한 지식을 얻을 수 없다.

지식은 또한 기도를 좌우한다. 아브라함은 멸망의 위기에 처한 소돔에 대해 주님께 물었을 때, 소돔을 구하기 위해 필요한 조건을 아는 지식을 구하고 있었다. 그가 소돔을 위해 기도할 수 있기 전에 그는 하나님의 뜻을 알기 원했다.

효과적인 기도를 위해서는 지식이 필요함

　믿는이가 악한 영들에게 대항하는 데 효과적인 기도를 하기 위해서는 흑암의 권세들의 역사를 이해하는 것이 필수적이다. 그에 대한 지식이 없다면 악한 영들은 믿는이 주변에서 능동적으로 움직일 수 있으며, 따라서 믿는이는 기도로 악한 영들의 역사를 멈추게 할 수 없다. 이러한 믿는이의 무력함은 그가 악한 영들의 존재나 그들이 무엇을 하고 있는지를 모르는 데서 기인한다. 이것은 하나님의 백성이 기도를 많이 할지라도 마귀가 그 가운데서 일하는 방식을 볼 때 사실이라는 것을 알 수 있다. 하나님의 백성은 기도로 마귀의 역사를 패배시킬 수 없는데, 이는 그들이 마귀의 역사를 인지하지 못하기 때문이다.

　흑암의 권세들과의 전쟁에서 기도는 가장 강력한 최상의 무기이다. ① 흑암의 권세들과 그들의 역사에 대한 공격적인 전쟁에서 ② 그들의 권세에서 사람들을 구원하는 데에서 ③ 그리고 그리스도와 그분의 교회를 반대하는 계급적인 세력인 그들에게 맞서는 데에서 기도는 최상의 병기이다. 믿는이는 자신만이 아니라 교회 전체를 위해(엡 6:18), 그리고 흑암의 권세들의 존재와 그 힘에서 곧 완전히 자유로워질 온 세계를 위해 그들에 맞서 기도해야 한다.

　흑암의 왕국에 대항하는 체계적인 기도의 전쟁이 있는데, 이러한 기도의 전쟁은 교회가 자유로움 가운데 하나님의 영과 동역하는 것을 의미하며, 궁극적으로 큰 뱀을 결박하여 무저갱으로 던져넣는 것을(계 20:1-3) 말한다. 물질적인 '쇠사슬'로는 초자연적인 존재를 결박할 수 없으며, 그것은 아마도 비밀스런 '그리스도'를 예표하는 '크고 힘센 천사'일지도 모른다. 그 지체들이 원수의 권세에서 자유로워질 때 머리와 그 지체들—보좌로 들림받은 '사내아이'—로 구성될 이 비밀한 '그리스도'는 속이는 자를 결박하여 무저갱으로 던져넣어 천 년 동안 가두어 두도록 위임받았다.

천사들은 성도들을 위해 전쟁의 직무를 맡고 있음

우리는 기도가 얼마나 광명의 천사들을 움직여 악한 천사들을 대항하게 하는지 온전히 알지 못한다. 성경에는 타락하지 않은 천사들이 땅 위에 있는 성도들을 위해 전쟁의 직무를 맡고 있음을 보여 주는 구절들이 많이 있다. 성도들은 이러한 천사들의 전쟁의 직무를 그저 어렴풋이 이해하고 있을 따름이다. 구약에서는 하늘에 속한 무리가 군대처럼 엘리사 주변에 둘려 있었고, 신약에서는 계시록 12장에 미가엘과 그의 천사들(사자들)이 용과 그의 천사들(사자들)로 더불어 싸우고 땅 위에서는 교회가 이 전쟁에 함께하는 장면이 있다.

미가엘과 그의 사자들과 땅 위의 교회는 사탄의 사자들을 반대하여 매우 강하게 연결되어 있다. 교회는 개별적으로만이 아니라 연합된 단체로서 '증거하는 말'과 어린 양의 보혈을 믿음으로 '싸워' 그들을 이기었다.

땅 위의 성도들을 위해 흑암의 권세들과 벌이는 천사들의 전쟁의 직무는 다니엘서 10장에 분명하게 계시되어 있는데, 그곳에서 천사장 미가엘은 그와 합류하도록 위임받은 하나님의 사자들과 함께 사탄에게 속한 '바사 왕'과 '헬라 왕'의 간섭에 저항한다. 다니엘서 10장에서처럼 그들은 계시록 12장에서도 사탄과 그의 사자들을 대항해 싸운다. 주님은 또한 흑암의 권세와 그의 때에 그분을 지키고 구원하도록 '천사들의 군단'을 부르실 수 있었지만(마 26:53), 그분께서는 홀로 그 전쟁을 수행하시기로 작정하셨다.

기도의 전쟁의 훈련

믿는이들이 흑암의 권세를 대항하여 체계적인 기도의 전쟁을 수행할 수만 있다면, 그로 인해 하나님께서는 주님의 다시 오심과 교회의 장래 운명에 대비하여 그리스도의 교회를 구원하시는 역사를 더 빨리 수행하실 수 있을 것이다. 인간 세상에서 지식을 습득하기 위해 많은 연습이 필요하듯, 기도로 전쟁을 수행하기 위해서도 그처럼 많은 연습과 단련이 필요하다.

만일 흑암의 권세에 대항해 체계적으로 수행되는 기도의 전쟁을 자연적인 세계에서 벌어지는 전쟁에 비유한다면, 그 전쟁을 이끌도록 되어 있는 사람들은 기꺼이 훈련을 받으려 하고 갓 입대한 군병과 같은 마음가짐으로 배우는 자의 태도를 취하려 할 것이다. 그러한 믿는이들은 기도의 병기를 지혜롭게 사용하는 방법을 알 뿐 아니라, 조직화되어 잘 짜여진 흑암의 권세들에 대한 정보를 얻고 어떻게 자신들의 영적 이상을 훈련하여 영적 세계에서 원수의 움직임을 간파하는 데 예민해질 수 있는지를 알아야 한다. 믿는이는 반드시 하나님의 백성들을 대항하는 전쟁에서 원수들이 사용하는 수단을 주시하고 관찰하기를 배울 필요가 있다.

이제 하나님의 교회에는 세계 곳곳에서 움직이는 원수를 아는 지식으로 훈련받은 '인도자들'이 필요하다. 그러한 인도자들은 '원수의 궤계'를 미리 파악하고 교회의 사병들을 원수에 대한 공격적인 전쟁으로 인도할 수 있다. 인도자들은 하나님의 전쟁에서 사용되는 갑주와 전쟁의 병기들에 대해 숙련된 지식을 소유함으로 교회를 대적하는 사탄의 사자들의 전략적인 수단에 맞서 공격적인 전쟁을 수행할 수 있다.

사탄과 싸우는 믿는이는 전쟁의 공격적인 측면과 방어적인 측면을 모두 알아야 한다. 방어적인 위치를 지키는 방법을 모른 채 교활한 원수에 대항해 공격적인 태세를 취하는 것은 곧 원수가 믿는이의 생활과 환경에서 방어되지 않은 부분을 공격하여 자신의 위치를 방어하는 데서 물러나게 함으로써 믿는이의 공격적인 기도의 전쟁을 종식시킬 것을 의미하기 때문이다. 예를 들어, 믿는이는 원수와 전쟁을 하면서 담대히 증거하는 말로 허술한 곳으로 밀고 들어가 원수의 요새를 땅으로 끌어내리는 기도의 병기를 사용하지만, 오래지 않아 그 전사는 그의 증거하는 말이 방어되지 않은 그의 내부에 혹은 그 위에 임하는 맹렬한 공격에 부딪혀 기도로 자신의 영역을 지키는 데 실패했음을 발견한다.

에베소서 6장의 방어적인 전쟁

흑암의 권세들에 대항하는 전쟁의 방어적인 측면과 믿는이로 하여금 동요하지 않고 서 있을 수 있게 하는 능력의 중요성이 에베소서 6장에 나타나 있는데, 그곳에서는 단 한 구절만이 기도로 공격적인 전쟁을 수행하는 것을 말할 뿐, 다른 일곱 구절은 갑주와 방어적인 위치를 묘사하는 데 할애되고 있다.

완전히 기도로 무장된 전사는 민첩하게 방어적인 위치를 취함으로 마귀 혹은 악한 영들의 주관자가 '권세'로 임하든, 혹은 흑암과 함께 임하든, 혹은 믿는이 위에 물밀듯이 공격을 퍼붓든, 그의 모든 궤계를 대적하여 서 있도록 준비되어야 한다. 믿는이는 어떻게 사탄이 맹렬히 공격하는 '악한 날'에(6:13) 그를 대적하고 '모든 것을 이겨야' 하는지, 어떻게 그가 승리하는 순간에 맞추어서 전략을 바꾸어 새롭게 퍼붓는 사탄의 모든 공격을 분별함으로 승리의 때에 서 있어야 하는지를 알아야 한다.

믿는이가 자신의 방어적인 위치를 유지하기 위해서는 악한 영들이 자신에게 어떤 일을 행하는지 알아야 하고, 특히 믿는이가 하나님께 복종하고 있다고 생각하면서 그들의 역사에 굴복하지 않도록 깨어 경계해야 한다. 믿는이는 거짓 영들이 다른 믿는이들로 하여금 자신에 대해 '짐을 지게' 할 수 있고, 그들에게 어떤 생각을 넣어주어 그를 오해하게 할 수 있다는 것을 알아야 한다. 또한 거짓 영들은 이러한 '괴롭힘을 당한' 사람들, 믿는이를 오해한 사람들이 또 다른 사람들에게 그를 잘못 알려 그가 그들에게 손해를 입힌다고 생각하게 만들기도 한다. 간단히 말해서, 거짓 영들은 가능한 모든 계략을 동원해 믿는이가 그의 개인적인 생활과 환경에서 승리의 위치를 잃게 만든다.

믿는이가 원수를 능히 대적하고(엡 6:13) 승리의 위치를 확보하면 할수록,

승리한 믿는이를 갑주로 무장한 위치에서 몰아내기 위해 교활한 원수의 계략은 더 격렬하고 치밀해진다. 믿는이들이 악한 영들을 대적하는 공격적인 전투에서 악한 영들이 이러한 방법들로 믿는이의 마음을 다른 데로 돌릴 수 있거나, 혹은 다른 이들로하여금 그를 잘못 판단하게 하여 그를 혼란스럽게 만들 수 있거나, 이러한 일들을 그가 짊어져야 할 '십자가'로 여기도록 속일 수만 있다면, 믿는이는 교활한 원수의 책략을 제대로 분별할 수 없게 될 것이다.

그러나 믿는이가 악한 영들이 자신에게, 그리고 자신에 관하여 어떠한 일을 할 수 있는지 안다면, 그는 다른이들을 통해 자신을 공격하는 악한 영들의 역사를 식별하고 방어적인 위치에 굳건히 섬으로 악한 영들이 이러한 특수한 방법으로 역사할 때 공격적인 전쟁을 벌여 자신을 보호하며, 악한 영들의 역사를 '하나님의 뜻'으로 체념하여 받아들이지 않고 체계적이고 지속적으로 악한 영들을 대항하는 기도로 그들을 압도할 수 있다.

마귀의 역사를 대항하는 기도

믿는이가 여느 때와 같이 일상적인 일을 하다가 흑암의 권세들이 역사하는 것을 발견하면 마귀의 역사에 대항하여 지속적이고도 명확한 기도로 흑암의 권세들과 싸울 수 있다. 그러한 기도는 간략할 수 있지만 효과적이다. 단지 "주여, 마귀의 역사를 멸하소서!" 혹은 "속이는 사탄의 속임수에 대해 그 사람의 눈을 뜨게 하소서!"라고 기도하면 된다.

또한 안에 있는 악한 영들에 맞서 특별하게 다른이들을 위해 드리는 기도가 있다. 이러한 기도에는 먼저 악한 영들의 존재의 징후를 식별하는 지식과, 그 사람 자신과 악한 영들을 구별하는 능력이 필요하다. 기도에서 악한 영들의 존재를 식별하는 지식과 자신과 악한 영들을 구별하는 능력이 없다면 기도의 힘은 약화될 것이다. 기도의 전사가 다른 사람 속에 있는 어떤 특징들, 즉 그 사람으로 하여금 마치 그가 서로 다른 두 사람인 것처럼,

그리고 그 중 하나는 분명히 그의 진짜 인격이 아닌 것처럼 행동하게 하는 그 근원에 대해 의심을 품는다면, 그는 악한 영들이 폭로될 수 있도록 기도할 수 있다. 그럼으로써 그 사람 자신이 그것을 인지하거나 혹은 기도의 전사가 어떤 일들의 근원을 확실히 알고 올바른 원인에 근거하여 직접 기도할 수 있다.

그러나 귀신 들림의 각 단계에서 악한 영들이 사람 안에 존재하거나 그와 함께 존재하거나 그 위에서 역사하거나 혹은 또 다른 것을 통하여 역사할 때, 한 가지 특이한 점은 그가 비록 경미할지라도 흑암의 권세들, 특히 악한 영들과 관련된 모든 진리를 반대한다는 것이다. 그러한 반대는 터무니없고 당치 않은 것이다. 그 이유는 악한 영들을 접해보지 않은 사람은 하나님의 일에 관한 지식에 그 마음을 열듯이 악한 영들에 관한 지식에 대해서도 쉽게 슬며시 그 마음을 열 수 있기 때문이다.

그런 믿는이들 안에는 생각이나 영에 진리의 다른 방면에 대해서도 저항하는 것이 있다. 그러한 진리의 다른 방면이 믿는이들 자신에게 개인적으로 적용된 성경 진리이든, 혹은 그들의 영적 체험상의 사실에 대한 진리이든, 혹은 그들 자신이나 그들의 행동—거짓 영들이 믿는이가 알기를 바라지 않는—에 관한 진리이든 그에 대해 저항한다. 사람들 위에서나 그들을 통해 역사하시는 성령님의 임재하심의 독특한 특징이 진리에 대하여 마음이 열리고 결과에 상관없이 진리를 강렬하게 찾고 갈망하는 것이듯이, 귀신 들림의 각 단계에서 악한 영들이 사람 안에 존재하거나 혹은 그와 함께 존재하거나, 그 위에서 혹은 그를 통하여 역사할 때 한 가지 독특한 특징은 그러한 진리에 저항하는 것이다.

영적 생활의 모든 단계에 있는 믿는이들은 진리의 하나님 편에 자신을 두고 "나는 모든 진리를 향해 나 자신을 연다."고 명확하게 선포하고, 그럼으로써 진리의 영께서 그분의 일을 하실 수 있도록 한다.

기도의 전사는 자칫 잘못하여 원수를 대적하는 대신 악한 영들이 현시할 발판을 얻은 그 사람을 비난함으로써 원수를 직접 처리하는 데에서 빗나가지 않도록 귀신 들린 사람에게서 악한 영들의 역사를 식별할 수 있어야 한다.

악한 영들은 어떻게 믿는이들로 하여금 자신들에게 필요한 진리를 대적하게 할 수 있는가

　믿는이가 악한 영들에게 사로잡힌 사람을 돕기 원할 때, 속이는 영들이 속임당한 사람으로 하여금 자신을 돕고자 하는 사람을 오해하게 할 뿐 아니라, 포로로 사로잡힌 사람 자신이 갈망하고 그의 구원을 위해 필요로 하는 바로 그 진리를 오용할 수 있다는 것을 알고 대비해야 한다.

　때때로 속임당한 사람을 구원할 수 있는 진리가 거짓 영들에 의해 그를 때리는 채찍으로 사용되기도 한다. 가련한 악한 영의 포로는 자신의 몸에 채찍이 내리쳐지는 것처럼 실제로 매맞는 듯한 느낌을 가지며, 마치 그가 필요로 하는 빛을 주는 사람의 말과 그 자신이 듣기를 원했던 말이 막대기와 같이 자신을 때리는 것처럼 느낀다. 그러나 속임당한 믿는이가 채찍으로 내리치는 듯한 고통에 동요하지 않고 그에게 말해진 진리를 굳게 붙들고 즉시 그 진리를 기도로 화하여 원수를 대적하여 싸운다면, 그는 승리의 병기를 손에 쥐게 될 것이다. 예를 들어, 어떤 사람이 "원수가 당신을 속이고 있습니다."라는 말을 듣고서 즉시 "원수에게 속임당하는 것은 내가 원치 않는 바입니다. 하나님께서 나에게, 그리고 온 교회에 사탄의 모든 속임수를 드러내시기 원합니다."라고 대답한다면, 그는 그 즉시 승리를 위한 병기를 굳건히 붙들게 된다.

　정상적이라면 속임당한 믿는이가 알고 있는 모든 진리는 진리에 대한 절망감 또는 저항감을 불러일으키거나 혹은 속임당한 믿는이에게 나타난 현시의 원인이 다른 데 있음을 증명하려는 거짓 설명을 부여하는 대신, 믿는이에게 사탄의 거짓 영들에 대한 적대감을 불어넣어야 한다. 진리를 얻고자 하는 믿는이라면 '어떻게 진리를 원수에게 대항하는 병기로 얻을 수 있을

까?'라고 말하면서 원수를 폭로하는 모든 빛을 감사한 마음으로 받아들여야 한다.

그러나 속임당하고 사로잡혔던 사람은 귀신 들림에서 벗어나는 기간 동안 이따금씩 일어나는 혼란과 압박으로 인해 그를 속였던 악한 영들에게 가리워져 무의식중에 자신의 구원에 반대되는 방향으로 싸우게 된다. 믿는 이가 자신의 의지를 세워 악한 영들에게서 벗어나겠다고 결심할 수 있을지 모르지만, 진리가 제시될 때 악한 영들은 믿는이가 받아들이려고 선택한 그 진리나 그 진리를 전달하는 사람에 대해 거역적인 느낌을 불러일으킴으로써 그 사람의 환경에서, 혹은 악한 영들이 위치한 곳이라면 어디에서든 그들의 존재를 드러낸다. 간략히 말해서, 악한 영들은 그들 임의로 가능한 모든 자원을 이용한다.

악한 영들은 믿는이의 갈망과는 전혀 다른 제안들을 함으로 혼란케 하는 사상들을 생각에 마구 집어넣고, 또 몸은 통증으로 뒤틀리는 듯하고 척추와 신경은 자극 때문에 찢어지는 듯하며 머리는 내리누르는 압력으로 터질 듯하며, 때때로 몸에 쑤시고 아픈 느낌을 일으킨다. 물론 이러한 느낌은 실지로 어떤 신체적인 원인에서 비롯된 것이 아니다. 악한 영들이 속임당한 사람에게 이러한 느낌들을 일으키기 때문에, 한동안 이렇게 포로로 사로잡힌 믿는이를 구출하기 위해 '진리를 전해준 사람'은 사탄의 희생자에게 유익이 되기보다 해로운 일을 더 많이 하는 것처럼 보이기도 한다. 그러나 진리가 제시되었다면, 그리고 기도의 전사가 외부에서 불어오는 폭풍에 동요되지 않고 그 진리를 붙들고 폭풍을 일으킨 악한 영들을 기도로 대적하면서 굳게 서 있다면, 조만간 그는 완전한 승리는 아니더라도 더 깊은 구원과 자유를 얻게 될 것이다.

악한 영들을 쫓아냄

다른이 안에 있는 귀신들을 쫓아낼 때에는 떠나라는 명령과 함께 그 속에 있는 악한 영들을 대항하는 기도가 직접적이고도 알아들을 수 있게 실행되어야 할 것이다. 이렇게 하기 위해서는 몇 가지 조건이 필요하다. 이러한 일을 하기 전에 많은 기도와 함께 주의깊은 고려가 필요하다.

(1) 귀신 들린 사람은 먼저 자신의 상황과 악한 영이 거점으로 확보한 입지가 무엇인지를 분명히 인식하고 있어야 한다. 이를 위해서 귀신 들린 사람을 구출하려는 사람 쪽에서는 지식과 분별력이 있어야 하고, 때로는 귀신 들린 사람을 더 철저히 다루는 것이 필요하기도 하다.
(2) 그 희생자는 발견된 입지를 분명하고도 명확하게 제해야 한다. 그렇지 않으면 '악한 영을 쫓아내려는 것' 이 실패로 돌아갈 수도 있다.
(3) 모든 문제에 대한 그분의 뜻이 계시되고 하나님의 영께서 어떻게 그 문제를 처리하실지를 밝히시도록 그분께 분명한 기도를 드리는 것이 우선적으로 필요하다.
(4) 귀신 들린 사람을 처리하도록 위임받은 사람은 그리스도의 권위를 취해서 일해야 한다.
(5) 만일 사태가 매우 어렵다면 '금식' 을 수반하여 씨름하듯 싸우는 기도를 하는 것이 필요할 것이다. 그러한 경우에 영적인 효력을 발휘하는 금식은 승리를 얻을 때까지는 어떠한 몸의 필요도 돌보지 않을 정도로 귀신 들린 사람을 다루는 이의 영이 악한 영과 격렬한 접전을 벌일 것을 의미한다.

악한 영과의 전쟁에서 금식의 참된 의미

주님이 광야에서 마귀와 치르신 전쟁은 금식에 대해 잘 보여 주고 있다. 사탄이 주님을 떠나고 그 대립 상황의 긴장이 사라졌을 때에 비로소 그분이 자신의 절실한 신체적 필요를 느끼신 것처럼 보이기 때문이다. 마태복음 4장 2절은 "사십 일을 밤낮으로 금식하신 후에 주리신지라"고 기록하고 있다. 그러므로 참된 '금식'이란 믿는이가 음식을 섭취하기를 중단하려고 선택하거나 결정해서 하는 것이 아니라, 그의 영의 부담과 갈등이 몸을 짓누를 정도로 너무 크기 때문에 부득불 먹을 수 없게 되고 신체적인 필요를 전혀 느끼지 못하여 일어나는 것이다. 그러나 악한 영과의 전쟁이 끝나 영이 속박에서 풀려나면 몸의 필요를 느끼기 시작한다.

또한 악한 영들에 대해 지속적인 승리를 유지하기 위해서는 몸을 향해 '금식'이라는 말로 묘사될 수 있는 항구적인 태도가 필요하다. 특히 악한 영들을 내쫓는 데에는 믿는이가 몸의 자연적이고 정당한 요구와 악한 영이 역사할 발판을 얻기 위해 일으키는 타당치 않은 요구를 구분하고, 악한 영이 믿는이에게서 승리를 빼앗으려 하는 궤계를 간파하여 자신의 몸에 대해 완전한 주권을 행사하는 것이 필수적이다.

악한 영들을 내쫓을 때의 음성

악한 영들을 내쫓을 때, 그 상황에 영향을 받아 목소리가 강해지기도 하고 약해지기도 한다. 예컨대 목소리가 약하다면, 그러한 현상은 두려움과 무지와 아직 생명이 성숙되지 않은 영 때문에 야기될 수 있거나 혹은 믿는이의 영을 반대하는 힘이 역사한 결과로 야기될 수 있다. 그 사람에게 악한 영들을 '내쫓을' 수 있도록 힘을 주시는 성령의 역사는 그 사람 속에 있는 이러한 요인들에 의해 당연히 방해받을 수밖에 없게 된다.

특히 생명이 성숙되지 않은 영으로 인해 성령의 역사는 한계에 부딪히게 되는데, 이는 믿는이가 일상적인 싸움에서 영을 사용하지 않음을 나타낸다. 영은 흑암의 권세들과의 지속적인 싸움과 저항을 통해, 그리고 세례 요한이 광야에서 한 것처럼(마 3:4) 혼과 몸에 대한 완전한 지배권을 얻음으로 강하게 성장한다. 그 이유는 '이기기를 다투는 자마다'(고전 9:25) 자신을 다스림으로 성령이 힘 있게 역사하기 위한 영의 역량을 얻기 때문인데, 그것은 다른 방법으로는 얻을 수 없다.

악한 영들에 대해 그리스도의 권위를 사용할 때, 성령의 특별한 흘러들어오심을 통해 믿는이들이 그분과 동역할 수 있도록 준비되는 것은 성경의 다른 장(행 13:8-10)에서 다루고 있다. 믿는이 안에 계시는 성령님은 악한 영을 내쫓는 일의 배후에 계시는 능력이시며, 하나님의 종은 그분을 떠나서는 어떠한 공격적인 태세도 취하지 않도록 예민하게 깨어 있어야 한다.

바울이 점하는 귀신 들린 여종을 통해 악한 영의 공격을 여러 날 받았을 때, 그는 '심히 괴로워하여' 돌이켜 여종이 아니라 직접 귀신에게 나오라고 명하였다(행 16:18). 영을 분별할 줄 아는 감각이 있는 믿는이는 자신의 영 안에서 움직이시는 하나님의 영과의 동역을 통해 사탄의 귀신들에 대한 예수의 이름의 권능이 사도 시대와 초기 교부 시대에서와 같이 오늘날에도 동일한 효력을 발할 수 있다는 사실을 안다.

악한 영들을 내쫓거나 사람에게서 나가라고 명하는 데 있어서 주된 요인은 예수의 이름의 권능에 대한 믿음이다. 이러한 믿음은 물론 악한 영들이 그리스도께서 그분과 연합된 사람들을 통해 행사하신 그분의 권위에 복종한다는 지식을 바탕으로 한다. 이러한 사실에 의심을 품은 사람은 악한 영들에게 나가라고 명해도 아무런 결실을 얻을 수 없을 것이다.

악한 영들을 내쫓기 위해서 믿는이는 늘 그리스도의 이름으로 귀신 들린 사람 속에 있는 악한 영에게 직접적으로 다음과 같이 말해야 한다.

"예수 그리스도의 이름으로 내가 네게 명하노니 그에게서 나오라"(행 16:18).

악한 영들이 어떤 사람에게서 쫓겨난 후 자신을 쫓아낸 사람에게로 옮겨갈 수 있는가

악한 영들이 그렇게 할 만한 입지가 없거나 원수의 계교로 악한 영들이 그 안에 들어가도록 허용하지 않는 한, 악한 영들이 쫓겨날 때 그들을 쫓아낸 사람 속으로 옮겨 들어갈 위험은 없다. 다른 사람들 속에 있는 악한 영들을 쫓아내도록 위임받은 믿는이들은 악한 영들이 자신들에게 옮겨오기 전에, 원수에게 역사할 위치를 줄 만한 옛 창조의 근본적인 입지를 처리하는 안전한 방법으로서 로마서 6장 6절부터 11절까지의 갈보리 역사의 근거 위에 서서 신중하게 선포해야 한다.

다른 사람에게서 악한 영들을 내쫓는 것은 또한 귀신 들린 사람을 다루고 있는 믿는이 안에 자신도 모르는 사이에 숨어 있던 악한 영이 현시하는 계기가 될 수 있다. 이것이 사실이라면 그 믿는이가 자신 안에서 역사하는 원수의 즉각적인 현시를 발견할 때, 그러한 현시는 이미 자신 안에 숨어 있던 악한 영이 나타난 것일 뿐인데도 자칫하면 추방당한 악한 영이 자신을 공격하거나 그에게 옮겨왔기 때문에 그러한 현시가 나타났다고 잘못 생각할 수 있다.

이러한 잘못된 해석 때문에 그는 이제 '이러저러해서 일어났을 것'이라고 가정하고 그러한 '악한 영의 옮겨옴'에서 벗어나기를 추구하기 때문에, 그러한 현시의 원인을 자신의 과거 생활에서 찾으려고 하지 않으므로 속이는 영이 역사할 새로운 입지를 내어주게 된다. 즉, 그가 그러한 현시를 악한 영이 역사하도록 허용함으로 나타난 징후로 여기지 않고 하나의 '공격'으로 여겨 처리하려 하기 때문에, 그러한 현시가 생긴 원인과 입지는 발견되지 않고 처리되지 않은 채로 남아 있게 된다는 것이다.

또한 부지중에 귀신 들린 사람이 안수한다고 해서 악한 영들이 옮겨오는 것도 아니다. 만일 그렇게 보인다면 그것은 이미 그 사람 속에 숨어 있던 악한 영들의 현시로서, 그 사람으로 하여금 악한 영들이 역사하도록 허용한 입지를 발견하지 못하게 하려고 그러한 현시의 원인을 잘못 파악하게 하려는 것에 불과하다. 간략히 말해서, 귀신 들린 사람 속에 이미 속이는 영들이 있었다면 그것은 악한 영들이 현시하기에 좋은 조건이라는 것이다. 왜냐하면 사람 안에서의 악한 영들의 모든 현시는 그 사람 안에 그를 점유하기 위한 입지가 이미 있었음을 의미하기 때문이다. 그러한 입지는 즉시 제거되어야 한다. 만일 징후가 되는 현시를 외부에서 온 '공격'으로 잘못 간주한다면, 그러한 현시의 참된 원인이 밝혀질 때까지는 구출될 방법을 알 수 없을 것이다.

이 시점에서 우리는 '안수'에 포함된 의미가 무엇이든 '안수받은' 결과는 신체적인 감각이나 오감에 속한 어떤 의식적인 느낌이 일어나는 것이 아니라 영적인 것이고 영 안에 있어야 한다고 말할 수 있다.

영들을 분별하는 은사

앞 장들을 주의깊게 정독해 보면 '영들을 분별하기' 위해 필요한 지식의 상당 부분을 얻을 수 있다. 그러나 그리스도의 몸의 지체들 가운데 성령의 나타남으로서 '영들을 분별하는' 은사가 있음을 주목하자(고전 12장). 성령의 모든 은사와 마찬가지로 영들을 분별하는 은사에도 그 은사를 사용하는 데 있어서 믿는이의 완전한 동역이 필요하며, 그러한 은사는 사용할수록 더 분명하고 강해진다.

그 은사를 사용하는 것이 매우 평범하고 사람이 선천적으로 소유하고 있는 영의 분별 기능을 사용하는 것과 매우 유사하기 때문에, 다른이들의 이목을 끌지 못하는 것 같다. 다시 말해서, 그러한 은사는 초자연적인 것 같지도 않고 기적적인 방법으로 발휘되는 것 같지도 않다. 그러한 은사는 다른 모든 은사들과 같이 보이기 위한 것이 아니라 유익을 위한 것이다. 또한 그러한 은사는 사용할 때 인지될 수 있을 뿐이며, 심지어 그때라 할지라도 영적인 사람만이 그 실재와 나타남을 분별할 수 있다.

영들을 분별하는 능력은 성령께서 그분의 임재와 능력을 나타내시는 곳인 믿는이의 영에서 나와, 믿는이가 영적인 일에 대한 지식과 체험에서 성숙함으로 악한 초자연적인 권세들의 역사와 하나님의 길을 주시하고 분별할 때 발전하여 생각을 통해 나타난다. 분별력은 '성령의 은사'이지만 방심하지 않고 깨어 있은 결과로 얻어지는 것이며, 깨어 있음은 믿는이가 예민하게 경계 태세를 취함으로 얻어지는 소산물이다. 탁월한 분별력과 식별력을 갖추기 위해서는 많은 인내와 고도의 숙련과 굴하지 않는 끈기가 필요하다.

악한 영들에 대하여 그리스도의 권위를 붙들고 행사하는 데 필요한 믿음은 인위적으로 조작될 수 없다. 그러한 믿음은 인위적으로 만들 수 없지만, 그리스도의 권위를 행사할 때 노력할 필요가 있는 부분이 있다. 그것은 믿는이가 과실을 범했을 때 거기에 검토해보아야 할 무언가가 있음을 알고 진정한 믿음의 역사를 방해하는 장애물이 무엇인지를 조사해야 한다는 것이다. 기도의 전사가 '믿는 것'에 어려움을 느낀다면 그 원인이 어디에 있는지를 찾아야 한다. 그가 '믿는 것'에 어려움을 느끼는 원인이 흑암의 권세들의 방해에 있든 혹은 그가 직면한 일에서 성령께서 그와 함께 일하시지 않는 데 있든, 반드시 그 원인을 밝혀내야 한다.

영적 세계에는 '악한' 믿음으로 묘사될 수 있는 것이 있는데, 그것은 악한 영들에게서 온 것으로서 '믿도록' 강요하는 것이다. 마귀가 믿음의 행사에 맞서 싸운다는 사실로 그 '믿음'이 참된 믿음이라고 증명할 수는 없으며, 그 반대의 경우도 마찬가지로 마귀가 잠잠하다 해서 그 '믿음'이 참된 믿음이라고 단정지어 말할 수는 없다. 마귀가 참된 믿음을 소멸시키려 애쓴다는 것은 사실이기 때문에 믿는이는 믿음을 생생하게 유지할 수 있도록 싸워야 하겠지만, 그와 동시에 자신 안에 있는 믿음의 본질이 무엇인지 조사하고 정확하게 알아야 한다. 그것이 영 안에 계신 하나님께 속한 것인가, 생각이나 의지에 속한 것인가, 아니면 개인의 갈망에 근거를 두고 있는 것인가? 그 믿음이 사람 자신에게서 기인한 것인가, 아니면 하나님께로부터 나온 것인가?

기도의 전쟁의 다른 방면들

흑암의 세력들에 대항하여 기도로 치러지는 전쟁에는 많은 방면들이 있다. 그것을 다루기에는 지면이 부족한데, 말하자면 산꼭대기에서 손을 들고 있던 모세의 행동에서 배울 수 있는 것들이다. 그것은 영적인 행위의 외적 표현이었다. 모세가 한 행동의 결과로 광야에서 이스라엘 군대는 승리했다. 이스라엘 승리의 원인은 보이지 않는 것이었다. 모세가 피곤한 손을 내릴 때 모세와 그와 함께한 사람들 앞에 펼쳐졌던 광경처럼, 영적인 영역에서 어떤 일은 산꼭대기에서의 모세의 외적이고 눈에 보이는 태도에 의해 이루어진다.

아말렉을 통해 이스라엘을 공격한 악한 세력들은 오늘날 그리스도의 교회에 대해서도 동일하게 역사한다. 모세는 지연된 싸움 내내 끊임없이 승리자이신 여호와 안에서 그의 믿음을 유지하지는 못했다. 믿음의 행동이 끊임없이 유지되는 것이 중요하다는 진리는 모세가 손을 내리면 적이 이기고 모세가 손을 들면 이스라엘이 이긴 사실에서 알 수 있다.

사탄과의 싸움이 길어지는 경우 '증거의 말'이 약해지면 원수가 입지를 얻고, 주님의 기도의 전사들이 승리의 함성을 유지하면 하나님의 군대가 승리하는 것이 영적으로 뚜렷한 때가 있다. 이와 같은 때에는 과도한 긴장 상태에 있는 몸과 생각을 이완시키기 위해 승리의 태도의 유지를 표현하는 신체적인 행동이 다소 용인될 수 있으며, 손을 들거나 뻗는 행동이 그리스도의 교회의 소위 '산꼭대기' 싸움에서 직감적으로 일어날 수 있다.

또한 스가랴 3장 2절에서처럼 악한 영들의 군대는 뒤로 물러나고 흑암의 왕이 직접 믿는이를 대적하는 시기가 있다. 그때 여호와께서 나서서 하신 말씀은 반드시 이루어진다. "사탄아 여호와가 너를 책망하노라".

또한 싸움이 지연되는 동안 원수의 견고한 요새를 과녁 삼아 인내로 끊임없이 기도하거나, 흑암의 군대들과의 전쟁 중 매우 위험한 고비에 자신이 취한 위치를 지키며 영 안에서 씨름하듯 기도해야 할 때, 믿는이가 갑주를 입고 높은 곳에 있는 악한 영들에게 저항하면서 그리스도 안에 서 있을 경우, 그가 사용할 수 있는 유용한 병기들은 많다. 그는 모세가 손을 높이 들어 올린 것과 미가엘이 사탄을 꾸짖은 것만이 아니라 주 하나님께서 에덴에서 사람이 타락할 때 뱀으로 가장한 사탄을 저주하셨던 것을 병기로 붙들고 사용할 수 있다.

결코 철회된 적이 없는, 사탄이 알고 있는 그 저주는 불못에서 절정에 달한다. 이러한 저주를 사탄에게 상기시키는 것은 그를 대적하는 효과적인 병기로 사용된다.

기도와 행동

끊임없이 인내로 기도하기를 힘쓰면서 다른이들을 위해 원수와 싸워온 믿는이는 행동할 준비를 갖추어야 한다. 왜냐하면 하나님께서는 믿는이가 중보기도한 사람을 구원하는 데에 그를 위해 기도해온 사람을 도구로 사용하실 수 있기 때문이다. 기도만이 아니라 행동을 취하는 것은 필수적인 것이다. 많은 사람들이 하나님께서는 전능하시기 때문에 기도하는 것만으로 매우 충분하다고 생각하지만, 하나님께서는 기도와 함께 행동할 준비가 되어 있는 사람을 필요로 하신다. 고넬료는 기도했고 기도한 후에는 베드로를 부르러 사람들을 보내는 행동을 취했다(행 10:7-8). 아나니아는 바울에 대해 기도했으며, 그 후 그에게 말하도록 보내심을 받았다(행 9:11). 모세는 이스라엘의 구원을 위해 기도했으며, 그 후 자신이 직접 그의 기도의 응답을 받는 데 중요한 요인으로 부르심을 받았다(출 3:10).

또한 기도가 응답을 얻는 때가 따로 있으며(눅 2:26) 기도의 응답을 방해하는 존재들이 있다(단 10:13). 다른이들의 구원을 위해 기도하는 사람들은 오랫동안 인내를 가지고 꾸준히 기도해야 한다. 기도의 '흐름'을 기대하는 사람들 가운데 가끔 잘못된 관념을 가진 경우가 있다. 그것이 참되게 영 안에 있는 것일지라도 말이다. 믿는이들이 쉽게 기도의 흐름을 얻을 수 없기 때문에 기도를 중단하지만, '기도가 원수를 대적하는 것일 경우' 종종 기도하는 것은 기도를 방해하는 존재들과 싸우는 실지적인 전쟁에서 기도의 말을 쟁취하는 것을 의미한다.

믿는이들은 깊은 속임수에 빠진 사람들이 몇 주 만에 구출될 것이라고 기대하지 말아야 한다. 그러한 사람들이 구출되기 위해서는 수개월, 심지어 수년 간의 기도가 필요할 수도 있다. 하나님께서는 믿는이들을 미성숙한 그리스도인들을 돕는 데 사용하실 때 더 빨리 역사하실 수 있기 때문에, 믿는이들이 중보기도하고 있는 사람들을 접촉하면 그들의 구원을 앞당길 수 있다. 믿는이들이 중보기도하고 있는 사람들에게 가서 그들에게 필요한 빛을 비춰줄 때 간접적으로 그들의 기도가 응답받고 있는 것이다.

우리가 본 바와 같이 구원이 필요한 믿는이들이 무지함으로 인해 심지어 악한 영들의 권세에서 자유롭게 되기를 진정으로 원할 때조차도 악한 영들의 변명과 제안을 믿음으로 악한 영들과 함께 서 있어서 결과적으로 기도의 응답이 방해받을 수 있기 때문에 기도에는 인내와 끈기가 요구된다.

기도와 전도

기도하는 사람은 전도함으로 진리를 전파하도록 부르심받을 수 있다. 만일 그렇다면 그는 전도할 때 기도의 지위를 알아야 한다. 믿는이가 효과적으로 전파하기 위해서는 다른이들의 기도를 필요로 하며, 그가 사탄의 왕국을 흔드는 진리를 전파하고 있을 때 그는 스스로 직접 전쟁을 수행해야 한다. 만일 그가 전도하기 전에 기도로 흑암의 권세들을 처리한다면 그의 영을 통하여 흐르는 흐름은 방해받지 않고 흐를 수 있을 것이다. 그러나 악한 영들이 그의 전도를 방해하고 있다면 그와 동시에 그의 영이 영적인 영역에서 장애물에 저항하고 있기 때문에 그는 큰 어려움 가운데서 싸우듯이 전도의 말을 쏟아내야 할 것이다. 이러한 영적 저항으로 인해 말씀을 전파하는 음성이 거칠게 들릴 수 있다. 저항이 사라지면 그 목소리는 맑은 음조를 되찾는다. 믿는이의 영이 싸움에 가담할 때마다 겉 사람은 영향을 받아 행동과 말이 다소 거칠어진다.

믿는이가 실지로 말씀을 전파하고 있는 동안 속이는 영들은 그의 '메시지'의 흐름으로 청중이 구원받는 것을 훼방하려고 애쓸 것이다. 말하자면 악한 영들은 말씀을 전하는 믿는이를 비난하면서 그 말씀 전파를 방해한다는 것이다. 악한 영들은 그 모임의 상태에 대해 진정한 원인을 제외한 기타의 갖은 원인을 속삭이면서 그가 전파하고 있는 동안 그의 생각에 송사를 퍼붓고 그의 입에서 나오는 말을 대적할 것이다. 만일 그가 하나님의 자녀들에게 거룩한 생활이 필요하다고 말하고 있다면, 그는 다른이들에게 전하는 바로 그 거룩한 생활에 자신이 얼마나 미치지 못하는가를 듣게 된다. 그러한 송사의 말이 끈질기게 들려오기 때문에 그는 갑자기 메시지 속에 자신을 업신여기며 깎아내리는 말을 집어넣을 수 있다. 악한 영들이 제안했는데 연사가 자신의 말이라고 생각하고서 그 자신에 대해 추가한 이러한 말들을 통하여 악한 영들은 모임의 분위기 안으로 한 줄기 흐름을 흘려보내는데, 그것은 청중 위에 어두운 구름을 드리우게 된다.

악한 영들을 파괴하는 병기인 기도

기도는 하나님께서 일하실 수 있게 하는 어떤 법칙을 이루며, 그분으로 그분의 목적을 성취할 수 있게 한다. 그러한 법칙이 존재하지 않고 하나님께서 그분의 자녀들의 기도를 필요로 하시지 않는다면 구하는 것이 시간 낭비이지만, 사실상 기도는 죄에서 나온 것이든 마귀의 역사로 말미암은 것이든 하나님의 역사를 방해하는 장애물을 파괴하는 병기로서, 믿는이가 임의로 사용할 수 있는 가장 강력한 병기이다.

기도는 건설적일 뿐 아니라 '파괴적'이다. 그러나 끝까지 기도는 근본적으로 하나님의 운행하심을 방해하는 것의 원인들을 제거하고 어떤 일들의 근원을 꿰뚫는 것이어야 한다. 기도는 먼저는 개인적인 영역에서, 그 다음에는 지역적인 영역을 거쳐 우주적인 영역에 이를 정도로 구체적이고 철저할 필요가 있다. 기도의 활동은 먼저 개인적인 필요를 아뢰는 개인 기도와 가족의 필요를 구하는 가족 기도, 그리고 환경의 필요를 다루는 지역적인 기도, 마지막으로 그리스도의 온 교회와 온 세계의 필요를 고하는 우주적인 기도의(딤전 2:1, 엡 6:18) 순서로 이루어져야 한다.

우주적인 기도

　기도의 전사가 개인적이고 지역적인 필요를 먼저 다루지 않고 우주를 위해 기도한다면, 원수는 보다 작은 이러한 영역을 만져 개인적이고 지역적인 영역을 공격함으로써 믿는이를 우주적인 조망에서 끌어내릴 것이다. 그러므로 기도의 순서는 먼저 모든 개인적이고 지역적인 영역을 위한 철저한 기도에서 시작하여 우주적인 넓은 범위로 확대되어야 한다. 기도는 철저해야 할 뿐 아니라 지속적이어야 한다. 믿는이는 이를 위해 ① 기도할 힘과 ② 기도에 대한 이상과 ③ 무엇을 기도해야 할지에 대한 지식이 필요하다. 왜냐하면 기도의 사역에는 전도의 필요에 맞먹는 많은 훈련과 장비가 요구되고 기도의 순서는 지적으로 이해되어야 하기 때문이다.

　훈련된 기도의 전사는 구하는 기도와(요 14:13) 중재하는 기도와(롬 8:26) '말하는' 기도와(마 21:21, 막 11:23-25) 영이나 생각에 짐이 될 수 있는(골 2:1, 4:12) 부담의 기도 등 기도의 다양한 방면에 대해서 안다.

　그는 기도의 부담이 의식될 수 있는 것이지만, 모든 기도에서 기도할 부담을 의식할 수 있기를 기대해서도, '기도하도록 감동될' 때까지 기다려서도 안 됨을 안다. 그는 기도의 필요를 보기만 해도 기도할 수 있도록 충분히 부르심받은 것이며, 기도할 이상을 보았음에도 기도할 '느낌'을 기다리면 그것이 죄라는 것을 안다. 그는 또한 우주적인 영역에서 그리스도의 몸의 하나를 이해하며, 연합의 영역에서 모든 교회의 기도하는 믿는이들이 성령께 속하고 하나님의 뜻 안에 있는 한, 그들에게 '아멘'이라고 말할 수 있음을 안다.

　이러한 모든 것은 부흥의 진정한 목표인 하나님의 백성들의 구원을 위해 흑암의 세력들과 싸울 수 있게 하는 기도에 의한 전쟁의 주변을 만질 뿐이다.

제 12 장
부흥의 여명과 성령 침례

12 | 부흥의 여명과 성령 침례

War on the Saints

우리는 믿는이의 삶에서 그가 성령 침례를 받은 그 기간이 악한 초자연적 세계로부터 특별히 위험이 임할 수 있는 시기이며, 성령 침례는 부흥의 본질이라는 것을 보았다. 그러므로 부흥의 여명은 속이는 영들이 때로 귀신 들림을 가져오는 위조를 통하여 믿는이를 속임으로써 그 안으로 들어갈 길을 발견하기 위한 절호의 기회이다.

부흥의 시기는 위기와 격변이 일어날 수 있는 때이다. 부흥의 시기에 한 나라, 한 교회, 한 지방의 역사에서만이 아니라 각 개인의 역사에서도 위기가 발생할 수 있다. 거듭나지 않은 불신자가 하나님을 향해 회심하거나 혹은 회심하기를 거부할 때, 부흥의 시기는 그의 영원한 운명을 결정하는 갈림길, 곧 중대 국면이 된다. 왜냐하면 성령께 굴복하고 그분을 받아들인 믿는이에게는 부흥의 시기가 하나님께서 방문하시는 날이지만, 그렇지 않은 사람에게는 그들이 영적인 사람이 될지 아니면 육신 안에 남아 있을지(고전 3:1), 그들이 개인적인 생활에서 악한 자에게 패배할 것인지 아니면 이기는 자들로서 악한 자를 공격할 것인지를 결정하는 때가 되기 때문이다.

조금이라도 원수에게 속임당하지 않고서 그 위기를 넘긴 사람은 거의 없으며, 이 시기에 그들의 판단 기능을 잘 사용한 사람들만이 악한 초자연적 권세들의 교활한 역사의 희생물이 되는 재난을 피할 수 있다. 만일 믿는이가 성령 침례를 받은 때에, 곧 절정의 체험을 한 순간 즉시 악한 영들에게 속임당할 경우, 깊은 흑암과 속박과 고통의 나락으로 떨어지기 시작하여 속임당함에서 벗어나 다시 정상적인 궤도를 되찾을 때까지 깊은 흑암과 속박과 고통 속에 머물게 될 것이다. 자신이 악한 영들에게 속임당했다는 사실을 모르는 사람들은 더 깊은 속임에 빠지게 되어 결과적으로 실제적인 면에서 하나님과 교회에 아무런 유용성도 없는 사람이 되어버린다.

부흥—하나님의 때이자 하나님의 권능임

부흥은 하나님의 때이자 하나님의 권능이며, 또한 마귀의 때이자 마귀의 능력이기도 하다. 이는 하나님의 강림하심을 통하여 악한 초자연적인 권세들에 대한 맹렬한 공격이 개시되기 때문이다. 부흥은 영적인 영역에서의 어떤 움직임을 의미한다. 부흥 자체는 하늘이 열리고 하나님의 권능이 사람들 가운데 역사하는 하나님의 때이다. 그러나 하나님의 권능이 사라지는 듯하고 악한 초자연적 권세들이 사람이나 교회나 나라 가운데 그들의 역사를 나타낼 때, 사람들은 하나님께서 그렇게도 현저히 그분의 능력을 드러내셨던 곳에 마귀의 역사가 있음을 기이히 여긴다. 이는 마귀가 부흥의 때에 그의 씨를 심으면서 그의 일을 하고 있다는 것을 모르기 때문이다. 부흥이 일어남과 동시에 그 쇠퇴 또한 진행되고 있지만, 그 사실을 아는 사람은 아무도 없다.

하나님의 권능이요 하나님의 때인 부흥 안에서는 '시험하는 자가 없는 것처럼 보일지라도 사실 그는 위조자로 존재한다. 부흥의 때에 사람들은 "마귀는 없다."고 말하지만, 사실 마귀는 그때에 가장 많은 수확을 거둘 수 있다. 마귀는 하나님의 역사에 자신의 역사를 섞어서 이제까지 그가 성도들로 죄를 짓도록 유혹할 수 있었던 것보다 더 효과적으로 성도들을 미혹함으로써 그의 희생물을 낚기 위해 그물을 치고 있다.

위조자와 속이는 자로서 늘 용의주도하게 움직이는 원수는 그가 오랫동안 사용해왔던 수단들, 즉 새로운 회심자들을 속이고 미혹하는 것을 그 수단으로 사용하기 때문에 새로운 회심자들은 원수의 새로운 궤계를 모르는 채 그가 알고 있는 죄를 이긴 것으로 시험하는 자가 그들을 떠났다고 생각한다. 그들 보기에 사탄은 하나님의 아들들 가운데서 더 이상 활동하지 않는 것 같다. 겉보기에 시험하는 자는 분명히 존재하지 않는 것 같지만 사실 그렇지 않다.

부흥이 중단되는 이유

마귀의 중대한 목적은 하나님의 부흥의 능력이 중단되고, 교회가 하나님과 동역하기 위한 영의 법칙에 대해 무지하게 되며, 교회의 무지로 인해 하나님의 백성이 인지하지 못하는 흑암의 권세들이 하나님의 백성들 가운데 음험하게 기어다님으로, 하나님에게서 시발되어 그분의 백성들을 깨우는 모든 부흥을 얼마의 시간이 지나지 않아 그치게 하는 데 있다.

성령의 능력이 나타나는 그러한 부흥의 시기에 성령으로 거듭난 사람들은 영적인 세계로 들어가게 되는데, 그러한 영적 세계에서 그들은 악한 영들을 접촉하게 된다. 그들은 악한 영들의 존재에 대해 아무런 체험적인 지식도 갖고 있지 않다. 그들은 어떤 영적 세력들과 영적 일들을 틀림없이 하나님께 속했다고 생각하고, 악한 영들이 하나님의 일에 그들의 일을 섞을 가능성이 있다는 것을 모른다. 이 때문에 교회를 소생시키고, 사람들을 거듭나게 하는 하나님의 능력을 한동안 세상에 나타내 보이는 부흥을 통해 '광신자' 혹은 '괴짜'라고 불리는, 성령으로 거듭난 수많은 믿는이들이 나타나게 된다. 이로 인해 조만간에 '부흥'에 대해 의혹을 품는 사람들이 생기게 되어 '부흥'은 방해를 받고 세상을 향한 간증은 손상되며, 교회의 믿는이들 중 정상적인 믿음을 소유한 이들, 즉 지나치게 열광하여 빗나가지 않은 이들은 당황하여 그 영향에 대해 두려워하는 마음을 갖게 된다.

다시 말하자면, 부흥의 때는 악한 영들이 영적인 믿는이들을 사로잡을 수 있는 기회이다. 그러한 귀신 들림을 통해 부흥은 중단된다. 성령으로 침례받고 부흥을 위하여 하나님께서 사용하시기에 가장 알맞은 매우 영적인 믿는이들이 사탄의 위조를 받아들임으로 인해 그 겉사람이 악한 영들에게 속임당하고 점유될 수 있는 것이다. 성령께 굴복하지 않은 믿는이들은 심각한 '귀신 들림'을 면할 수 있지만, 그들이 영적 영역에서 현재까지는 알려지지 않은 역사들을 접촉할 때 잘 인지할 수 없는 방법으로 나타나는 속임수에는 똑같이 노출될 수 있다.

어떤 단계에서 부흥 후에 생기는 소위 '광신적인' 영은 순전히 악한 영들의 역사이다. 영적인 일에 무지한 사람이 부흥의 시초에는 가르침을 잘 받지만, '영적인 체험'을 거친 후에는 더 이상 가르침받기 어려운 상태에 이르게 된다. 믿는이가 부흥이 일어나기 전에 가졌던 단순함이 부흥 후 영적인 체험을 거친 뒤에는 자신이 절대 틀리지 않다고 주장하는 사탄적인 '무과실성'이나 가르침받기 어려운 영 때문에 사라지게 된다. 부흥 후에 생긴 집요하고 완고한 고집은 믿는이 자신에게서 나온 것이 아니라, 믿는이의 영을 손에 쥐고 그를 고집세고 무분별하게 만듦으로 그의 생각을 속이는 악한 영들에게서 나온 것이다.

부흥의 때에 흑암의 권세들이 꾸미는 계략은 참된 것을 몰아내든지 아니면 참된 것을 지나치게 추구하여 극단으로 치닫게 하는 것이다. 악한 영들이 '밀어붙이는' 것이 시초에는 매우 경미하여 알아차리기 어렵다. 그것은 이성에 그다지 배치되지 않은 행동을 야기하거나 사상을 제안함으로 시작된다. 그러나 '밀어붙이는' 것이 갈수록 강해져 믿는이가 더 이상 이성을 사용하지 못하게 될 때 속임당하고 있는 사람들은 광신적이 된다. 악한 영들에 의해 그러한 비이성적인 행동을 하도록 강요된 믿는이들은 자신의 판단력에 따라 악한 영들이 그들에게 초자연적으로 강요하여 행하게 한 일들을 반대하고 심지어 저항하기까지 하지만, 그들이 하나님에게서 나왔다고 생각하고 믿는 초자연적 능력을 대항하여서는 설 수 없다.

부흥과 사탄에 대한 전쟁

과거 부흥의 역사 뒤에 일어나는 이 모든 일과 이미 앞에서 다룬 내용들은 부흥이 사탄과 그의 악한 영들에 대한 전쟁으로 손상될 것임을 보여 주며, 언제나 사탄이 성령의 역사를 위장함으로 혼합된 결과를 가져와 부분적인 실패로 끝날 것임을 보여 준다. 그러므로 교회에는 사탄의 속임수와 귀신 들림의 징후를 알고 항상 부흥의 도래와 함께 오는 사탄의 위조에 대처하는 지식과 분별력으로 장비된 믿는이들이 너무나도 필요하다. 그러한 믿는이들은 흑암의 권세들을 대항하고 악한 영들을 향해 공격적으로 전쟁을 수행할 뿐 아니라 승리하는 길을 하나님의 자녀들에게 가르칠 수 있다. 악한 영들을 공격하는 전쟁은 부흥된 사람들의 영적 능력과 건강과 온건함을 유지하는 데 필수불가결한 것이다.

만일 교회가 성령과 동역하는 방법만이 아니라 흑암의 권세들에 대한 진리를 안다면, 부흥 후에 사탄이 발생시킨 결과들이 나타나지 않는 순수한 부흥이 일어날 수 있다.

어떤 모습으로 가장된 사탄과 악한 영들의 존재를 인식할 수 있게 하는 바 그들의 역사에 대한 지식이 없이는 누구도 부흥과 함께 나타나는 모든 초자연적인 현시들을 안전하게 받아들이거나 하나님께 속한 '오순절 능력'처럼 보이는 것들을 신뢰할 수 없다. 순수한 부흥은 충만히 운행하시는 하나님의 능력으로 죄와 사탄을 제한다. 순수한 부흥은 소위 냉담한 '신앙'이 아니라 생명이며, 지성이 아닌 영과 관련이 있다.

부흥을 위한 기도

　이러한 지식이 없다면 부흥을 위해 기도하는 사람들은 자신들이 무엇을 위해 기도하는지, 자신들의 기도가 응답받을 때 어떻게 해야 하는지를 분명하게 이해하지 못한다. 그 이유는 그들이 자신들의 기도에 대한 사탄의 반대에 맞서기 위해 준비되지 않았고, 심지어 부흥을 위한 기도에 따르는 위험들에 대처하도록 예비되지도 않았기 때문이다.

　부흥을 위해 세계적으로 기도가 드려지고 있는데도 아직까지도 그에 대한 응답으로 세계적인 부흥이 일어나지 않은 이유는 어디에 있는가? 이는 동일한 이유로 부흥이 시작되자마자 사탄의 역사로 인해 부흥이 쇠퇴하고, 부흥을 위한 기도 모임은 파국으로 치닫고 아무런 능력이 없기 때문이다. 부흥이 시작될 때나 부흥이 도래하기 전에 부흥을 위한 기도 모임에서 악한 영들이 기도하는 사람들을 방해하고 속임으로 부흥이 저지당한다.

　이러한 흑암의 권세들의 반대만이 아니라 하나님께서 부흥의 능력으로 역사하실 수 있는 교회의 가장 영적인 이들의 현 상태가 현 시대 부흥에 장애물이 된다. 이들은 성령 침례를 알고 지난 10년 간의 부흥에서 영 안에서 자유케 되었지만, 공중에 있는 원수의 압력으로 다시 자신에게 빠지거나 원수의 위조로 인해 속박당하게 된 믿는이들이다.

　이러한 억압당하고 속임당한 믿는이들로 다시 한 번 자유케 하고, 현재 유용성을 상실한 믿는이들로 부흥이 다시 일어날 때 다른이들을 가르치고 강화시키는 데 매우 유용한 사람이 되게 하자.

부흥을 위한 도구들

　성령께서는 과거 부흥이 일어난 기간 동안 성령으로 침례받았던 이들 안에 여전히 계신다. 1904년에 웨일즈에서 일어난 부흥의 과오(過誤)는 믿는이들이 부흥의 결과에 점유되어 부흥의 축복을 얻은 원인을 지키기 위해 깨어 기도하지 않은 것이다. 과거에 성령 침례를 받았지만 사탄의 속임수로 인해 현재 영이 속박당하거나 빗나간 영혼들은 여전히 하나님께서 역사하실 수 있는 도구들이 될 사람들이다. 그들은 현재는 유용성이 없지만 다시 한 번 자유케 되어 성령과 참된 동역을 하게 될 때, 부흥된 교회를 지키고 인도하기 위한 지식과 체험과 생명이 성숙되는 면에서 매우 귀한 가치를 발할 수 있을 것이다.

그렇다면 현 시대에 주님의 기도의 전사들은 어떻게 기도해야 하는가?

(1) 부흥을 막고 방해하는 악한 영들을 대항하라.
(2) 과거 부흥의 시기에 속임당함으로 인해 귀신 들리게 된 이들의 구원과 정결케 됨을 위하여 기도하라.
(3) 부흥이 다시 한 번 일어난다면 그 부흥이 순수하게 보존되도록 기도하라.
(4) 흑암의 권세들이 부흥에 더 깊이 침범하지 못하도록 하나님에게서 배우고 훈련받은 자들, 곧 부흥을 위한 도구들이 예비되도록 기도하라.

간단히 말해서, 부흥을 위해 기도하는 모든 이들은 믿는이들을 속이는 흑암의 권세들에게 속박당한 이들에게 빛이 비춰어 자유롭게 되고 부흥을 위해 다시 한 번 유용한 도구가 될 수 있도록 기도해야 한다. 그때 악한 세력들이 다시 얻은 입지를 사용하지 못하게 될 것이다.

성령 침례는 부흥의 본질이다. 왜냐하면 부흥은 성령에 대한 지식과 성령으로 하여금 부흥의 능력으로 일하실 수 있게 하는바 그분과 동역하는 길을 아는 데에서 오기 때문이다.

그러므로 부흥의 일차적인 조건은 믿는이들이 성령 침례에 대해 분명하게 아는 것이다.

'성령 침례'라는 용어는 그리스도의 교회의 수많은 믿는이들이 이제까지 체험해온 성령의 분명한 유입(流入)을 묘사하기 위해 편의상 사용되었다.

믿는이들을 채우시는 성령의 유입은 1904년부터 1905년 사이에 일어난 웨일즈의 부흥만이 아니라 세계 역사에서 일어난 수많은 부흥의 원인이 되었다.

이러한 부흥 뒤에는 사탄의 위조하는 역사가 따른다. 사탄의 그러한 위조하는 역사는 영적 세계의 개방으로 말미암은 것으로서, 영적 세계가 개방됨으로 인해 악한 영들은 성령을 가장하여 믿는이들에게 접근할 수 있다. 이러한 것을 통하여 부흥 뒤에는 사탄의 위조하는 역사가 뒤따른다는 사실을 알고서 이제 하나님의 자녀들이 순수한 부흥을 가져오고 죄와 사탄의 속박에서 그리스도의 교회를 해방하는 참된 성령의 흘러넘침을 추구하는 것조차 방해받아서는 안 된다.

진정한 성령 침례란 무엇인가

성령을 영접하기 위한 조건이자 성령을 얻은 결과인 진정한 성령 침례가 무엇인지를 이해하는 것은 매우 중요한 일이다. 앞에 나온 내용들에서 진정한 성령 침례가 아닌 것과 성령 침례를 추구할 때 피해야 할 위험을 알도록 빛을 제시했다. 사도행전의 기록에 의하면, 성령 침례는 몸에 임하는 어떤 영향력도 아니고, 성령 침례를 받은 결과로 경련이 일어나거나 몸이 뒤틀리고 씰룩거리는 것과 같은 신체적인 현시를 일으키는 것도 아니며, 사람에게서 그의 온전한 지적인 작용을 빼앗거나 무책임한 말과 행동을 하게 하는 것도 아니다.

간단히 말하면, 사람 안에 하나님의 영께서 내주하시는 장소는 성령을 받기 위한 조건과 그 결과로 개인적인 체험과 봉사를 낳는 근거만이 아니라 성령 침례와 관련된 진정한 현시들이 나타날 수 있는 열쇠가 된다. 하나님의 영께서 내주하시는 '그 장소는 사람의 영'이다. 믿는이가 자신의 영이 성령께서 자신 안에서, 자신을 통하여 운행하실 수 있는 기관이라는 것을 이해한다면, 그는 성령으로 충만케 됨의 진정한 의미와 어떻게 사탄의 위조하는 역사를 식별하고 간파할 수 있는지를 알 것이다.

성령 침례는 하나님의 영이 사람의 영 안으로 갑자기, 혹은 점진적으로 유입되는 것으로 묘사될 수 있는데, 그러한 성령의 유입으로 인해 영은 혼으로부터 자유롭게 되고, 영은 혼과 몸을 지배하는 위치를 얻게 된다. 자유롭게 된 영은 하나님의 영께서 그분의 능력을 흘러 내보내실 수 있는 열린 통로가 된다. 동시에 생각이 맑아져 그 활동이 활발해지고 '마음 눈'은 빛으로 채워지게 된다(엡 1:18). 몸은 영의 지배를 받게 된 결과 완전히 영의 통제 아래 있게 되며, 종종 그가 참여하고 있는 전쟁을 인내로 수행하기 위한 힘을 얻어 소생하게 된다.

하나님의 영께서 사람의 영이라는 기관을 통해 운행하시기 위해서는 바울 서신에 나타난 바와 같이 사도행전에서의 성령의 역사에 대한 기록을 읽고 마음에 새길 필요가 있다.

오순절에 일어난 성령의 유입

하나님의 영께서 대기를 가득 채우신 오순절에 120명의 성도들은 영으로 충만케 되어 지성을 지닌 인격들로서 성령께서 주시는 구변, 즉 말할 수 있는 능력을 받아 하나님의 능하신 역사에 대해 말할 수 있었다. 사도행전의 기록에는 120명의 성도들이 하나님의 역사에 대해 자동적으로 말하게 되었다거나 성령께서 그들을 통하여 혹은 그들을 대신하여 친히 말씀하셨다는 암시가 없다. 성령에 의해 영 안에서 '감동되었을' 때 그들은 하나님의 영의 영감과 옷 입히심 아래서 그들의 영으로부터 하나님의 놀라우신 일에 대한 지적 통찰력과 구변을 얻게 되었다.

베드로가 성령으로 감동받고 또 한 면으로 생각의 지적인 청명함 가운데 한 말들을 통하여 삼천 명이 책망받고 구원받았다. 성령께서 그를 통하여 나타내시는 하나님의 참된 영향력으로 힘있게 책망하는 그의 말과 행동에서 볼 수 있듯이, 성도들의 영 안으로 성령께서 이처럼 유입되심은 그들의 정신력을 최대한으로 발휘되게 할 뿐 아니라 정신력을 맑게 하여 분별력과 사고력이 더 예민해지게 한다. 이때 성령께서 베드로를 통하여 나타나셔서 그의 말을 들은 사람들에게 참된 영향력을 행사하신 것은 베드로의 말을 들은 사람들을 '통제함'으로써가 아니라 하나님께 돌이킨 그들의 양심의 깊은 책망으로 말미암은 것이며, 하나님에 대한 두려움으로 정복하신 것이 아니라 그들을 경건한 애통함과 회개로 이끄는 신성한 경외함으로 정복하신 것이다.

그러므로 성령의 '강림하심'은(행 2:15) 영 위에 임하여 영을 하나님의 빛과 능력으로 옷 입히고, 또한 영을 들어올려 하늘에서 영화롭게 되신 주님과의 영의 연합 안으로 들어가게 하며, 동시에 믿는이를 그리스도의 비밀한 몸의 다른 지체들과 함께 한 영 안으로 침례받게 하여 하늘에 계신 머리와 결합되게 한다.

이렇게 영 안에서 자유케 되고 옷 입은 모든이들은 '한 성령을 마시게'(고전 12:13) 되었는데, 이때 성령께서는 그리스도의 몸의 각 지체들의 영의 역량을 통하여 성령의 은사들을 각 사람에게 나누어주실 수 있게 되었다. 이것은 '그 뜻대로 각 사람에게 나눠주시는'(고전 12:4-11 참조) 부활하신 머리를 효과적으로 증거하게 하려는 것이다.

성령님은 하늘에 계신 그리스도를 계시하심

오늘날 믿는이들의 체험에 중요한 영향을 미치는 진정한 성령 침례의 또 다른 방면은 오순절날 베드로가 한 말에 나타나 있다. 그때 성령께서 베푸신 그리스도에 대한 계시는 하늘에서 영광받으신 인자이신 그리스도이며(행 2:33-34), 속에 계신 한 인격에 대한 이상이나 그 나타남이 아니다. 이러한 사실은 사도행전에서 성령의 역사에 대한 후반부의 기록에 동일하게 나타나 있다. 순교자 스데반은 '인자가 하나님 우편에 서신 것'(행 7:56)을 보았으며, 바울은 다메섹 도상에서 하늘로서 둘러 비추는 빛에 사로잡혔다(행

9:3, 22:6, 26:13). 하늘로서 온 빛이 그를 둘러 비추며 승천하신 주께서 "나는 … 예수니라"고 말씀하셨다.

성령께서는 믿는이의 영을 채우시고 바로 그 예수의 영을 그에게 전달하심으로 그로 하여금 영광받으신 주님의 영과 한 영으로 연합되게 하시며, 그분의 형상 안에서 새 창조로 지으심받도록 그리스도의 본성과 생명을 그에게 나누어주신다(롬 8:29, 히 2:2-13). 성령께서 믿는이 안으로 흘러들어오심으로써 믿는이는 그리스도에 대해 자아 중심적인 이해로 흐르는 대신 자신의 편협한 한계에서 벗어나게 되며, 주님의 영의 유입과 유출을 위해 영적 유기체인 한 몸을 구성하는, 살아 계신 머리와 연합된 다른 믿는이들과 한 영 됨을 발견하는 영적인 영역으로 들어가게 된다.

부흥은 성령 침례를 참되게 이해하는 데 달려 있음

성령 침례의 참된 의미와 그것의 영적인 효과의 방면은 부흥과 매우 중요한 관계가 있으며, 또한 부흥이 일어나지 않는 이유와도 중요한 관계가 있다. 부흥은 하나님의 용도를 위해 자유케 된 사람의 영이라는 기관을 통하여 하나님의 영이 흘러넘치시는 것이다. 성령께서 많은 믿는이들의 영 안으로 유입되어 그들을 통해 나타나시게 될 때, 초기 교회의 현저한 특징이었던 연합이 나타나고, 그 연합의 힘은 자유케 된 모든이들을 통하여 다른이들에게 흘러가기에 충분할 만큼 강하게 된다.

그러나 믿는이가 ① 반대편의 압력과 ② 공중의 흑암 권세들에 의해, 또는 ③ 자아 중심적인 방식으로 기도하고 경배하기 위해 자신 내부로 관심을 돌릴 때, 혹은 어느 정도 내적 체험으로 점유될 때, 성령의 흘러나옴은 방해받게 된다. 따라서 자유케 된 다른 믿는이들과의 연합은 보이지 않는 장벽에 의해 방해받게 되고, 믿는이가 외부로 향할 때에는 성령의 유입과 유출의 통로로서 지속적으로 혼과 몸을 지배할 수 있었던 해방된 영은 다시 한 번 혼 속으로 가라앉아 소위 '감금된 영'의 상태가 된다.

그럴 때 '부흥'은 태어나자마자 저지당하게 되는데, 그 이유는 성령 침례를 추구하여 이미 얻은 믿는이들이 성령의 유입이 일어나게 된 조건을 분명히 이해하지 못하고, 그분의 다시 오심을 목적으로 어떻게 성령과 동역해야 하는지도 이해하지 못하기 때문이다. 그러한 이유로 믿는이들은 생명수 강의 흘러넘침을 위한 통로가 될 수 없는 것이다.

그리스도에 대한 참된 계시

사람의 영 안으로 하나님의 영께서 유입되심은 사랑과 기쁨과 자유와 소생시키는 힘과 빛과 능력을 의미한다. 하나님의 영의 유입은 부활하시고 승천하신 주 그리스도께서 계시됨을 의미하는데, 그러한 계시를 통해 말할 수 없는 기쁨과 충만한 영광의 느낌을 가지며, 우리 안에 계신 그리스도를 살아 있는 능력이 되게 하는 교제 안에서 그분이 가까우시다는 깊은 느낌을 갖는다. 믿는이의 무지함이 위험한 때는 바로 이때이다. 믿는이가 이 모든 것이 하늘에 계신 그리스도와의 연합의 결과로서 내면에서 일어나는 것임을 이해하지 못한다면, 이 모든 것이 그가 하늘에서 영광받으신 그리스도를 향한 올바른 태도를 취할 경우에만 지속되는 결과임을 모른다면, 그는 혼으로, 즉 자기 자신 안으로 돌이켜 그 안에 빠질 것이며, 그때 속이는 영들은 그가 성령의 들어오심을 통하여 영 안에서 갖게 된 참된 체험들을 감각의 영역에서 위조할 것이다.

믿는이의 영 안에 성령께서 흘러들어오셨을 때, 믿는이는 ① 동일한 영 안에서 다른이들과 연합하게 되고 ② 기쁨과 ③ 구변의 자유와 ④ 그리스도를 증거하는 '능력'을 갖게 되며 ⑤ 다른이들의 삶에 영향력 있고 영구한 결과들을 가져다주며, 하나님을 섬길 때 영의 강한 열심으로 타오르는(롬 12:11) 하나님께로서 온 하늘의 '불'을 얻는다.

그러나 악한 영들이 감각의 위조를 일으킬 때 믿는이들이 초자연적인 체험들을 거치고 나면 거칠음, 씁쓸함, 교만, 주제넘음, 분열 등과 같은 특징이 그들에게서 나타난다. 거칠음, 쏠쏠함, 교만, 주제넘음, 분열 등은 그 '체험들'이 ① 영으로부터 온 것이 아니거나, 혹은 ② 영이 성령과 동역하는 데에서 벗어났으며 ③ 성령께서 더 이상 믿는이의 영과 생명을 통하여 성령의 순수한 열매를 산출하실 수 없음을 보여 주는 것이다.

참된 것의 위조는 또한 ① 다른이들 안에 계신 하나님의 영을 인식하는 능력과 그들 안에 계신 하나님의 영과 연합할 수 있는 능력이 없다는 특징이 있는데, 이것은 각 지체 속에 계신 동일한 성령이 다른이 속에 계신 성령과 조화를 이루신다는 사실을 보여 주는 고린도 전서 12장에 나타난 몸의 하나와 대치되는 것이다. ② 이 외에도 악한 영이 참된 것을 위조할 때 나타나는 또 하나의 현저한 특징은 본질적이지 않은 문제들에 대한 의견이 믿는이들 사이에서 완전히 일치되지 않음으로 야기된 분열과 분리의 영이다. 악한 영이 참된 것을 위조할 때 믿는이들 사이에서는 본질적이지 않은 문제들에 대한 의견의 불일치로 분열과 분리가 일어나는 특징이 있다.

그러나 성령께서 다스리고 역사하시는 영의 연합은 지식을 소유하고 있어야 얻을 수 있는 믿음의 연합과 상관없이 일어날 수 있다. 본질적이지 않은 문제들에 대해 동일한 지식이 있어서 서로 의견의 일치를 보여 믿음을 같이할 수 있는 믿음의 연합과 달리, 영의 연합은 지식이 없어도 서로의 영 안에 성령께서 계시기 때문에 일어날 수 있는 것이다.

믿는이들이 성령 침례를 받지 못하는 이유

자신들이 성령 침례를 받을 수 있다는 것을 아는 믿는이들이 체험에 대한 많은 잘못된 관념으로 인해 성령 침례를 받지 못할 수 있다.

성령을 영접해들이는 것과 오순절에 성령으로 옷 입는 것은 믿는이의 지식과 준비됨에 따라 그 나타남과 결과가 다양하다. 많은 믿는이들이 하나님의 영께서 역사하실 때 그분과 동역하는 것을 방해하는 잘못된 관념을 가지고 있기 때문에 성령 침례를 받지 못한다. 그러한 잘못된 관념은 성령 침례와 관련된 여러 사실들, 그리고 성령 침례에 대한 가르침의 모순점들 때문에 생기는 것이다.

성령을 선물로 받음

주님이 그분의 제자들을 대하신 방식은 오늘날 많은이들의 체험에서 확증된 바와 같다. 그리스도를 증거하는 말을 할 수 있도록 사람을 자유케 하는 능력을 부여하는 데 있어서—사람의 영 안으로 성령이 유입되심으로—성령의 나타나심의 초기 단계로서 부활의 체험에 상응하는 성령 영접이 일어난다는 것은 분명한 사실이다. 성령의 나타나심의 초기 단계에서 성령을 영접하기 위해서는 신속하고도 간단하게 몇 가지 조건들을 성취할 수 있어야 한다. ① 생활에서 알고 있는 모든 죄를 처리함 ② 모든 불의에서 정결케 하는 그리스도의 보혈의 능력을 신뢰함(요일 1:9) ③ 하나님의 말씀을 통하여 비춰는 예리한 빛에 즉시 복종함 ④ 하나님께 절대적으로 순복함 ⑤ 믿는이들이 그리스도를 통하여 영생을 선물로 받았을 때처럼 단순하게 성령을 선물로 받는 믿음의 행동을 취함—이 다섯 가지가 믿는이들이 성령을 영접하는 데 필요한 조건들이다.

믿는이들은 이러한 조건들을 어떤 종류의 의식할 수 있는 감정 없이도, 즉 느낌상으로 감동을 받지 않더라도 단순히 의지의 행동만으로도 이행할 수 있음을 알아야 한다.

일단 거래가 성사되면 그 거래는 의지의 흔들림이나 의문의 제기 없이 지속적이고도 견고하게 유지되어야 한다. 어떤 경우 그러한 조건들이 이행되면 매우 신속하게 성령께서 새롭게 된 영 안에 들어오시므로 그 결과 성령의 열매가 나타난다(갈 5:22). 그러나 믿는이는 어떤 체험을 자신의 믿음을 유지하기 위한 기초로 취하지 않도록 주의해야 한다. 그렇지 않으면 믿음은 곧 사라져버릴 것이다. 성령의 임재하심에 대한 의식이 영 안에서 느껴지든 그렇지 않든 하나님의 말씀에 근거한 그분과의 거래는 여전히 유효하다. 일단 그 거래가 이루어지면 하나님께 순복한 믿는이는 체험이 있든 없든 그 거래를 붙들어야 한다.

하나님의 영께서 지금 믿는이를 하나님을 섬기도록 부여하신 그분의 능력의 유입을 알도록 이끌고 훈련하시기 위해, 그리고 사탄의 권세와 정사들을 대항하는 공격적인 전투를 벌이기 위해 역사하시는 것은 이 단계부터이다.

섬기기 위해 능력을 부여받는 조건

어떤 사람들은 이러한 필요 사항들로 장비되도록 오랫동안 기도해왔다고 말한다. 또 어떤 사람들은 성령 침례에 수반하여 일어난다고 생각되는 어떤 체험을 하기 위해 하나님을 기다리는 데 수주 혹은 수개월을 보내기도 하는데, 이로 인해 사탄의 위조하는 능력이 그들 위에 갑자기 발생하며, 그러한 체험에는 나중에 사탄의 속이는 영들에게서 기인한 것으로 밝혀지는 현시들이 함께한다. 후자는 참된 성령의 유입을 받았지만 무지와 잘못된 관념으로 인해 그와 동시에 악한 영들이 그의 신체 구조에서 역사할 기회를 내주었다. 우리는 이에 대해 이미 앞 장들에서 다루었다. 여기에서는 하나님을 섬기도록 능력을 부여받는 조건과 그에 따르는 결과를 제시하겠다.

필요에 대한 간절한 소망

우선 그러한 능력을 부여받는 것이 가능하다는 분명한 확신과 능력에 대한 깊은 신뢰와 그러한 능력이 필요하다는 갈망이 있어야 한다. 하나님을 섬기는 능력을 부여받을 필요가 있다는 느낌은 믿는이가 수년 동안 성령을 내주하시는 능력으로 알아왔지만 지금까지 그의 삶과 봉사에 아무런 효력도 나타나지 않았다는 것을 깨달을 때 일어날 수 있다. 특히 능력이 필요하다는 소망은 하나님을 증거하기 위한 능력과 구변이 부족할 때, 그리고 초기 교회에서 그렇게도 현저했던, 흑암의 세력들에 맞서는 공격적인 힘이 거의 없을 때 매우 절실할 수 있다.

때로 하나님의 능력이 더 많이 유입되기 전에 선행되는바 능력의 필요에 대한 소원을 갖도록 성령으로 감동된 사람들은 영적 생명에서 동일한 단계에 있지 않은 다른이들, 즉 그러한 능력을 부여받기란 쉽지 않은 일이라고 말하는 사람들에 의해 방해받는다. 그러한 경우에 믿는이는 사람들의 목소리를 제쳐놓고 직접 하나님을 대하면서 그분이 그의 절실한 필요를 채워주실 것인지를 스스로 증명해야 한다.

이것은 하나님과의 분명한 거래를 의미한다. 즉, ① 하나님께서는 '성령 침례'가 의미하는 바를 간청하는 이에게 알려 주실 것이며 ② 그분의 방식으로 그분의 구속받은 이에게 그리스도의 몸의 한 지체로서 그의 몫을 담당하기 위해 필요한 구변의 자유와 효과적인 봉사를 위한 힘을 주실 것이다.

이것은 그 후에 일어나는 체험이 어떠한 것이든 철회되어서는 안 될 신중한 의지의 행동에 의한 하나님과의 거래이어야 한다. 이것은 하나님의 말씀을 근거로 하여 믿음으로 성령을 부여받는 것이다. "그리스도께서 우리를 위하여 저주를 받은 바 되사 … 우리를 속량하셨으니 … 또 우리로 하여금 믿음으로 말미암아 성령의 약속을 받게 하려 함이니라"(갈 3:13-14). 우리가 보았듯이 오순절 후에는 섬김을 위해 개인적으로 어떤 능력 얻기를 기다리라는 명령이 교회에게 주어지지 않았다. 주님의 영이 고넬료 집에 있는 사람들에게 임하셨을 때 그들은 어떤 것을 '기다리지' 않았으며, 주님의 영은 앞으로도 여전히 하나님의 영께서 그분의 능력을 그의 영에 흘러넘치게 하실 수 있는 조건들을 이행하고 올바른 태도를 견지하는 믿는이에게 그렇게 행하실 것이다.

믿는이 편에서 '기다리는 것'은 믿는이가 하나님의 영을 받기 위해 하나님과 분명히 거래한 후에 하나님의 영께서 그 안에서 역사하시도록 기다리며 인내하는 것이다. 이러한 '기다림'은 나중에 그에게 더 뚜렷한 봉사가 주어질 때 필요한바 그가 알고 있는 하나님의 모든 뜻에 세세하게 복종하기를 배움으로 일상 생활의 의무들을 신실하게 이행하는 것과 일치한다.

성령 침례에 대한 장애물들

이 기간 동안 믿는이는 그의 봉사의 범위에 필요한 것을 부여받기 위해 그를 준비시키시는 하나님의 영을 신뢰하는 가운데 하나님에 대한 믿음을 생생하게 유지시켜야 한다. 현재의 위험은 능력의 부족을 가리는 핑계를 대거나, 하나님의 영이 다루고 계시는 삶에서의 문제점들을 점검하는 것을 지체하거나, 심지어 하나님께 굴복하기를 거부함으로써 영을 소멸시키거나, 더 큰 능력의 유입을 추구하는 자의 영을 자유케 하는 길인 헌신을 주저하는 데 있다.

성령을 영접하는 초기 단계에 필요한 조건들은 다소 기초적인 것이다. 즉, 성령을 영접하는 초기 단계에 필요한 조건은 사람의 중심이 다루어지는 것으로서 의지는 하나님께 순복하고 마음은 죄를 사랑하는 것에서 정결케 되는 것이다. 그러나 능력을 부여하실 때에는 하나님께서 넓은 영역을 다루신다. 하나님에게서 능력을 부여받기 위해 사람의 영은 혼과 뒤얽힌 데에서 분별되어야 하고, 그가 오로지 그의 영에 의해서만 지배되는 영적인 사람이 될 수 있도록 천연적이거나 혼에 속한 불법적인 일들은 포기되어야 한다. 또한 그는 그의 영이 융통성 있게 성령과 동역할 수 있도록 완고한 영의 흔적을 모두 제거해야 한다. 성령의 움직이심을 통하여 죄를 책망하라거나 그리스도의 권익을 위해 거절당하는 고통을 감수하라는 가르침을 받을 때, 믿는이는 악한 영들에게 기회를 주지 않기 위해 모든 용서하지 않는 영을 제해야 한다. 그리고 그가 은혜로우신 하나님의 생명 주는 영이 바깥으로 흘러나가기 위한 넓은 통로가 되기 원한다면, 집착하는 편협된 영에서 벗어나야 한다.

더욱이, 능력을 부여받기 원하는 사람은 하나님의 영께서 철저하게 그의 생활을 다루시기를 원해야 하며, 하나님의 모든 뜻을 성취하기 위해 준비되는 것을 방해하는 모든 장애물들을 그의 삶에서 제거해야 한다. 그는 동기를 점검받아야 하고 의의 원칙을 배워야 하는데, 이는 그가 체험하기를 원하는 '성령을 부여받음'이 바로 죄와 악한 권세들에 맞서 공격적인 전쟁을 치르는 것을 의미하기 때문이다. 만일 하나님께서 그분의 사자로 예비하신 그 사람이 의의 법을 모른다면 어떻게 성령께서 의를 전파하심으로 죄를 책망하실 수 있겠는가? 그는 다른이들 안에 있는 죄를 책망하는 하나님의 증인이 되기 전에 먼저 그 자신의 삶에 있는 죄에 대한 하나님의 태도가 어떠한 것인지를 배워야 한다.

성령 침례가 지연되는 이유

만일 믿는이가 이미 성령 침례를 받기 위해 하나님과 거래를 하고 믿음으로 그 거래를 취했지만 오랫동안 그에 대한 체험상의 증거가 없다면, 그는 새롭게 기도를 하여 가능한 한 빨리 모든 장애물을 제거하고 그에게 주신 모든 빛 안에서 하나님과 동역하는 데 방심하지 말아야 한다. 성령께서 역사하시는 길에 대한 잘못된 관념으로 인해 믿는이는 그의 기도가 이제까지 응답되어 왔다는 증거를 보지 못한다. 그는 다른 믿는이와 유사한 체험을 하기를 기대하고 있거나, 그의 생각이 그의 원함이나 기도에 제한받아 성령께서 그의 원함이나 기도와는 다른 방식으로 역사하시는 것을 보지 못하는 어떤 관념을 가지고 있을 수 있다.

악한 영들은 여기서 유익을 얻는다. 만일 그 믿는이의 관심이 성령 침례의 증거로서 어떤 특별한 표징이 나타나는 데에 집중된다면, 속이는 영들은 가능한 모든 수단을 사용하여 그것을 위조할 것이다. 하나님의 영이 믿는이의 영 안으로 유입되심의 증거는 영이 해방되어 빛과 자유와 능력 안으로 들어가는 것이며, 그 결과 증거를 감당할 구변의 자유를 얻고 성령께서 다른이들의 죄를 책망하실 때 그분과 동역하게 되는데, 성령께서는 궁극적으로 이 목적을 위해 오신 것이다.

능력을 부여받기 위해 성령에 의해 훈련받고 연단되고 있는 믿는이들은 이미 받은 은혜의 충만한 분량에 따라 빛에 충실하면서 현재 그리스도를 섬기고 있는 것처럼 꾸준히 그분을 섬겨야 한다. 그 이유는 신실하게 섬기는 노정 안에서 능력을 부여받는다는 확신을 가질 수 있기 때문이다.

하나님께서 그분의 자녀들에게 무언가를 더 주시기 전에 그들에게 이미 주신 것들을 다 사용하는 것이 하나님의 법칙이다. 믿는이가 그분의 말씀에 나타난 하나님의 마음을 알고자 추구할 때, 하나님의 영의 조명하심에 의존하여 그의 생각과 판단력을 사용하고 그의 영의 느낌을 주의하기를 배우면서 그가 현재 가지고 있는 최고도의 지식을 따라 하나님을 향한 순종을 나타내야 한다.

방언을 함

여기서 오순절날 성령께서 제자들을 충만케 하실 때 그들이 한 것처럼 지금도 믿는이들이 방언을 할 수 있는가에 대한 질문이 제기된다. 방언을 할 수 있다고 대답하는 사람들이 있지만, 앞 장들에서 다룬 진리는 그리스도의 교회의 영적인 믿는이들이 악한 영들의 위조하는 수법에 익숙하고 그들에게 일할 능력을 제공하는 원칙들을 익히 알 때 비로소 그러한 체험―방언하는 것―이 참되다는 간증을 안전하게 신뢰할 수 있음을 보여 준다.

다시 한 번 말하겠다. 부흥은 사람의 영이라는 기관을 통하여 하나님의 영이 유출되시는 것이며, 성령 침례는 사람의 영 안으로 하나님의 영이 유입되시는 것이다. 이러한 하나님의 영의 유입을 통해 사람의 영은 그것을 압제하고 억누르며 성령의 출구로서의 역량을 감소시키거나 그 역량의 발휘를 차단하는 모든 장애물과 속박에서 자유케 된다. 이러한 장애물들은 대적자의 속이는 역사를 통해 또 다시 믿는이 앞에 놓일 수 있고, 믿는이는 다시금 그 영이 감금당하게 되거나 실제적인 면에서 하나님과 그분의 백성에 대한 유용성을 상실하게 될 수 있다.

흑암의 권세들에 관한 진리의 목표

앞의 내용에서 제시된 진리에는 두 가지 목표가 있다. 그 첫번째는 진리를 통해 이러한 장애물들을 제거함으로 많은이들 안에 억눌려 있는 부흥의 능력이 다시 한 번 터져나오고, 그리스도의 교회가 성숙되고 능력을 얻어 교회의 전진을 방해하는 흑암의 권세들을 이길 수 있게 되는 것이다. 흑암의 권세들은 하나님의 백성들의 무지에 힘입어 부흥을 저지하는 목적을 이루어왔지만, 그들의 역사에 대한 진리의 지식과 그들을 대항하는 믿는이의 공격적인 기도에 의해 그들은 이제까지 얻어온 입지에서 쫓겨나고 패배당할 수 있다. 흑암의 권세들에 관한 진리는 개개인의 믿는이들을 자유케 할 뿐 아니라, 교회나 지방이나 나라 안에 있는 공중의 장애물을 흩어버릴 수 있다.

만일 한 악한 영이 기도에 의해 무력케 될 수 있음이 증명된다면, 하나님의 자녀들이 승리의 병기를 사용하는 이상, 한 악한 영이 무력케 될 그때 교회를 맹렬하게 공격하는 사탄의 모든 악한 영들도 정복당할 수 있다. 그리스도께서 모든 지옥의 세력을 이미 정복하셨다면 사탄의 군대들은 쫓겨나고 그리스도의 교회는 그들의 세력에서 자유롭게 될 수 있다.

하나님께서 사탄의 공격을 허용하시는 이유

원수를 대항하는 공격적인 전투의 장애물은 승리의 병기가 부족한 데 있는 것이 아니라 교회가 기꺼이 진리로 향하지 않으려는 데 있다. 믿는이들은 자신들의 상태를 모르기 때문에 그저 만족한다. 그들이 가진 좋은 점 때문에 더 나은 것을 추구하거나 교회에게 더 필요한 것을 구하려 하지 않는다. 그러므로 믿는이들을 자기 만족의 상태에서 이끌어내시기 위해 하나님께서는 사탄으로 하여금 그분의 백성을 키질하도록 허락하신다. 사탄은 하나님께서 허락하시는 한계 내에서만 교회를 어둡게 할 수 있다. 믿는이들은 체험에 의해서만 그들 자신에 대한 진리를 배울 수 있기 때문에 하나님께서는 그들이 체험하도록 허락하신다. 그리스도의 교회는 주님의 다시 오심을 위해 생명이 성숙되고 예비되어야 한다. 그러므로 하나님께서는 원수의 맹렬한 공격이 믿는이 위에 임하는 것을 허락하신다. 키질하는 불을 통과해서만 교회가 주님과 함께 승리의 위치에 오를 수 있는 길을 열면서 하나님의 백성들이 사탄의 세력을 하늘에서 쫓아내는 전쟁과 승리로 나아갈 수 있기 때문이다.

신성한 일들에 대한 잘못된 관념은 체험을 통해서만 깨뜨려질 수 있다. 하나님의 많은 자녀들이 하나님께서 그들을 보호하신다고 생각하면서 속임당한다. 그들은 하나님께서 왜 그렇게 하시는지 지성으로 이해하지 못한 채 그분께서 역사하실 수 있는 조건들에 응할 수도 있고, 또한 하나님의 역사와 사탄의 역사를 지배하는 원칙에 대해 무지함으로 악한 영들이 역사할 수 있는 조건들에 알게 모르게 응할 수도 있음을 깨닫지 못한다.

또 어떤 하나님의 자녀들은 하나님께서 보호하실 거라는 맹목적인 확신으로 초자연적인 현시에 빠져들지만, 하나님의 보호하심을 받을 수 있는 조건들을 이해하지 못함으로 보호받지 못하는 경우도 있다. 때로 그들의 확신으로 인해 그들 안의 잘못된 상태가 가려져 믿는이들은 자신의 잘못된 상태를 모르게 된다.

① 그들은 자신들이 보고 들은 것을 판단할 능력이 있다는 자기 확신을 은밀히 가지고 있는데, 이러한 자기 확신은 그들의 무지를 깊이 자각함으로써 하나님을 참되게 의뢰하는 기초가 없는 것이다. ② 또한 그들은 '경이로운' 것을 보고자 하는 은밀한 호기심의 영을 가지고 있으며 ③ 먼저 분명한 지식과 편견 없는 생각으로 주님의 뜻을 추구하려 하기보다는 그러한 모임에 가고 싶어하는 은밀한 갈망을 가지고 있다. ④ 혹은 하나님의 왕국에서 으뜸이 되고자 하는 야망이나 깊이 감추인 교만을 덮어 가리는, 하나님에게서 더 많은 축복을 얻기 원하는 실지적인 목적을 가지고 있을 수도 있다. 이러한 모든 감추인 원인들은 하나님의 보호하심을 좌절시킬 수 있다.

그러나 예민하게 깨어 기도하고, 하나님께서 진리를 주실 때 그 진리에 마음을 열어놓을 준비가 되어 있으며, 하나님의 뜻에 편견 없이 충성함으로 사탄의 궤계에서 자신을 보호하시도록 참되고 순수하고 단순한 눈으로 하나님을 의뢰하는 사람은—개인적인 유익보다 더 큰 목적을 위해 하나님의 지혜를 먼 안목으로 바라봄으로써 믿는이가 위조하는 자의 속이는 역사들을 발견할지라도—"주께서 이 모든 것 가운데서 나를 건지셨느니라"(딤후 3:11)고 말할 수 있을 것이다.

사탄의 희생자들이 승리자들이 됨

사탄의 속이는 역사와 승리의 길에 관한 진리가 역사한 궁극적이고도 가장 큰 결과이자 그 두 번째 목표는 승천하신 주님이 천 년 동안 나타나시는 것과 시대 말의 교회의 시대적인 위치와 관련이 있다. 영광받으신 그리스도께서 천 년 동안 나타나시는 것은 사탄과 그의 천사들에게는 그의 희생자들이 승리하여 그리스도의 보좌로 들림받아 그곳에서 그들의 주님과 다스릴 때 '천사들을 판단'(고전 6:2-3)할 것을 의미한다. 잠깐 동안 천사들보다 못하게 지음받았다가(히 2:7) 타락으로 인해 쫓겨나고 이제 구속받은 사람이 다시 들어올려져 왕자들 사이에 앉혀질 때, 그것은 타락한 천사장에게 가장 수치스러운 굴욕의 잔이 된다. 그들은 한때 하나님의 아름다운 천사장으로서 사탄이 취했던 높은 지위보다 더 높이 올려지고, 하나님의 후사요 그리스도와 함께한 후사로서(롬 8:17, 히 2:11-12) 하나님의 아들과 한 본성과 한 생명과 한 지위로 들어올려지며, 하늘과 땅 위와 땅 아래 있는 모든 이름 위에, 그리고 능력과 정사 위에 구속하시는 주님과 함께 들어올려지며, 원수를 심판하는 자리, 곧 승리자이신 주님 곁으로 들어올려진다. 사탄은 거기에서 불못—무저갱—을 기다리고, 한때 그의 희생자였던 그들은 하나님의 천사들과 천사장들 위에 위치한 하나님의 아들의 보좌에 참여한다.

갈보리 승리자의 이름과 그 능력

이 시대가 끝날 때, 천 년 간의 교회의 승리 전야에 악한 권세들에 속한 모든 천사가 사탄의 타락한 천사들에 대한 장래의 심판을 가리기 위해 애쓴다는 것이 놀라운 일이겠는가? 이 지구를 하나님의 백성들을 훈련시키는 학교와 전쟁터로 사용하시는 것이 그분이 이 시대를 통해 역사하시는 방법이라는 것을 생각할 때, 하나님께서 사탄의 맹공을 허락하신다는 것은 새삼 놀랄 만한 일이 아닐 것이다.

하나님의 아들께서는 모든 이름 위에 뛰어난 이름을 얻기 전에 십자가에서 죽기까지 순종하셔야 했으며, 그 이름은 이제 갈보리의 전리품인 모든 타락한 천사들과 영적인 세계의 찌꺼기인 모든 악한 영들을 꾸짖는다.

장래 그리스도와 함께 다스리며 그분이 타락한 천사들을 심판하시는 데 함께 참여하게 될 그리스도의 모든 지체들은 먼저 땅에 있는 동안 개개인이 죄를 이기는 승리 안에서 행할 뿐 아니라 정복자의 이름으로 독사를 발 아래 밟기를 친히 배워야 한다. 그들이 그리스도의 보좌와 승리에 참여하기를 원한다면, 그들은 그리스도께서 이기셨던 것처럼 이겨야 한다. 그리스도께서는 앞장 서셨으며, 그들은 그분을 따라야 한다. 그분은 갈보리에서 흑암의 능력과 흑암의 때를 통과하여 승리의 위치에 이르셨다. 영 안에서 그분과 연합된다면 그들은 악한 천사들로 가득한, 그리스도께서 통과하셨던 것과 동일한 흑암을 통과하여 그분 안에서 승리의 위치에 이르게 된다.

흑암의 천사들에게서 오는 이러한 마지막 맹공은 교회 위에 임한다. 만일 부활하신 머리의 살아 있는 한 지체가 몸의 진정한 '마디'라면(엡 4:16) 누구라도 원수의 공격을 피할 수 없다. 어떤이들은 몸 안에서의 그들의 위치에 따라 다른이들 앞에 있는 원수의 공격을 안다. "만일 온 몸이 눈이면 듣는 곳은 어디뇨(고전 12:17)?" '발'인 사람들은 가장 늦게 알긴 하겠지만 그들도 사탄의 공격에 대해 알게 될 것이다. 왜냐하면 발이 하늘을 향해 움직일 때 가장 늦게 움직이는 끝 부분이고 또 그리스도의 몸이 하늘로 올라갈 때 가장 땅과 가까운 부분이지만 '발'인 사람들 또한 하늘로 올라가야 하기 때문이다.

몸의 일부인 '뽑아낸 부분'—아마 많을 것이다—은 사탄의 속이는 궤계의 희생이 될 수 있다. 그러나 그들이 잠시 동안 가라앉은 것처럼 보이고 자신들이 주님께 쓸모가 없어진 것처럼 느낄지라도, 만일 그들이 어떻게 사탄의 모든 속임수를 폭로하여 승리를 얻을 수 있는지, 그리고 다른이들을 사탄의 권세에서 구출하기 위해 어떻게 장비되어야 하는지를 알기만 한다면, 그들은 다시 한 번 일어나 그리스도의 몸의 '눈들'이 될 수 있다. 그들이 진리의 빛에 의해 사탄의 압도하는 권세에서 풀려나 영광스러운 자유를 얻고, 그럼으로써 사람에게뿐 아니라 하늘에 있는 정사와 권세들에게 하나님의 각종 지혜를 알릴 수 있음을 발견할 때(엡 3:10), 그들은 다시 한 번 일어날 수 있다.

사탄의 권세들은 잠시 동안 그들에게 임할 심판을 지연시키기 바라겠지만 하나님의 목적은 궁극적으로 성취되어야 한다. 지금은 흑암의 때와 권세가 교회를 억누르고 있지만 때가 되면 그리스도께서는 그분의 교회를 부활하신 머리와 연합하도록 이끄실 것이다. 흑암의 권세들에 대항하는 전쟁에로 부르시는 것의 궁극적인 목표는 부흥이다! 그러나 사탄에 대한 승리의 결과로서 도래할 부흥의 궁극적인 목표는 승천의 승리, 곧 그리스도께서 천 년 동안 그 모습을 나타내시며, 사탄과 그의 악한 영들이 무저갱으로 쫓겨나는 것이다.

그러하니 이제, "주 예수여, 오시옵소서!"

개정판을 발행하며..

　2003년 초판 발행후 7쇄를 거치며 10년이 지난 2013년 현재, 많은 독자들의 성원에 개정작업을 통하여 다시 출판하게 되었습니다. 다소 모호한 부분과 어려운 문장들을 보다 명확하고 쉽게 수정, 보완하여 한국 교회의 영적 성장에 보탬이 되고자 하였습니다. 더욱 정성을 다해 양서를 출판하는 벧엘서원이 되도록 노력하겠습니다.